JN176391

大化の改新は身近にあった

公地制・天皇・農業の一新

河野通明
Kono Michiaki

和泉選書

目次

はじめに

軽んじられてきた大化改新　大化改新は六四五年の中大兄皇子が蘇我入鹿を倒して政権を握ったクーデターに始まる政治改革で、律令国家建設のスタートとなった大事件である。ところが翌年正月に出された大化改新詔に厳しい史料批判の目が向けられ大化改新否定説（原秀三郎一九六六・六七）が現れるにいたって、律令国家建設はおもに天武・持統朝に進められたとする説が学界の主流となっている。最近は木簡研究の進展を受けて孝徳・天智朝の見直しが始まっているが大化改新否定説の後遺症は大きく、もっとも重要なはずの大化改新を軽視するというかなり不自然な状況が続いている。

公民制が欠落した研究状況　これまで律令国家の根幹は「公地公民制」とされてきたが、公民制とそれに関連する官僚制の研究は近年の木簡研究の深化や都城の発掘に助けられて目覚ましい発展を遂げているのに対して、公地制の研究は取り残された感じで、研究者の間でも「律令国家の根幹は公民制と官僚制である」という公地制ぬきの理解が通説化している。

その理由は公地制関係の文献史料がほとんどないからである。なぜか。公民制は人と人との関係であり、中央官僚の関心も高く記録が残りやすいのに対して、公地制は地方で展開する人と大地との関係なので、地方を蔑視する中央官僚の関心も薄くほとんど記録に残されていないのである。

地方に残っていた大化改新の痕跡 律令国家は班田収授で男に二段の口分田を班給したことは教科書でもよく知られているが、全国の平野部に残る条里地割の一区画は一段で、班田収授のために造成された特注の田んぼであることを示している。大化改新の公地制は文献記録にはほとんど残らなかったが、その痕跡は日本の平野部のいたるところで大地に刻み込まれていたのである。ところが古代史家は条里地割には見向きもしなかった。なぜか。理由は簡単、文献史料ではなかったからである。大化改新事件の痕跡は条里地割として大地に刻み込まれていたにもかかわらず、現場検証をしないまま律令国家形成史が語られてきたのである。

「現場検証の歴史学」に挑戦 警察が現場検証ぬきに犯罪捜査をやったなら、誤認逮捕や冤罪事件が続出して犯人像が絞り込めず、迷宮入り事件が増え続けるだろう。条里地割という明確な痕跡資料ぬきで描かれた七世紀の歴史像は歴史の真相とは大きく食い違っているはずなのだが、そのことには気づかれていない。ならば「文献限定主義」の殻を破って現場検証を重視して科捜研なみの科学捜査をやってみたらいいではないか。本書はそれに挑戦しようというのである。

各地に残る在来農具は一旦形が決まると千年を超えて継承されるので、その形のなかに古代からの遺伝子情報を内包しており、広域比較をして歴史情報を引き出せば、五〜七世紀の地域ごとの古代史が復原でき、大化改新政府が政府モデル犂を全国配付していたことが明らかになってきた（河野通明二〇〇四・二〇一〇)。文献史料に頼り切った農業技術史研究の限界を超えようと全国各地の博物館・資料館を回って在来農具を調査しているなかでの新発見で、いわば別件の現場検証のなかから大化改新の痕跡が見つかったのである。

『日本書紀』など文献史料は政策の発信側の史料であり、文献史学は発信側の史料に頼って歴史を語ってきた。ところが条里地割と在来農具は政策を受け止めた地方側の資料で、各地の豪族や農民が大化改新をどう受け止めどう反応したかという地域ごとの個性の反映した資料である。政策発信側の史料と受け手側の資料を突き合わせれば、大化改新の実像が立体的に浮かび上がってきて歴史の真相に迫ることができる。それを可能にするのが条里地割と在来農具を分析の正面に据えた「現場検証の歴史学」である。早速やってみようではないか。

中央・地方関係から社会を構造的に把握　文献記録は政権内部で作成されるので政権をめぐる政争関係の記録が多くなる。そのため文献史料に寄りかかると歴史叙述が政局史に矮小化されてしまう。ところで社会はさまざまな階級や社会勢力で構成されており、それらの矛盾・対立関係のなかで政治は展開する。律令国家建設期の七世紀後半では畿内政権と地方豪族のせめぎ合いが主軸になって歴史は展開するので本書では中央・地方関係を重視して社会を構造的に捉えるよう心掛けた。

地方からの目線と日常感覚にもとづく分析　文献記録は政権内部で中央官僚の上から目線で記録されている。そのため文献史料に寄り掛かれば上から目線が研究者に乗り移って物事の半面しか見えなくなるが、同じ文献史料も地方の現場に身を置いて遠く都を見上げる視線で分析すれば、これまで見えなかった側面が見えてきて、歴史の展開が立体的に把握できることになろう。

もう一つは「日常感覚にもとづく分析」で、研究は深く進めば進むほど先行研究と仲間内の思考の枠に閉じこめられて自由な発想ができなくなっているように見受けられる。そこで本書ではあえて他人の目と素人の日常感覚を大事にして素直な目で分析するよう心掛けた。

シミュレーションと「仮説と検証」法　農具調査のなかで痕跡資料から歴史の真相を引き出すのに使ってきた方法が①シミュレーション、②「仮説と検証」法、③「検証度の★表示」の三つである。

①のシミュレーションは痕跡資料を基にして、これはどんな事件が起こった痕跡なのかを再現する思考実験である。警察が轢き逃げ事件の現場に残されたタイヤ跡から犯人はブレーキをかけたか否かを導いたり、殺人現場の様子から犯行動機は物盗りか怨恨かを特定するのも、地球史で隕石の衝突で恐竜が絶滅したというのも、残されたかすかな痕跡からのシミュレーション再現である。

②の「仮説と検証」法は、ある痕跡からシミュレーションで導いた結論は、その現場を見ていたわけではないので仮説である。ところがまったく別の痕跡からのシミュレーション結果が図らずも先の仮説と重なったなら、たがいに仮説の正しさを検証し合って信頼度の高い学説に昇格するという原理で、隕石の衝突で恐竜が絶滅したという仮説も、最初の仮説を世界中の研究者が別の方向からシミュレーションした結果がやはり隕石の衝突が妥当という結論に達したことの積み重ねでいまや学界の定

説に昇格したものである。

③の「検証度の★表示」は、いま進めている「民具からの歴史学」は研究者がまだ私一人で他人からの検証は期待できないので、自分で検証して一回検証すると「検証度1」で「★の学説に昇格した」と評価することにしたものである。自動車メーカーなら試作車段階で何度も衝突安全テストをおこない、安全性を確保した上で新車の発売に踏み切るが、一回検証すると「検証度1」で「★の学説に昇格した」と評価するのも研究過程でおこなった安全性のテスト結果を公開するもので、信頼度を「★」「★★」と表した安全シールを貼って論文を学界向けに発信する方法である。

小見出しと小括　本書では分かりやすさを重んじて本文には小見出しを付け、専門的内容も多いので章ごとに小括を設けて、明らかになったことを箇条書きでまとめて成果を章ごとに確認しながら読み進められるようにした。

「公地制」と「大化改新政府」　ここで本書で使う用語について触れておきたい。律令国家の特質は古くから「公地公民制」と呼ばれ教科書でも重要語句となっているが、吉田孝（一九九七）は、班田収授法の「口分田」は律令では「公田」ではなくて「私田」とされており、「口分田」が私田である以上、「公地公民」と規定するのは無理があることになっているのだが、私はこの説は採らない。坂本太郎（一九三八）以来、「公地公民制」と呼ばれてきた「公地」は資料上の用語ではなく、われわれ現代人が歴史を分析するために設定した学術用語で、「公地＝公の土地＝国有地＝国家的土地所有」と誰にも分かる明快さを備えている上、教科書でも使われてよく知られている。そこで本書では、この「公地制＝国家的土地所有制」という意味で使うことにしたい。

六四五年、中大兄皇子は蘇我氏を倒して政権を握り改新政治を進めた。この政治改革は「大化の改新」と呼ばれているが、論文などに使う学術用語では「大化改新」で「の」は入れない。そこで本書では書名には親しみやすい「大化の改新」を使い、本文では「大化改新」で統一した。

また中大兄皇子＝天智天皇が主導権を握った政府を「大化改新政府」または「改新政府」と呼ぶことにし、中央・地方関係の文脈のなかでは「中央政府」と使う場合もある。近年、改新政府の主導権は中大兄皇子ではなく孝徳天皇が握っていたとする説が現れているが、クーデターの首謀者が政権を握って改革政治を進めるのは洋の東西を問わず一般的なことであり、孝徳の失脚前後で政治方針にぶれはなく一貫していることなどから、本書では通説通りに中大兄皇子＝天智天皇が政治の実権を握っていたものとして、その政府を大化改新政府、改新政府と呼ぶことにする。

これで準備は万端整った。では現場検証で条里地割と在来農具という現地に残る痕跡から歴史情報を引き出して、政府側文献史料と総合しながら大化改新の真相に迫ってみることにしよう。

第一章　畑地の均田制の水田日本への導入

一　華北畑地の均田制と水田日本の条里制

日本の班田制は中国唐の均田制に倣ったものであることはよく知られているが、これは華北の畑作地帯で発達してきた均田制を風土の違いを無視して水田稲作の日本に機械的に導入したものである。そのために唐では農道で区画するだけで済んだ方格地割が、日本では国宰《こくさい》（国司）が国中の正丁（成人男子）を総動員して一郡に投入し、農閑期の冬ごとの連年施工で条里地割を造成するという大工事をする羽目になってしまったが、文献史料中心の研究ではこのことにあまり気づかれていない。そこでまずは農業技術から見た華北と日本の違いを押さえておこう。

乾地畑作の華北と水田稲作の日本　〔図1〕の地図と一覧表で見るように、秦・漢から北朝・隋・唐が基盤とした華北は寒冷・少雨で天水依存のアワ・キビ作の畑地帯なのに対して、温暖・多雨の日本は水田稲作地帯である。この華北の少雨地帯の畑ではこの風土に適応した「乾地農法」がおこなわれていた。その様子を米田賢次郎（一九八九）の『斉民要術』に依拠した解説を見ていこう。

図１　華北は畑作　日本は水田稲作

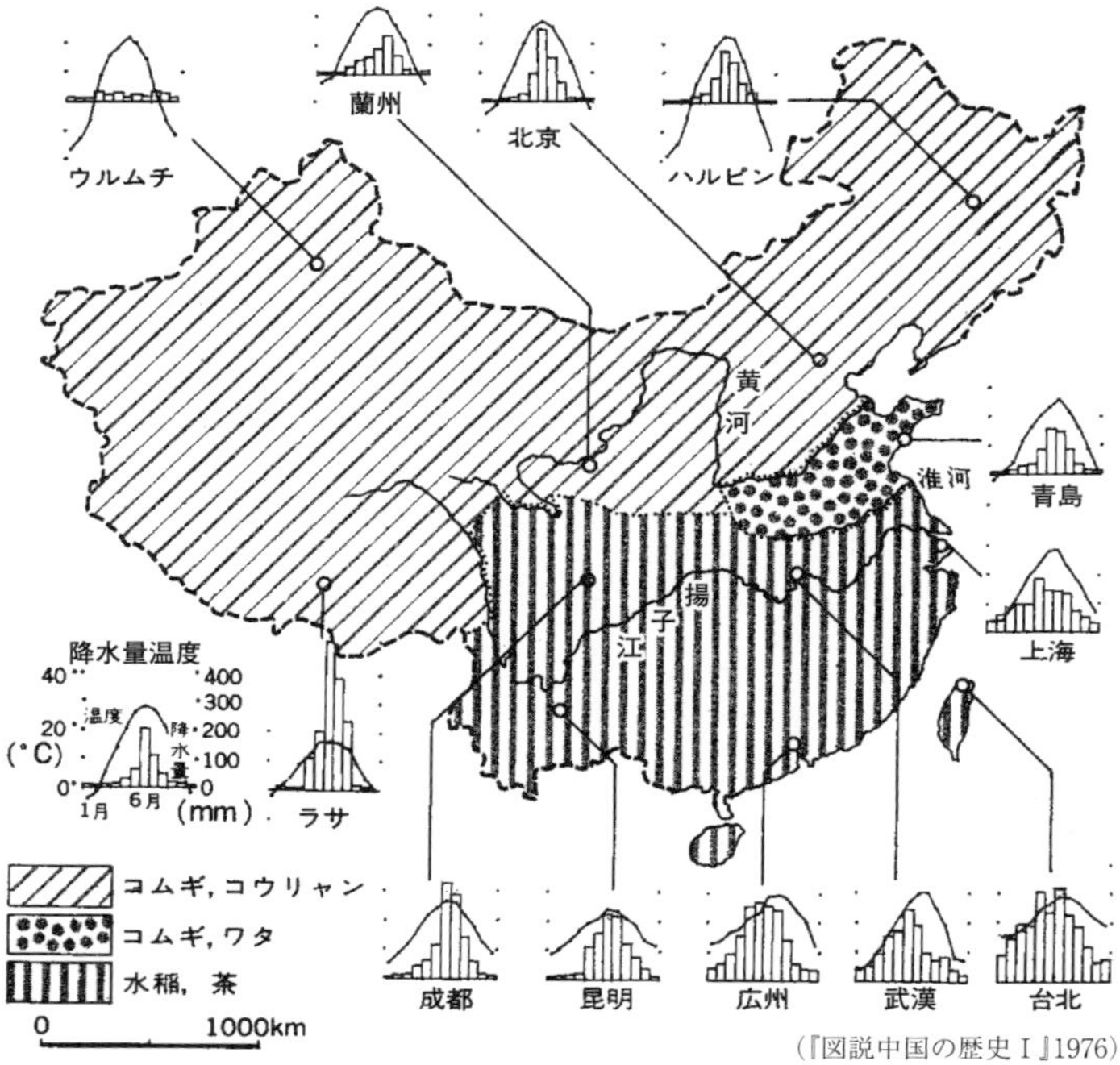

（『図説中国の歴史Ｉ』1976）

	華北の畑地	日本の水田
気候条件	寒冷・少雨	温暖・多雨
作　物	アワ・キビ・コムギ	イネ
水との関係	天水依存の乾地農法	湛水耕地の灌漑農法
漢字「田」の意味	「田」はハタケ	「田」は水田・田んぼ
耕地の基本型	農道で区切られた畑地	畦で囲まれた湛水耕地
	犂耕に合わせて長地型	地形に合わせ小区画・不整形
面積あたりの生産力	小	大
１人あたりの必要面積	大	小
夫婦の受田面積比	13.7	1
耕地片の個性	無灌漑なのでほぼ均質	水利・水温は田ごとに異なる
耕地と農民の関係	均質かつ投下資本も少。耕地片へのこだわりも少	手間が掛かる分、愛着も生まれ用益権が強くなる
均田制との相性	○　均田制が発展	×　班田収授はなじまない

華北農業を性格づける上に、最も強い影響を持つのは雨量の問題である。華北の雨量は、大略年八〇〇~四〇〇粍といわれ、絶対量から言えば必ずしも不足する量ではないが、時期的配分は極めて不均等で、六月（陽暦）の後半から九月の前半の約三カ月の間にその大半の降雨があり、またその半分位は八月中頃の二週間位の間に降るといわれる。したがってそれ以外の月は極端に雨量が少なくなる。そのため三月下旬から四月上旬にかけての播種《はしゅ》の適時には、農業に必要な土壌中の水分が最も少なくなっている。しかも植物の発芽には多量の水分が要求されるため、その水分の確保が最大の問題となり、若し必要な水（時雨）が得られない場合は、作付不能の状態に陥いる。即ち中国の旱害とは、時によっては作付不能を意味し、その被害は多くの場合出穂前の水の不足を意味する日本の旱害とは比較にならない劇しいものである。中国の農家が昔から多くの種類の穀物を植える等、飢饉対策に腐心する所以である。播種は勿論、雨を待って行なわれるのであるが、この時期では必ずしも、予定している作物の適時に降雨があるとは限らず、また降雨があっても不充分の場合も多く、それゆえなけなしの土中の水分を一〇〇％に利用しなければならない。そのため播種地の整地として、華北農業の特色ともいうべき、耕―耙《は》―勞《ろう》の三工程の作業が繰返されるが、特に耙・勞は回数をいとわず繰返すほど、保水効果があるわけで、日本の農業に見られない多量の労働投下が必要とされる。

華北の政権交代の舞台となった関中も乾地農法地帯で雨は八月前後に集中し、播種から成長期の三

図２　乾地農法の保水作業

（『中華人民共和国漢唐壁画展』1975をもとに模写・加筆）

１．犂で浅く耕起　⇨　２．耙で砕土　⇨　３．耱で鎮圧

（嘉峪関魏晋墓）

降雨のたびに１→２→３→２→３を繰り返して地中に保水、播種に備える

〜五月は年間でもっとも少雨の時期にあたる。ここでは少ない降雨の蒸発を防ぐため、地面に湿り気が残っている間に〔図2〕に示した嘉峪関《かよくかん》魏晋墓の壁画のように二頭引き犂《からすき》で急いで浅く耕起し、二頭引きの耙で砕土、二頭引きの耱《ま》で鎮圧して、空気が乾燥しているので放っておけばすぐ蒸発するところを、地面をかき混ぜて毛管現象を断ち切って水分が吸い上げられるのを防ぎ、表土を鎮圧することで蓋をして湿り気を地面の下に閉じこめる。この作業を降雨のたびに繰り返してわずかな水分を地面に溜め込み、播種する頃にはようやく種が芽吹くだけの水分が地下に蓄積されている、という農法である。米田のいう「勞」は木枠に細枝を編み付けた覆土・鎮圧具で、嘉峪関魏晋墓の耱は横長の角材に引棒が付いた二頭引き用の覆土・鎮圧具で、どちらも人が乗って体重をかけて鎮圧する。

華北では灌漑しようにも近くに適当な河川はなく、黄河のような大河は黄土の大地を深く刻んで下の方を流れているので簡単には利用できない。そこでわずかな雨を効率よく利用するた

めの工夫が積み重ねられて体系化されたのが乾地農法なのである。

植物の生長は光合成と温度にもとづくが、光合成の三要素は光と水と二酸化炭素、このうち二酸化炭素＝CO_2は地球上どこでも変わらないので考察から外し、高緯度の華北では太陽が地面に斜めに射すため単位面積当たりの光量が少なくなり日照が弱くなるうえ、少雨で水不足という光合成にきわめて不利な条件下にある。しかも寒冷で植物の生育に重要な温度に恵まれない。それに対して中・低緯度の日本では太陽光は強く、気温ははるかに高く、降水量は多くとくに稲の成長期の六月には梅雨という雨季がきて大雨を降らすので光合成には有利な条件であり、とくに太平洋高気圧に覆われる夏は高温で、植物の生育には華北に比べてはるかに優位である。それに加えて水田稲作はわざわざ稲のために特設プールをつくり、植物の欲しがるだけの水を「どうぞご自由にお使いください」と水漬けで栽培するのである。そのため華北の畑作と日本の稲作では収量に大きな差が出ることが予想される。また収量が低い華北では一人分の食糧を生産するには収量に反比例して広い耕地面積が必要となり、広大な耕地を相手にした粗放な農業になるのに対して、収量の多い日本では狭い面積に労働力をつぎ込む集約農業となる。

受田面積の大きい唐、少ない日本　そこで土地の生産力に反比例する一人当たりの耕地面積を比べてみるとどうなるか。唐は均田制をおこない、古代日本はそれを真似して班田収授をおこなった。そのため唐も日本も田令に一人当たりの受田面積を記しているが、この受田面積はそれぞれの自然条件の違いを反映していると考えられるので〔図3〕で比較してみよう。

ただここで考慮すべき条件がある。第一は唐では班給対象を男に限っており女性は受田額ゼロなので、男の受田額には女性の必要額も含まれていることになる。そこで男女ペアでどれだけの田が班給されるかを比べれば公平な日唐比較ができることになろう。第二は、日本では班給されるのは口分田《くぶんでん》だけだが、唐では口分田とともに一旦班給したらそのまま収授しない永業田《えいぎょうでん》がある。この永業田には日本の園地に相当する桑・楡《にれ》・棗《なつめ》など樹木の栽植も義務づけられている一方で墾田のような耕地も含むので、受田額の日唐比較には永業田を除いた口分田だけの比較と、永業田も含めた比較の二通りを計算して平均を取ることも必要となる。第三は日本と唐では面積の単位が異なるので㎡に換算しての比較となるが、日本の一段《たん》は条里地割の一〇九m×一〇・九mで計算すれば一一八一・一㎡となるが、これには畦道や用水路も含まれているので実際の田はこれより小さくなる。そこで概数で一〇七m×一〇・七mの一一四九・九㎡あたりが穏当かと思われる。そこでこの数値を採用することにした。

そこでまず純粋耕地の口分田だけで比較すると、唐の口分田は八〇畝《ぼ》で四六五七六㎡、日本の口分田は男に二段、女は三分の二なので夫婦合わせて三・三三段で、三八二九・二㎡で唐の夫婦の受田面積は日本の夫婦の一二・二倍となる。こんどは永業田二〇畝を加えると唐の夫婦の受田面積は一〇〇畝で日本の夫婦の一五・二倍となり、両者の平均をとれば一三・七倍となる。この受田面積の違いは低温で降水量の少ない華北の畑作と、高温多湿で日光に恵まれ有り余る水のプールの中で育てる水田稲作

図3　夫婦受田面積の日唐比較

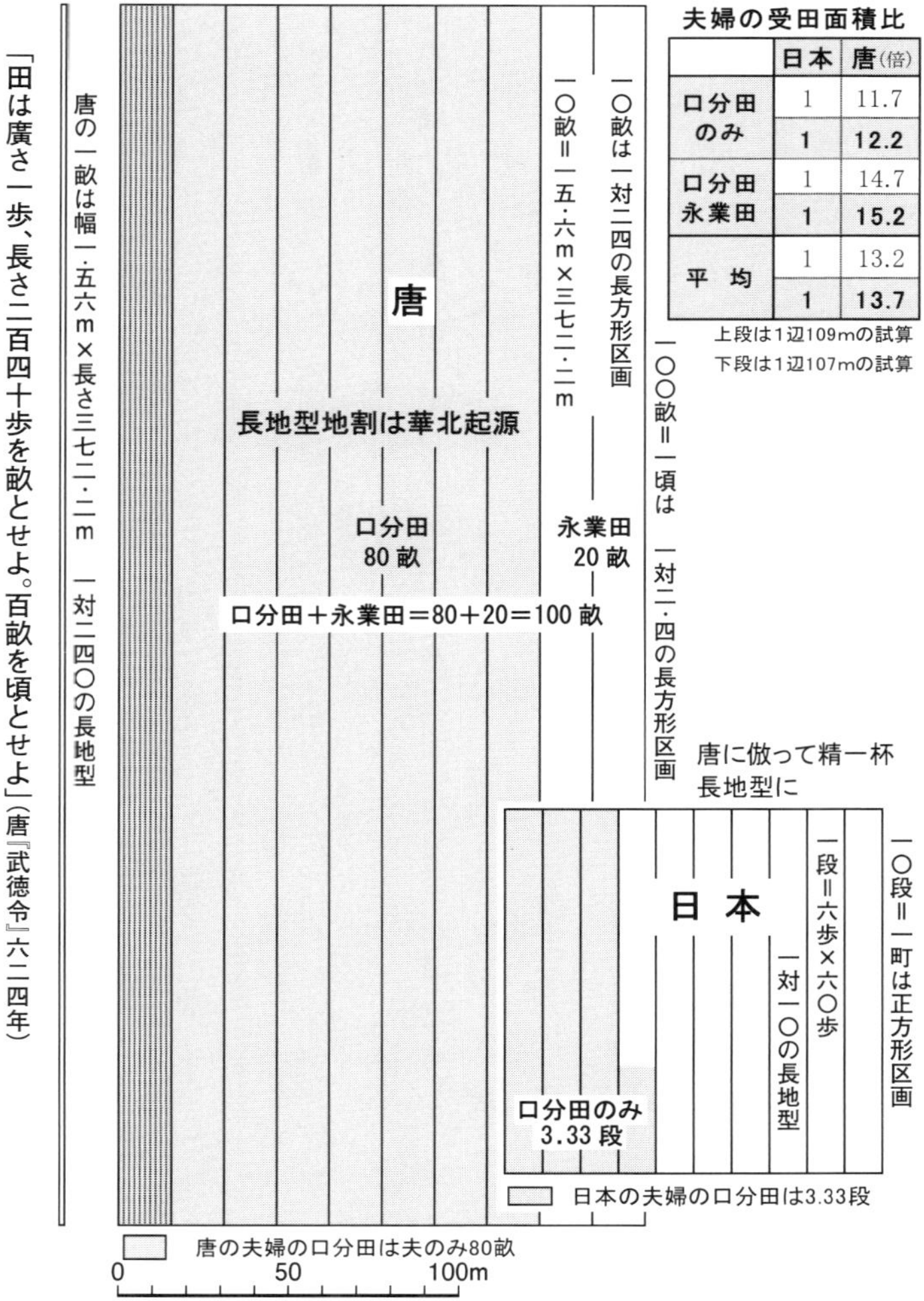
「田は廣さ一歩、長さ二百四十歩を畝とせよ。百畝を頃とせよ」(唐『武徳令』六二四年)
唐の一畝は幅一・五六m×長さ三七二・二m　一対二四〇の長地型
一〇畝＝一五・六m×三七二・二m
一〇畝は一対二四の長方形区画
一〇〇畝＝一頃は　一対二・四の長方形区画
唐
長地型地割は華北起源
口分田
80 畝
永業田
20 畝
口分田＋永業田＝80＋20＝100 畝
唐に倣って精一杯
長地型に
日 本
一段＝六歩×六〇歩
一対一〇の長地型
一〇段＝一町は正方形区画
口分田のみ
3.33 段
日本の夫婦の口分田は3.33段
唐の夫婦の口分田は夫のみ80畝
0
50
100m

夫婦の受田面積比

	日本	唐(倍)
口分田のみ	1	11.7
	1	**12.2**
口分田永業田	1	14.7
	1	**15.2**
平　均	1	13.2
	1	**13.7**

上段は1辺109mの試算
下段は1辺107mの試算

との生産力の違いを反比例的に反映したものと考えられる。

唐の受田額はフィクションなのか　いま唐の均田制と日本の班田制の受田額の比較をおこなったが、読者のなかには「唐の受田額は吉田孝氏の説ではフィクションであり理想額なので、比較などしても意味はないのではないか」と感じられた人も多かろうと思う。では唐の受田額は本当にフィクションなのか。吉田孝（一九八三）は、

> 例えば父と男子二人が受田資格をもつ家は、父子おのおの一〇〇畝（永業田二〇畝と口分田八〇畝）、合計三〇〇畝がこの家の応受田額《おうじゅでんがく》（このほかに園宅地）となるが、実際にはせいぜい半分の一五〇畝ぐらいしか受田していない場合が多かったと推測されている（下略）。
>
> 唐の田令の応受田額は、一般には超えるはずのない占田《せんでん》限度額であり、（中略）そもそも農民に一〇〇畝の田を給することは、井田法《せいでんほう》以来の中国の伝統的な理念であり、理想であった。農民がみな一〇〇畝の田をもつことができれば、この世は聖人・君子の世となる。したがって均田法はあきらかにフィクションを内包しており、フィクションを媒介とすることによって現実により有効に機能することができたと思われる。

と説明する。唐の応受田額は一般には超えるはずのない占田限度額だというのは吉田の持論で、この点を検討するには多くの紙数が必要となるので別の機会に譲ることとして、ここではそもそも田令の受田額にフィクションがありうるのかどうかの点に絞って見ていこうと思う。なお受田額という言葉

には「受田額」（公民が畑の班給を受ける額）、「応受田額」（公民が畑の班給を受ける権利がある額）、「授田額」（政府が公民に畑を班給すべき額）といくつもの表現があるが、本文では簡略に「受田額」で通すことにする。

広大な大陸国家の中国では、政権の腐敗が進み失政が続くと広汎な農民反乱が起きて支配機能が麻痺し、その隙に配下の勢力が自立したり異民族が侵入して政権を倒し新王朝を築くという歴史が繰り返されてきた。新王朝がまず取り組まねばならないのが反抗勢力を掃討して治安を回復し、戦乱で離散した農民を還住させ浮浪者たちにも田を与えて定着させ担税者に育て上げることであろう。田令の受田額は離散農民や浮浪者を呼び戻し定着させるため政権側の提示した還住条件の公約でありマニフェストである。実現できもしない好条件を提示しておきながら実際の受田額は半分という詐欺まがいの施策を打てば、農民の不満は一気に爆発して政権はなかなか安定しないであろう。したがって政権初期の為政者たちは農民の動向には神経を尖らせていたと考えられる。政権と農民との接点となる受田額で農民を動向を気にすることなく大らかにフィクションの理想額を謳い上げる国家が現実にありうるだろうか。

もう一点、一人の皇帝が万民を支配するといっても、広域支配を実現するには何段階もの地方役人を介しての支配となり、末端の地方役人は権威を笠に着て厳しく徴税し賄賂で私服を肥やす傾向に避けられない。この場合の地方役人の不正を防ぐ最低限でもっとも基礎的は手だてが田の班給額や税・

労役・兵役も含んだ民衆の負担額をあらかじめ法令で全土に布告し公示しておくことである。律令法に定められた受田額や民衆の負担額は、皇帝と全土の民衆、中間に介在する地方役人らの厳しい緊張感のなかで設定され公示されたものであり、ここでもフィクションの介在する余地はない。

吉田は唐では田令の応受田額は一般には超えるはずのない占田限度額で実際の受田額ははるかに少ないことを強調するが、そのイメージの背景にはトルファン資料では一〇畝といった受田額の少なさがあるのであろう。ところが砂漠地帯を通るシルクロードのオアシス都市である敦煌《とんこう》やトルファンの農業は、カナートの用水路「渠《きょ》」のゆたかな水を使った灌漑農業であり、面積は少ないもののNHKのシルクロード番組ではブドウやハミ瓜など商品価値の高い作物を栽培しており、この点は古代でも変わらなかったであろう。しかも彼らは純農民ではなく旅人相手のさまざまな職業もかねた商賈の民でもあり第三次産業からの収益の比重の高い人々なのである。したがって敦煌やトルファンの班田資料は寒冷・少雨の華北の粟作地帯の純農民を基礎とした実際の受田額を探る参考にはならない。

そこで植物の生育条件である光合成と温度で日唐比較をすれば、先ほど見たように華北の乾地農法の畑作は日本の水田稲作に比べて圧倒的に不利な条件にあった。裏を返せば華北では一人が生きるのには広大な耕地が必要となる。夫婦の受田額で比べて唐が平均で日本古代の一三・二倍という数値はフィクションではなく必要面積を反映したものと見る方が穏当ではないか。

長大な畑の唐、小区画水田の日本　降水量の極端に少ない華北では〔図2〕（一〇頁）で見たように、広大な畑地にわずかでも雨が降ると、蒸発してしまわないうちに湿り気を地面に閉じこめようと二頭引き犂で長い距離を一直線に耕し、そのあと二頭引きの耙で砕土・攪拌し、そのあと二頭引きの耱で鎮圧するという乾地農法の一直線耕作を繰り返してきた。そのため畑地の区画は縦長の長大な長地型地割となる。〔図3〕（一三頁）に図示したように唐の『武徳令 田令』（六二四）では「田は広さ一歩《ぶ》、長さ二百四十歩を畝《ほ》とせよ。百畝を頃《けい》とせよ」とあり、一畝は幅一歩＝一・五六mに対して長さは二四〇歩＝三七三・二m、幅対長さ比一対二四〇という極端な長地型で表されている。ただしこれは面積一畝の理念的な形であり、地割として存在したのは一〇畝を横に並べた一五・六m×三七三・二m、一対二四の一〇畝区画あたりであろう。

米田（一九八九）によれば華北の一畝は古くは長さ一〇〇歩であったのが漢代には二四〇歩になっていて、その二・四倍になったのは犂耕の普及に合わせたもので秦の商鞅の変法の時あたりだろうとする。一歩の幅は一・五六mで一うね（畝）の幅には少し広いことからすれば、二頭引き犂が畑の端まで行って向きを変えて戻ってくる、その一往復の面積を一畝の単位にしたものと考えられる。したがって幅対長さ比一対二四〇という極端な長地形態は「地割」ではないが乾地農法の一直線耕法の一単位をモデルにしたものとして、耕地の規模や形態の一端を伝えるものであろう。中大兄政権は唐令田令の一畝が幅対長さ比一対二四〇という極端な長地型であるのを見てこれを地割と誤認し、班田収授向けの一区画一段を守りつつ一町区画を一〇等分する際に長辺をできるだけ長くとって唐の一畝の長地形態に近づけようとしたのが、長地型地割だったと考えられる。

華北の畑作に対して日本の稲作は一般には灌漑農業と理解されているが、灌漑だけなら畑作でもおこなわれるのに対して、水田の特徴は畦《あぜ》で囲まれたプール状の「湛水耕地《たんすいこうち》」であることに本質がある。この湛水耕地の水田は、弥生時代から古墳時代で田は「小区画水田」と呼ばれるように区画が小さかったことが知られている。この小区画水田については、工楽善通《くらくよしゆき》（一九九一）が基本的な考察を加えている。

水田は、区画した田に、一定の水をはって稲の生育をうながす場である。この場合、一筆内の水深は均一でなければならず、一〇cm以上の差があっては稲は育たないと言われている。田に水を一定の深さで溜める、すなわち、湛水深を均平に保つことが必須の条件である。このためには、水田造成に際して、土を動かして田面の高低差をなくさなければならない。一度に広い面積を均平化するのは大変な土木量をともなうことになるので、一定の範囲を区切って、その一筆内を均平化し、周辺区画と段差をつけながら、平坦化していくのが望ましい。斜面地では特にそうで、土木量を軽減し労働力を節約するためには、その傾斜の度合に応じて、必然的に小さく区切らざるを得ないのである。区切るに際しては、まず傾斜地の等高線に沿って、傾斜の急なところでは幅狭く、緩やかなところでは少々広く高めの畦をめぐらせて、同一平面で帯状の田を作る。こんどは等高線に直交した方向の小畦畔でその帯状の田を小さく区切っていくのである。

つまり稲の順調な生育には湛水時に同じ深さになるよう田の底面を水平に造成する必要があり、広い面積の田の底は高低差が大きく、均平作業に労力を要するので、限られた労力で手仕事で効率よく田を造成するために小区画水田となったのである。この小区画水田は東アジア・東南アジアの水田の基本形となる。

弥生時代以来、小区画水田を造り続けてきた国が、いきなり一〇九m×一〇・九mの長地型地割の条里田を全国に造成した。対外危機があったとはいえ、あまりにも極端で彼我の自然条件の違いを無視した機械的導入ではないか。これまでの学説は、この極端さに注目せず、イメージを伴わないまま文章で淡々と記述したきたところに問題があったといえよう。

農民の離散はげしい華北の畑作、定着性の高い日本の水田　中国の古代〜中世史を通観すると、農民の流動性の高いことには驚いてしまう。堀敏一《ほりとしかず》（一九九四）は「均田制はこの漢帝国の崩壊後の、とくに大規模な農民流亡の危機の時代にあたって、小農民生産と小農民支配を復活しようとしたものにほかならない」と均田制の源流を農民の流亡に求めているが、大陸国家の王朝交替期の殺戮や略奪の規模は島国日本とはスケールの違うことも当然含まれているが、一つには華北の畑作地で農民の離散が激しいのは、無灌漑の天水農業の場合は土地に対する投下労働力は小さく、灌漑のない場合は土地の個性も小さく、特定の耕地と農民との結びつきは日本ほどには強くないことがベースにあると考えられる。これに対して日本の場合は、灌漑できる田は限られる上、灌漑設備や棚田の石垣などは世代を重ねて整備されるものであり、名義上の土地所有権が誰に属するかにかかわらず、耕作農民には先祖代々受け継いできた土地という意識が強く、容易に土地を捨てようとはしない。また中世以降、農民が土地を売った場合も買い手は売り手から地代の一部を受け取る地主となるにすぎず、土地そのものは売り手が耕作を続けるという強固な定着性が特徴となる。

班田収授になじむ華北の畑作、なじまない水田稲作　均田制では唐令に毎年一〇月一日から里正は収授の必要な田（畑）を調べて帳簿にまとめ、一一月から県令が収授田をかかえる農民をすべて集めて本人同士に田の受け渡しをさせ、一二月中には終えよと定めているように、毎年一一月から一二月の間に戸籍にもとづく戸口の変動にリンクさせて班田収授を繰り返した。この毎年の班田収授は農民と個別の土地との結びつきが希薄な華北の畑作地帯でこそ生まれた発想であり実行できたもので、日本の水田稲作のように農民と個別耕地の結びつきの強い地域には本来なじまないものである。かつて内田銀三（一九二一）のように古代の日本に班田収授の元となる土地の割り変え慣行があったのではないかと日本社会のなかに班田収授の源流を探ろうとする試みがあったが成功せず、現在の学界には継承されていない。班田収授は唐に憧れ均田制・府兵制の導入によって唐に対抗できる国作りを目指した大化改新政府によって、日本になじむか否かの検討の余地もなく機械的に導入されたものなのである。

二　畑地の均田制を水田社会に直輸入した日本

建前と本音を使い分けた唐帝国

礪波護《となみまもる》（一九八六）は唐の均田制の実施状況の地域による偏りの大きかったことを指摘している。論点を要約すると、

- 均田制は北朝の北魏から始まったが、南朝では全然行なわれなかった。唐初において均田制が現実に施行されたのは、華北の一部の地方にすぎなかった。
- たとえ均田法による土地の収授が行なわれなかったとしても、唐朝が戸籍によって農民を把握して移動を禁じ、租庸調などの公課を徴収したことは、まぎれもない事実で、唐朝にとっては、土地の収授よりも公課を確実に徴収することの方が関心事だった。
- 中国における均田制は、その開始時点において土地公有宣言を発しておらず均田制の創始は、基本的に土地の全面的な収公を必須の前提とはしていなかった。唐初の一般農民は、受田の如何にかかわらず、公課を納める義務だけは果さなければならなかった。
- 租・庸・調・雑徭からなる唐代の公課制は、均等な土地保証という均田法の完全な施行が必要条件であったが、均田制の実施は唐初から不徹底なもので、大土地所有制＝荘園制が盛行していた。

こうした点は池田温《いけだおん》（一九六三）は「中国の均田制は開始時点において土地国有宣言を発していな

い」とし、「華北平原先進地帯における六世紀中葉の均田制が支配階層の荘園体制と併存していたこと、そして政治権力の中心のある畿内において特に均田制が重視され、困難な矛盾に対処しつつその施行に努力が払われていた」と均田制における土地国有制はわれわれの想像するような強固なものではなかったことを指摘し、堀敏一（一九九四）は北魏の「食貨志の法規によれば、露田《ろでん》はふつうには休耕地を加えて倍額与えられ、露田のほかに絹産地か麻産地かによって桑田《そうでん》・麻田《までん》があって、桑田は世襲され、露田と麻田は還受される規定であった。しかし実際にはこれらの田種がすべて国家から支給されるわけではなく、上記の均田制施行過程からみれば、農民が以前から所有していた土地が戸籍に登録されるときに、露田・桑田・麻田等に割り当てられたと思われる」「一般にはこのようにして農民の所有地は均田制に組み込まれたと思われる」と完璧な国家的土地所有があったわけではなく、農民の私有地も含めて班給されていたとしている。私有地も国有地扱いで班給される背景には、耕地に対する投下労働の少なく特定の土地と農民との結びつきの希薄な華北の畑作地帯の事情が反映しているのであろう。

府兵制についても礪波は次のように指摘している。

- 府兵制は現実には特定の地域の者にのみ適用された。六三〇余の折衝府《せつしょうふ》のうち、江南地方にはおよそ一〇府しか設けられなかった。府兵を殆んど出さなくてもよかった江南地方は華北の諸州に比べて大層な優遇をうけていて、その結果、玄宗朝には豊かな江淮《こうわい》から大運河を経由した上供米が激増し、江南地方の重要性が増大していった。

●唐初の律令体制のなかで、建前と現実とがもっとも乖離《かいり》していたのが均田制で、地域的な偏差のはなはだしかったのが府兵制、ほぼ建前どおり運用されたのが村落組織と租庸調制で、乖離の度合のもっとも少なかったのは、おそらく官人機構であろう。隋と唐前期を律令時代とよべるのは、この時期の官僚機構だけは少なくとも律令に則って構成されたからである。

結局、唐では日本人が厳格な律令法から想像するような強力な国家的土地所有があったわけではなく、また均田制も強力な国家的土地所有を前提としていたわけでもなかったようで、唐では法規定と現実、建前と本音の懸隔《けんかく》がはなはだ大きかったことになる。

中国は自然環境からも〔図1〕（八頁）のように寒冷・半乾燥地帯の乾地農法の畑作地帯の華北と温暖・湿潤で水田稲作の江南地方、そして乾燥気候でオアシス都市の点在する西域の三地区を含んでおり、万里の長城を隔てて北方の遊牧民族と対峙する軍国主義の北朝の隋が江南の南朝を滅ぼして統一し、さらに西域を制圧して版図《はんと》に組み込んだ。自然環境も民族も文化も異なる広大な三地域を一つの帝国に組み込んだわけで、通常こうした多民族社会の帝国は間接統治方式を採る。軍事的圧力をかけて従うなら税と軍役の負担を条件に地域社会は丸ごと温存して帝国の安定を図る。地域の首長の服従を条件に地域の自治は容認するのである。ところが唐は版図の全域の住民を戸籍で把握し、定額の税と労役・兵役を賦課する直接統治方式をすくなくとも表面上は採った。しかしながら現実には自然環境も民族も文化も異なる三大地域を含んでいる以上、北朝で発達してきた均田制・府兵制が江南地方や西域でそのまま通用するわけはない。そこで提出する文書上で型式を整えさせて体面を保ちながら、現実には地方の事情による変更を大幅に容認するという建前と本音を上手に使い分けていたと考えられる。律令では厳しい基準を設けながらも現実の政治では建前と本音を使い分けて融通無碍《ゆうずうむげ》というのは、さすが多民族社会の大帝国、統治技術の熟成度が高く、懐が深い。

均田制を額面通りに受けとめた日本　ところが七世紀の日本政府はこの点に気づかず、律令制度を生真面目に受け止めて全国的に条里施工を実施したため完璧な国家的土地所有が成立し、たしかに土地に関しては農民間の貧富の差はなくなったが、規則づくめ規制だらけの窮屈なものになってしまった。いわば儒家的法家的社会主義である。また農業面では律令に記載された均田制・府兵制を額面通りに受け止め、生真面目に日本に導入しようとした。その際、唐は畑作地帯、日本は水田稲作という根本的な違いに十分気づかずに機械的に導入した結果、唐では単に農道で区切るだけ、場合によっては杭打ちだけで済ませることもできる方格地割を、日本では後に述べるように農閑期の冬に国司が国中の正丁（成人男子）を一郡に投入して条里地割を造成するという大工事を全国で冬ごと連年施工という形で実施する羽目になってしまった。

ではなぜそうなったのか、それには次のような事情があったと考えられる。

まず挙げられるのが唐と日本との文化落差・社会発展の段階の違いからくる古代日本政府のゆとり

の無さである。中国華北はいうまでもなく世界四大文明の一つ黄河文明の中心地で唐代は甲骨文字の発明からすでに二〇〇〇年を経た成熟した文化大国である。大化改新を含む飛鳥時代は日本では古代だが、中国史での古代は紀元前後にわたる秦漢帝国時代で、隋・唐は中国史では中世であり、永年にわたって統治技術を磨き上げ熟成させてきた。この社会発展の段階の違いは大きい。

大化改新に始まる律令制度の導入は、強い外圧のもとで強い相手国から制度や文物・技術を採り入れて相手国に対抗できる強さを身につけようと富国強兵政策を実行した点では、黒船の圧力で開国して富国強兵政策を展開した明治維新によく似ているが、明治初年の欧米諸国と日本との文化落差はさほど大きくなかった。日本では近世社会という経済的にも識字率の高さでも大きな達成をもたらした蓄積があったため、相手を相対化して見るゆとりを持ちえた。その点、漢字文化の受容をまだ渡来人に任せていた段階の中大兄皇子には、唐の制度・文化は眩しく輝いて見えていて、それを相対化して眺めるゆとりはなかった。ましてや唐の均田制が礪波の指摘するように融通無碍に運用されていたなど知るよしもなく、ただ額面通りに受け止めるしかなかったのである。

第二は明治維新のリーダーたち大久保利通や伊藤博文は岩倉使節団の一員として欧米諸国を実地に見て回っていたことで欧米諸国の長所も短所も、またかれらの制度が日本に合うか合わないかも検討するゆとりを持ちえたのに対して、大化改新当時は中大兄皇子ら政権担当者自身が容易に渡唐できる条件にはなく、帰朝した僧や学者から間接的に話しを聞くしかなかった。直接見ないと憧れはますますつのる。中大兄皇子の目には唐は遠くに聳える富士山の雪を頂く雄姿を見て神々しさを感じるようなものだったのであろう。

第三は「田」という文字の表す意味の違いで、唐では田は畑を表したのに対して、日本では田は田んぼ、水田の意味で使われた。どうしてこんな違いが出たかといえば、おそらく渡来人による翻訳に起源がありそうである。日本では大化改新に先立つこと約二〇〇年の五世紀ごろから渡来人を担当者にあてて文字文化を受容し、外交文書を作成して外交を展開した。その渡来人が日本の主要耕地の水田を表すにあたって中国の主要耕地を表す「田」の文字を当てることは至極当然であろう。この渡来人の翻訳を通して文字を使い始めた日本の知識人は「田」とは水田のことと信じて疑わなかった。それは日本国内でのコミュニケーションの場合は問題ないが、唐文化の受容の場面では「田」を本来の畑と訳して「均田制」を「畑を公民に均等に割り当てる制度」と理解すべきだったが、これまでの習慣から「均田制」を「田んぼを公民に均等に割り当てる制度」と信じ込んで疑わなかった。この誤解の結果、風土の違いを無視して畑地帯の均田制を生のまま導入することになり、国中の正丁を総動員しての冬ごと連年施工という条里施工の大工事をやる羽目になってしまったと考えられる。

三　長地型地割と半折型地割

長地型地割と半折型地割　均田制を機械的に導入したことを象徴しているのが長地型地割である。〔図4〕Aは長地型地割・半折型地割の模式図で、一〇九m四方の一町区画の内部を一〇等分して一段区画を造るのだが、そのためには長さ対幅比を一〇対一とした長い地片を一〇枚横並べにするのが長地型地割、一町区画を横に二等分し、縦に五等分して長さ対幅比を五対二としたのが半折型地割である。

Bは長地型地割の段界畦が九〇度回転する例である。灌漑をしない天水依存の華北の畑なら畦の方向がどちらを向こうがおかまいなしなのだが水田は事情が違う。水田は稲を育てるための湛水プールなので、区画内は同じ深さになるよう底土を水平に均さなければならず、これが手間のかかる大工事となる。もし南が高く北が低い土地でBの左図のように長辺畦を南北方向に造成するなら、灌水を始めると水は北の端に溜まって南の端は干からびて稲は枯れてしまう。こんな場面が予想される場合には畦の方向を九〇度回転させて長辺畦を東西方向に造成するのである。いわば棚田を造るんだと考えればいい。畦は等高線に沿って築くのがもっとも効率よく水が溜められる。奈良盆地・大阪平野といえば大局的には平坦なのだが、奈良盆地は王寺町の大和川の出口に向かってすり鉢状に傾斜し、大阪

図４　長地型地割と半折型地割

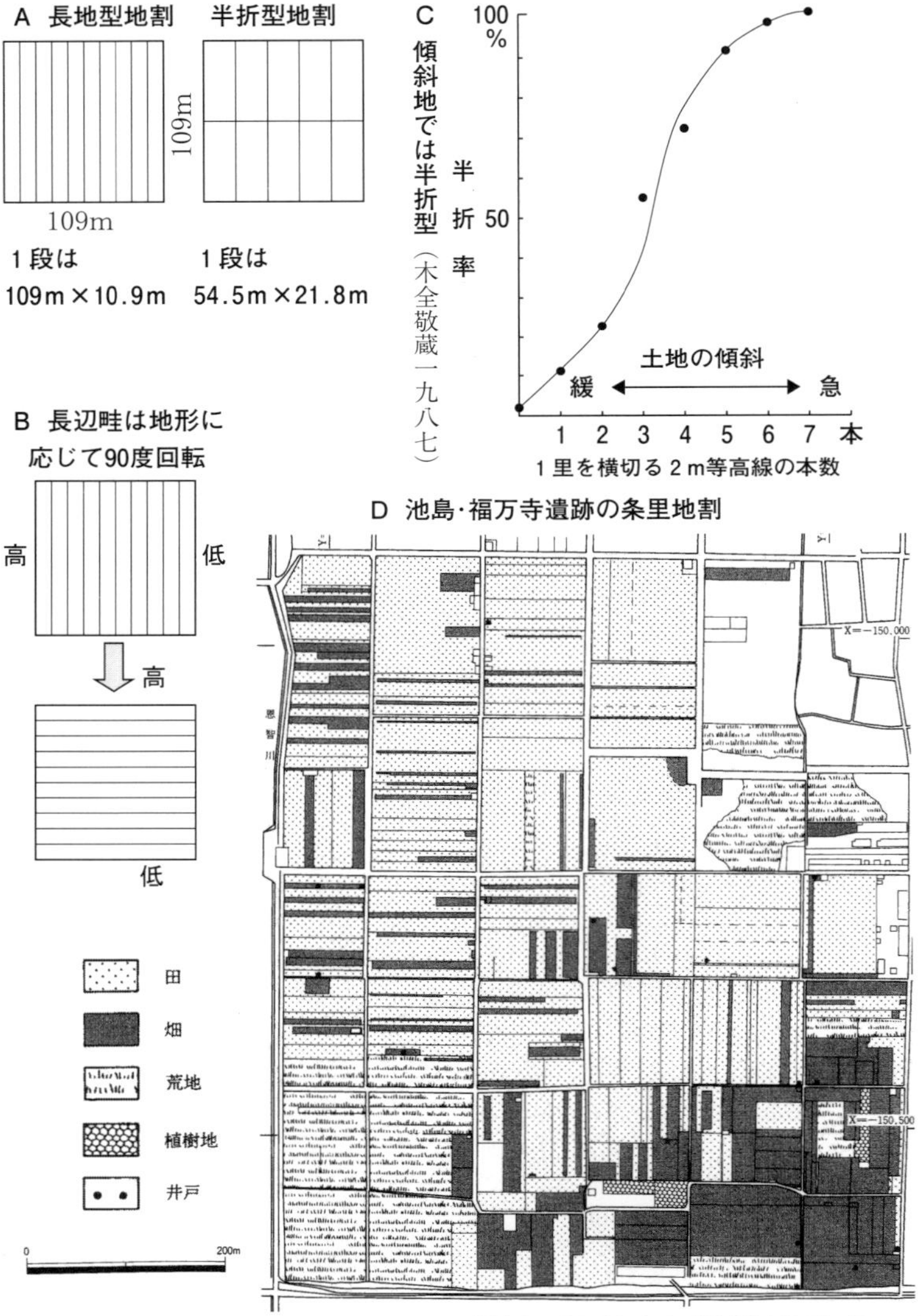

（『池島・福万寺遺跡　発掘調査概要Ⅳ』1991）

平野も大阪城の北を流れる大川筋や淀川本流に向かってすり鉢状に傾斜している。だから一旦すべての田は棚田だと割り切ればいい。そのうち山手で隣の田との高低差の大きいものをわれわれは棚田と呼ぶわけだが、そうでない平地の田も隣の田との間はそれなりの高低差をもっている。それだけに造成に際しては長辺畦をどちらに向けるかは大問題なのである。いま長地型地割を例に話したが、半折型地割でも事情はまったく同じで、一町区画内の傾斜の方向を慎重に見極めて長辺畦の走行方向を決めるのである。

Dは大阪府東大阪市と八尾市にまたがる池島・福万寺遺跡の発掘前の土地利用状況で、表層条里がきれいに残っていた地域である。ここでは長地型地割を主流とするが半折型地割も混在し、長辺畦も東西方向と南北方向が混在している様子が読み取れる。地面には微地形的には複雑な凹凸があり、人の目には見えなくても水は敏感に反応して低い方向を目指して流れる。そこで田の造成段階で一町区画内の傾斜の方向を見極め、できるだけ等高線に沿わせる方向で一枚一枚田ごとに長辺畦の走行方向を決めてきた結果が、パッチワークのような美しいパターンに結実したのである。

先に水田は湛水耕地なので田の底面は水平に造成することが必要であり、大きな田は人力での均平作業が大変なので小区画水田となったと説明した。これを形からいえば同面積で自然地形の傾斜を少なくするには円形が良く、円形は現実的ではないので正方形であろう。その点、長辺一〇九m、短辺一〇・九mの長地型地割はもっとも傾斜を取り込みやすい形態であり、水田社会で自生的には絶対に生まれる筈のないもので、一区画一段という条件内で唐の田令の「田は広さ一歩、長さ二百四十歩を畝とせよ」、つまり幅対長さ比一対二四〇という極端な長地型にできるだけ近づけようとした改新政府の苦労の産物といえよう。しかしながらこれでは自然地形の傾斜を取り込みすぎて均平作業は大変である。そこで一区画一段を守りながら長さを半分、幅を倍にした半折型地割なら長辺は五四・五mとなって自然地形の傾斜の取り込みは半分で済むことになる。したがって均田制に倣った以上長地型地割が原則だが、傾斜のきついところでは一区画一段を守って班田収授には影響しない範囲で自然地形の傾斜を取り込みを半分にした半折型地割は傾斜地仕様の地割ということができよう。これは湛水耕地の底面均平作業という農業技術史の観点からのシミュレーション結果だが、実際にそうであったことは、木全敬蔵《きまたけいぞう》（一九八七）が奈良盆地の条里地割の詳細な調査から実証している。

Cは木全が奈良盆地の長地型地割・半折型地割の分布調査から導いた「半折率」のグラフで、里内で長地型・半折型と判読できた坪のうち半折型の占める割合を半折率とした。タテ軸に半折率をとり、ヨコ軸に里内にある二mの等高線の数、つまり傾斜のきつさを取った結果、例えば、二m等高線が一本も通らない里、言い換えれば、里内に二m以上の高低差のない平坦なところでは半折型地割は二%しか存在しない。そして、三本の等高線の通る里では、五五%が半折になり、七本の等高線、つまり高低差が一四mもある里では一〇〇%半折型地割になり、長地型地割は出現しないという、土地の傾斜がきつくなるにつれ半折率が高まることをきれいに証明して見せた。つまり半折型地割は傾斜地対応型の条里地割だったことになり、先のシミュレーション結果が間違っていなかったことが実証されたのである。

改新詔の半折型地割の問題点　〔図5〕は条里地割に触れた文献史料三点で、aは『日本書紀』大化改新詔其の三の規定で「凡そ田は長さ卅歩《さんじゆうぶ》、広さ十二歩を段《たん》とせよ。十段を町とせよ」というのは、一段区画の長さ対幅比が五対二の半折型地割である。bは『日本書紀』白雉《はくち》三年正月朔条の「正月より是の月に至るまでに、班田すること既に訖《をは》りぬ。凡そ田は、長さ卅歩を段とす」という記事で、「凡そ田は、長さ卅歩を段とす」というのは改新詔の「広さ十二歩」が脱落したもので、半折型地割を表している。cは養老令の田令田長条の「凡そ田は、長さ卅歩、広さ十二歩を段とせよ。十段を町とせよ」というもので、これも半折型地割である。

ところで大化改新詔の半折型地割規定も白雉三年正月朔条の半折型地割規定も田令田長条と同文であることから、岸俊男《きしとしお》（一九七三）は、

①改新詔の凡条は大化二年当時のままのものではなく、いつかの令の転載かそれによって修飾されたもので

図5　日本書紀・養老令の半折型記事

a　大化改新詔

凡田長卅歩広十二歩為段、十段為町、段租稲二束二把、町租稲廿二束、

b　白雉三年条

凡田長卅歩為段、十段為町

段租稲一束半
町租稲十五束

c　養老令田令

凡田長卅歩、広十二歩為段、十段為町、

段租稲二束二把、町租稲廿二束

あることは津田氏以来ほとんど通説となっている。

② 改新詔の凡条を総点検すれば、畿内国、官馬、兵器を除いては、すべてそれに対応するらしい条文が大宝（養老）令にみえ、ことに京の坊長、定郡の後半の郡司の選叙、駅制、五十戸為里、田長条はほとんど大宝令の文章と一致する。

③ もし改新詔の凡条が現行令に基づいて潤色されているという推定が正しいとすると、その現行令は大宝令であろう。

と、大宝令からの転載とした。妥当な説なのでこれに従いたい。

これで大化改新詔や白雉三年班田記事の半折型地割規定は大宝令からの転載で決着が着いたことになるが、では原大化改新詔にはどう規定されていたのか、これは文献史料では追いにくい部分なので、農業技術史から迫ってみようと思う。

長地型が先か半折型が先か　〔図6〕は長地型・半折型の先後関係をめぐる主な議論を弥永貞三《いやながていぞう》「半折考」（一九六七）によってまとめてみたものである。概観すれば大化前代に起源を求める説が多く、条里制地割は屯倉で始まったとするもので、この点は後に検討することにしよう。長地型と半折型の先後関係については長地型が先とする説、半折型が先とする説、代制地割から二つに分かれたとする説など諸説乱立状況が続いたが、奈良盆地の長地型地割と半折型地割を全域チェックするという木全敬蔵の研究で決着がついた。

図６　長地型・半折型どちらが先か

論　者	年　代	大化前代	大化改新	大化以降
色川三中	1802-55	長地	半折	
横山由清	〜1879	長地	半折	
米倉二郎	1932		半折	長地
森本六爾	1933	長地		
田村吉永	1951		半折	
竹内理三	1958	長地	半折	
弥永貞三	1967	代制地割	→ 半折	
			→ 長地	
岸　俊男	1975	代制地割	→ 半折	
			→ 長地	
木全敬蔵	1987		長地が基本型	
			半折は傾斜地型	

弥永貞三「半折考」(1967)をもとに作成

木全敬蔵（一九八七）はすでに見たように、奈良盆地の長地型地割・半折型地割の分布調査から半折型地割は傾斜地に集中することを突きとめ、長地型地割を原則としながらも傾斜地では長地型地割は区画内に傾斜を取り込みやすいため、一区画一段の原則を守りながら傾斜を取り込みにくいのが半折型地割だとする結論を導いた。

これで半折型地割は傾斜地仕様であり、長地型地割を原則とする条里施工の工事現場で生まれたものなので、長地型地割と半折型地割のどちらが先かと問われれば長地型地割ということになる。それに長地型地割も半折型地割も条里地割のなかの一段区画の形状なので公地公民制・班田収授を政治目標に掲げた大化改新政府のもとで生まれたものであり、大化前代には存在しなかったことになる。したがって〔図６〕の色川三中から竹内理三にいたる長地型地割大化前代説はすべて誤りだったことになる。

先ほどから本書で進めてきた農業技術史からの分析でも長地型地割は唐の一畝の幅対長さ比一対二

四〇というイメージを生む超長地型地割にできるだけ近づけようとして生まれたものであった。この長地型地割の採用は犂の導入に連動したものであろうと竹内理三は推測している。この点を農業技術史の立場から確認しておこう。〔図2〕(一〇頁)で見たように華北の乾地農法地帯では、雨の後には二頭引きの犂・耙・耱ですばやく耕起・砕土・鎮圧してわずかな降水の水分を地中に溜め込もうとした。この作業に適合したのが一畝の単位が幅対長さ比一対二四〇という超長地型形態であった。そのため改新政府は犂耕の導入には水田造成に不利な長地型地割も必須と考えていたようである。

ところで現代の観点からして犂耕に長地型地割が必須かといえばそうではない。長地型地割が必須なのは二頭引き犂地帯でしかも耕すべき耕地の広さが日本の一三倍という華北の乾地農法地帯の話であり、一頭引き犂の場合は耕地の端での方向転換も容易なので、日本の場合は半折型地割はもちろん長床犂《ちょうしょうり》地帯の奈良県や大阪府では山間の狭い棚田でも長床犂が使われてきた。しかしながらこれは結果を知っている現代人の話し。左反転の癖が広く定着していることからすれば、大化当時は渡来人の持ち込んだ朝鮮系無床犂《むしょうり》は畿内では日本人集落にも普及していたが、中国系長床犂は誰も見たことがなかった。この段階での改新政府の政策担当者には、東アジア並みの一戸に牛一頭の標準農家構想には中国系犂が必須であり、中国系犂導入のためには長地型地割は譲れなかったのだと考えられる。

原改新詔には長地型地割　これで決着がついた。原大化改新詔には唐の長地型地割に近づけようとした長地型地割が規定されていたことは間違いなく、その方針で条里施工がなされた結果、表層条里には長地型地割が優占する結果となったのである。しかしながら原大化改新詔は散逸して『日本書紀』編纂時には原文のままでは伝わっていなかったようだ。そこで編纂者が条文を復原するために大宝田令の条文を借用し条文を復原した結果、現・大化改新詔には半折型地割が記されることになったのであろう。

ここで長地型地割が先か半折型地割が先かという先後関係について整理しておけば、中国犂導入による犂耕標準農家構想を持っていた改新政府は原大化改新詔で長地型地割を規定したが、実施過程の現場の工夫で傾斜地仕様として半折型地割が生まれた。このように成文化された順序からすれば長地型地割が先、半折型地割が後となるが、しかし現実に目にみえる地割としては冬季の三か月の条里施工の過程で半折型地割が工夫されたため、翌年春の竣工式では長地型地割と半折型地割は同時に日本にデビューしたことになる。つまり法令的には長地型地割が原大化改新詔なので先、半折型地割は大宝令なので後となるが、目にみえる地割としては同時の誕生となる。

では原大化改新詔では長地型地割だったのに、大宝田令ではなぜ半折型地割になったのか。これについては農業技術史からの仮説を提示しておこう。

条里施工は後述するように六五三年冬から全国一斉にスタートして一郡単位の冬ごと連年施工を重ね、六六八年頃にはすべての国で施工を終えたと推測している。均田制の導入時には、犂を使うのだから長辺一〇九ｍの長地型地割でなければならないと硬く考えていたが、実際使ってみると長辺五四・五mの半折型地割でも全然問題ないことが分かったであろう。民具の世界でも奈良県や大阪府では大化改新政府の政府モデル犂の後裔の長床犂が区画の小さな山の棚田でもごく普通に使われていたのである。

一段区画内は徹底均平しなければならない水田造成では長地型地割より長さが半分の半折型地割の方が労力は少なくて済む。しかも犂耕には直接影響はなく、一区画一段で班田収授の規格を満たしているとなれば、今後の基準としては初めから半折型地割にしておけばいい、ということになる。そこで採用されたのが大宝田令の半折型地割規定である、というのが私のシミュレーション結果である。ここから次に掲げる公式が導き出される。

表層条里から施工時期を見分ける公式　長地型が先、半折型が後という先後関係が確定され、原大化改新詔には長地型が記されていたことが確実となったことから、次に示す「公式」を導き出すことができる。

◆表層条里から施工時期を見分ける公式

①長地型を含む表層条里→大宝令（七〇一）以前の七世紀後半施工

②長地型を含まず一国すべてが半折型の表層条里→八世紀以降の施工

すでに確認したように長地型は均平作業に多大の労力を要し水田に不向きなので、国家の強力な規制・指導がなければ誰も好きこのんで長地型地割を選ぶわけはなく、大宝令で半折型が規定された以降に条里が施工されたなら、すべてが半折型になるはずである。そこで表層条里に長地型を含んでいたならそれは間違いなく大宝令以前つまり七世紀後半の施工となり、長地型を一切含まずすべてが半折型なら八世紀以降の施工となる。ただこの公式は岸説に依拠して半折型地割の令条への初載が大宝令だとしての場合で、令条への初載が浄原令あるいは近江令とさかのぼるなら、その分施工の下限もさかのぼることになる。

ただし、この公式が通用するのは一国規模での初施工の場合であって、既施工地での廃絶条里の再開発＝「復旧条里」や旧河川敷など国有地で未施工区域の「追加条里」の場合は、周囲に倣って元通りに復旧しようとするので、八世紀以降の施工であっても長地型となる。平城京建設（七一〇）以降の施工が明らかな旧藤原京跡の長地型地割も、この復旧条里のケースであろう。

そこであらためて考察すれば、各地の表層条里では長地型が主流なのでほとんどの国は七世紀後半の初施工となり、七世紀後半にはすでに班田収授の準備が全国的に整い、班田収授がスタートしていたことが確認できる。

四　条里施工は軍国体制の基盤整備事業

唐の均田制・府兵制の丸ごと導入　万里の長城を挟んで北方遊牧民族と対峙する北朝では、国家が流民も含め小農民に耕地を与えて生活を安定させ政権基盤とする均田制と、安定した生活をおくる農民をベースに兵を徴募する徴兵制が発達してきた。唐はこれらを均田制・府兵制のシステムにまとめ上げた。大化改新政府はこの均田制・府兵制システムの丸ごと導入を図ったものと考えられる。

石母田正（一九七一）は「日本の支配層を班田制の施行にまで徹底させた一つの動因」として、対外危機があり中国の法家的な「富国強兵」策の導入があったとする。浦田明子（一九七二）は大宝二年の御野国《みののくに》戸籍の分析から「上政戸二兵士・中政戸一兵士・下政戸〇兵士」という原理を導き、「編戸」とは「五名ほどの家族員を有する世帯を三～四世帯、親族的紐帯を重視しつつ結合させ（中略）戸口数二〇名の「戸」となし、そこより兵士一名を出させるもの」とした。吉田孝（一九八三）は日唐律令の比較から、日本令は自然集落に公法的な地位を与えておらず、戸―保―里の行政組織と、兵士―伍―隊の軍団組織とが密接に対応しており、日本の編戸制は一戸＝四丁＝一兵士の基準で軍団組織とより密著して構想された可能性が強いとした。坂上康俊《さかうえやすとし》（二〇一一）は、当時の日本の政府掌握人口を四百数十万と算出、兵士の総数は約二〇万人と推計、それは旧日本陸軍の八個師団にも相当するという「軍国体制」を復原した。そして一戸から一人、一里から五〇人の兵士が徴発できるよう公民の生活を安定させるために用意されたものが班田収授であり、そのために造成されたのが条里制水田で、七世紀末～八世紀にかけて施工されたとした。

軍国体制づくりの一環の稲作民化政策　これまであまり関心が向けられなかったが、住民を戸籍で把握し、編戸された公民に田を与える班田収授制は、住民をすべて稲作民と扱っていることになる。七世紀後半の日本列島で住民すべてが稲作民ということはありえず、採集・狩猟や漁業に生きる非農業民も数多くいたであろうし、また稲作は行わず焼畑か常畑で雑穀を栽培する畑作民も多くいたであろう。そのことはわれわれ以上に中大兄皇子ら当時の政権担当者は同時代人として正確に把握していたはずである。となれば編戸された住民にすべて水田を班給するという班田収授は、これら非農業民や畑作民にも「田」＝水田を与えて稲作農民として生活を安定させ、兵の供給源に育てようとしたもので、「稲作民化政策」と位置づけできよう。

西アジアでも中国でも遊牧民を抱える国家は遊牧民に土地を与えて定住させる農民化政策を採っているが、大化改新政府の班田収授もそれとやや似た農民化政策であり、乾燥地帯の西アジアや中国では畑作民化政策となるが湿潤日本では稲作民化政策となったものである。ではなぜ稲作民化政策を展開したのか。

先ほど石母田・浦田・吉田・坂上の研究を振り返ったように、大化改新政府は唐に対抗できる軍国体制をつくろうと、一戸約二〇人、一戸に正丁四人で兵一人という基準のもとに編戸を進めていた。機関銃や大砲など一人が多数の相手を殺戮する近代兵器の出現する以前では兵士の数が即軍事力の大きさに比例するので、七世紀後半の日本列島には採集・狩猟や漁業に生きる非農業民も数多くいたことを承知しながら、かれらをも戸籍に登録し班田収授でこれら非農業民にも田を与えて稲作農民として生活を安定させ、兵の供給源に育て上げて兵力を増強し大国唐に対抗しようとしていたことになる。

稲は穀物のなかでも収穫量が多く人口支持力の高い作物であることからすれば、均田制の無灌漑の畑地班給ではなく水田を班給する稲作民化政策は高い効果が期待できる方針であり、軍国体制づくりを急ぐ改新政府にとっては的を射た政策だったといえよう。この機に非農業民の何割かが稲作民として定着するなら地域経済の底上げにも繋がり、中央・地方間の格差が是正され、国力強化にも繋がったであろう。これが稲作民化政策であり、この政策下では百姓（公民）は農民と同義になる。


網野善彦の「百姓は農民ではない」論　網野善彦は『「日本」とは何か』（二〇〇〇）で私も共著で関わった『瑞穂の国・日本―四季耕作図の世界』（一九九六）の書名を取り上げ「第四章「瑞穂国日本」の虚像」と章名に掲げて「「日本は農業社会」という常識」を批判した。網野の主張は、「百姓＝農民」の常識が研究者も含めて蔓延しており、江戸時代の百姓身分を即農民と解して人口の八〇％あるいは九〇％が農民で米を年貢に納めていたという記述が教科書や研究書で広く見られるが、百姓身分にはさまざまな職業の者が含まれていること、また山野河海で独自な生業を営む百姓の場合は非農業的生業の比重は、農業をはるかに上まわっていたに相違ない、とする点にある。これは重要な指摘であり傾聴すべきであり、教えられるところも多かった。

ただ先の書名の批判に関しては、若干的外れの部分がある。日本の四季耕作図は中国の耕織図《こうしょくず》に倣ったもので、中国では「耕図」＝男の稲作の生産過程と「織図」＝女の養蚕から機織りの過程の二図がセットだったが、日本では織図が外されて耕図に日本的な四季の情緒が加えられて「四季耕作図」が成立する。この織図を外して耕図だけを選んだ選択基準が室町・戦国時代の知識人が古代から継承していた「日本は稲作の瑞穂の国」という認識だったと考えられ、四季耕作図をテーマとする本の題名には「瑞穂の国・日本」はもっとも相応しいとして選んだものであり、著者グループや編集者が日本は瑞穂の国だと考えていたからではなく、四季耕作図の特徴を言い当てた言葉としてあえて『瑞穂の国・日本―四季耕作図の世界』としたのである。

「百姓＝農民」は稲作民化政策の痕跡資料　江戸時代の百姓身分を即農民と誤解してしまうのは子供時代に教科書を通して刷り込まれた要素はなくはないが、子供はそこまで勉強熱心ではない。それ以上に日本語の「百姓」には農民という意味が含まれているという事実があり、この影響が大きいのであろう。『日本国語大辞典』（一九九〇）の「百姓」の項目を簡略化して示すと次のようになる。

ひゃくしょう【百姓】〔名〕（あらゆる姓氏を有する公民の意）

① 一般の人民。公民。貴族、官吏、および、部民、奴婢を除いた一般の人。おおみたから。（用例略）

② 農業に従事する人。農民。『今昔物語集』二〇―四一「我が田の口を塞ぎて水を入れずして、百姓の田に水を入れしむ」。『新編追加』弘長元年一二月二〇日「名主百姓等、限りある名々の庄田を沽却《こきゃく》する由の事」。蕪村の俳句「百姓の生きてはたらく暑《あつさ》かな」。

③　江戸時代、特に本百姓をさしていう。（用例略）
④　田舎者、また、情趣を解さない者をののしっていう。（用例略）
⑤（百姓する）農作業をすること。田畑をたがやすこと。（用例略）

百姓が農民を表す用例として平安時代後期の『今昔物語集』と鎌倉時代の『新編追加』、江戸時代の蕪村の俳句を掲げるが、①の用例として掲げられた『続日本紀』大宝元年八月甲寅「大風ふき潮《うしお》漲《みなぎ》り、田園損傷す。使を遣して農桑を巡監し百姓を存問せしむ」という記事は新暦九月の「大風潮漲」つまり台風と高潮で農村が大きな被害を被ったので調査使を派遣して農桑を巡監し「百姓」を存問したというもので、ここでも当然のように農業者が百姓と呼ばれている。つまり少なくとも大宝元年（七〇一）年から近世を経て現代まで一三〇〇年を超えて百姓が農民の意味で使われ継承されてきたわけであるが、その根源はといえば大化改新に始まる稲作民化政策であり、班田収授であろう。

民衆を戸籍に登録し、男は二段、女はその三分の二の割合で田を班給するのが大化改新詔で謳われその後実施された班田収授であるが、班田収授が実施されれば百姓＝公民身分は職業から見ればすべて稲作農民となり、日本語の「百姓＝農民」という意味はここに起因していると考えられる。したがって大化改新から千年近くも経って社会の変化した江戸時代の百姓身分を即農民と解して人口の八〇％あるいは九〇％が農民であったと教科書に記述するような誤解は改めなければならないが、他方で農民をごく自然に「百姓」と呼び、農作業を「百姓仕事」と呼ぶ日本語の用法は大化改新政府が実施した稲作民化政策の痕跡であり班田収授の痕跡であって、歴史資料として大切に継承していくべきものと私は考えている。

牛一頭を飼う標準農家構想　先に長地型地割を採用したのは犂の導入に連動したものであろうと竹内理三は推測していると紹介したが、その竹内説を見ていこう。

竹内理三（一九七三）は律令国家は一戸に牛一頭という犂耕農家を基礎に据えて制度設計されていたと指摘し、さらに長地型地割と牛耕の関係に注目していた。その論点を要約して示すと、

a　弘仁十四年（八二三）の公営田制設定の計画では、田一町を、徭丁五人、人別三〇日の労働で収穫までをやらせることになっている。すると一人が三〇日の労働で二段となり、一段の労働力は一五日となる。即ち年間一五日の労働を一段に投下すれば、水田経営が可能となるわけである。

b　延喜内膳式の耕種園圃の条に「麦大麦一段、惣単功十四人半、耕地一遍、把犂《はり》一人、駆牛《ぎょぎゅう》一頭」とあり、大麦・小麦の一段の投入労働力は一四人半となりほぼ一五人である。公営田の水田一段一五日という数字は、この麦一段一四日半という数字と同じ性質のものと考えられる。

c　すなわち一段という面積は、犂牛を使用しての農民一人の投入労働量によるものであり、さらに、把犂一人、駆牛一人という労働力は、農民の夫婦による牛の使役一日で耕作できる面積とも考えられる。

図7　畿内官田の牛耕経営

	官田	農民	牛	経営内容
大和	30町	15戸	15頭	課丁３人以上の中々戸 **1戸に田2町 牛1頭**
摂津	30町	15戸	15頭	
河内	20町	10戸	10頭	
山背	20町	10戸	10頭	

（田令36置官田条より）

畿内向けモデル犂
（復原図）

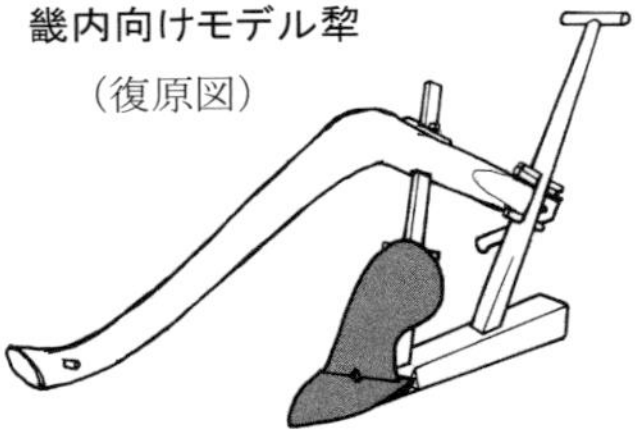

d　この一段当りの労働力に犂の使用を計算に入れていることは、令制の官田（屯田）で牛を飼養することを条文に加えていることと共に、たとえその普及が限られているにしても、建て前としてそうであったと考えてよかろう。

e　建て前としての犂の使用が長地形の条里の存在と深い関係がある。一辺の長い地割は欧州では、犂の転廻の労力を省くためといわれるが、条里制の一辺六〇歩の長さも、そうした意味をもつものではあるまいか。

としている。

一戸で二町　牛一頭　竹内がdで触れている令制の官田は養老田令の「置官田条」に、

凡そ畿内に官田置かむことは、大和、摂津に各卅《さんじつ》町、河内、山背に各廿《にじつ》町。二町毎に牛一頭あてよ。其れ牛は、一戸をして一頭養《か》はしめよ。謂はく、中中以上の戸をいふ。

とあり、〔図7〕にまとめてみた。官田では「二町毎に牛一頭」を配するのであり、「牛は、一戸をして一頭養はしめ」てそれが「中中以上の

図8　遣唐使の持ち帰った犂と2つの政府モデル犂

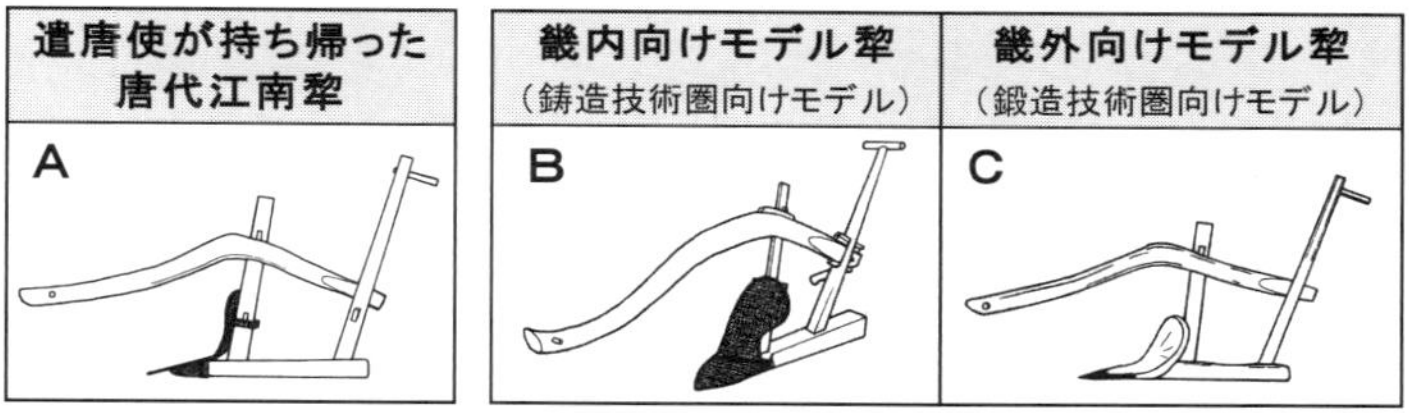

曲轅長床犂		
鋳造犂先		鍛造V字形犂先
爪留め方式の鋳造犂へら		一木犂へら
右反転	左反転	

戸」つまり標準的農家なのであるから、一戸に口分田は二町、牛一頭というのが大化改新政府の描いた標準農家なのであろう。これに先に見た浦田明子・吉田孝・坂上康俊の軍国体制論を重ねると、戸口数二〇人で正丁は四人でそこから兵一人を出すのを標準戸とし、その戸に口分田二町を与え牛一頭を飼わせて耕作させるのが標準農家のモデルだったことになる。つまり大国唐に対抗するには豪族軍では兵力不足で一戸一兵士を基準とした国民皆兵軍を創出する必要があり、そのため戸口二〇人、正丁四人で口分田二町、牛一頭の標準農家を設定、その実現のため遣唐使を通して入手した安定性に優れた曲轅長床犂《きょくえんちょうしょうり》の様＝実物模型（〔図8〕B・C）を各地の評督に送付し、各戸にコピー製作させて届けようとしていたことになる。

　日本の犂耕は渡来人の牛と犂の持ち込みで始まった。その後畿内や渡来人密度の高い地域では日本人集落にも広がり始めていたが、まだ多くの地域では鍬や踏鋤の耕作であった。改新政府はこれらの地域を一気に犂耕レベルに引き上げようという壮大なプランを掲げていたことになる。

二つの政府モデル犂　大化改新政府が各地の評督あてに送付したと考えられる政府モデル犂には、畿内向けモデル犂と畿外向けモデル犂の二種類があったことが明らかになっており（河野通明二〇〇九）、〔図8〕にはその復原図を掲げた。Aは遣唐使が持ち帰った犂轅《りえん》・犂柱《りちゅう》・犂床《りしょう》・犂柄《りへい》の四部材からなる曲轅長床犂で、鋳造犂先と鋳造犂へらを装着している。それを基にしたBの畿内向けモデル犂にも鋳造《ちゅうぞう》の犂先《すきさき》と鋳造犂《すき》へらがつくが、Cの畿外向けモデル犂は鍛造《たんぞう》V字形犂先と犂床と一木造りで削り出した一木犂へらが特徴であり、大きな変更を加えている。

B・Cの政府モデル犂では犂へらは進行方向に向かって左に控えた形で取りつけられているが、これは犂先で耕起された土塊を左に返すためで「左反転」と呼んでいるものである。中国の犂はAのように右反転なのに対して、朝鮮半島は左反転であることは研究界では古くから知られており、日本が左反転なのは朝鮮系犂を継承したもので、日本の犂耕は渡来人が持ち込んだ朝鮮犂から始まったことが犂へらの反転方向からも確認できる。そして政府モデル犂では畿内向けも畿外向けもAの唐の江南犂の右反転を左反転に変更して日本の実情に合わせている。

注目されるのは政府モデル犂を畿内向けと畿外向けの二種類に分けたことである。中国でも朝鮮半島でも犂先と犂へらは鋳造品で「鋳造犂先・鋳造犂へら」はいわば東アジア標準である。鍬は柄を振り上げて土に打ち込み衝撃力で土を掘るのに対して、犂先は土の中を潜水艦のように潜航して木の根、草の根を切りながら進むので切れ味が勝負となる。鋳物＝鋳造品は材質が硬く割れやすいが切れ味がよく、犂先には打ってつけの特性を備えているので鋳物が東アジアの標準となったのであろう。犂へらは鍛造品でも使えるが、摩擦で磨り減ることからすれば鋳物の方がベターである。ただ鋳造は鉄を一四〇〇度の高温で熔解して鋳型に流し込んで成型するものなので大きな装置と高い技術が必要となり大きな資本の経営体が求められるので、その普及は七世紀段階では畿内とその周辺に限られていた。それに対して鍛造品は鉄を八〇〇度ほどに熱して叩いて整形するものなので大きな装置は必要なく、村の鍛冶屋のイメージでも分かるように個人経営でまかなえる規模なので、U字形鉄刃なら全国どこでも入手できる状況にあった。犂へらは、畿外向けは鉄を節約して木製一木造りとした。

古代の日本は鉄の生産でも加工技術でも後進国だった。鉄材は永らく朝鮮半島からの輸入に頼っていて鉄不足の国だったし、鋳造技術も基本的には政権所在地の畿内周辺に限られていた。そこで五世紀後半～六世紀にかけて渡来人が牛と犂を持ち込んだとき、畿内周辺では故国そのままに鋳造犂先が使えたが、畿外に入植した渡来人たちは鋳造犂へらが入手できないので、U字形鉄刃の先を尖らせた鍛造V字形犂先で我慢せざるをえなくなった。つまり畿外では五世紀後半いらい鍛造V字形犂先が使いつづけられていたのであり、畿外向け政府モデル犂は、その実情に合わせていたのである。

長床犂も各戸に「班給」　「畿内向け」「畿外向け」は私と読者とのイメージの共有を配慮しての大まかな地域区分であるが、政権担当者はおそらく「鋳造技術圏向け」「鍛造技術圏向け」と分けていたのであろう。したがって在来犂から検出できる畿内向けモデル犂の分布域は大化改新詔の畿内とも令制下の畿内とも若干ずれていて、たとえば南海道の紀伊国は紀伊半島の南端の新宮市あたりまで鋳造犂先・鋳造犂への畿内型である。これは大和政権の朝鮮半島政策に深く関わっていた紀氏のもとでは紀ノ川下流域におそらく通訳の世代継承も考慮して大規模なコリアンタウンが保護されており、鋳造技術が継承され紀伊半島がその供給圏であったことに対応したものと考えられる。滋賀県については南部に爪留め方式の犂へらが認められるが、全域的にどうだったかはまだ資料不足の状況である。ともあれ大化改新政府は行政区域ではなく鋳造技術の普及度に合わせてどちらかのモデル犂を選んで送付していたようである。この改新政府のきめ細かい対応には驚かざるをえない。

唐からの導入は機械的、国内実施は柔軟で現実的　政府モデル犂に、鋳造技術圏向けと鍛造技術圏向けの二種類を用意し、相手を見分けて送付したことは、政府モデル犂が壊れても更新を繰り返しながら地域社会で継承され確実に定着することを見据えた対応であり、評督に送りつけられた政府モデル犂は、評督《こおりのかみ》が里（五十戸）ごとに各戸の百姓を集めてコピー製作させることで各戸に届くことになる。それが期待されていたし、また確実に実行されていたことは、各地の在来犂から政府モデル犂の痕跡が検出されることで確認できている。大化改新政府は口分田のみならず政府モデル犂も評督を介して各戸に「班給」していたのであった。これは大化改新政府が牛一頭を飼って犂耕をする標準農家構想を絵に描いた餅ではなく現実に各地に定着させることを本気で考えていたことになり、ここから改新政府の施策の原理が導き出される。

先に大化改新政府は華北の畑作地帯で発達してきた均田制を彼我の自然条件の違いに気づかず機械的に水田日本に導入したと指摘した。その通りであり、国際間の情報不足の古代で、中国と日本の分化落差が格段に大きかったなかでの後進国日本が唐を眩しく見上げて目が眩んだ状況のなかでの起きた機械的導入だったが、その改新政府は律令制を国内各地に定着させる段階では機械的とは真逆に地方の実情に合わせてきわめて具体的・現実的に柔軟に対応していたことになる。この「唐からの導入は機械的、国内実施は柔軟で現実的」という原理があったことをまず確認しておきたい。この原理は文献史料からは見えなかった部分で、在来犂という地方の現場に残る痕跡資料を古代史資料と位置づけて調査を重ねてきたことから復原できたものであるが、牛一頭を飼って犂耕をする標準農家構想を絵に描いた餅ではなく現実に各地に定着させようとして、政府モデル犂を鋳造技術圏向けと鍛造技術圏向けの二種類を用意して、地方の実情を見分けて送付する辺りはおそらく秦の始皇帝以来、歴史的統一国家造りを何度も経験してきた中国の唐政府ではおそらくやらなかったことで、中央集権国家初体験の後進国日本の為政者だからこそ起こりえた初々《ういうい》しい瑞々《みずみず》しい姿といえよう。先進国唐を眩しく見上げて目が眩んだ状況のなかで均田制を機械的に導入したのは後進国ゆえであったが、その未熟さと張り切りは均田制の国内実施の場面では、今度は本気の熱心さとなって地方の実情に合わせてきめ細かく対応するという長所の形で現れたのである。

私はこれまで先進国唐と後進国日本という文脈のなかで説明してきたが、この「唐からの導入は機械的、国内実施は柔軟で現実的」という原理には、それをリードした中大兄皇子がクーデター当時一九歳という若さも多分に関係しているのではないかと見ている。近年、大化改新のリーダーを孝徳天皇と見なす説が拡がりつつあるが、クーデター当時四九歳、当時では老年の孝徳が主導権を握っていたなら、第二章、第三章で詳しく触れるが、これまで人々の生活を支えてきた既存の田を全部壊して条里田を造成する、それも水の来ない不耕作田が多数生まれることは十分に分かっていながら平野部全域に人力で造田するなどの無謀なことはやらなかったであろうし、鋳造技術の普及度に合わせて政府モデル犂を鋳造技術圏向けと鍛造技術圏向けの二種類を用意して地方の実情を見分けて送付するなど面倒なことはやらなかったのではないか、と考えられる。唐の均田制の機械的導入や、それを国内に適用するに当たっての既存田を破壊しての平野部全域の条里田造成は若気の至りの勢いがないとここまで踏み切れないし、政府モデル犂を二種類を用意して地方の実情を見分けて送付するなど面倒なことは、リーダーの若気の至りの熱心さと確信に満ちたぶれの無さ、おそらくそれに共鳴した若手の取り巻きの政策プロジェクトチームがあって細部を立案し、その熱意で押し切ったからこそ地方の末端まで政府モデル犂農具が行き届いたのであろう。これは永年各地の博物館・資料館を回って在来農具のなかから古代の痕跡情報を抽出する調査を続けてきた物証屋の感じた率直な観察所見である。

稲作農具のモデル配付　ところで採集・狩猟民や漁民など非農業民には田を班給しただけで稲作がで

きるわけではないことは政権側もよく承知していた。そこで稲作農具一式の様（実物模型）を評督あてに送付して必要数だけコピーさせ普及を図ったと考えられる。先ほど指摘した中国系長床犂のモデル犂配付もその一環で、たまたま在来犂調査を続けていたために犂が網に掛かっただけで、他にも基本農具の様がセットに組まれて各地の評督あてに送付されていたことは、在来農具調査から検出できている。この件については第九章で詳しく見ることにしたい。

牛の普及は地方任せか　農具なら手間さえ厭わなければ政府モデル犂を政府の手元で五〇〇台コピー製作すれば全国の評督の手元に送り届けられるが、牛は繁殖力の強い若牛の雄雌ペアを五〇〇組急に揃えて全国配付するのは難しく、結局は地元任せになったのではないかと考えられる。

同じ里内に朝鮮系無床犂が何台か使われていて牛が何頭か飼われていたなら、里ごとの模刻複製会で牛の普及計画が話し合われて、これまで里外に売られていた子牛を里内で安く頒け合うことで牛の普及は図れる。西日本は渡来人密度が高かったことは西日本の在来犂のほとんどが朝鮮系犂と政府モデル犂の混血型であることから復原できる。そしてそれらが県内隅々まで分布していることから里ごとの模刻複製会で牛の普及計画が話し合われて成功したケースと見られるのに対して、東日本では朝鮮系犂と政府モデル犂の混血型が使われる地域と犂耕空白地帯が混在する状況であり、すでに牛を使っていた里では模刻複製会で牛の普及計画が話し合われて成功したのに対して、渡来人が来ておらず牛を見たこともない地域では牛の手配の目処が立たずに政府モデル犂のコピーも見送られたものと考えられる。福島県域は畿内型の縄引き型木摺臼の分布域で里ごとの模刻複製会は確実におこなわれていたことが確認できるが、後世の移住者による持ち込みを除けば在来犂の空白地帯である。評督も里長も含め里内の誰も牛を見たことがない状況では牛の入手の手だてがなく、政府モデル犂の模刻複製は見送られたものと考えられる。

在来犂は畿内と西日本では空白地帯が見つからないほど普及していたのに対して、中部・関東地方では空白地帯が混在する状況にあり、西高東低型の分布を示している。これに関して農学界では朝鮮半島や中国に近い九州にまず犂耕が伝わり、徐々に東に伝播していったという「犂耕東漸説」が誰言うともなく信じられてきたのだが事実は異なっていたようだ。渡来人は大和政権の朝鮮出兵に参加した首長のもとに連れてこられるので、朝鮮系犂は西高東低の分布となる。そこに政府モデル犂の様配付が重なると、牛の普及率の高かった西日本では一気に空白地帯を埋めて全域普及の様相を実現したのに対して、渡来人の分布に偏りがあり牛の普及率が低かった東日本では、政府モデル犂配付を承けて朝鮮系犂を使っていた地域では混血型が生まれたものの空白地帯は空白地帯のまま残り、改新政府の政府モデル犂配付をきっかけに西日本と東日本の在来犂の普及率の格差が大きく拡大した。その結果が在来犂の西高東低型の分布となったものと考えられる。

こうした文献史料がまったく存在しない分野で痕跡からのシミュレーション復原が力を発揮する。本書ではこの方法を有効に使いながら七世紀第3四半期史の復原を進めていくことにしたい。

五　国家構想は唐からの直輸入

律令制朝鮮半島経由説の検討　本章ではこれまで、大化改新政府は華北の乾地農法の畑作地帯で発達してきた唐の均田制を温暖多雨の水田日本に彼我の違いに気づかずに直輸入したと論じてきた。ところが市大樹《いちひろき》（二〇一四）によれば、近年律令制度の唐からの直接摂取は七世紀末からで、それまでは朝鮮半島経由で摂取されたとするいわば「律令制朝鮮半島経由説」が広まっているようなので、検討して本書の立場を明確にしておきたい。市によれば、

七世紀代の倭国は朝鮮半島を向いて文明を享受し、結果として古い時代の中国の諸制度を摂取してきた。しかし、七世紀末における藤原不比等の台頭とともに、同時代の中国により直接向き合うようになり、大宝律令や独自年号の制定、遣唐使の再開などが実施される。こうした鐘江宏《かねがえひろ》之《ゆき》の見通しについて、私は基本的に正しいと考えている。このような大きな流れのなかで、孝徳朝は唐の制度をかなり意欲的に摂取しようとした、やや特異な時代であるという印象は否めない。本稿で言及したものとしては、将作大匠、刑部尚書、衛部といった中央官職、仏教界を指導する十師、立礼・再拝の採用などが顕著な事例である。また、当時はまだ京域がはっきりと設定されたわけではないが、上町台地の北端に難波長柄豊碕宮が設定され、その南に土地が開けているこ

とからすれば、唐長安城のような北闕型《ほっけつがた》の都城を志向したとみることも可能である。（中略）さらに、中国の諸制度を意欲的に摂取しようとする風潮のなかで、評のように明らかに朝鮮半島の制度によったものもある。これらの点を踏まえた上で、大化改新を総合的に評価していく必要があることを確認しておきたい。

というものだが、孝徳期の将作大匠《しょうさくだいしょう》、刑部尚書《ぎょうぶしょうしょ》、衛部《えぶ》、十師、立礼・再拝の採用、北闕型と見られる難波長柄豊碕宮を「唐の制度をかなり意欲的に摂取」したものと認めながら「やや特異な時代」と位置づけたのは、朝鮮半島経由導入説を動かぬ前提と固定してしまったためで、その前提を外せば本書と同じく孝徳期は唐から直接制度導入を図った画期的な時代と評価できるのではないか。

唐からの直接導入の一例を挙げれば、幅対長さ比を一対一〇とした長地型地割は、田底の徹底均平を必要とする水田には本来馴染まない形態である。にもかかわらず長地型地割にしたのは、中大兄皇子が唐の一畝の幅対長さ比一対二四〇という極端な長地型規定を理想形態とし、唐の犂の導入には長地型地割が必須と理解して、一町区画を一〇等分する際に幅対長さ比を一対一〇にしたものと考えられ、これは朝鮮半島経由説では説明できない。律令制朝鮮半島経由説は大化改新の痕跡として各地の大地に刻み込まれた条里地割を分析対象から外した場合にしか成り立たない議論なのである。

また市は評を「明らかに朝鮮半島の制度によったもの」とするが、それは名前だけではないのか。一戸二〇人で正丁四人を標準戸と設定してそれに合うように編戸をし、一戸から一兵士を採れるようにして、それを五〇戸束ねて五十戸（里）とし、その里をいくつか束ねて評（郡）とするのは、国民皆兵制の実現を急ぐあまりに行政組織を軍隊組織に合うように造ってしまったという荒療治であり、唐の府兵制の導入を急いだ日本での工夫であろうと理解している。

唐制直輸入は国博士の唐知識があって可能に　唐への留学経験をもたない中大兄皇子がいきなり全漢文の唐令を眺めても国家構造の体系的な理解は無理なことからすれば、在唐経験ゆたかな国博士の唐理解が唐制の直輸入を実現させた大きな要因と考えられる。二人の国博士のうち僧旻《みん》は仏教や呪術関係での活躍が伝えられていることからすれば、唐の律令制の構造的把握をしていたのは俗人の高向玄理《たかむこのくろまろ》であろう。玄理は推古一六年（六〇八）に小野妹子《おののいもこ》の遣隋使に従って留学、舒明一二年（六四〇）の帰朝まで留学は満三二年間におよぶ。その間に隋の滅亡、混乱のなかからの唐の建国を目の当たりに見ていたわけで、その玄理なら唐の武徳令（六二四）を入手して読み込んでいた可能性が高く、均田制・府兵制の国家構造を的確に把握していたと考えられる。大化二年八月の東国国司詔で地方での国司の仕事を反乱予防の兵器接収のほか、立評をにらんでの編戸・造籍と評造候補の選定に絞り込んだのは、玄理の助言によるものだろうし、大化二年の大化改新詔で示された国家の大綱も玄理の助言が大きく関わっているだろう。北闕型都城を想定した難波長柄豊碕宮の上町台地の北端配置も、長安で暮らした玄理や旻が国博士なら当然の設計であった。

　中大兄はその後、一触即発の反乱の危機のなかで地方豪族と向き合いながらの立評準備に取り込まれて国博士とは疎遠になり、彼らの知識を十分に引き出せないまま国博士は相次いで他界した。

中大兄＝天智政権は立評・評再編・七道建設と条里施工を積み上げて律令国家の下部構造を完成させ、それを承けて七世紀第4四半期の天武・持統朝は、中央官制・都城・律令と正史編纂など上部構造建設に取りかかったが、在唐経験ゆたかな国博士は在世せず、遣唐使も派遣できないまま『周礼《しゅらい》』を参考に宮を京の真ん中に配置する藤原京を造ってしまったり、また新羅を通しての知識の摂取が多くなるのは唐と遮断されたこの時期の特徴ではないか。ただ律令国家の総仕上げにあたる大宝律令は渡来唐人の薩弘恪《さつこうかく》も編纂に関わって（森博達《もりひろみち》一九九九）七〇一年に発布され、律令国家はひとまず完成した。

七〇二年には遣唐使が再開され、七〇四年に帰国した粟田真人《あわたのまひと》の報告を通して、これまで造り上げてきた律令国家は唐とのずれが大きいことが認識され、都城・律令・銭貨の鋳造でやり直しが始まることになるが（渡辺晃宏《わたなべあきひろ》二〇〇一）、これは八世紀史の課題である。

律令国家建設過程を私はこのように総括している。

中大兄が律令国家構想を持ったのは政変前か　ところで高向玄理らの国博士は改新詔の政策大綱の策定に適切な助言を与えたと考えられるが、国博士はあくまで政治顧問であり、クーデターで政権を握った中大兄が諮問したから答えたのである。では中大兄はいつ唐に倣った中央集権国家構想を心に描いたのか。それはクーデター前であろうと見当を付けている。その理由をあげよう。

それは乙巳の変後の政策展開の速さである。節目の出来事の日付を確認しよう。

皇極四年（大化元、六四五）

六月一二日　乙巳の変　中大兄ら蘇我入鹿を殺害。

六月一四日　軽皇子（孝徳）即位。中大兄、皇太子的地位に。

八月五日　東国国司詔。東国国司に評造候補選びと戸籍作成、田畑調査、兵器接収を命じた。

ほぼ同時期に諸国にも同内容の国司派遣の可能性が高い。

大化二年（六四六）

正月朔日　大化改新詔。改新政府の政策大綱の宣布＝マニフェストの公示。

東国国司詔の内容の評造候補選びと戸籍作成命令は立評を見据えた地方政策の第一歩なのだが、これがクーデター後二か月弱で、改新政府の政策大綱である大化改新詔はクーデター後五か月半であり、クーデターで政権を取ってから、どんな国家にしようかとあれこれ考えていたなら、二か月弱で立評を見据えた地方政策を打ち出し、五か月半に大綱宣布の大化改新詔を出すのは無理だろう。これはクーデター前から中大兄は唐に倣った中央集権国家構想を暖めていたことを物語っている。そのきっかけは高向玄理辺りから唐の国家構造の話しを聞いたことであろう。

もう一つは、クーデター直後に古人大兄が「韓人、鞍作臣を殺しつ」と口走ったが、入鹿を殺した首謀者は中大兄なので「韓人」は中大兄を指すことになり、中大兄は「韓人大兄」というあだ名を持っていたことになる。韓という字が当てられているが、これは「カラヒト」と叫んだのを記録者が韓の字を当てたにすぎない。改新政府が遣唐使の持ち帰った中国系長床犂を全国に様配付したときの犂は関西ではカラスキと呼ばれ、これは古代語のままで、五～六世紀は朝鮮半島を指したカラは、遣唐使の派遣で宮廷貴族の憧れの対象が唐に移ったころからカラは唐を指すようになったと考えられる。中大兄は「韓人大兄」＝唐かぶれの皇子と呼ばれていたのである。

その前提が六三二年に僧旻、六四〇年には高向玄理・南淵請安と在唐経験豊かな留学生・留学僧らが相次いで帰国したことで、唐の律令制度の姿が急に間近に見えてきて、宮廷内は唐ブームで盛り上がったであろう。南淵請安が儒教の塾を開いて中大兄・中臣鎌足も通い、僧旻が周易を説いて賑わったという唐塾ブームのなかで唐文化に傾倒したのであろう。そうした環境に育った中大兄は「韓人大兄」＝唐かぶれの皇子と呼ばれて唐通で知られていたようだ。この唐かぶれ皇子が律令制度研究を進めていた高向玄理と出会ったとき、日本の律令国家の種は芽吹き始めたのである。

乙巳の変当時中大兄は一九歳、理想を純粋に追求できる年齢である。高向玄理から唐の国家構造の話しを聞いた中大兄は、日本でそれを実現したくなった。乙巳の変の主要な側面は王家と蘇我氏の政権抗争だが、そこにもう一つ、中大兄の唐に倣った中央集権国家を日本で実現したいという夢が加わり、この夢がクーデターの失敗の恐怖を吹き飛ばして乙巳の変に向かわせたと考えられる。公地制の展開過程は地方豪族・地方農民との正面切った対決で、たびたび困難に直面したにもかかわらず、中大兄は終始ぶれなかった。このぶれの無さは、中大兄が唐に倣った中央集権国家を日本で実現したいという強い夢を持っていたと仮定すれば説明が付くし、凡庸な専制君主には真似できない稲作農具一式のモデル配付による地方経済の底上げ策も、中大兄の夢の実現の一環とするなら説明がつく。

そうであれば、隋・唐をまたいで三二年の留学経験をもち、唐の国家構造の研究を深めていたであろう高向玄理の日本史上の役割は大きなものになる。中大兄がクーデターで政権を握ったとしても、唐に倣った中央集権国家を日本で実現したいという強い夢を持っていなかったなら、その後の日本の歴史はもっと違った姿になっていたであろうからである。

小括

本章ではこれまでの検討から以下のことが明らかになった。

① 華北の高緯度・寒冷・少雨地帯の天水農業の畑作と、日本の中緯度・温暖・多雨地帯の水田農業はまったく異質だった。大国唐の高句麗侵攻の危機への対応に手一杯で異質さには気づかず、大化改新政府は華北の畑作地帯をベースにした均田制と府兵制を機械的に導入して、国民皆兵制の中央集権国家を創ろうとした。

② 均田制と府兵制を機械的に導入したため、唐では農道を引くだけで済んだ土地区画が、日本では畔と用水路に囲まれた湛水プールにしなければならなくなり、日本全国で大規模な条里施工をす

る羽目に陥ってしまった。

③唐では律令制度を建前と本音を使い分けて融通無碍に運用したが、唐を眩しく見ていた後進国日本は、生真面目に型通りに導入しようとしたため、班田収授で農民間の貧富の差はなくなったが規則づくめ規制だらけの窮屈な儒家的法家的社会主義となった。

④唐の乾地農法地帯の畑作では二頭引き犂で広大な耕地を耕すため長大な長地型地割がおこなわれていた。日本の長地型地割は、一町区画を一区画一段に一〇等分する条件下で、精一杯唐の長地型地割に近づけようとしたもので、唐の犂の導入に必須と考えられていたようである。

⑤長地型地割は傾斜地では均平作業が大変なので、長さが半分の半折型地割が傾斜地仕様として考案された。表層条里でも平坦部は長地型地割が主流であることからして、原改新詔には長地型地割が記されていたと考えられる。

⑥改新政府は戸籍にもとづいて口分田を班給したが、当時の日本列島には非農業民も多くいたことからすれば公民をすべて稲作農民に仕立てあげようとした稲作民化政策だったことになる。

⑦公民は「百姓」と呼ばれたが、稲作民化政策で公民をすべて稲作民に仕立て上げたため、百姓＝農民となった。日本語で百姓といえば農民を指し、農作業を百姓仕事と呼ぶのは大化改新政府の稲作民化政策の痕跡であり、一三〇〇年を超えて継承されてきた大切な歴史資料である。

⑧非農業民を稲作民に育て上げるには田を班給しただけでは不十分で稲作農具一式を班給する必要

がある。そこで改新政府は農具の様＝実物模型を全国の評督（のちの郡司）あてに送り付け、農民を集めてコピーさせる方法で、「一戸に二町、牛一頭」計画に必要な犂などを全国の公民のもとに届けていた。この件は第八章で詳しく取り上げる。

⑨牛の普及に関しては改新政府の有効な手だてが打てないまま地方任せとなったと考えられ、それが在来犂の西高東低型分布の原因となったと考えられる。

⑩七世紀末までは律令制度は朝鮮半島経由で導入されたとする説があるが、長地型地割は唐の田令に倣おうとした痕跡であり、唐令と在唐経験者の知識を介した唐からの直輸入と考えられる。

⑪乙巳の変から二か月後に立評を見据えた造籍と評造候補選びの地方政策を打ち出し、五か月半で政策大綱の大化改新詔を公布した早さからすれば、中大兄皇子はクーデター前から高向玄理あたりから唐の国家構造のレクチャーを受けてそれを日本で実現したいと考えていた可能性が高い。

第二章　七道建設と条里施工のシミュレーション

一　七道建設と条里施工の着工年を探る

律令国家建設初期の二大土木工事　大化改新政府の目指した律令国家建設は、建設という点では住宅やビルの建設に似ている。〔図10〕のように、基礎工事から始めて一階、二階と順序立てて建てていかなければならないからである。その一階部分に相当する工事に七道建設と条里施工の二大土木工事があった。

七道とは〔図11〕に掲げた七道駅路で、都から国府を繋ぎながら地方に延び、平野部では最短距離のルートをとった直線官道であり、西海道は律令国家の九州総本店ともいえる大宰府から六方に伸びている（日野尚志一九九六）。改新政府は〔図9〕に示すように天皇を頂点とする中央集権国家の建設を目指していた。中央集権なら天皇の命令や中央政府の法令をかなり頻繁に地方に伝えなければならなくなる。「中央から全国一斉に使者を派遣する際には、五畿・七道ごとに使者を任命するのが常であった。使者はそれぞれの道をたどりながら、路次《ろし》諸国（通過する国々）において、さまざまな職務

図９　財政上の中央集権国家

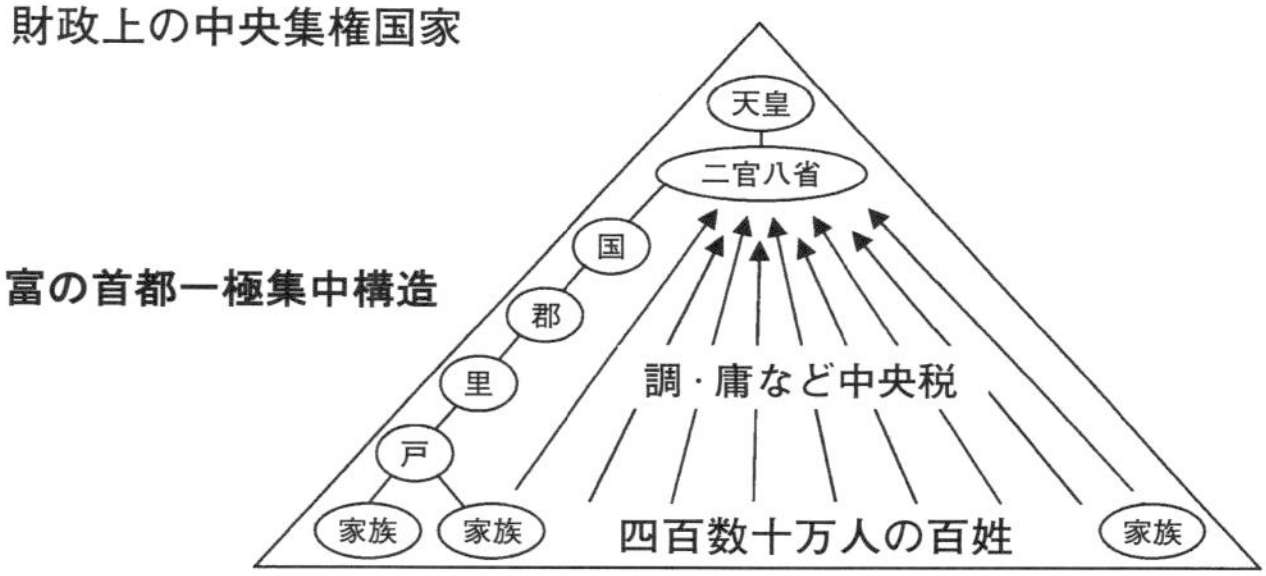

図10　律令国家の建設手順

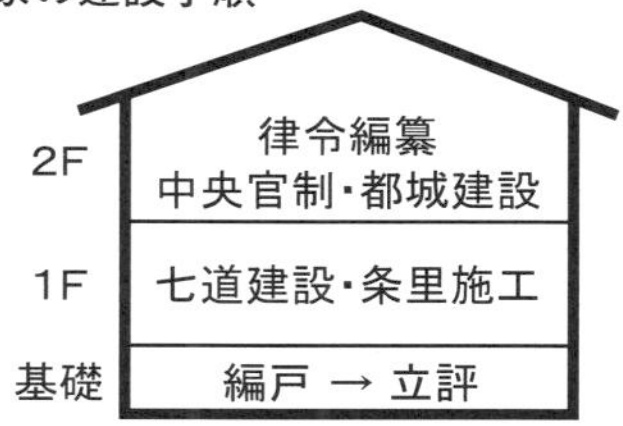

図11　七道駅路（近江俊秀2012）

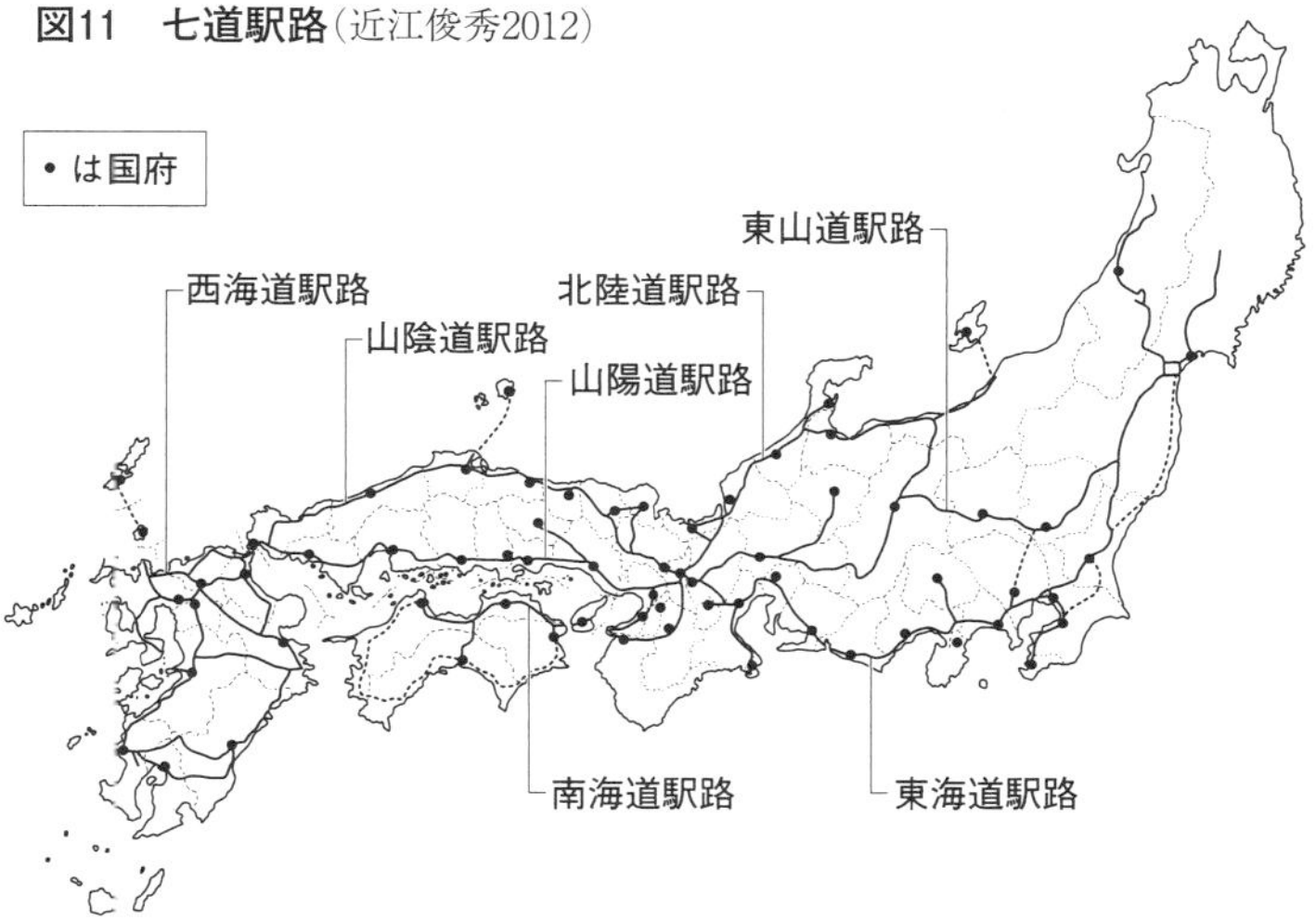

を遂行したのである。（中略）さらに、中央から全国に命令を下す際は、五畿と七道を対象に計八通の文書を作成し、それらを道別に国から国へ順次送り、受け取った国は正本を写し取った」（市大樹二〇一二）。政府からは巡察使や問民苦使《もみくし》等が道ごとに派遣され、太政官符や民部省符は道ごとに国から国へ、コピーを手元に残しながら正本をリレーで送る「逓送《ていそう》」方式で伝えられたわけである。それらの使者が馬で地方に向かう命令伝達の道が七道であり、中継馬と宿泊施設を備えたのが一六kmごとに置かれた駅家であった。

改新政府はまた〔図9〕に示すように調・庸という「中央税」を創設した。今日の国税に相当するが、古代では「国」は今日の府県に相当するので国税の言葉は使えないので「中央税」とした。古墳時代の大和政権は地方の国造らから貢納物を受け取っていたが、それは服属の証しであり今日でいえば中元・歳暮に相当する。ただこう言い切れるのは五世紀までで、六世紀以降の部民制時代に入ると王族は地方の名代・子代に養われるなど地方依存度が深まってくるが、ただ基本構造からすれば大和政権は地方からの貢納物に全面的に依存していたわけではなく畿内の農民の支えで成り立っていたのであり、中央政府も地方の国造もそれぞれが経済的に独立した勢力であって、自立した勢力同士が支配と服従、保護と奉仕の互酬関係で結びついていたのが前方後円墳体制であり、部民制であった。改新政府はこの構造を根本から見直し、国造ら地方豪族から自立性を奪って地方組織の末端に組み込み国司（国宰）の下僚に貶《おとし》め、中央税を創設して王族・貴族・中央官僚を都城に集住させて地方の農民の支払う中央税によって養わせる「財政上の中央集権国家」の建設を目指した。畿内豪族にとっては夢の世界の実現を目標に掲げたのである。中央税である調・庸は「凡そ調庸の物は、年毎に八月の中旬より起りて輸《いだ》せ。近き国は十月卅《さんじゅう》日より、中つめの国は十一月卅日、遠き国は十二月卅日より以前に、納《い》れ訖《を》へよ」（賦役令調庸物条）と新暦では九月から翌年一月までの秋から冬にかけて国司の貢調使に率いられた国別のいわば「貢調キャラバン隊」が七道上を都に向かった。このように七道は地方の負担する中央税を都に集めて財政上の中央集権国家を実現するための経済的動脈という重要な意味も併せ持っていた。したがって七道建設は律令国家建設の第一歩として取り組まなければならない最重要政策であった。

この中央税は諸国の農民が支払うものであり、恒常的な納税の確保には、農民の生活を安定させる必要があり、そのために家族数に連動させて口分田を班給するのが班田収授で、その班田収授のための耕地造成が条里施工であった。したがって条里施工もまた律令国家建設の第一歩として取り組まなければならない最重要政策であった。

七道建設については、古墳時代から推古朝までの畿内の古道は『日本書紀』に比較的よく記録されていて歴史地理学的研究から比定がすすんでいるが、諸国の七道に関しては文献史料はほとんど皆無の状況であり、古代史界の傾向である「天武朝重視説」を前提にして建設時期を天武朝に想定する説が主流を占めている現状にある。条里施工もまた文献史料が皆無であり、その結果、文献史家は七道建設や条里施工という二大土木工事に無関心のまま、文献記録に残りやすい政局史を軸に七世紀第3四半期史が分析され叙述される傾向にある。日本史上最大の「土木の時代」とも言うべき七世紀第3四半期史を土木抜きで語るなら、歴史の真実とは大きくかけ離れるのではないかという不安が募る。

律令国家は二階建て住宅　この文献史料が皆無なかで七道建設と条里施工の着工時期を絞り込むには、政策の手順から迫る方法が考えられる。そこで〔図10〕（六三頁）には、律令国家建設を二階建ての新築住宅の建設に見立てたモデルを提示してみた。

日本史では、弥生時代から古墳時代の前方後円墳体制への移行も、古代から中世の権門体制への移行も、中世から近世の幕藩体制への移行も、近世から近代への明治維新の変革も、第二次大戦後の戦時体制から戦後体制への移行も、国土の全耕地の一新という大規模土木工事はやらなかった。住宅イメージで語るなら、倭国邸あるいは日本邸の家主が交代して、新たなオーナーが時代に合わせてリフォームしながら継承したイメージであろう。これに対して大化改新政府の律令国家建設は、水田稲作社会の経済基盤である既存の水田をすべて破壊し更地化して平野部全域に班田収授制に合わせた一区画一段の条里田を造成する構想で、その条里田を班給する班田収授と七道建設をベースに中央官制と都城を整備して律令の編纂にまでもっていこうとするものであり、住宅イメージでいうなら旧来の平屋を壊して更地にした上で新築の二階建て住宅を建設するイメージである。

その〔図10〕の二階建て構造図では七道建設と条里施工を基礎ではなく一階部分に位置づけた。住宅のコンクリート基礎は重量物の上屋を支えるという静的イメージが強いが、直線官道の七道は情報と貢納の動脈として機能し続けるところに本質があり、条里地割も班田収授で農民家族に班給され、稲作農業が展開して家族の生活を支え、安定した生活を基盤にして調庸の中央税の貢納や仕丁・兵士の労役奉仕が恒常的に展開するという律令国家のエンジンとしてダイナミックに機能するところに本質があり、これを住宅にあてはめれば一階部分を占める大きな機能を受け持っていて、その上にこそ二階の中央官制の整備や都城建設・律令の編纂も可能となるからである。それにもう一つ、律令国家を本当に下支えする基礎部分に編戸と立評という大事な部分があり、それが七道建設や条里施工の前提となっているからである。

ところで一階部分を占める七道建設と条里施工は文献史料が皆無であるが、新築でしかも二階建てなら作業工程が多いため、政策の先後関係ははっきり区別できる。基礎に位置づけた編戸と立評が済まなければ、一階部分の七道建設と条里施工に取りかかれず、一階部分の七道建設と条里施工がうまく機能して恒常的に中央税が京進される条件が整わなければ、二階部分の中央官制や都城の建設、法令整備も覚束なくなるからである。そうであるなら国家建設の手順を追いながら、記録に残って年代がつかめる事柄との先後関係を煮詰めていくなら、七道建設と条里施工の着工年の絞り込みや特定も夢ではなくなることになる。未開拓の分野ならその分成功率も高かろう。挑戦してみよう。

国家建設の手順から　〔図12〕は〔図10〕をさらに詳しくして、天皇を頂点とする中央集権国家＝律令

図12　律令国家への政策施行の手順

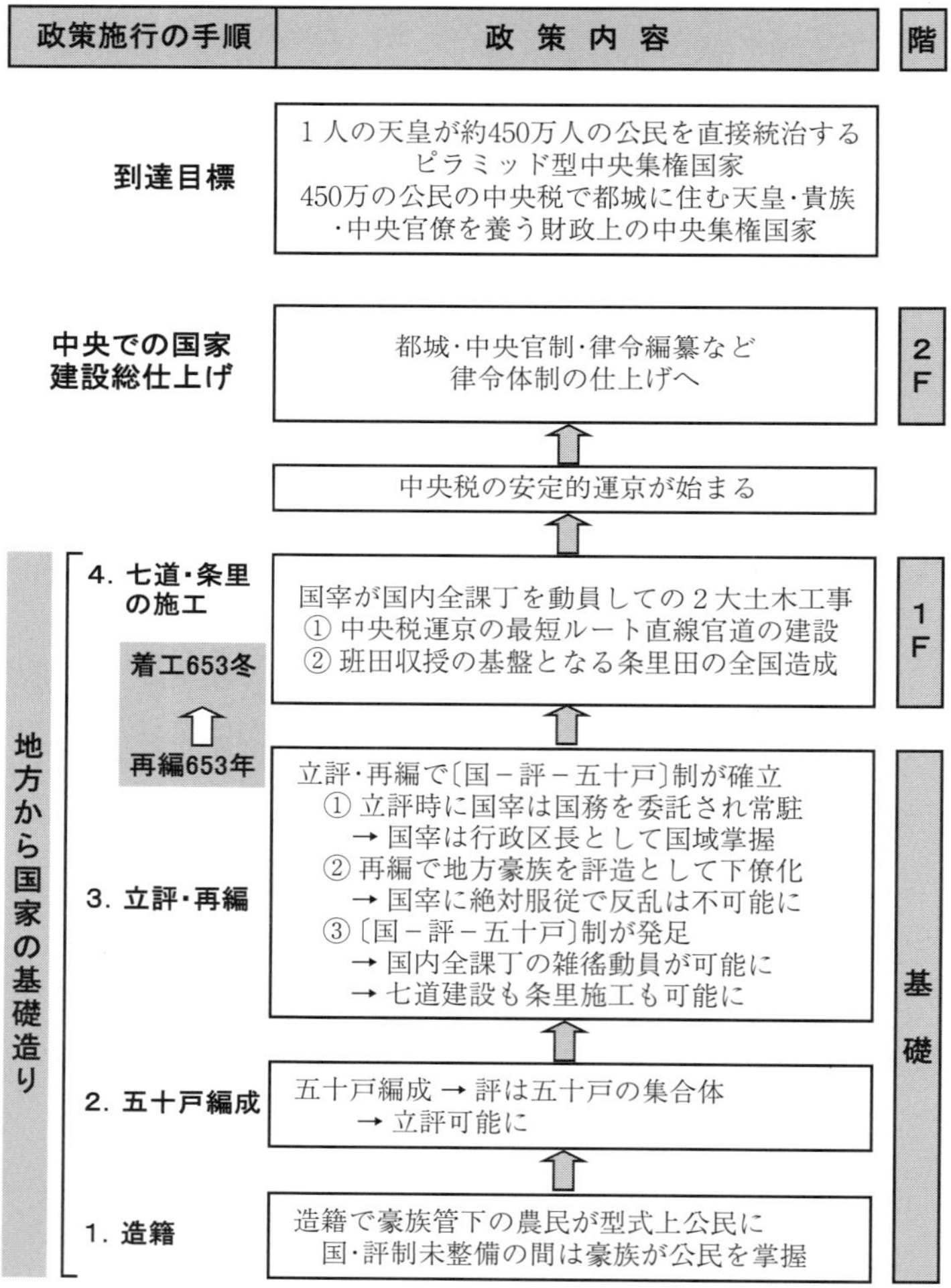

政策施行の手順	政策内容	階
到達目標	1人の天皇が約450万人の公民を直接統治する ピラミッド型中央集権国家 450万の公民の中央税で都城に住む天皇・貴族 ・中央官僚を養う財政上の中央集権国家	
中央での国家 建設総仕上げ	都城・中央官制・律令編纂など 律令体制の仕上げへ	2 F
	中央税の安定的運京が始まる	

地方から国家の基礎造り

4. 七道・条里 の施工 **着工653冬** ↑ **再編653年**	国宰が国内全課丁を動員しての2大土木工事 ① 中央税運京の最短ルート直線官道の建設 ② 班田収授の基盤となる条里田の全国造成	1 F
3. 立評・再編	立評・再編で〔国－評－五十戸〕制が確立 ① 立評時に国宰は国務を委託され常駐 　→ 国宰は行政区長として国域掌握 ② 再編で地方豪族を評造として下僚化 　→ 国宰に絶対服従で反乱は不可能に ③〔国－評－五十戸〕制が発足 　→ 国内全課丁の雑徭動員が可能に 　→ 七道建設も条里施工も可能に	基 礎
2. 五十戸編成	五十戸編成 → 評は五十戸の集合体 　→ 立評可能に	
1. 造籍	造籍で豪族管下の農民が型式上公民に 　国・評制未整備の間は豪族が公民を掌握	

国家の建設を大目標に掲げた改新政府が、目標達成のために踏まなければならない手順を表示したものである。一般の年表は上から下へ時間が流れる形で作成されるが、今回は改新政府は将来に大きな到達目標は掲げながらも、個々の政策についてはその都度その都度手順を確認しながら足元から一段一段積み上げていくので、そのイメージに合わせて下から上へ時間が流れる形で作成した。

まず1の造籍では戸籍に登録された公民は型式上は天皇が掌握したことにはなるが、〈国―評―五十戸（里）〉制が未整備の間は、公民の身柄は地方豪族の下にそのまま預けられた形となるので現状に変化はない。

2の五十戸編成は手間のかかる基礎作業だが、評は五十戸をいくつか集めたものなので立評の前提条件であり、五十戸編成が終われば立評は可能となる。

3の立評と再編は、改新政府は本来なら立評だけで終わるはずだったので、立評時に国宰に地方支配の全権を委託して評造の上司として常駐させ、行政長として国域を掌握させたと考えられる。大化元年八月に派遣された東国国司は、a戸籍の作成、b田畑の調査、c評造《こおりのみやつこ》（評督《こおりのかみ》・助督《こおりのすけ》）候補の選定、d武器の接収と収納という業務限定の特使であり、「国司等、国に在りて罪を判ること得じ」と委託された業務以外の権限行使は中央政府から厳しく禁じられている。このような臨時派遣の特使ではあらゆる場面で決断と決裁が求められる日常的・恒常的な国務は担当できない。立評で国造制を解体して国造らを中央集権国家の下部組織の評造に任じるなら、その上司として天皇から国務を全面委託された国宰が就任して常駐しなければ、地方行政は動かないからである。

国宰は大化五年の立評時に常駐官として着任したが、同時に発表された評造人事が凍結されたので、着任早々の常駐国宰は、部下を欠いたまま評の分割と新設評の評造への中小豪族の任用を念頭に置いた人選という重要な役割を担うことになった。国宰の常駐が始まったといっても立派な国庁の建設はまだまだ先のこと、当面は旧国造邸の庭に新築提供された仮住まいなどで政務を執ったのであろう。

白雉四年の評の再編で評造人事は確定し、旧国造や地方伴造から選ばれた評督・助督が律令国家の末端地方官として就任した。評督・助督は国宰に絶対服従の下僚なので、反抗すれば解任され、解任されれば一平民身分に貶められるので、それが嫌なら国宰には反抗できなくなった。改新政府が恐れていた全国的な反乱の危険性はひとまず遠のいたといえよう。常駐国宰の下に評督・助督が配されたことで〔国―評―五十戸〕制が発足した。これで常駐国宰による国中全正丁の雑徭動員がはじめて可能となり、評督・助督就任の際に彼らは領域支配権も放棄させられているので、国域は国宰の管掌するところとなり、遠慮無く七道建設や条里施工が実施できる条件が整った。

七道・条里施工は六五三年冬スタート　改新政府の目指す律令国家は中央集権国家である。中央集権国家は同一政策の全国一斉施行という斉一性が重要な特性となっている。〔国―評―五十戸〕制は律令国家の地方支配の骨格となる組織であり、そうであれば『常陸国風土記』に見られる白雉四年の評の再編は中央集権国家の斉一性に則って全国一斉施行だったと考えられる。大化五年（六四九）の立評から白雉四年（六五三）の評の再編まで四年もかかっているのは、それぞれの国にはそれぞれの事情があって評再編作業に遅速が生じるが〔国―評―五十戸〕制は一斉施行が望ましいため、最後の評の評造の人選が終わるまで、施行を遅らせていた結果と考えられる。

『続日本紀』では毎年正月朔日に天皇が大極殿に出御して群臣の朝賀を受けることから一年が始まる。稲作国家の年度初めは今日のように四月一日ではなく正月朔日だったようだ。律令国家の地方支配の骨格となる〔国―評―五十戸〕制の完成は律令国家建設上の大きな節目であり、その発足は白雉四年（六五三）の正月朔日が相応しいであろう。正月朔日に国宰の仮庁舎に地方豪族が集められて正月の儀式が行われ、その場で国内各評の評督・助督人事が発表され、任命式を経て〔国―評―五十戸〕制がスタートしたと考えられる。これで七道建設と条里施工が可能となった。ここから、

ａ　七道建設と条里施工が可能になるのは白雉四年（六五三）正月朔日以降。（条件1）

という条件が導き出せる。

〔図12〕（六八頁）に示したように、律令国家は二階建て構造であり、白雉四年の評の再編でようやく基礎工事が終わったばかりである。この上に一階をつくり、さらに二階を積まねばならない。一階部分の七道建設と条里施工にかかる年数を概算すれば、一国単位で見れば国内を通過する直線官道の七道建設は一冬の集中工事で完成できようが、条里施工はいずれ検討するように郡単位の冬ごと連年施工となる。郡数は八世紀末～九世紀前半の「律書残篇」で五五五で、七世紀後半では約五〇〇郡と

推定されており、六〇か国で割れば一国平均八・三三郡で一国八郡で試算すると、条里施工に八年、これに直線官道の一年を加えて併せて九年となる。国の規模には大小があるので、日本全体としては十数年はかかる大工事になろう。そうであれば、律令国家の完成を急ぐ改新政府は、一階部分の七道建設と条里施工は、条件が整い次第できるだけ早く着工したいと考えていたことが推測される。

また、改新政府は当初計画では大化五年の立評で〔国―評―五十戸〕制をスタートさせる予定であった。ところが第六章で詳しく検討するように立評人事に対する白紙撤回要求が出たことをきっかけに方針転換して再編に踏み切った結果、四年もかかってしまった。遅れを取り戻すためには、できるだけ早く着工したいと考えていたことが推測されよう。ここから、

b 改新政府は七道建設と条里施工については条件が整い次第できるだけ早く着工したいと考えていた。（条件2）

という条件が導き出せる。このaの白雉四年（六五三）正月朔日以降で、bのできるだけ早い時期という二つの条件を掛け合わせれば、当時の土木工事は冬におこなうものなので、もっとも近い冬は同年の冬となり、

c 改新政府は評再編直後の白雉四年（六五三）冬に七道建設と条里施工に着工した。

という結論が導き出せる。

政府・豪族間かけひきからも白雉四年冬　もう一点、改新政府と国造ら地方豪族との駆け引きからも、

七道建設と条里施工の着工は白雉四年（六五三）冬という結論が導き出せる。その点を見ておこう。

評造の最終選考をパスして新体制下で評督・助督の地位を獲得した地方豪族たちは国宰に忠誠心を誇示して認めてもらい、ようやく獲得できた地位を確実に安定させる必要に迫られていた。やがて控えている条里施工では先祖代々伝えてきた小区画水田はすべて破壊されるので地域社会で支配階級身分を保てるのは評造の地位しかなくなってしまうので、何とかこの地位を獲得し安定化・永続化したいと考えた。そうなれば次に出されてくる政策に対する対応如何が中央政府への忠誠度を試す踏み絵となるので、国造も地方伴造も反対はできない状況に追い込まれていた。改新政府はそれをすばやく見抜いて評督・助督着任直後の時点に七道建設と条里施工をぶっつけたと考えられる。そうであれば七道建設と条里施工の着工は評督・助督が着任した年の冬、すなわち白雉四年（六五三）の冬という結論が導き出せる。

先ほど律令国家建設の手順から七道建設・条里施工は白雉四年（六五三）冬着工という結論を導いた。いま政府と地方豪族間の駆け引きからも七道建設・条里施工は白雉四年（六五三）冬着工という結論を導いた。別方向からのアプローチで同じ結論に達したことによって、たがいの仮説の妥当性を検証し合って「七道建設・条里施工は白雉四年（六五三）冬着工」仮説は検証度1、★の学説に昇格したことになる。

官道先行の国と条里先行の国　条里施工も七道建設も六五三年冬からとなれば、ぶつかった場合は現場ではどうするか。今日なら土木事業は業者が請け負うので、予算さえ確保できれば同時発注すればいい。ところが七道建設の条里地割も施工は国宰・評督に率いられた農民の労役であり、徴発は農閑期の冬季の三か月に限られるので、一年に同時施工はありえず、その年はどちらかを優先し、他方を翌年冬施工に見送らなければならないことになる。

中村太一（二〇〇〇）によれば、条里地割のなかに一〇〜二〇ｍの余剰部分が帯状に検出されることがあり、「条里余剰帯」と呼んで古代道路の復原に使われてきた。〔図13〕は明確な条里余剰帯を集めたもので、Ａは静岡県の曲金北《まがりかねきた》遺跡で、路面幅九ｍ前後、左右の側溝二〜三ｍずつの直線道路が三五〇ｍにわたって検出され、この古代東海道を基準線にして条里地割が施工されている。Ｂは島根県の出雲国意宇郡出雲国府付近の条里余剰帯で古代山陰道と見られる。Ｃは兵庫県加古川市の山陽道の賀古駅付近の条里余剰帯で、これらＡＢＣから七道駅路は平野部では可能な限り直線官道として施工されたこと。多くの場合が条里施工の基準線になっており、条里余剰帯は直線官道が条里地割より先に施工されたことを物語っている。

金田章裕（一九九三）は「讃岐国の条里プランは、南海道を里界線として編成されていたと考えられる。山田郡・多度郡・刈田郡では明確にその事実を確認し得るし、香川郡・那珂郡でも同様に里界線を推定して史料との問題が生じない。阿野郡でも綾川下流域で復原される里界線を地図上で延長してくると、（中略）そこにかつての南海道を想定し得る可能性がある。大内郡については全く不明で

図13　道路幅を残す条里余剰帯と直線官道

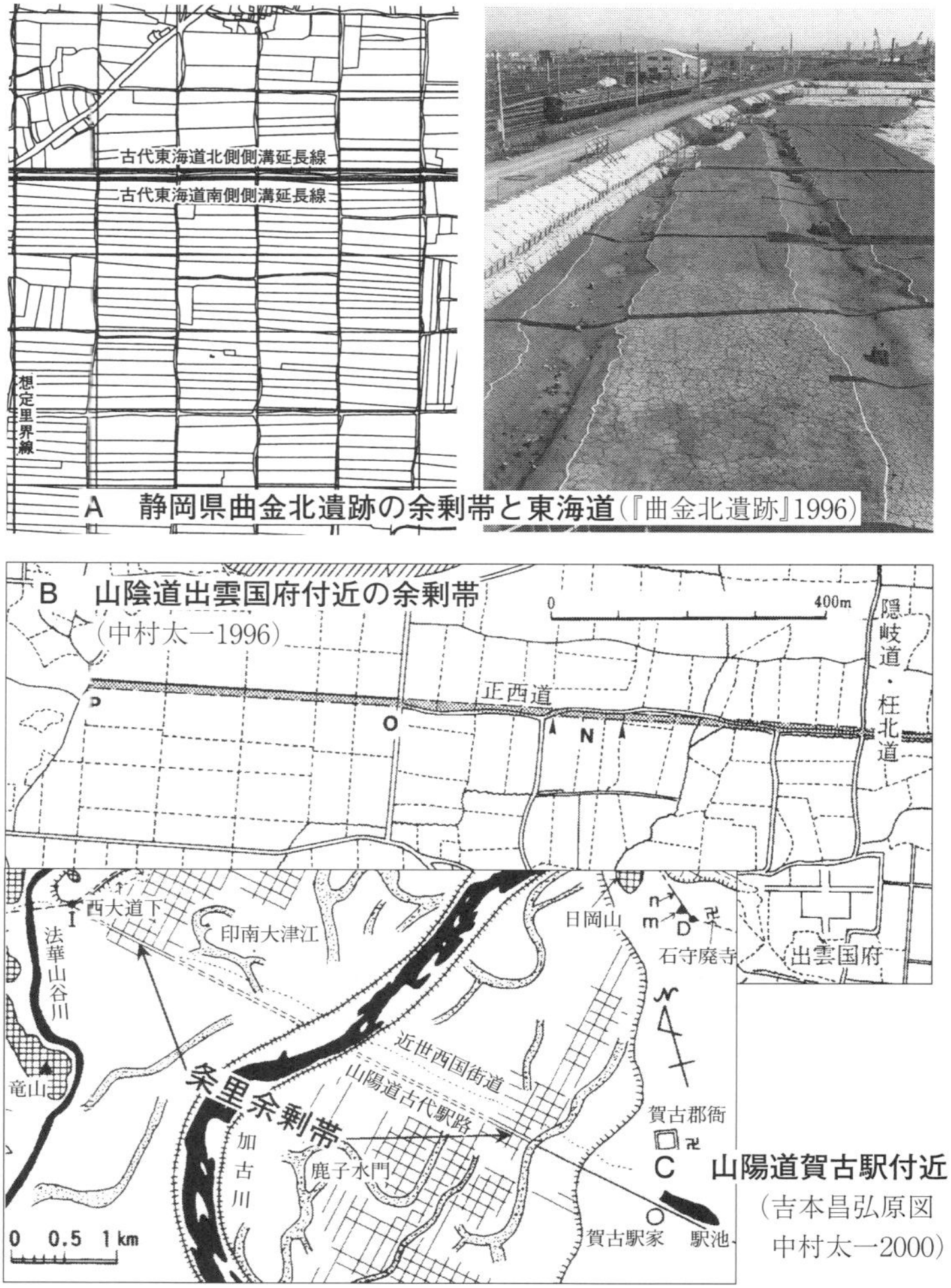

A　静岡県曲金北遺跡の余剰帯と東海道（『曲金北遺跡』1996）

B　山陰道出雲国府付近の余剰帯（中村太一1996）

C　山陽道賀古駅付近（吉本昌弘原図　中村太一2000）

あるが、寒川郡・三木郡・鵜足郡・三野郡についても、同様に考えて矛盾はない」とし、讃岐国山田郡について古代南海道が東西走していたと考えられる部分の条里地割の南北幅が東西幅に比べて一〇m程度広いことから、「条里地割は、道路敷に相当すると推定される一定幅を除いて施工されたとみてよいことになる。従って、直線状の南海道が測設されてから条里地割が施工されたと判断してよい」とし、「高松平野・丸亀平野・三豊平野では、南海道に幅約一〇m程度が確保されていたと考えられる」としているので、讃岐国では国内全郡で南海道が先に建設され、それを基準に条里地割が施工されていたようである。

金田はまた「越前国の場合、丹生郡では、直線状の北陸道が推定されてはいるものの、条里プランの里界線や基準線などとは別の位置である」とし、ここでは条里地割が先行したようである。また近江国では「野洲郡付近において、東山道の方位・位置と条里地割のそれが合致しており、この道路を基準として条里地割が施工されたと考えられるが、道幅は条里地割から除外されていない。すなわち、東山道の中心から条里地割の坪の区画が測設されている可能性が高く、道路幅は条里地割の区画の一部を蚕食する形で存在していることになる。しかも、近江の東山道の場合、里の区画線とは一致しておらず、条里呼称システムの基準とはなっていない」（傍線は河野）とするが、傍線の部分「この道路を基準として条里地割が施工された」「東山道の中心から条里地割の坪の区画が測設されている可能性が高く」とするのは順序が逆で、この場合は条里余剰帯はないので条里施工が先で、東山道は後から条里の坪界線に沿って設定され、両側の田を蚕食する形で建設された、その結果「里の区画線とは一致しておらず、条里呼称システムの基準とはなっていない」ことになったのではないか。東山道のこの区間では条里地割が七道建設より先行していたと考えられる。

七道は道ごと一年全通方式か　さて七道は都から地方に伸びる本州・四国の六道と大宰府管下の西海道となるが、西海道は大宰府が独自に施工すると見られるのでひとまず除外して残る六道を基準に考えると、中央政府から派遣する測量技師の人数には限りがあるので、道ごとに優先順位を設けるなどの工夫が必要となる。そこで可能性として次の二つの展開方法を考えてみた。

a　中央技師隊を六チーム編成して六路線同時に一冬一国のペースで施工し、都から地方へ毎冬延伸させていく方法

b　中央技師隊を十数チームほど編成して六路線に優先順位をつけ、最優先路線から路線構成国全部に同時に中央技師隊を投入して一冬で一路線を全通させていく方法

七道は情報・物流の動脈であることからすれば、一冬で一路線を全通させるB方式が魅力的で現実的であろう。先ほどの金田の調査では、条里地割の残存が悪く復原不可能な大内郡・寒川郡を除いて「高松平野・丸亀平野・三豊平野では、南海道に幅約一〇m程度が確保されていた」としており、讃岐国内の南海道は一冬で全通させていたと考えられる。

ところで先の条里余剰帯の確認からすれば、山陽道や南海道は七道が条里施工に優先したことはほ

ぼ間違いなく、まだ部分確認にとどまるが東海道や山陰道もその候補となる。となれば改新政府はb方式をさらに拡充する方向で、

c　中央技師隊を数十チームほど編成して六路線に優先順位をつけつつ、複数路線を同時施工で一冬で全通させていく方法

を採っていたようである。c方式が実施されていたとなれば改新政府は七道建設には相当な思いと力を入れて取り組んでいたことになる。

二　白雉四年の「処々大道」記事の再検討

白雉四年「処々大道」記事　七道建設の始期については、国宰が全正丁を雑傜動員できる条件の整った時点として白雉四年（六五三）の評再編を重視し、条里施工と同じく評再編で（国―郡（評）―里―戸）体制が発足した六五三年の冬を七道建設や条里施工の開始年と推定した。ただ七道建設の開始年に関しては、もう一つのアプローチが残されている。それは白雉四年（六五三）の「処々大道脩治」記事で、古道研究者の多くは畿内の官道と見なしているが、まだ検討の余地が残されている。まず『日本書紀』白雉四年六月条を提示しておこう。なお分析の便宜上、a、b、cは河野が付した。

六月に、a百済・新羅、使を遣して貢調《みつきたてまつ》り物献《ものたてまつ》る。b処処の大道《おほち》を脩治《つく》る。c天皇、旻《みん》法師

命終《いのちう》せぬと聞して、使を遣して弔《とぶら》はしめたまふ。幷て多に贈《にへさ》を送りたまふ。皇祖母尊《すめみおやのみこと》及び皇太子等、皆使を遣して、旻法師の喪を弔はしめたまふ。遂に法師の為に、画工《えかき》狛竪部子麻呂《こまのたてべのこまろ》・鯽魚《ふな》戸直《とのあたひ》等に命せて、多に仏菩薩の像を造る。川原寺に安置す。

というものである。

この記事に関しては古道研究からの言及が多い。千田稔（一九九六）が「孝徳紀の大道修治の意味は大和に限定するのではなく、全国的な範囲で官道が整備あるいは修復されたことをいうものかもしれない」と全国の官道説を採る以外は、中村太一（二〇一一）は「大阪平野や奈良盆地の正方位計画道路は孝徳朝にその建設が始まったと筆者はみる。『日本書紀』白雉四年（六五三）六月条の「処々の大道を修治る」という記事は、こういった孝徳朝における道路整備の一端を示すものであろう」として大阪や奈良に力点をおいた解釈をしており、近江俊秀（二〇一一）は「白雉四年の記事は、蘇我氏本宗家滅亡により磯長谷を経由する必要性が減じたことや、中大兄皇子らの飛鳥遷居により政権の中枢が、再び飛鳥の地に戻ったことに伴う大道の付け替え、再整備を示すのかも知れない」と畿内の道と見ており、市大樹（二〇一二）もこの記事を難波を中心とした道路整備とみて、

阿倍山田道（横大路以南の上ッ道）は、その位置関係からみて、三道（そして横大路）とほぼ同時に敷設されたと理解するのが自然である。そうなると、これらの道が構築されたのは、「大道」を建設したとする推古二十一年（六一三）よりも、もう少し新しい時代ということになる。その

意味で、『日本書紀』白雉四年（六五三）六月条の「百済・新羅、使を遣して貢調り物献る。処々の大道を修治る」という記事は注目される。これも外交使節の来日を契機として、道路が整備されたことを示している。

としている。

このように白雉四年「処々大道」記事に関しては古道研究者間では千田稔を除いて畿内の道とする説がほとんどである。それには白雉四年以前に奈良盆地・大阪平野の道路建設記事が多く見えるのでその延長で畿内の道ではないかとする類推思考と、また学界で主流を占める天武朝重視説に引きずられる形で七道建設はもっと後の天智朝かさらには天武朝であろうという思いが先入観となって論者の思考に影響を与えているのではないかと思われる。そこでそうした先入観を排して純粋に文献史料として観察すればどう読めるかを検討してみよう。

白雉四年「処々大道」は七道駅路か　まず第一に、先行学説の多くは百済・新羅の貢調と道路建設を一連の記事と見て解釈しているが、この白雉四年六月条には、

a　百済・新羅の貢調

b　処々の大道脩治

c　五月に死去した旻法師に対する天皇の遣使弔問、旻のための画仏制作と川原寺への安置

の三つの記事が併記されており、「六月」とのみ書かれて干支による日の指定はないことから、六月

図14　『日本書紀』に見える道路建設

年　月		道路建設記事
応神３年10月		冬十月の辛未の朔、癸酉に東の蝦夷、悉に朝貢る。即ち蝦夷を役ひて、**厩坂道を作らしむ。**
仁徳14年是歳		是歳、**大道を京の中に作る。南の門より直に指して丹比邑に至る。**
雄略14年正月	470	春正月の丙寅の朔　戊寅に、身狭村主青等、呉国の使と共に呉の献れる手末の才伎、漢織・呉織及び衣縫の兄媛・弟媛等を将て、**住吉津に泊る。**是の月に、**呉の客の道を為りて磯歯津路に通す。呉坂と名く。**
推古21年11月	613	**難波より京に至るまでに大道を置く。**
白雉４年６月	653	六月に、百済・新羅、使を達して貢調り物献る。**処処の大道を脩治る。**

に別々に起こった事柄を六月条にまとめて記したものでa、b、cはそれぞれ独立した記事と見るのが自然であろう。もしaとbを関連記事と見てこの大道が難波・飛鳥間の道路を指すと断言できるとするなら、それは三つの記事のうちa百済・新羅の貢調とb大道脩治の二つだけが干支日付の付いた同日記事のなかに納められた場合だけであって、三記事が日付指定もなく六月条に併記された現状ではそれぞれは独立記事と見るべきである。

第二には、〔図14〕『日本書紀』に見える道路建設一覧表で示したように畿内の道路建設は、「蝦夷《えみし》を役《つか》ひて厩坂道《うまやさかのみち》を作らしむ」「大道を京の中に作る。南の門より直に指して丹比邑《たちひのむら》に至る」「(住吉津に泊っている) 呉の客の道を為りて磯歯津路《しはつのみち》に通す。呉坂《くれさか》と名く」「難波より京に至るまでに大道を置く」など、始点・終点を示すかあるいは厩坂道のように

図15　6世紀台の主要道路網（中村太一2005）

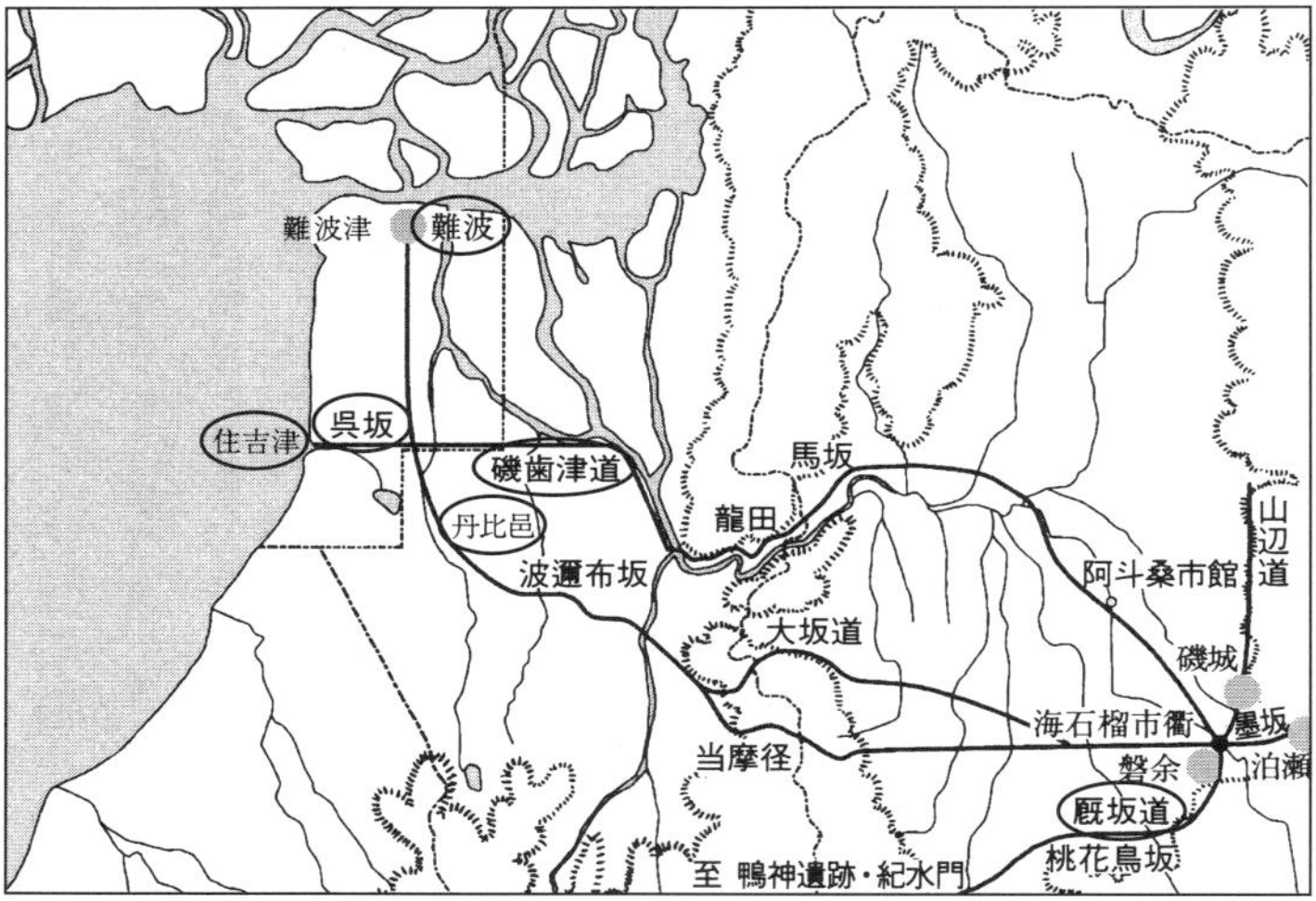

（楕円）は図14に見える地名・道路名で楕円は河野が付加

道路に地名を冠して、どこの道かを特定できる形で記述している。これらの道の位置は〔図15〕に掲げた中村太一（二〇〇五）による六世紀台の主要道路網地図に示されているので、該当する地名・道路名を楕円で囲んで示した。

このように『日本書紀』の道路記事が場所を特定できる地名を明記するのは、大和政権の首都圏としていくつもの主要道路が建設されてきた畿内に暮らす大和・河内人の日常会話のなかでは「大道を作る」だけでは即座に「どこの道？」と聞き返される環境にあるからである。これを踏まえれば白雉四年の「処々の大道」は場所が特定できない書き方であり、畿内人の土地勘のはたらかない地域＝七道諸国の道であることを間接的に示したものと解釈できよう。「処々の大道」は漠然とした書き方であり、「これだけでは具体的な路線や地域が分からない」(中村太一　二〇〇五)と扱われてきたが、路線や地域が分からない漠然とした書き方であるからこそ畿外の官道＝七道であることを示唆していると考えられる。

第三には、推古二一年の「難波より京に至るまでに大道を置く」は多くの研究者が横大路を指すと考えており、「横大路」は鎌倉初期の文書に見える歴史的呼称なので(『日本歴史地名大系三〇　奈良県の地名』)、推古二一年の「大道《おほち》」を継承している可能性は高く、横大路推古二一年建造説を裏付けることになる。となれば白雉四年の「処々の大道」は畿内の横大路(横大道)ではなかったことになり、畿外の道である可能性は高くなるといえよう。

第四には、市大樹は「「百済・新羅、使を遣して貢調り物献る。処々の大道を修治る」という記事は注目される。これも外交使節の来日を契機として、道路が整備されたことを示している」とするが、すでに指摘したようにa百済・新羅の貢調とb大道脩治は無関係の記事と考えられる。一歩譲って市のように関連させたとしても、道路整備をして使節を迎えるのは、『日本書紀』雄略一四年の「呉の客の道を為りて、磯歯津路に通す。呉坂と名く」とか、『隋書倭国伝』に見える六〇八年に来日した隋使裴世清《はいせいせい》に対して推古が「今故《ことさ》らに道を清め館を飾り、以て大使を待つ」と伝えたように、当時の日本が日本より格上と見ていた中国からの使節を迎える際であって、頻繁に来航していた朝鮮諸国に対しては、その使節のための特定の道路整備まではやらなかったのではないか。したがってこの記事は百済・新羅使とは無関係であり、a、b、cはそれぞれ独立した記事と見ることの妥当性があらためて検証されたことになる。

第五に、市大樹は「本記事はあくまでも「修治」とあるので、それ以前に道は構築されていた」として「修治（脩治）」を既存の道路の改修と見ているが、大化元年九月甲申詔の「宮殿《おほみや》を脩治《つく》り、園陵《みささぎ》を築造《つく》る」を見ても「脩治」と「築造」は同義で使われており、文章を美しく飾るための修辞上の言い換えにすぎず、「脩治」は建造・建設の意味であろう。正史である『日本書紀』には編集者による記事の選択がおこなわれているはずで、単なる改修ならばわざわざ正史には載せないであろう。

第六には、直線官道の七道建設は中央集権国家を目指す大化改新政府にとっては都と地方を結ぶ大動脈であり、行政区分の七道制をにらんだ重要事業なので、その着工は『日本書紀』に記されて当然であること。

第七には、「七道駅路なら七道と書けばいいではないか」という予想される反論に関しては、七道駅路の総延長は六三〇〇㎞にも及び、現代の高速道路網のうち北海道を除く総延長六五〇〇㎞に匹敵する大規模な道路（武部健一 二〇〇三）なので、大手ゼネコンは存在せず、すべて雑徭農民の冬季の三か月の人力突貫工事でまかなわねばならない時代に七道同時着工は物理的に不可能であり、先にも考察したように重要度を考慮し優先順位をつけて数か路線から着工したと考えられ、山陽道や南海道は間違いなく初年度施工なのに対して、東山道や北陸道は第二年度以降の施工である可能性が高いとの結論を得ている。「七道」とは記さずに「処々の大道」と記していることは七道同時着工ではないことを示しており、七道の優先路線着工の事実に相応しい書き方といえるわけで、かえって「処々の大道」が七道であることを間接的に証明しているともいえよう。

以上の考察通りに「処々の大道」が七道駅路であるなら、当時の土木工事は農閑期の冬季三か月の農民動員に限られることからすれば、白雉四年（六五三）六月時点での「処々の大道を脩治る」は七道駅路の準備を諸国に促すための着工の告知・公示であり、この公示を受けて該当諸国では準備を始め、その冬一〇月から工事が始まることになる。

条里・七道建設は六五三年冬着工でほぼ確定　ここで注目すべきは白雉四年「処々大道」記事についての天武朝重視説などの先入観を排した解釈から得られた「七道の着工は白雉四年（六五三）の冬から」という結論は、先に提起しておいた改新政府の政策の先後関係の考察からの結論を、中央政府・地方豪族間の駆け引きからの推定結果で検証して「検証度1」、★の学説に昇格していた「七道建設と条里施工は白雉四年（六五三）の冬着工」説の妥当性を、白雉四年「処々大道」記事の分析結果が再検証したことになり、「七道建設と条里施工は白雉四年（六五三）の冬着工」説は「検証度2」、★★の学説に昇格したことになる。

七道建設と条里施工は白雉四年（六五三）の冬着工が確定したとなれば、峠は除いて立野部に関しては、山陽道と南海道は白雉四年（六五三）の冬着工で翌年春には全通したことになり、残る道も技師の準備が整い次第、条里施工の合間に割り込ませる形で施工したなら、六五〇年代の中頃には七道の直線官道を含む平野部分は全通したのではないかと推測される。

三　直線官道施工過程のシミュレーション

直線官道の測量　古代の測量技術に関しては、木全敬蔵（一九八四・一九八七）は実験も交えて復原している。〔図16〕は『周礼』に記された真北測定法で、垂直に立てたポールの根元から地面に同心円を描いておき、ポールの影の長さが同心円上にきた二点を結べば正東西線となり、その二等分線で真北が得られる。また三・四・五の長さに印をつけた縄で直角を作る方法、棒を立てて見通しながら直線を延伸する方法などを紹介し、直角を作ることも直線を伸ばすことも高い精度でできること、大河川や丘陵は条里の地割り線は越えられず不連続になっているとした。

金田章裕（一九九三）は〔図17〕Aのように、讃岐国の官道の路線設定に関して「寒川郡の平地部では（中略）ほぼ東西方向の直線である。この直線は、白山神社が位置する白山の南麓から東方の大川町富田東にあるフイダンと通称される標高一六〇ｍの山頂を見通す方向」で設定されており、「讃岐国の直線状の官道の測設に際しては、山頂、山麓・丘陵等の崖端、山嶺の肩など、地形的に目立ったものがかかわっていた可能性が高い」と指摘している。「山あて」法である。年間降水量一七〇〇

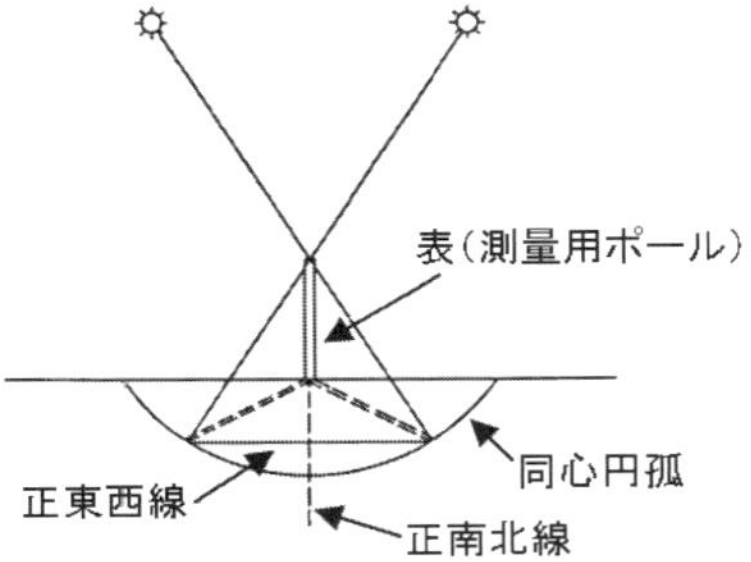

図16　『周礼』の正方位測定法
（木全敬蔵1984図に加筆）
表を中心に同心円を描き、日の出から日の入りまで観察して表の影の先端が同一円周上にあるものを結べば正東西線、その二等分点と表を結べば正南北線となる。

図17　直線官道の山あて建設

A　高松平野の南海道の山あて（金田章裕 1993 に加筆）

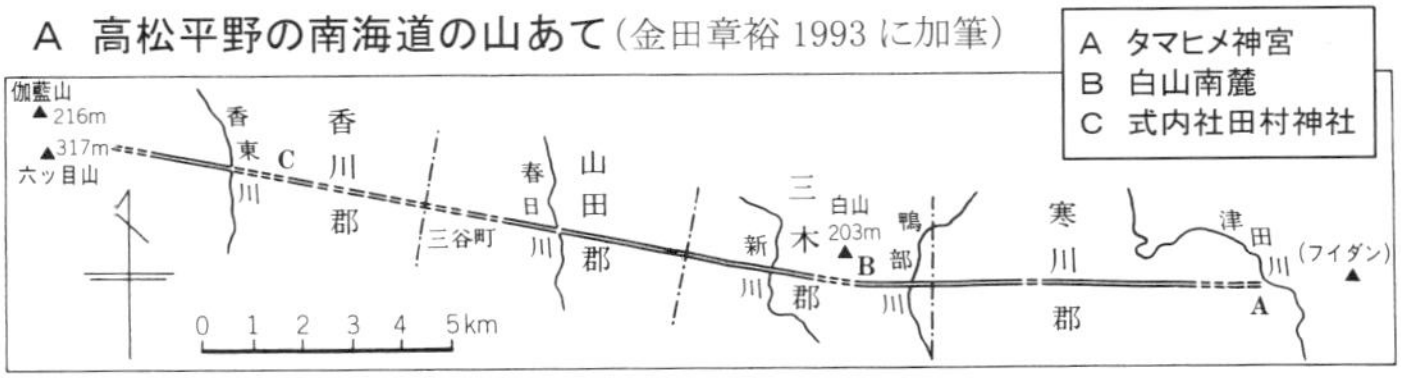

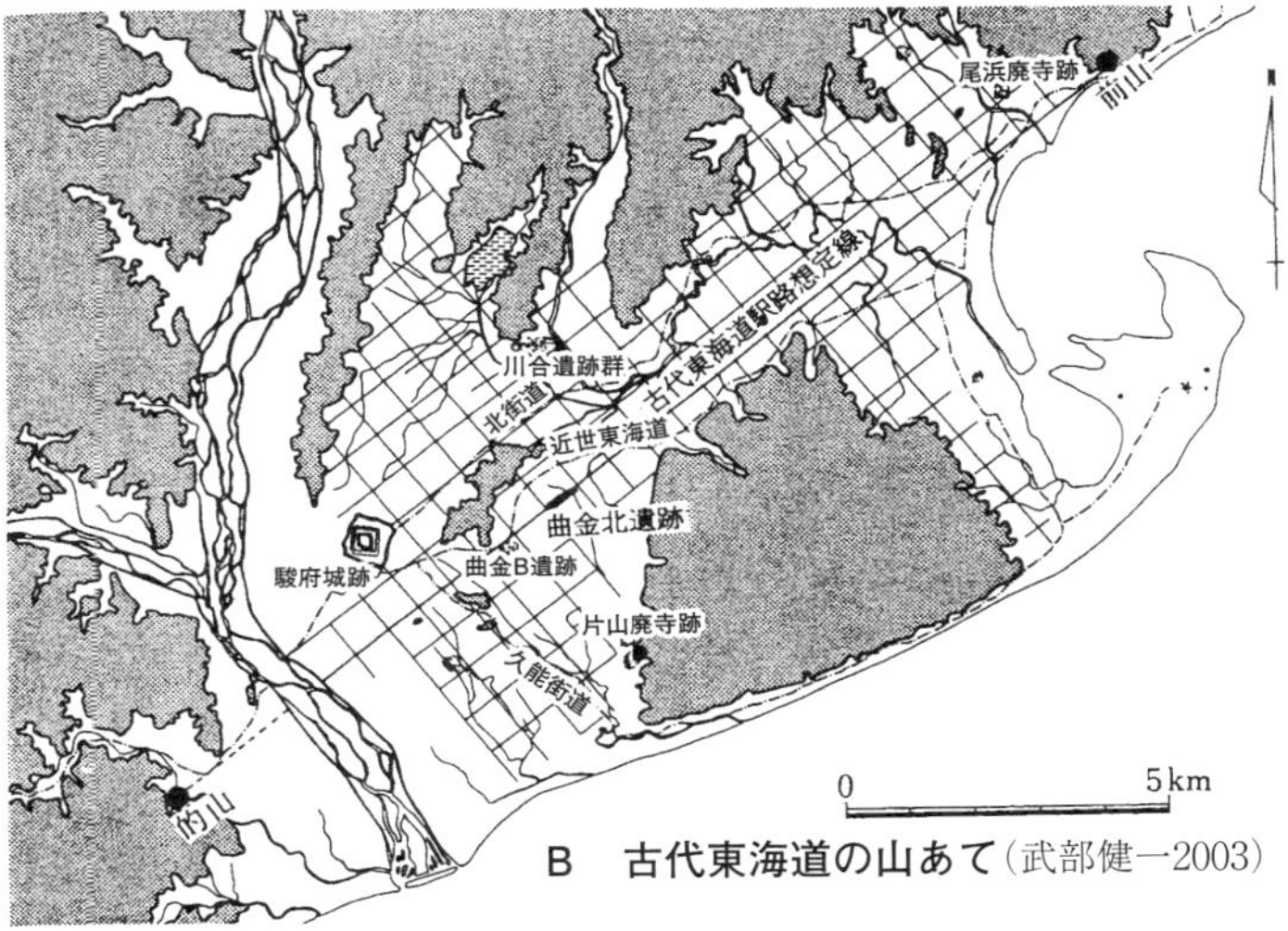

B　古代東海道の山あて（武部健一2003）

～一八〇〇㎜といわれる日本列島では自然景観は湿地でなければ森林であり、点在する耕地を除いては平野の各所は森林に覆われ、耕地の連続した開放空間でも川辺林が視界をさえぎる状況だったと考えられる。したがって測量するにも目線の高さで遠くを見通すことはできないため、直線官道の路線設定に関しては、どこからでも見える高い山が目印に選ばれたであろう。B図は曲金北遺跡を含む静岡県静清平野の古代東海道で、ここでも山あて法が用いられたことが確認されている。

そこでこの山あて法を用いて、直線官道の一方の端に測量起点を置いて山を見通して路線を決める場合をシミュレーションしてみよう。

測量起点から目印の山に向かって杭打ちを始めることになるが、路線予定地がところどころ森林で覆われていては杭打ちもままならない。そこで静岡県の直線官道のように道路幅一二m、両側に側溝三mずつの外法一八mの直線官道を建設する場合を想定すれば、測量起点から目印の山に向かって三〇m幅ほどは樹木を伐採して視界を確保しなければ測量もできない。そこで測量のため見通しを確保するための伐採を「測量伐採」と名づけよう。測量伐採は視界を確保するためであり、木の根の抜根や草刈りは施工段階に譲って測量を急ぐことになる。そこで測量伐採隊を組織して測量起点から目印の山に向かって森林や川辺林を腰から膝の高さで伐採して視界を確保しながら、測量起点から山に向かって一〇九m縄を延伸してポールを立て、直進性を確認して杭打ちする。これが道路の中心位置で、杭打ちといっても掛矢（大型木槌）で打ち込む腰の高さでは樹木の根や藪に埋もれ、かつ微地形の起伏で次のポールの見通し整列には使えないので、八尺＝二・四mほどの柱を杭に括りつけ、直立性を確認しながら斜め支柱で固定して標柱とし、標柱列の直線性と山あてで方向性を確認しながら延伸を続けることになる。

この道路の中心位置に杭打ちをする測量隊を「路心測量隊」と名づけよう。路心が決まり次第、今度は「路幅測量隊」が投入されて、道路幅一二m、側溝三mずつの外法一八mを測り、外法に沿って測量起点から一〇九m＝一町ごとに標柱を立てていく。この外法の一〇九mごとの標柱が翌年冬以降の条里施工の標柱となる。

直線官道の施工　一町ごとの外法標柱立てが済み次第、手前から順次「路面施工隊」が投入され道路建設に入る。藪を刈り樹根を抜いて整地し、側溝を掘って掘り上げた土を道路敷に盛土して搗き固め、路面には砂利を撒き、路肩は石で固めていく。国中の農民を動員することになるので工期は農閑期の冬季三か月。測量伐採で伐った樹木は枝を払って道路脇に横たえておき乾燥が進み次第、順次焼却していく。測量が始まれば路線に沿って黒煙が立ち上り冬空を覆ったであろう。

直線官道は全長は長いが面積は少ないので、国中の農民を動員すれば、測量から道路の開通まで一冬で完成するであろう。ただ路面舗装用の砂利と路肩を固める石は、静岡県静清平野を例にとれば安倍川の河川敷で採取する他はない。それを道路建設現場まで運ぶのは大仕事である。国中の牛馬は徴発されたであろう。平安時代には貴族の乗り物として使われた牛車と同じサイズで白木造りのトラック用牛車があった。平安時代では淀―京都間、大津―京都間や京内の物資や材木輸送に使われていたが地方で使われた形跡はない。ところが西海道での「車路」などの地名からすれば、かつては七道諸国でも使われていた可能性はある。ただ普及度は地域差が大きかったかもしれない。もし牛車があったなら、工事現場で路肩石や砂利の運搬に使われたであろう。直径の大きな車輪は未舗装の凹凸道でも難なく乗り越えて進めるからである。牛車がなければ木枠に荷箱を載せた即製のそりを牛馬に引かせたであろう。人は二人一組で担架形の畚《もっこ》で運ぶ。ただ重量物のため長距離輸送は疲れるので、中継点を多く繋ぐリレー搬送となろう。二人一組の畚隊は中継基地間を往復しての輸送となり帰路の空荷が休憩を兼ねることになって長時間の労働を可能にした。

河川敷から道路建設現場までの石・砂利輸送が必須となると、直線官道の側溝の外側に左右とも幅数mの作業用道路を仮設しなければならない。路幅測量隊が杭打ちを終わると、路面に施工隊が入ると同時に、作業道建設隊が投入され、先へ先へと延伸して、現場に路肩石と砂利を届ける準備をしたであろう。

国中の農民を雑徭動員して七道建設となると、単純に考えれば細い路線に人が溢れる感じになるが、実際には伐採した樹木の処理や石・砂利の採取と輸送など人手のかかる仕事が多いので、路線に人は溢れはしないが手配と指揮が重要となる。

平野部の直線官道が先、峠や駅家は順次施工　さてこれまで「一冬で一路線を全通」などと述べてきたが、これは平野部の直線官道部分であり、峠道などは隣国との工区分担や国境線をめぐる利害対立も含むので個別対応で進めるとして、峠も含めた全路線の開通を待たずに竣工した平野部区間から順次開通させ、未開通区間は旧道を利用する方法で都からの文書伝達や地方からの中央税運京の迅速化を図ったものと考えられる。駅家など付帯施設は国宰の事業として順次整えられたであろう。

律令国家建設を目指す七世紀後半は中央―地方間の行き来は頻繁で直線官道は時間短縮になるので、開通した区間から運用が始まるのは今日の高速道路と同じである。上下する中央役人の宿泊と馬の用意は駅家が整備されるまでは近隣の評督・助督あるいは在地首長の私邸が使われたであろう。負担は大きいが中央役人との顔つなぎができ都の情報や政権の動向の情報をいちはやく入手できるので、評督・助督あるいは在地首長も進んで引き受けたであろう。

四　条里施工のシミュレーション

〔郡単位の施工〕

評はひとまず「郡」と表記　直線官道に次いで条里施工のシミュレーションに入るが、用語について確認しておくと、七世紀段階では律令制度下の郡は「評」と呼ばれ、大宝令（七〇一）から「郡」と呼ばれるようになったことが確認されているが、評督は郡司とは呼ばずに区別するとして、「郡」については条里制研究の長い歴史のなかで「表層条里は郡単位でまとまりをもつ」といった総括がなされてきた経緯があり、七世紀だからといって「評単位」と言い換えるのは煩雑でもあるので、条里地割に関しては本書では七世紀段階でも便宜上「郡」を用いることにしたい。また郡の下位の里は七世紀後半では「五十戸」と呼ばれ、里長は「五十戸造」と呼ばれていたことも確認されているが、まだ一般には馴染みが薄いので、場面によっては「里」「里長」を用いることにする。

郡単位否定説の検討　弥永貞三（一九五六）は「条里制は国毎に一つの大きなまとまりを持ち、郡毎に一つの統一を持つ」と述べていて条里地割は郡単位にまとまりをもつというのが通説であるが、落合重信（一九六七）は「一郡の条里が一単位で施工されているところなどまずない」と明確に郡単位説を否定しており、文献史家にも一定の影響を与えているので、その論拠が妥当なのか検討しておこう。

落合の述べるところを要約して示すと、

a　条里制地割のあるところでは一郡を単位として「何国何郡何条何里何ノ坪」と呼ばれる。これは全国画一的な方法である。

b　条里は何郡何条何里とよばれて、一郡を一単位とする呼称をもっている。しかし、それは呼称の上のことであって、条里そのものが一単位をなしているものではない。

c　〔図18〕Aの摂津国八部郡条里の復原をおこなっていたころ、最終的に一～三条の部分において他の部分とは曲らざるをえなくなった。Bの山城国葛野郡条里も条里の一部が曲がっている。

図18　一郡一条里否定説の根拠

（落合重信1967）

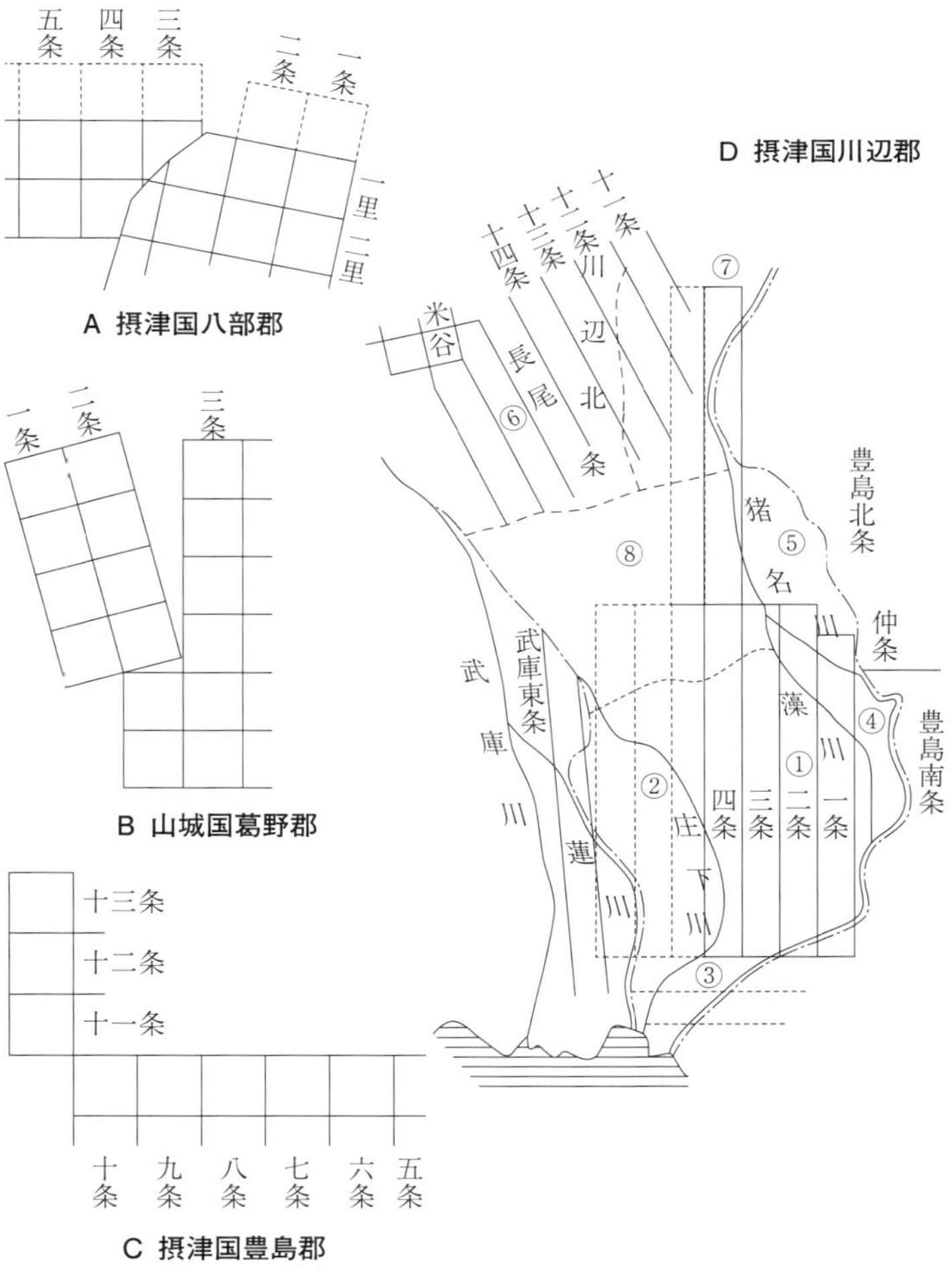

Cの摂津国豊島郡条里の場合は、十条に至って十一条以後直角に曲っている。Dの摂津国川辺郡条里の場合は、ほぼ正南北の方向をとる南条において十条までを数え、西偏二十度の北条を十一条から数えているが、その間に無条里地帯を挟んでさえいる。条里呼称が郡単位におこなわれていても、開拓はおのずから別らしいこともこの僅かな例からでも察せられるはずである。

というもので、同じ条里呼称内でも方位の異なる条里地割が混在した例を列挙したものである。落合はこれらの例をもって「一郡の条里が一単位で施工されているところなどまずない」と断言し、「条里呼称が郡単位におこなわれていても、開拓はおのずから別らしい」例としている。

ところで「何国何郡何条何里何ノ坪」という条里呼称法は、永らく土地管理のための座標式の地番表示と理解されてきたが、後に第五章で論証するように、「何国何郡何条何里何ノ坪」の条里呼称法は、一郡単位の条里計画立案と施工現場の座標番付だったのである。次に〔図19〕で見るように二〇条一〇里の条里区では一〇九m四方の一町区画を七二〇〇か坪造成するのであり、七二〇〇か坪を個別に識別するために、その設計図と工事現場の共通語として一町区画ごとに座標番号を振ったのが条里呼称法だったのである。

aで落合は条里地割は一郡を単位に「何国何郡何条何里何ノ坪」と呼ばれていて、これは全国画一的な方法であることを認めており、この条里呼称法は施工現場の座標番付なので、条里施工は一郡単位でおこなわれていたことになる。そして落合が〔図18〕に掲げた諸例は同じ工区内で自然地形に合わせて方位を変えて柔軟に対応した例であり、一連の座標番付が振られていることが、同一工区で同時施工だったことを物語っている。

つまり条里呼称は郡単位にまとまりをもつことが同一工区・同時施工だったことの反映であり、通説は正しかったのである。

二〇条一〇里のシミュレーション　〔図19〕は一郡の規模としてはよくありそうで切りのいい二〇条一〇里規模の条里施工の様子を模式図で示したものである。分かりやすいように右上を測量起点として南に向かって「条」、西に向かって「里」の番号を振って座標表示をすることとする。また「一条一里」「五条七里」などの一区画を「里」と呼ぶが、この里は東西にも南北にも六等分して三六の方形区画に分けられ、この小区画が「坪」呼ばれて「一ノ坪」から「卅六ノ坪」まで番号が振られる。この坪の面積が一町で、坪の一辺は一〇九ｍである。ここでは分かりやすくするため二〇条一〇里という長方形の条里区モデルを出したが、実際には山側では条里呼称区のなかに山や丘陵を、海側では海岸線を取り込むことになるので、現実の条里地割造成区はもう少し小さくなる。

〔測量過程〕

杭打ちをどう進めるか　この二〇条一〇里の条里区の里数は二〇×一〇＝二〇〇か里。一里は三六坪なので二〇〇×三六＝七二〇〇か坪、一〇九ｍ四方の一町区画を人力で七二〇〇区画造成する大工事となる。〔図19〕は里界を五㎜方眼で示しているが、これが六五四ｍ四方で、一辺は六等分されて一

図19　20条10里の条里地割の測量

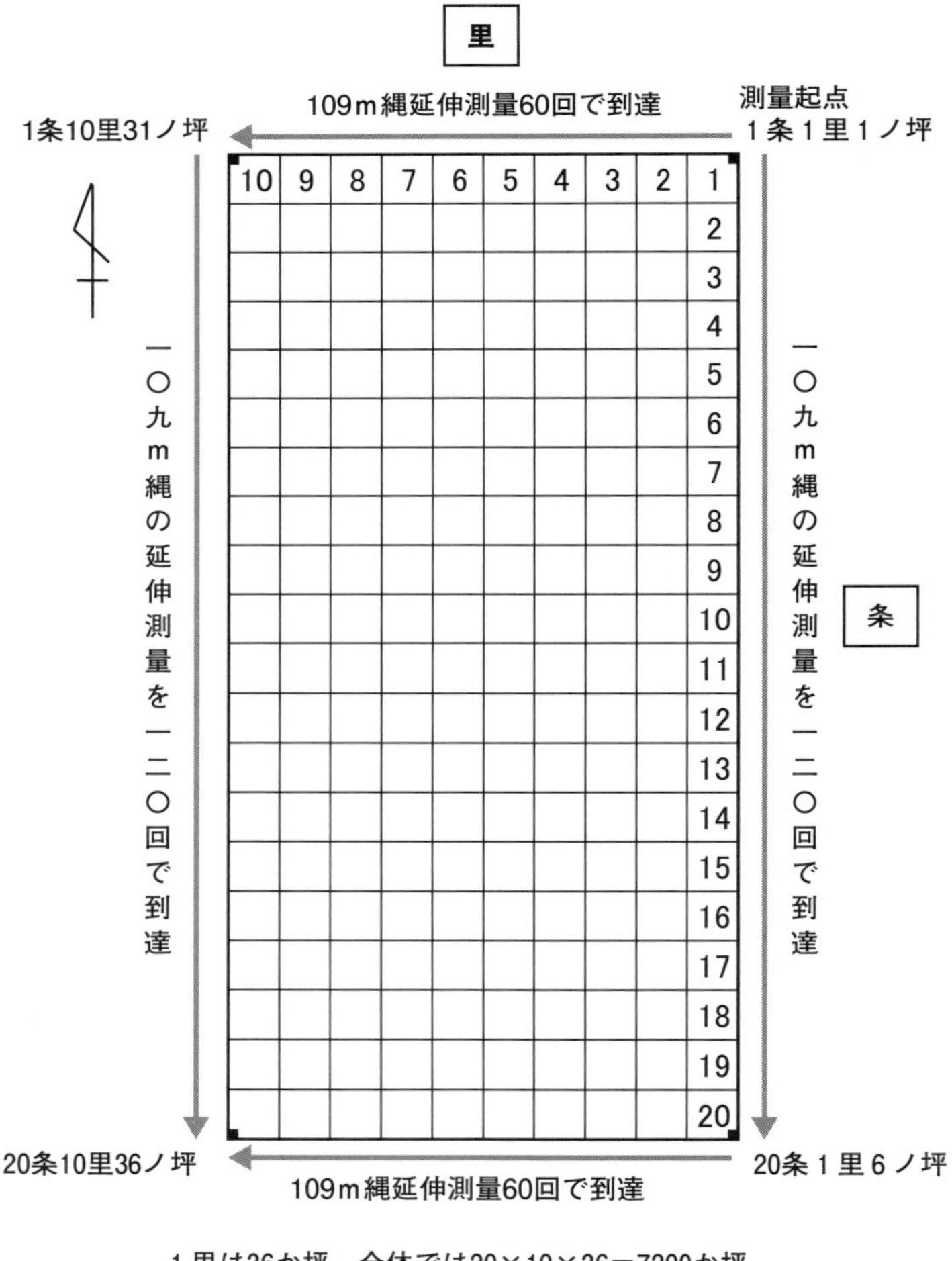

1里は36か坪　全体では20×10×36＝7200か坪
坪隅の標柱は61×121＝7381本

〇九m四方の三六の坪に分轄されることになるので、二〇条までは測量起点から一〇九m縄を杭打ちをしながら一二〇回延伸してようやく到達、一〇里は一〇九m縄を杭打ちをしながら六〇回延伸して到達できる距離である。しかも中身の部分も測量して一〇九m四方の坪の四隅に杭打ちをしていかなければならない。その本数は七三八一本となる。

測量起点が一条一里一ノ坪だった場合、最初の坪の正方形の四隅を正確に九〇度に仕上げることが必須となる。木全敬蔵は三・四・五の比率の目盛を付けた縄で三角形を作って直角を得る方法を紹介しているが、手許の小さな直角は確保できても一〇九mも延伸して一町方格の直角となると誤差も大きくなる。どうするか。ところで正方形の対角線は一辺の一・四一四倍であることは経験的にも知られていたであろうし、一辺三尺の正方形を作って対角線を計測しても容易に得られる数値である。したがって一辺用の一〇九m縄の他に、一・四一四倍の一五四mの対角線縄を作っておいて対角線の長さで正四角形であることを確認すればいい。ただ縄の場合は一五四mにもなれば伸びや重さによる弛みも生じるので、一五四mの先に数mの余裕を作り尺・寸の目盛を付けて、これを二本用意して一五四m縄をX字形に交差計測して同じ長さになるよう杭の位置を調節すれば正確な一町方格が得られる。測量起点でまず正確な一町方格が確保できれば、その後はそれを延伸しつつ杭打ちのたびに標柱列の縦・横・斜めの見通しによる整列確認をを繰り返していけばいいことになる。

杭打ちのたびに見通しによる整列確認を繰り返すと述べたが、当時の平野部は小区画水田の開かれたところは見通しがきくが、未開地は降水量の多い日本では森林となり、川辺林も視界を遮って遠くは見通せない状況にある。一郡一工区で条里施工するには、施工に先立って測量伐採が必要となり、直線官道の場合のような約三〇m幅のベルト伐採では間に合わず、一郡の平野部全体の面的な測量伐採が必要となる。これを「面的測量伐採」と呼ぶことにしよう。測量も含めて冬季の三か月の突貫工事、測量が終わらないと本施工に入れないので、測量隊以外は全員測量伐採に投入され大急ぎで伐採に入る。見通し確保が目的なので草や木は膝から腰の高さで伐採していく。大木の樹冠は嵩が高いので枝分かれ毎に切って嵩を沈め、葉つきの末端樹冠は数日置いて生乾きのまま現場で焼却する。生乾きなので水蒸気混じりの白煙と不完全燃焼の大量の煤を含んだ黒煙が空を覆う。宇宙ステーションからこの光景を眺めれば、六五四年以降十数年、毎年旧暦一〇月上旬には日本列島の平野部が山火事状態になり、黒煙の列は北西季節風に流されて筋状に太平洋になびいていくという壮大な光景が展開していたことになる。これを下から眺めていた動員農民たちは、天を覆う黒煙を見上げて、いよいよ工事が始まったんだと武者震いを感じたであろう。そして山を隔てて隣国からも黒煙が立ち昇るのを見て、われわれはオールジャパンチームで日本列島の自然大改造に取り組んでいるんだ。やるぞ、と決意を固めたであろう。そして数日経てば、郡域には木一本もなく山裾まで見通せるフラットな空間が現出した。日本開闢以来、誰も目にしたことのない光景である。「あ、これが評か」、改新政府が目指した評域の誕生であり、気がつけば優しい木々に包まれた「国造のクニ」景観は跡形もなくなってい

図20　整然とした条里地割は面的測量伐採の痕跡

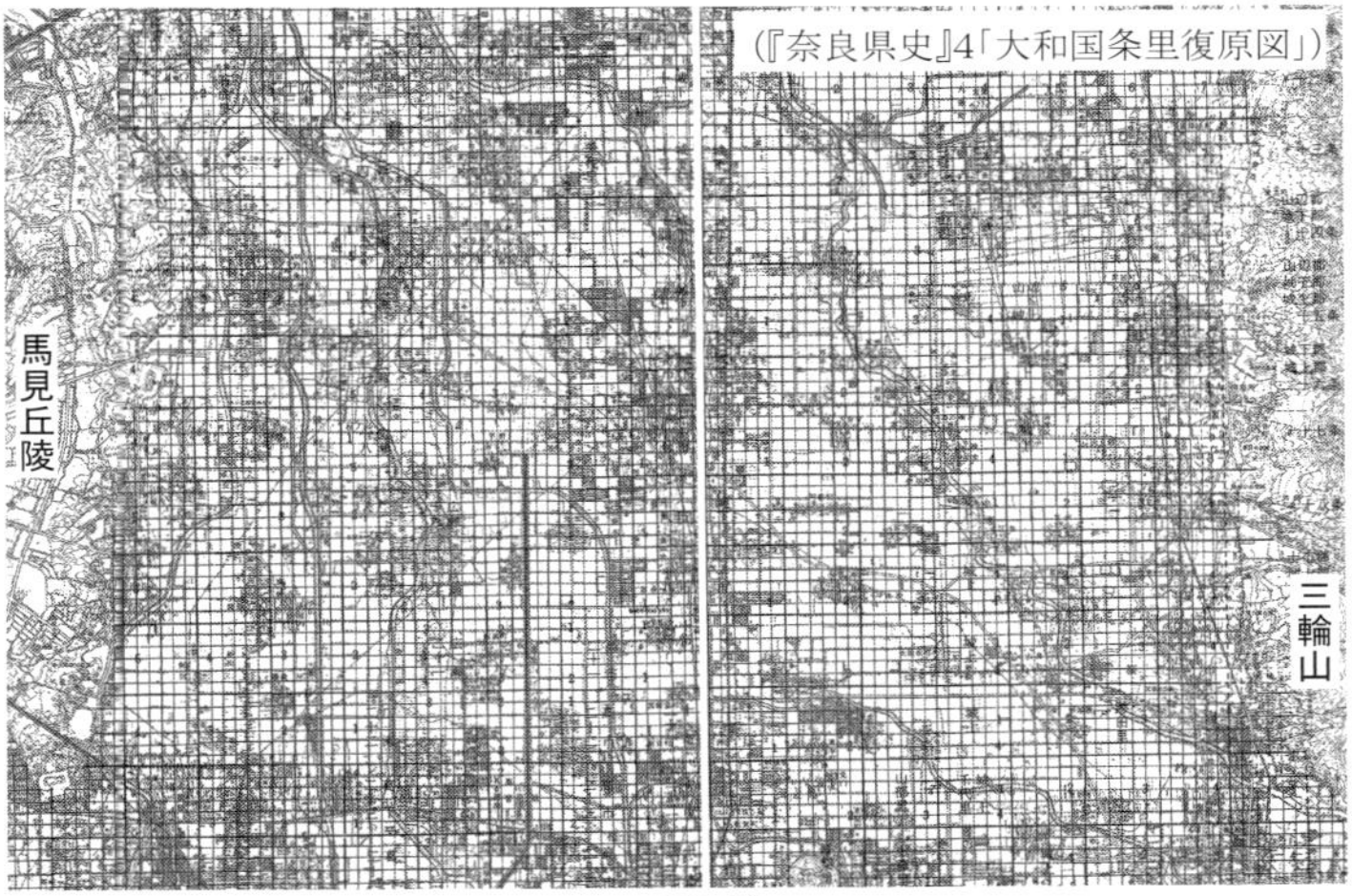

た。
　木一本もなく山裾まで見通せるフラットな郡域が確保できたので、一〇九ｍごとの標柱列の縦・横・斜め方向の見通しによる整列確認ができるようになり、郡域を覆う正確な方形区画列の条里田造成が可能となった。この面的測量伐採は所与の条件のもとでのシミュレーション結果だったが、この面的測量伐採が実際にもおこなわれていたことが、表層条里の復原図からも確認できる。

面的測量伐採の痕跡　〔図20〕は『奈良県史』（一九八七）の「大和国条里復原図」から奈良盆地南部部分を切り取ったもので、図の右すなわち東の山の南端は三輪山、西の丘陵は馬見丘陵で、中央の白線は下ツ道で奈良盆地条里地割の東西方向の測量基準線なので白線で加筆した。

南北方向の測量基準線の横大路はこの図の下方に外れている。この図で一㎜方眼のように見えるのが一〇九ｍ四方の面積一町の一坪である。この図から確認できることは、①条里の方格地割が平野部全域を埋め尽くして山裾・丘陵の裾に及んでいること、②条里の方格地割に前後左右のずれはなく、精度高く整列していること。③図中には、初瀬川・飛鳥川・曽我川など河川があるが、その川を無視する形で条里地割が広がっている、などである。

②の条里地割は縦・横・斜めがきれいに揃っていることは、面的測量伐採で平野部には樹木が一本もなく見通せる状況を創った上で、初瀬川・飛鳥川・曽我川などの川を越えて一〇九ｍ縄の延伸を繰り返して長さ八尺＝二・四ｍほどのポールを立てて毎回東西方向・南北方向・斜め方向のそれぞれからこれまでの柱列の延長上に位置しているかを見通しによる整列確認で確かめた上で杭打ちをし、掛矢で打ち込む杭は腰の高さなので、それに二・四ｍほどの標柱を括りつけて次の柱の見通しに使える高さを確保した上で、また一〇九ｍ縄を延伸するという作業の繰り返しをしたからこそ、この見事に整列した条里田は奈良盆地を覆い尽くすことができたのである。先には降水量の多い日本では遠くは見通せないので条里工区全域の面的測量伐採は必須とのシミュレーション結果を導いたが、奈良盆地の縦横斜めがきれいに整列した方格地割は面的測量伐採が実際に行われていた痕跡であり、「条里区全域の面的測量伐採」仮説は表層条里の検証を得て検証度1、★の学説に昇格したことになる。

なお「平野部に樹一本も残さない面的測量伐採」とは原理を述べたもので、実際には集落内の樹木や由緒ある神社林は残して測量されたと考えられる。坪界畦が神社林に突き当たって先が見通せない場合でも左右の坪界畦を伸ばして集落や神社林を回り込む形で測量を進めれば、平野部全域にきれいに整列した条里地割を完成させることはできる。

〔冬ごと連年施工〕

冬季施工の再確認　これまで条里施工は農閑期の冬ごと連年施工だといってきたが、これを当時の史料で再確認しておこう。〔図21〕Aは『日本書紀』に見える土木工事の施工月記事の一覧で、月または季節が書かれたものだけを抽出したものである。欄外に月別集計を掲げたが、一〇月が六件と多く、一一月は一件、是歳の冬が一件で冬は八件と季節ではトップである。一〇月が多いのは冬の工事の始めの月だからであろう。白雉四年に六月記事があるが、これはこの冬から官道工事にかかるので準備せよとの意味を込めた公示記事であり着工ではない。「垂仁紀」の九月は五十瓊敷命《いにしきのみこと》を九月に派遣して一〇月からの工事の手配を始めたのであろう。応神七年の九月は渡来人たちは来たばかりで、難民キャンプ暮らしの状況でいつでも動員できるので、彼らを動員して池を築かせ、その用水で開田させて翌年春の耕作開始に間に合わせて定住させた記事であろう。雄略一四年の正月は、呉国の使節の上京の道で急を要するので春には入っているが動員をかけたもの。こうしてみれば古墳時代以来、土木工事は冬季の三か月に限るという原則が基本的に守られていることが確認できる。

Bは聖徳太子の十七条憲法の第一六条で「冬の月に間《いとま》有らば、以て民を使ふべし。春より秋に至

図21 『日本書紀』に見える土木工事の施工月

A

天皇	年	月	土木関係記事　月または季節を明記した記事のみ。
垂仁	35	9	秋九月に、五十瓊敷命を河内国に遣して、高石池・茅渟池を作らしむ。
		10	**冬十月**に、倭(大和)の狭城池及び迹見池を作る。
応神	3	10	**冬十月**の辛未の朔、癸酉に東の蝦夷、悉に朝貢る。即ち蝦夷を役ひて、厩坂道を作らしむ。
	7	9	秋九月に、高麗人・百済人・任那人・新羅人、並に来朝り。時に武内宿禰に命して、諸の韓人等を領ゐて池を作らしむ。因りて、池を名けて韓人池と号ふ。
	11	10	**冬十月**に、剣池・軽池・鹿垣池・厩坂池を作る。
仁徳	11	10	**冬十月**に、宮の北の郊原を掘りて、南の水を引きて西の海に入る。因りて其の水を号けて堀江と日ふ。又将に北の河の澇を防かむとして、茨田堤を築く。
	12	10	**冬十月**に、大溝を山背の栗隈県に掘りて田に潤く。
履中	4	10	**冬十月**に、石上溝を掘る。
雄略	14	正	春正月の丙寅の朔　戊寅に、身狭村主青等、呉国の使と共に呉の献れる手末の才伎、漢織・呉織及び衣縫の兄媛・弟媛等を将て、住吉津に泊る。是の月に、呉の客の道を為りて磯歯津路に通す。呉坂と名く。
推古	15	冬	**是歳の冬**に、倭国に、高市池・藤原池・肩岡池・菅原池作る。山背国に、大溝を栗隈に掘る。また河内国に、戸苅池・依網池作る。
	21	11	**冬十一月**に、掖上池・畝傍池・和珥池作る。又難波より京に至るまでに大道を置く。
孝徳白雉	4	6	六月に、(中略)処処の大道を脩治る。

6月-1、9月-2、**10月-6、11月-1、冬-1(冬計8)**、正月-1

B

推古	12	4	十七条憲法第16条
十六に曰はく、民を使ふに時を以てするは、古の良き典なり。故、**冬の月に間有らば、以て民を使ふべし。春より秋に至るまでに、農桑の節なり。民を使ふべからず**。其れ農せずは何をか食はむ。桑せずは何をか服む。			

るまでに、農桑の節なり。民を使ふべからず」つまり冬（旧暦一〇～一二月）に暇があるようなら農民を使役しなさい。そして「民を使ふに時を以てするは、古の良き典なり」つまり民衆を徴発するのに季節を配慮するのは、古くからの良い慣習法である。と述べている。おそらく古墳時代、さらには弥生時代からの農耕民の知恵として農民の動員は冬季の三か月に限ることが慣習法として社会に根付いていたことが確認できる。

冬ごと連年施工のイメージ　広い郡の平野部全域に重機なしで条里田を造成するとなれば、仕事量の多さから一冬一郡に国中の正丁を集中投入しての冬季の突貫工事しかなく、それを毎冬繰り返して一郡ずつ仕上げていく冬ごと連年施工しか選択肢はない。その冬ごと連年施工を一国八郡の標準国をモデルにイメージ化したのが〔図22〕の条里田の冬ごと連年施工図である。

図22　条里田の冬ごと連年施工

1国8郡の標準国のシミュレーション

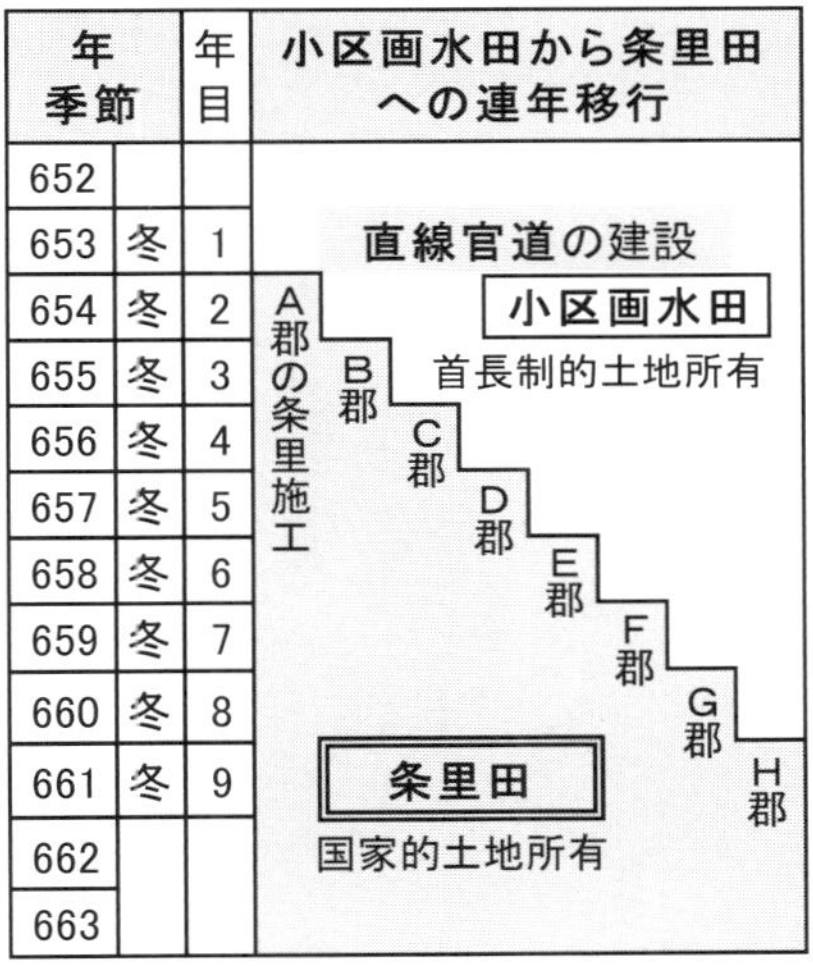

工事開始は白雉四年（六五三）の評再編の年の冬からで、一年目は直線官道に宛てるとすれば、二年目にA郡の条里施工が始まることになる。それ以降は冬ごとに一郡ずつ、小区画水田

から条里田へ置き換わっていき、最後のH郡は九年目の冬に着工、翌六六二年の春で条里地割がすべて埋め尽くす律令国家の「国」景観が現れたことになる。

〔施工隊の構成〕

大隊・中隊・小隊、施工部隊の復原　ではこれらの大工事をやり遂げるための動員人数を復原しよう。国数は一〇世紀前半の『和名類聚抄』で六八国だが、大宝令以降に分立した国が九か国、それに反して三河国は大宝令で二つの国造国を統合して成立したので、七世紀末では差し引き八国少なくなり六〇か国となる。ただ天武朝には吉備国が備前・備中・備後の三国に分かれるといったような前中後、あるいは上下による大国の分割が進むので孝徳・天智朝にさかのぼれば国数はさらに少なくなるが、条里施工のような工事に関しては吉備国のような広大な国なら作業は令制国並みに地域を美作も含めて四分割して同時平行で郡ごと連年施工が行われたと見る方が現実的なので、工事の試算では六〇か国としておく方が穏当であろう。

郡数は八世紀末～九世紀前半の「律書残篇」で五五五で、七世紀後半では約五〇〇郡と推定されており、六〇か国で割れば一国平均八・三三郡となるので、ここでは一国八郡で試算しよう。

里数は「律書残篇」で四〇一二、八世紀初頭前後の郡の分立では里数には大きな変化はないので七世紀後半の里数は約四〇〇〇と見て、四〇〇〇里を五〇〇郡で割ると一郡は八里となる。一里は五〇戸で編成されたが、一戸は正丁四人になるよう編成されたとされるので一里から動員できる正丁は四人×五〇戸＝二〇〇人となる。律令制下では一戸から一人の兵士が選ばれ地元で軍事訓練を受けるが、軍団が成立していたとしても条里施工期には地元での軍事訓練は中止して工事に投入されたとみて、平均的な標準国の正丁数をまとめると、

一里＝五〇戸　正丁　二〇〇人
一郡＝八里　　正丁　一六〇〇人
一国＝八郡　　正丁一二八〇〇人

となる。

ではこれらの労働力をまとめ、工区を分担施工する部隊編成を復原しよう。

総指揮官＝国宰
現場総監督＝当該郡の評督
大隊長＝各郡の評督　一六〇〇人を統括。当該郡は助督が大隊長
中隊長＝各里の里長　二〇〇人を統括
小隊長＝里を仮に四分割するなら五〇人を統括

中隊の一里二〇〇人は氏や集落など血縁・地縁のまとまりを基準に四つほどの小隊に分け、五〇人前後の小隊が自主的に選出された小隊長の下で健康管理や助け合い、休暇のローテーションの基礎単位と推定するのが実情に合っているだろう。土木工事は危険がともなう仕事である。一九六〇年代の高

度成長を支えた農閑期の出稼ぎ労働者は村ごとのグループで経験者がリーダーとなって息子のような新入りの若者をグループで育て危機管理・健康管理と技術の蓄積・継承の母体となっていた。年配の経験者が小隊長となり、息子のような若者は経験者たちが心掛けて指導し、工事のコツを教えることで技術は小隊単位で継承されていく。

昼食・昼寝で二時間　では労働時間はどうか。手掛かりとなる直接の史料はないが、蓋然性から推定しておこう。旧暦下では一日二四時間を一二支に宛てる十二辰刻法が用いられていた。子の刻は午前零時を中心とする二時間、午の刻は昼の一二時を中心とする二時間とするもので、肉体労働では食後の昼寝は必須なので昼休みは午の刻二時間をたっぷり充てたであろう。この点は動かない。ここを中心に午前・午後とも二刻＝四時間を充てると、午前は辰の刻と巳の刻、定時法でいえば午前七時から一一時まで。一一時から午後一時までが昼休みで午後は未の刻と申の刻が労働時間で午後一時から午後五時までが労働時間となる。大まかにはこの辺りであろう。昼休みの始まりと終わりは太鼓で知らせたと考えられるが、こうした習慣は大古墳の建造などを通して慣習化されていたものと考えられる。

破壊から建設へ　測量伐採・杭打ちの済んだあとは、小水路の坪界水路への付け替え隊以外は持ち場の条里施工に入る。覚悟して臨んだとはいえこの秋稲刈りを終わったばかりの水田を壊すのはさすがに気が引ける。涙ながらに鍬を振るい鋤を踏み込んで小区画畔を壊しにかかる農民を鬼の形相で叱咤する里長たち、小区画水田は見る見る更地となり、森林跡では樹木の抜根は大仕事で縄引きには牛馬も動員されたであろう。

小区画水田を壊し森も壊して更地となってしまうと評督も里長も動員農民も表情が変わった。一郡の水田をすべて破壊してしまったので、冬季の三か月の間に条里田の造成を終わらなければ、来年は一郡規模での飢饉となる。もう後には引けない、やるしかない。押し付け仕事でスタートしたが、既存水田の破壊後は自分たちの課題として受け止め直さざるをえない状況に追い込まれていた。表情は引き締まって早朝から仕事にかかり、夕方は一坪の仕上げの切りまで粘ったであろう。

条里田の造成は、坪区画の傾斜方向を見定めて長地型地割の長辺畦を界等高線の走行方向に近い方向で決定し、田の部分を掘り凹め、その出た畦を造成し、田底は可能な限り均平する作業である。

破壊を終わって建設の段階にかかると彼らの表情が変わってきた。条里施工は一町区画の一坪造成の繰り返しなので、熟練度が増して作業は早くなり、条里施工のプロだという意識が生まれるとともにゆとりも出てくる。それにオープンなフィールドで二五六ほどの小隊が三か月内の完工を目指して競い合うことになるので、郡別対抗戦の意識が生まれて結束が強まり、明るい雰囲気のなかで、工期は多少延びながらも無事竣工式を迎えたと考えられる。これを冬ごと繰り返すなかで「同じ国宰殿のもとでの〇〇国公民」という意識も育っていったであろう。

「われわれの田の造成」と受け止めた農民たち　江浦洋（一九九六）は大阪平野のど真ん中、東大阪市・八尾市にまたがる池島・福万寺遺跡で発掘された土器埋納について、興味深い報告をしているので見ておこう。

池島・福万寺遺跡では七世紀の条里地割の一部が発掘された遺跡であるが、〔図23〕Aの中央部を南北に走る「南北地割A」が発掘で確認された七世紀の条里遺構で、A図のなかにA1からA27まで二七のドットは飛鳥時代の土器埋納《まいのう》で、土器埋納は畦畔盛土《けいはんもりど》や条里田のなかに直径五〇cmほどの土坑の底面に基本的に一点の完形土器を正置で埋納し、土師器や須恵器でその多くが杯類である（B図・C図）。土器埋納には時代的に三つのピークがあり、七世紀中葉の条里田の一斉施工と見られる時期、八世紀前半の三世一身法・墾田永年私財法にもとづく再開発の時期、一〇世紀前半の藤原道長の玉串荘、藤原実資の辛島荘などの再開発の時期に相当することから、開発・再開発にともなう地鎮と考えられる、とする。このうち七世紀中葉の条里田の一斉施工と見られる時期の土器埋納をこれまでの考察と重ね合わせれば、重要な事実が浮かび上がってくる。

① 同じような土器埋納が飛鳥時代の条里施工、奈良時代の三世一身法や墾田永年私財法にともなう再開発、平安時代の荘園に関わる再開発と繰り返し継承されていることからして、土器埋納はこの地域の古墳時代にさかのぼる伝統的な地鎮法で、中央政府が命じたものではなく、現場で開発作業を進める農民間に継承されてきた地鎮法と考えられること。

② 先に条里施工は一町区画＝一坪造成の繰り返しで、一冬に十数か坪以上を小隊で請け負っての作業なので回を重ねるにつれ急速に熟練度が増して条里施工のプロだという自覚と自信が生まれて、仕

図23　池島·福万寺遺跡の７世紀地割と土器埋納

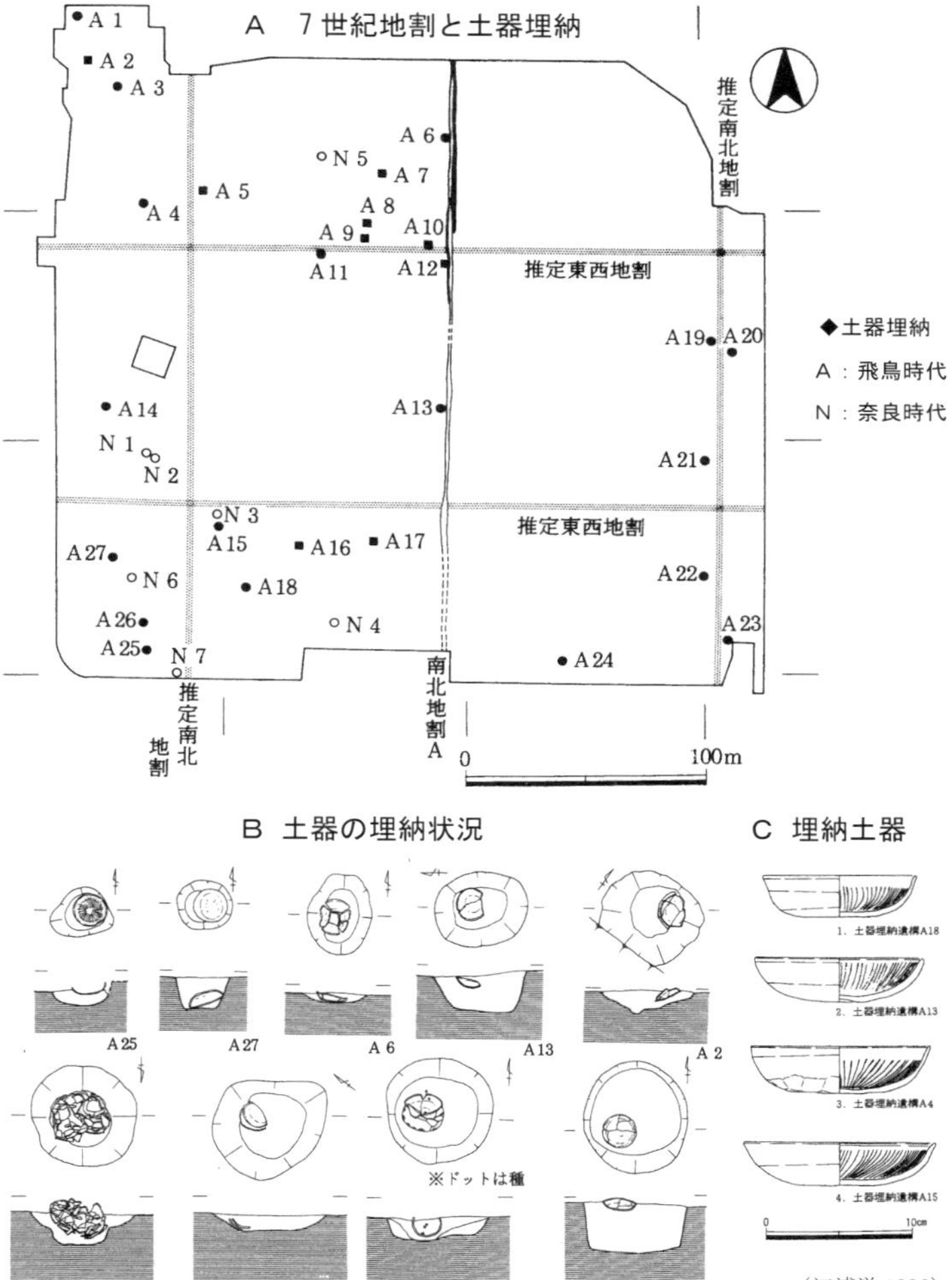

（江浦洋 1996）

事にゆとりが出てくると想定したが、冬季の三か月の突貫工事のなかでの土器埋納は、まさに熟練と自信でゆとりが出てきた段階での出来事である。

③　池島・福万寺遺跡は河内国河内郡（評）であるが、当時の河内国は和泉国を含んで一七郡の大国なので半分に割って二グループ同時並行施工で取り組んでいたと想定されるが、この河内郡にも河内国北半分の郡から助っ人隊が投入されての施工なので、池島・福万寺遺跡の土器埋納田が土器埋納した本人に班給される可能性はきわめて低いであろう。にもかかわらず彼らは丁寧に土器埋納をおこなっており、この工区で働いている誰かに班給される田について、班給後の豊作が保証されるよう丁寧な土器埋納をしているのである。ここでは国宰殿の下での河内国の公民だという仲間意識が芽生えていて、押し付け工事で始まった条里施工であるにもかかわらず、彼らは「われわれの田の造成事業」と受け止め直して、主体的・積極的にやる気を出して取り組んでいたことを物語っている。

先に条里施工は押し付け仕事としてスタートしたが、施工の過程で農民たちは自らの仕事と受け止め直して主体的に参加し、競争意識も加わり熟練のゆとりも加わって、国宰の下での大自然改造事業に参加するなかで公民意識を身につけていったとシミュレーションしたが、池島・福万寺遺跡の土器埋納事例はシミュレーションから導いた「条里施工への農民の主体的参加と公民意識の形成」仮説が正しかったことを発掘事例から検証したことになり、「条里施工への農民の主体的参加と公民意識の形成」仮説は検証度1、★の学説に昇格したことになる。

五　「雑徭六〇日」の意味と雑徭の起源

「雑徭六〇日」の意味　ここで賦役令に規定された「雑徭六〇日」規定の意味を検討しておこう。唐の雑徭は四〇日以内（上限三九日）なのに対して、日本の賦役令では「凡そ令条外の雑徭は、人毎に均しく使へ。惣べて六十日に過すこと得じ」と上限六〇日に定められていて日本独自の規定である。唐に比べて一・五倍の長い雑徭六〇日規定は、先に確認した「農民の動員は冬季の三か月に限る」とした慣習法と掛け合わせれば、意味がはっきりしてくる。つまり「農民を冬季の三か月、九〇日動員したからといって、期間中の労働日総計は六〇日を超えてはならない」というのが本意であろう。農民を冬季の三か月動員するのは常識中の常識だった古代人にとっては「雑徭は六〇日を超えてはならない」と規定しただけで「九〇日動員で六〇日が限度」という意味が十分通じていたのである。ではなぜ六〇日に限ったのか。

ガソリンエンジンならガソリンを供給し続ければいつまでも回り続けるが、人間は食物を食べて消化・吸収されて糖や脂肪の形で蓄積されて、それが燃焼してようやく力となるため、こまめな休憩と十分な睡眠、それにこまめな休日が必要となり、理想的には「二日働けば一日休むのを原則にローテーションを組んで一人あたりの労働日が合計六〇日を超えないようにせよ」という規定だったことになる。

その理由は農閑期は休養と春からの農作業の準備期間であり、農民は農業で奉仕するのが国家の中での役割なので政府としても農民が疲れ果てて春の農作業に支障がでないように配慮する必要があったからであろう。十七条憲法も「冬の月に間有らば、以て民を使ふべし」と「冬の月に間《いとま》」を強調していた。そうであるなら「雑徭六〇日以内」の原則も「農民動員の土木工事は冬季三か月」の原則同様、古墳時代にさかのぼる慣習法であった可能性が高い。

ところで賦役令雑徭条の、

凡そ令条外の雑徭は、人毎に均しく使へ。惣べて六十日に過すこと得じ。

という規定は、一見すると農民動員の上限が六〇日と定められたように見えてしまうが、注意深く読めば、これは施工隊のなかでローテーションを組んでの一人の労働日数の上限が六〇日であったことが読み取れる。まず全員一斉ではなく「人毎に均しく使へ」とは工期中に各自ばらばらに休みを取っていることを示していて多くの農民が施工隊を組んで飯場暮らしをしていた状況を前提としており、「人毎に（中略）惣べて六十日に過すこと得じ」とは、休みを挟みながら働いている農民の労働日数を個人別に集計して各自が六〇日を超えてはならないというもので、その前提として農民たちは六〇日よりも長く動員されていたことになり、その動員期間となれば、これまで検討してきた農閑期の冬季の三か月であろう。つまり「九〇日動員で労働日数は六〇日が上限」という解釈の正しさは条文自体の分析からも検証されたことになる。

「雑徭六〇日」をベースにしたローテーション　ところでローテーションを組むといっても、先ほどの標準国の試算では一郡に投入される正丁は一二八〇〇人、この人数を出席簿で管理してローテーションを組むのは複雑で、公平性を保つには気を遣う大変な仕事となる。だがこれは文字社会に生きる現代人の杞憂で、弥生時代以来無文字社会で暮らしてきた彼らは、彼らなりに合理的で手間のかからない方法を生活の知恵として継承していたと考えられる。それを復原してみよう。

里長が勤める中隊長はたとえば六〇人班の小隊長に対して「おまえの班からは三か月間、毎日四〇人を出せ」と命じれば、小隊長は班員に顔見知りの三人組を組ませ、そこでローテーションを組ませれば、毎日四〇人出勤は出席簿なしでも簡単に実現できる。これが無文字社会の知恵である。

この原理を先の平均的な標準国に当てはめると、

一里＝五〇戸　正丁　二〇〇人……冬季三か月間　毎日　一三三人就労可能
一郡＝八里　正丁　一六〇〇人……冬季三か月間　毎日一〇六七人就労可能
一国＝八郡　正丁一二八〇〇人……冬季三か月間　毎日八五三三人就労可能

となり、切りのいい数字で正丁一二〇〇〇人の国なら冬季三か月間、毎日八〇〇〇人の動員が可能と見て工事計画を立てることができる。古墳時代から大規模土木工事が繰り返されるなかで、経験の集約としてこうした慣習法が定着していたのであろう。こうすれば複雑な出席表で管理する手間も要らず、休みを確保させながらスムーズに動員することができる。無文字社会の知恵である。

工区分担の割普請方式　先の平均的標準国では一国は八郡、一郡は八里なので、当該郡を八工区に分けて評督の率いる大隊に請負わせ、大隊内部ではさらに八工区に分けて里長の率いる中隊に請負わせ、中隊内部ではさらに四工区に分けて五〇人単位の小隊に請負わせるとなると、全工区が二五六の小隊に分担されて工事が進むことになる。請負方式なら工事期間が残り半分を切って工事が遅れ気味の場合は、彼らは自主的に休みを減らして労働人数を増やし、朝は早朝から出て帰りは日暮れまでと労働時間を延ばして対応していたと考えられる。これは小隊が勝手に決めたものなので、三か月労働総日数が六〇日を超えた場合も工事総責任者が責任を問われることはない。無文字社会の知恵はうまくできていたのである。

全工区が二五六の小隊に分担され、五〇人単位で工区を請負うというイメージを出したのは、対象が一辺一〇九mの一町区画が無数に面的に広がった均質な工事だからである。ただ一小隊がどれだけの数の一町区画＝坪を請負うか試算してみると、かなり無理なような数字が出てくる。さきに〔図18〕（九三頁）で示した二〇条一〇里の工区の場合、機械的に計算すれば二〇×一〇＝二〇〇里となり、一里は三六坪あるので合計七二〇〇か坪となる。二五六の小隊で分けると一小隊あたり二八か坪となり、一と月で約九か坪、三日で一坪仕上げなくてはならなくなる。ところで例に示したような二〇条一〇里の長方形の工区では現実には山手には山や丘陵が、海側では海岸線が入り込むので実際に耕地となるのは五〇〇〇か坪前後であろう。そこで五〇〇〇か坪で試算すれば、一小隊あたり一九・五か坪となり、一と月で約六・五か坪、四日半で一坪仕上げとなってやや現実に近づいてくる。それでもかなり不可能なような数字に見えるが、彼らはこれを成し遂げていたことも事実なのである。先に確認した競争的環境と同じ仕事の繰り返しによる熟練がそれを可能にしたのであろう。

割普請は古墳時代以来の慣習　いま条里施工過程で工区を施工隊に請け負わせる割普請方式がおこなわれていたであろうと推定したが、『日本書紀』仁徳天皇一一年の茨田堤《まんたのつつみ》の建造にまつわる逸話は、割普請が古墳時代からおこなわれていたことを裏付けている。話しの筋を要約すれば、

　冬十月に、宮の北の川（淀川）の洪水を防ごうとして茨田堤を築いたが、築いてもすぐに壊れる難所が二か所あり、天皇の夢に河の神が現れて「武蔵人強頸《こわくび》・河内人茨田連衫子《ころものこ》の二人を河神に捧げ祭るならば、必ず塞ぐことができよう」と伝えた。そこで二人を捜し出して河神に捧げ祀ったが、強頸は泣き悲しんで水に沈んで死に堤は完成した。衫子の方は瓢箪を二つ川に投げ入れ、「もし瓢箪を沈められなければ偽の神であり、無駄死はしない」と神に誓約した。瓢箪は波の上を転がって沈まず遠くへ流れ去り、衫子は死なずに堤も完成した。そこで時の人はその二か所を強頸断間《たえま》・衫子断間といった。

というものである。

この記事から、①茨田堤の築堤工事は、武蔵からも河内からも人夫が出ていて全国規模の動員によ

る大工事だったと考えられる。②工事は一〇月に始められており、冬季三か月の農民動員の工事と考えられる。③築いても壊れる難所が二か所あり、武蔵人強頸と河内人茨田連衫子が人身御供に指名されたことから、武蔵国と河内国はそれぞれ別の工区を請け負っていたことが明らかになる。武蔵大隊も河内大隊もそれぞれの工区を地域別中隊に割り振って請け負わせ、地域別中隊は血縁・地縁で五〇人前後の小隊に別けて請け負わせ、この小隊が健康管理・危機管理・休暇のローテーションの基礎単位として機能していたものと考えられ、割普請方式は古墳時代以来の伝統と考えられる。

条里施工は雑徭の直接の前提　以上の検討のように国宰の指揮の下、国内の全正丁を動員して冬季の三か月、郡ごと連年施工で取り組む条里施工の労働形態は、令制下の雑徭そのものである。

雑徭の起源に関しては、吉田孝「雑徭制の展開過程」（一九八三）は薗田香融（一九六二）説を継承して「徭」の古訓がミユキであることから、雑徭の起源を天皇行幸時の奉仕の労役に求めている。本書の関心に合わせて簡潔に要約すれば、

a　日本令の課役を構成した調・役（庸）・雑徭は、主としてミツギ・エダチ（チカラシロ）・ミユキを継承していた。古代の日本では、中央に徴発して造宮・造寺など朝廷の土木工事に従事させる臨時の力役をエダチと呼んでいた。

b　唐賦役令の雑徭に比定されたのは「ミユキ」である。『日本書紀』の古訓では「雑徭」は「クサグサノミユキ」と訓まれていたが、「クサグサノミユキ」の「クサグサ」が唐令から継受した法

制用語「雑徭」の「雑」という漢字の意味から附された訓であることは容易に想定され、「ミユキ」と呼ばれた労役がその実体であったと推定される。

c　日本の雑徭は、本来地方豪族が朝廷とは関係なく地域社会で徴発していた労役とは別の系列のもので、中央から天皇の行幸またはそのミコトモチの地方巡行のときに徴発される労役（ミユキ）の系譜を引くものであったらしい。

となろう。雑徭の起源を地方での行幸の際の供給役に求めるものだが、本章で進めてきた検討は、雑徭の源流にはもう一つの流れがあり、主流となったのは条里施工・七道建設で、これらは中央政府の地方支配の深化にともなってのエダチの地方展開にあることを示唆している。

吉田の指摘のように古代の日本では、地方民を中央に徴発して造宮・造寺など朝廷の土木工事に従事させる臨時の力役をエダチと呼んでいた。これは五世紀段階での大古墳の造営や茨田堤の築堤工事までさかのぼり、これらもエダチと呼ばれていたであろう。

六世紀段階になって屯倉《みやけ》制が展開すると、中央から田令を派遣して開田や倉庫・施設の建造がおこなわれたであろう。この労役もエダチと呼ばれていたであろう。

七世紀第3四半期になると、律令国家建設過程の二大土木工事である七道建設と条里施工が白雉四年（六五三）の冬から全国的に開始される。国宰の指揮のもと国内全正丁の動員であり、「雑徭」の名称はまだないが内容的には令制の雑徭そのもので、六五三年の冬から一〇余年かけて全国的に実施

された この「原・雑徭」が令制雑徭の直接の前提となったと考えられる。白雉四年の評再編で〔国―評―五十戸〕制が確立し、中央政府が地域社会を完全掌握したことにともなうエダチの地方展開であり全国展開である。この「原・雑徭」の要素を復原して箇条書きにすれば、

① 国宰（常駐国宰）の指揮の下、地方農民を動員する中央政府直属の大規模土木工事である。
② 臨時賦課の力役で工期は冬季の三か月で九〇日動員である。
③ 工事は施工隊に工区を請け負わせる割普請方式である。
④ 一人当たりの労働総日数は六〇日を超えてはならない。

となろう。

つまり令制の雑徭には二つの源流があり、一つは薗田・吉田説のミユキと呼ばれた天皇やその名代の国宰の地方に巡行の際の奉仕の労役の系譜を引くもので、もう一つは本章で論証した白雉四年（六五三）冬から十数年間全国的に展開される七道建設・条里施工の二大土木工事で、これは五世紀のエダチの地方展開版であり、割普請方式と九〇日動員・六〇日労働の原則を持ち込んで規模的にも内容的にも雑徭の直接の前提となったが、自然を相手に地方で展開された二大土木工事は中央官僚の関心は薄くて文献記録には残らず、七道建設は六五〇年代に、条里施工は六六〇年代にすでに終わってい て律令編纂時には中央官僚の頭のなかには二大土木工事は何の痕跡の残していなかったのに対して行幸は引き続きおこなわれており、この状況下で雑徭にクサグサノミユキという古訓が付される結果に

なったものと考えられる。

六　平野部の国境・評境の画定

平野部の国境・評境の画定　条里施工は平野部全域に造田されたので、大阪平野では摂津国と河内国は平野部で接することになり、その国境は条里地割の坪界畦となる。また多くの国は平野部や盆地にあるので、国内の郡はたがいに郡境で接しており、郡境もまた条里地割の坪界畦となる。これら平野部の国境・評境は条里施工の前に決めておかなければならなくなる。その点を考察しておこう。

まずタイムスケジュールから整理すれば、白雉四年（六五三）のおそらく正月に評再編の結果が発表され、あらたな評と評督・助督の人事が公表された。条里施工はその冬から始まるので秋の終わりまでに平野部の国境と郡境は決めて、さらにこの冬施工する郡の詳細な条里計画図を作成しておかなければならない。その点を考慮してスケジュールを割り振れば、次のようになろう。

◆平野部の国境・郡境画定のスケジュール

白雉四年（六五三）

正月……評再編の結果発表、評督・助督の人事決定。

春………隣接する国境を画定して杭打ち。

春〜夏…隣接する郡境を順次画定して杭打ち。
夏〜秋…技師を中心にその冬着工郡の座標原点の確定測量をして条里地割計画図を作成。
冬………一つの郡から条里施工開始。ただし七道優先の国は七道から着工。

となろう。忙しい日程だが、その内容を見ておこう。

国境の画定作業は両国の国宰と国境を接することになる両国の郡の評督・助督、それに条里計画担当の中央派遣の技師が加わり、現地視察をしながら決定次第の杭打ちとなろう。国境の線引きにはもめ事がつきもので利害が対立するのは国境を接する両国の評造だが、両国の国宰も技師も中央からの派遣官人で地域に直接の利害関係はないので客観的な立場から指導したであろう。また評造たちは就任直後であり国宰に好印象を与えてようやく手に入れた評造職を定着させなければならない状況下にあり、ギャラリーに紛れて選洩れ中小首長が様子を窺っていて国宰に反抗的な場面を見つければ早速あることないことを国宰に讒言して取って代わろうとする、そんな状況下である。国宰や技師の裁定を受け容れて杭打ちは比較的順調に進んだであろう。

郡境の画定は、国宰と中央派遣の技師、それに境を接する両郡の評造が線引きの検討をして決定次第の杭打ちとなろう。順次評造は入れ替わりながら何日かかけて平野部全域を回る。この場合も就任直後の評造たちは国宰に取り入りたい場面なので、もめごとは避けて国宰や技師の裁定を受け容れて杭打ちは順調に進んだであろう。

夏から秋にかけては技師を中心にこの冬施工する郡の条里地割計画図の作成にかかる。一象限座標のためには第五章で詳しく述べる座標原点確定測量が必要で、直線官道なり郡界なりの基準線と直行する山側への最長地点を見つけて見通し確保の測量伐採を実施、一〇九m縄を延伸して正確な距離を測量して座標原点を確定し、測量原点が何条何里にあたるかを確認するのである。中央の先進的な測量技術を学ぶチャンスである。若者たちは志願して助手となり、測量技術を身につけ、本番の条里地割の測量では彼らが活躍して中央技師を助けたであろう。

平野部の郡境は冬ごと連年施工で毎冬一郡ずつ現実の条里地割の坪境畦として姿を現すことになる。平野部の国境は杭打ちのまま年月を経ると我が方に有利なように杭の打ち変え等も起こる可能性もあるので、技師の指導で国境が条里地割の基準線となる国にその冬施工させて翌年春には現実の条里地割の坪境畦として画定させたと考えられる。

文献史学の評境画定論　ところで文献史学でも条里施工は郡（評）境の画定との関係で注目されているが、その時期は天武一二～一四年（六八三～五）の国境画定事業の頃に求められているようである。その一例として荒井秀規（二〇〇九ａ）は、

『常陸国風土記』の立評記事によれば、評は五十戸を単位とする里が複数集められて成立しているから、（中略）評が人間集団によって構成されていることは疑いがない。（中略）その一方で諸史料から郡には明確な境界があることがわかる。つまり、評と郡とを一元的に捉えることはで

きない。この点は、山中（敏史）氏の新稿が、孝徳朝～天武朝前半の「立評氏族などの支配が及ぶ集団の領域」である「前期評」と、天武朝後半～文武朝の「領域区分を前提とした人民区分」である「後期評」は連続せず、その転換は天武朝後半の諸国国境の画定すなわち令制国の成立に求められる、としたのに注目したい。

私見も、国や評に領域区画を設定したことの意義を、領域区画の決定は土地の所属関係の決定であるということを重視して、班田制施行に先立つ条里地割の測設と位置づけたいのである。

とする。また荒井（二〇〇九b）は、

天平七年（七三五）「讃岐国山田郡弘福寺領田図」に条里界線に沿った直線郡堺が記され「山田香川二郡境」とある。現地は南海道と直交する東西方向の条里界線が讃岐国各郡の郡境となっている。このような郡境は，人間集団である「前期評」には存在しえず，郡同様に領域区画をもつ「後期評」の段階ではじめて成立する。（その時期は）天武朝後半の諸国国境画定が契機となる。

とする。

荒井は国境・評境の確定を条里施工に求めている点は本書と共通するが、その成立時期については、山中説に依って「領域区分を前提とした人民区分」である「後期評」の成立する天武朝後半の諸国国境画定事業のころに求めている。ところで評は五十戸を単位とする里が複数集められて成立しているので山尾幸久、大町健が指摘するように評が人間集団によって構成されているという点はその通りであるが、だからといって人間集団的性格がいつまでも続く訳ではなく、改新政府は七道建設と条里施工を白雉四年（六五三）の冬着工と決めて、その春から夏にかけて、全国の平野部の国境と評境を杭打ちで画定した。天武一二～一四年（六八三～五）の国境画定事業の三〇年前に平野部の国境と評境は杭打ち画定されていたのである。

また荒井は郡境の例として讃岐国の山田郡・香川郡の郡境に触れているが、この郡でも白雉四年の春から夏にかけて平野部の評境は杭打ちで画定した。実際の条里施工は〔図60〕（二八三頁）のシミュレーションでは山田郡が六五七年冬着工で翌年春竣工・即緊急班田、香川郡は六五八年冬着工で翌年春竣工・即緊急班田となる。つまり山田郡の郡境は山中のいう前期評段階の六五八年春、香川郡の郡境は六五九春に画定されていた可能性が高い。

二段階の国境画定　国境には平野部で隣国と接する「隣接国境」と、山を隔てて隣国と接する「山間国境」がある。隣接国境は先に見たように条里施工に先んじて画定されたことを踏まえれば、日本国内の国境は二段階で画定されたことになる。それらをまとめると、

◆二段階の国境画定

①条里区境であり行政・生活圏境である隣接国境…孝徳朝の白雉四年春画定

②律令国家の体裁を整えるための山間国境…天武朝の天武一二～一四年に画定

となる。評再編が完了して〔国―評―五十戸〕制がスタートすると行政の管轄域として浮浪・逃亡問

題や犯人の捜索・検挙をめぐって行政管轄域が問題となるので、隣接国境の画定は〔国―評―五十戸〕制と同時スタートでなければならないが、条里施工に先んじての画定は、この要請に適合している。他方、山を隔てて隣国と接する「山間国境」の画定は行政上の緊急性は低いので後回しにされていたが、律令国家の体裁を整える観点からすれば重要な課題なので、律令国家の総仕上げを担った天武朝でようやく着手されたことになる。つまり律令国家の建設を地方から進めていた孝徳・天智朝は行政・生活に密着した隣接国境を画定し、律令国家の総仕上げを担当した天武朝は山間国境の画定を担当し、それぞれが役割分担をして日本全国の国境を画定していたということになる。

小　括

本章ではこれまでの検討から以下のことが明らかになった。

① 七道建設と条里施工の着工年は、律令国家の建設手順からのアプローチで評再編の白雉四年（六五三）の冬着工と特定、中央政府と地方豪族の駆け引きの検討からも同じ結論をえて検証度1、★の学説として提起した。

② 『日本書紀』白雉四年「処々大道脩治」記事は記事の構造から七道建設と特定、①の結果と重なって「七道・条里地割の白雉四年（六五三）冬着工説」は検証度2、★★の学説に昇格した。

③ 山陽道と南海道は条里余剰帯で道路幅が確認でき条里地割の基準線となっていることから白雉四

年（六五三）の冬着工で春には平野部全線開通、残る路線も条里施工に一冬割り込む形で六五〇年代中頃には全通したであろうと推定した。

④直線官道の施工過程で路線に沿って幅三〇ｍほど腰から膝の高さに伐って測量の見通しを確保する「測量伐採」がおこなわれていたであろうと復原した。

⑤条里施工は一郡単位の広域を冬季の三か月で人力で仕上げなければならないことから、一国の正丁を一郡に集中投入する郡単位の冬ごと連年施工方式でおこなわれていたことを復原した。

⑥条里地割は坪並みの前後・左右・斜めの直線性が精度高く確保されていることから、前後・左右・斜めの見通しによる整列確認がおこなわれていたことになり、そのため平野部に木一本残さない「面的測量伐採」がおこなわれていたことを復原した。

⑦大隊・中隊・小隊の部隊編成を復原、割普請の請負い方式で五〇人前後の小隊は血縁・地縁の顔見知り部隊で、危機管理・健康管理・技術の蓄積と継承の基礎単位であろうと推定した。

⑧『日本書紀』の茨田堤の造営記事で河内隊と武蔵隊が別の工区を受け持っていることから、割普請の請負い方式は古墳時代の大規模土木工事からの伝統と推定した。

⑨条里施工は木一本も無くなったオープンなフィールドで二五六ほどの小隊一町区画の坪をいくつも請け負って造成するもので、農民は熟練でプロ意識をもつとともに競争意識が生まれ、毎冬恒例の郡対抗・小隊対抗のスポーツ大会のような熱気で取り組まれるようになったと考えられる。

⑩ 池島・福万寺遺跡の誰かのための丁寧な土器埋納事例はシミュレーションから導いた「条里施工への農民の主体的参加と公民意識の形成」仮説が正しかったことを発掘事例から検証したことになり、この仮説は検証度1、★の学説に昇格した。

⑪『日本書紀』の土木記事や十七条憲法から、農民の動員は農閑期の冬季の三か月に限ることは古墳時代以来の慣習法であったことを確認、賦役令の「雑徭六〇日」規定は、九〇日動員中の総労働を六〇日に限るという規定であることを指摘した。

⑫ 国宰の下で一国の正丁が一郡に投入される形態は雑徭の直接の前提であり、古墳時代に畿内でおこなわれた大規模土木工事のエダチが評再編による律令国家の全国制覇にともなって地方に展開したものであり、通説の雑徭のミユキ起源説に対してエダチ起源説を新たに提起した。

⑬ 平野部の郡境は白雉四年（六五三）の春から夏に杭打ち画定され、その冬からの条里地割の連年施工で一郡ずつ坪界畦の評境が姿を現した。

⑭ 今日の県境にあたる国境は二段階で画定された。平野部の行政・生活圏の「隣接国境」は白雉四年（六五三）の春に杭打ち画定され、その冬の施工で翌春には条里の坪界境として現出した。「山間国境」は天武一二～一四年の国境画定事業で画定された。

第三章　国家的土地所有の起源

一　「平野部を隈無く造田せよ」

首長制的土地所有が消滅する瞬間　〔図24〕は条里施工によって既存の水田がどうなるかをシミュレーションで再現してみたものである。七世紀後半の六五〇年代のある村の条里九坪分、三二七m四方の土地の変遷を再現してみた。小区画水田は古墳時代後期のものが望ましいが、三二七m四方に連続する古墳時代後期の発掘田が見当たらなかったので、大阪府八尾市の池島・福万寺遺跡の弥生時代の小区画水田を代用した。小区画水田であることには変わりはないが、古墳時代後期の場合は小区画の大きさがよく揃ってきれいに並んでいる。ただここは「条里地割に先行する小区画水田」という文脈なので、小区画の形態の小差にこだわるよりは、シミュレーションをやってみることの方がはるかに意味があると考え、使うことにした。

大化前代の平野のあちこちには小区画水田が広がっていた。古墳時代のある日にこの地の首長が神の開発許可をえて農民たちを動員して造成した田で、首長の子孫が代々神を祀り続けている首長制的

図24　首長制的土地所有が消滅する瞬間

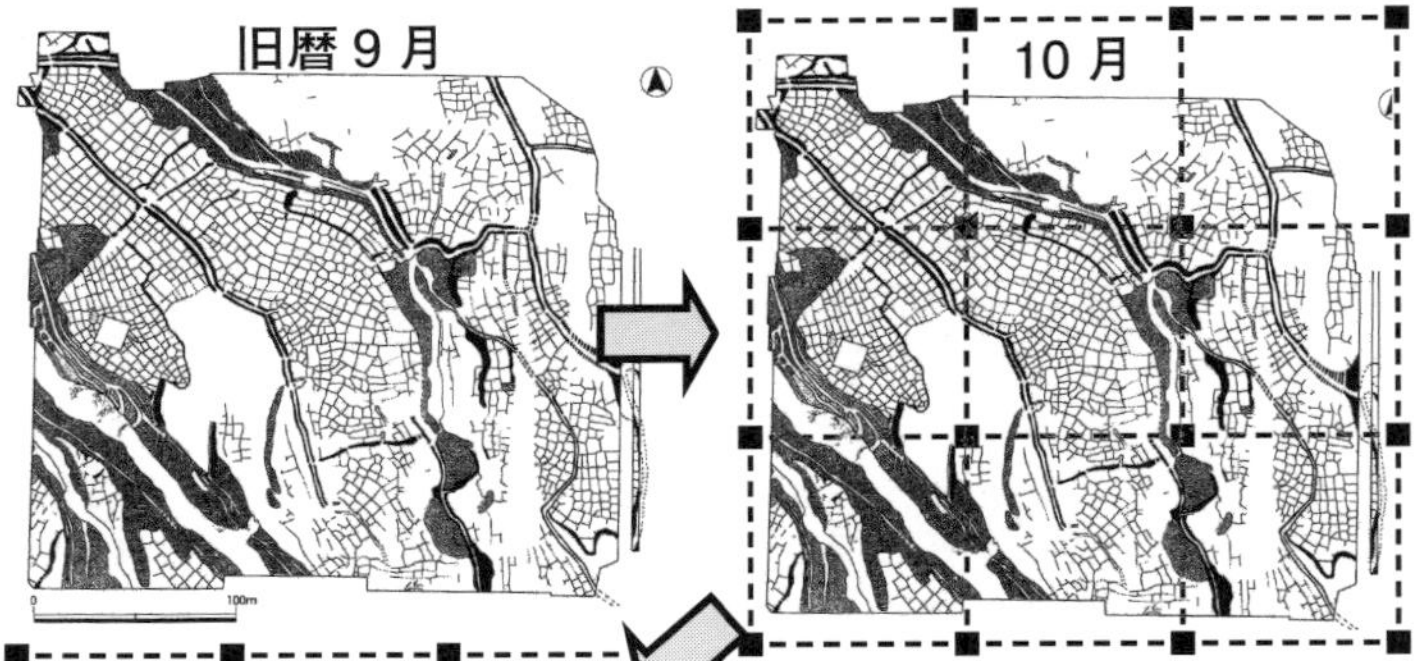

（『池島・福万寺遺跡 発掘調査概要XV』1997）

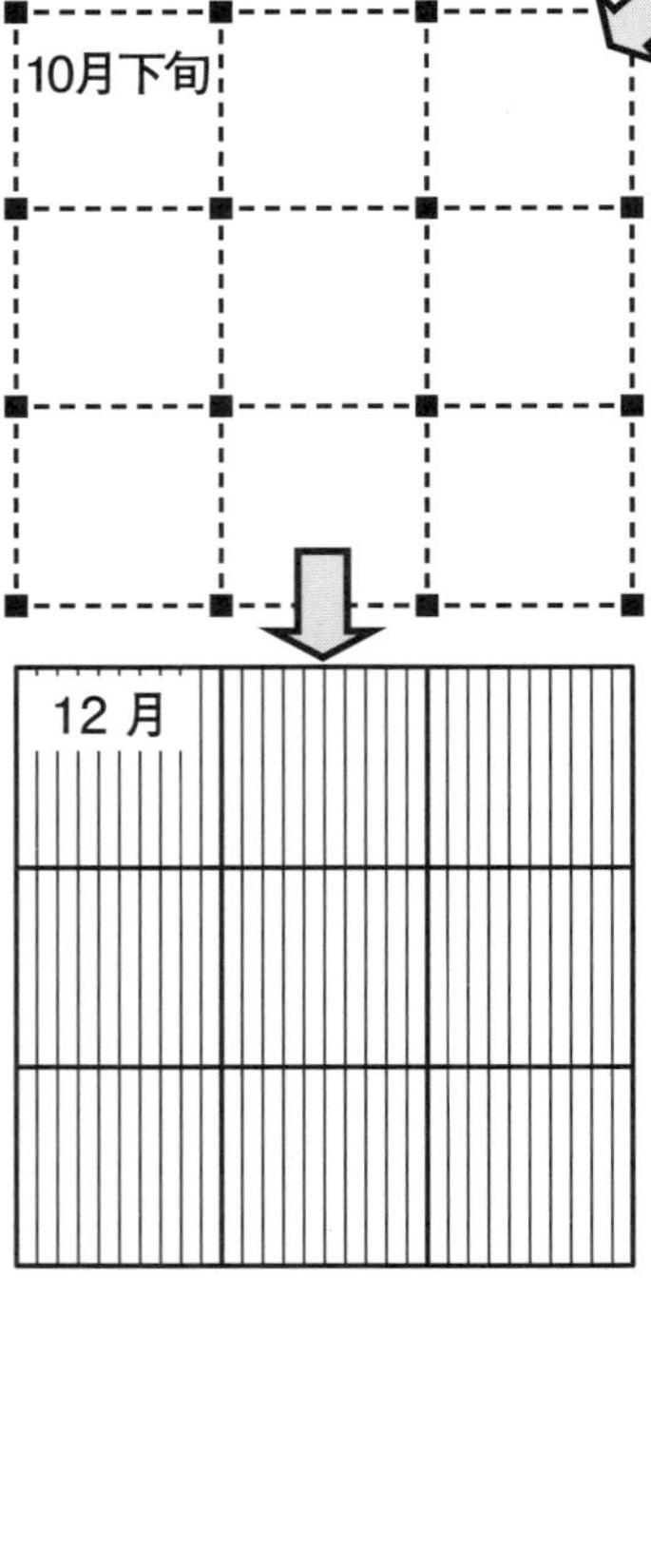

旧暦９月　大化前代の小区画水田

大化前代の平野のあちこちには小区画水田が広がっていた。この地の首長が神の開発許可をえて農民たちを動員して造成した田で、首長制的土地所有である。農民たちは代々この田を耕してきた。旧暦９月、稲刈りを終えたばかりである。

10月　条里田の杭打ち始まる

650年代の後半、この評（郡）での条里施工が決まり、旧暦10月に、まず測量隊が１町方格の交点ごとに杭を打ち、標柱を立てていった。いよいよ工事が始まる。

10月下旬　小区画水田は破壊され、首長制的土地所有は消滅

１町区画ごとに施工隊が投入され、小区画水田を壊して更地にした。首長制的土地所有の田はすべて消滅した。

12月　平野全域に条里田造成

３か月後、平野部は見渡す限りの条里田となり、 農民は条里田の班給を受けるほか生きる道はなくなった。

土地所有の田である。農民たちは代々この田を耕しながら生計を立てていて、この田を見るごとに何代前の国造殿の指揮の下でわが家の何代前の祖先の何某が開いた田だと回想され、首長との服属関係がその都度、再確認されていった。ただ平野部すべてが田畑であったわけではない。水がかりの悪いところは照葉樹林や落葉広葉樹林の森で、川の両岸は堤防はないが川辺林が繁茂していた。そのため首長制的土地所有の田は空は開けているが周囲は遠くや近くの森や川辺林で視界を遮られたやや閉鎖的な空間であり、これが農民が国造との先祖代々の服属関係を語り伝える舞台となっていた。

白雉四年（六五三）以降一〇年ほどの間のある年、この郡が今年の条里施工に当っていたので、旧暦九月末、各郡の評督に率いられた農民たちが続々やってきて、稲刈りを終えたばかりの平野部を取り囲むように飯場が建設され、郡域は急に賑やかになった。

一〇月朔日、国宰は郡内の最も大きな神社を祭場にして起工式を挙行し、国宰は自ら起草した祝詞で郡内の大社・小社の名を丁寧に読み上げ天皇の名代として奉幣し、既存田の破壊と新規造田の許可を願い出、併せて工事の安全を祈願した。起工式が終わると翌日から測量隊を除いて全員で森林の測量伐採に入り、木や草を膝から腰の高さで伐り、倒した木は枝を払って横たえ、葉のついた樹幹は積み上げて火がつけられ、黒煙が空を覆った。その間測量隊が測量起点から一〇九m縄を延伸して一町方格の交点ごとに杭を打ち標柱を立てていった。いよいよ工事が始まったのである。

測量が終ると受け持ち範囲を決めて一町区画に施工小隊が投入され、鍬・鋤で小区画水田の畦を壊し、森だったところは測量伐採で刈り残された草を刈り木の根を抜いて更地にしていく。我が子のように育ててきた小区画水田の畦を涙ながらに鋤を踏んで壊す農民、鬼の形相で叱咤する里長、小区画水田は跡形もなくなり森も消えて一面の更地になった。これで弥生時代以来の田畑はすべて破壊されてなくなり、首長制的土地所有権も村落共同体的土地所有権もすべて消滅してしまった。それに代わって視界を遮っていた森も川辺林もなくなって山裾まで見通せるという、これまで誰も見たことがなかった広々とした空間が出現した。「あ、これが評か」、景観としての評の誕生である。

施工小隊は四隅を標柱で囲まれた一〇九m四方に坪界畦、内部には長地畦を造成して、隣へ隣へと工事を進めた。坪界杭には樹皮付きの高い標柱が括りつけられ、目の高さの一部が削られて「何条何里何ノ坪」の座標番付が墨書された。本部と現場の連絡にはこの座標番付が場所を特定する地名として使われ、施工小隊の農民たちは毎朝飯場から座標番付の墨書を頼りにその日の現場に出勤し、来る日も来る日も条里田の造成を続けた。

三か月余りかけて郡域はすべて条里田で覆われた。思い出の残る畦の分かれ道の柿の木も道ごとなくなり、遠くからの目印になっていた一本杉も根元の祠は山裾の神社に移して切り倒されたため、自分たちが先祖代々耕してきた田はどこにあったのか、場所の特定さえできなくなった。既存の小区画水田はなくなったばかりか元あった場所さえも特定できなくなって首長制的土地所有権は完全に抹消された。代わって出現したのは一〇九m四方の一町区画で内部は一〇等分されていて、それが前後左右にびっしり並んで平野部を覆い尽くすという誰の目にも明らかな国営事業の条里田であり、完璧な国家的土地所有の田ばかりとなった。これまでの小区画水田はすべてなくなってしまったので、農民も豪族さえも条里田の班給を受けるほか生きる道はなくなり、班田収授が定着していった。

「平野部を隈無く造田せよ」〔図25〕は『奈良県史　第四巻　条里制』（一九八七）の「大和国条里復原図」で、奈良盆地の平坦部を正方位の条里地割が覆い尽くしている状況が見て取れる。〔図26〕は井上和人（二〇〇四）の図に「主条里」「異方位小規模条里」の文字を貼り付けたもので、奈良盆地の平坦部には正方位の「主条里」が施工されているのに対して、盆地に流れ込む河川の流域の小さな平坦部には、主条里と方位を異にする小規模の「異方位小規模条里」区がいくつか見られる。これら小条里区の方位が主条里と異なるのは、こうした谷間地形では上流から下流に向かって地形は傾斜しているので、その等高線に沿う形で横畦を築く、言い換えれば河川の流路方向に沿う形で縦畦を築くのがもっとも田底の均平作業が楽で省力的な水田造成法なので、それを採用したのであろう。

こうした平野の中心部は広域の主条里で覆い、そこからやや地形的に隔絶された小さな平坦部には地形に合わせて主条里とは方位の異なる異方位小規模条里を施工して、結果的には平野部の平坦部をすべて条里地割で埋め尽くすという様相は条里地割の復原の進んだ地域では多々見られる現象である。このことからすれば、大化改新政府は条里施工にあたって「平野部を隈無く造田せよ」という基本方針を国宰を通して評督たちに徹底して伝えていたことが、条里復原図から帰納法で導くことができる。

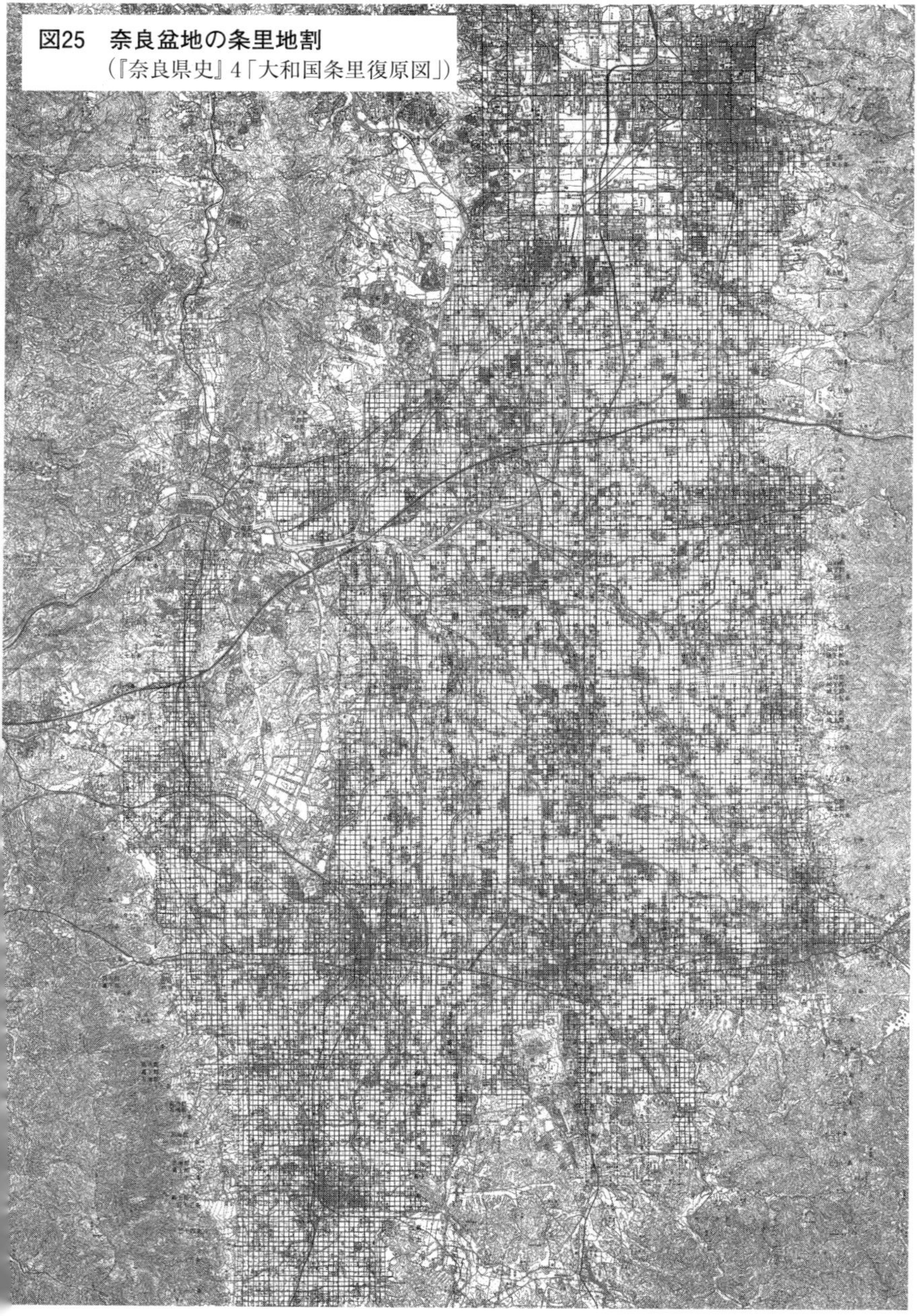

図25　奈良盆地の条里地割
（『奈良県史』4「大和国条里復原図」）

図26　奈良盆地南部の異方位小規模条里（井上和人2004に加筆）

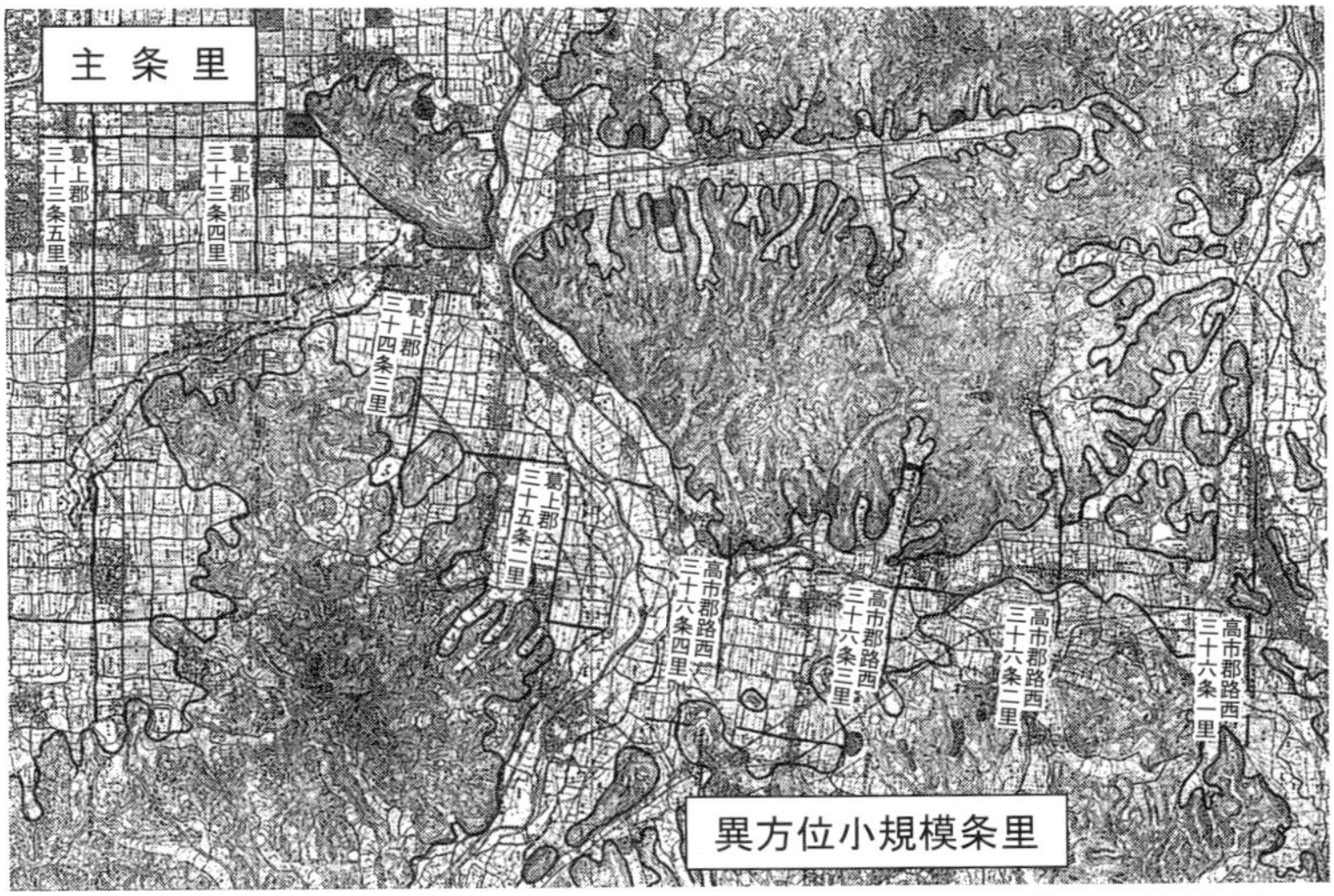

ところで「平野部を隈無く造田せよ」という方針は、古墳時代～大化前代の開発工事のやり方からすれば、常軌を逸脱した異例の方針であった。

耕地開発の常識を逸脱した条里施工　〔図27〕は記紀から溜池・用水路の建設記事を抽出したものであるが、ほとんどが「池」（溜池）の開発であり、若干「溝」（用水路）が混在する。この記事のなかで「田」に触れているのは仁徳一二年一〇月の「大溝《おおうなて》を山背《やましろ》の栗隈県《くりくまのあがた》に掘りて田に潤《つ》く」という記事ぐらいであるが、溜池・用水路の建設はもちろん田の灌漑に使ったことは言うまでもない。にもかかわらず田には触れず溜池や用水路については地名を付けて詳しく記していることは、水田の開発は灌漑用水の確保が命であり、灌漑用水ぬきで造田しても結局

図27　記紀の池溝等開発記事(記事が重なる場合『古事記』の記事は省略)

天皇	年	月	溜池・用水路の開発記事
崇神	62	7	詔して曰く、農は天下之大本なり。民の恃みて生くる所なり。今河内**狭山**の埴田水少し。是を以て其の国の百姓は農事に怠る。其れ多に**池溝**を開りて民の業を寛めよ。
崇神	62	10	**依網池**を造る。
崇神	62	11	**苅坂池・反折池**を作る。
垂仁	35	9	五十瓊敷命を河内国に遣して、**高石池・茅渟池**を作らしむ。
垂仁	35	10	倭の**狭城池**及び**迹見池**を作る。
垂仁	35	是歳	諸国に令して、多に**池溝**を開らしむ。**数八百**。農を以て事とす。是に因りて、百姓富み寛ひて、天下太平なり。
垂仁	『古事記』		**血沼池**を作り、また**狭山池**を作り、また**日下の高津池**を作りたまひき。
景行	57	9	**坂手池**を作る。即ち竹を其の堤の上に蒔ゑたり。
神功	摂政前紀	4	神田を定めて佃る。儺河の水を引せて神田に潤けむと欲して溝を掘る。(中略)其の溝を号けて**裂田溝**と曰う。
応神	7	9	高麗人・百済人・任那人・新羅人、並に来朝り。時に武内宿禰に命して、諸の韓人等を領ゐて**池**を作らしむ。
応神	11	10	**剣池・軽池・鹿垣池・厩坂池**を作る。
応神	『古事記』		**剣池**を作りき。また新羅人参渡り来つ。ここをもちて建内宿禰命引き率て、**堤池**に役ちて、**百済池**を作りき。
仁徳	11	10	宮の北の郊原を掘りて、南の水を引きて西の海に入る。因りて其の水を号けて**堀江**と日ふ。又将に北の河の澇を防かむとして、**茨田堤**を築く。
仁徳	12	10	**大溝**を山背の**栗隈県**に掘りて田に潤く。是を以て百姓、毎に年豊。
仁徳	『古事記』		秦人を役ちて**茨田堤**また**茨田三宅**を作り、また**丸邇地**、**依網池**を作り、また**難波の堀江**を掘りて海に通はし、また**小橋江を掘り**、また**墨江の津**を定めたまひき。
履中	2	11	**磐余池**を作る。
履中	4	10	**石上溝**を掘る。
推古	15	冬	倭国に**高市池・藤原池・肩岡池・菅原池**、山背国に**栗隈大溝**作る。且河内国に**戸苅池・依網池**作る。亦国ごとに屯倉を置く。
推古	21	11	**掖上池・畝傍池・和珥池**を作る。

図28　大化２年８月詔と溜池の開発

A　大化２年８月詔

日本書紀	大化２年８月詔	国国の**堤**築くべき地、**溝**穿るべき所、**田**墾るべき間は、均しく給ひて造らしめよ。

B　『常陸国風土記』の池の開発（原島礼二1971より作表）

常陸国風土記	行方郡	a	**難波の長柄の豊前の大宮に臨軒しめしし天皇のみ世**に至り、壬生の連麿、初めてその谷を占め、**池の堤**を築かしめし時（中略）その池を、今に椎の井と号く。
		b	**国の宰当麻の大夫の時**に、築ける**池**、今も路の東に存り。
		c	南に鯨岡あり。（中略）すなはち**栗家の池**あり。その栗大きければ池の名と為す。
	久慈郡	d	**淡海の大津の大朝に光宅しめしし天皇のみ世**に至りて、藤原の内大臣の封戸を検に遣はされし軽の直里麿**堤を造りて池**と成しき。

耕作放棄地となって労力の無駄使いに終わるので意味はない、と考えられていたことを物語っている。したがって「水田開発は、まず溜池・用水路から開発し、その用水で灌漑可能な分だけ造田する」というのが古墳時代以来大化前代まで継承されてきた水田開発に関する知恵であり鉄則であったと考えられる。では大化改新政府はこの貴重な知恵を本当に忘れてしまったのか。そうではなかったことが、〔図28〕Aに掲げた大化二年八月詔から窺える。

　この大化二年八月詔は「国々の堤《つつみ》築《つ》くべき地、溝《うなて》穿《ほ》るべき所、田墾《は》るべき間《ところ》は、均しく給ひて造らしめよ」と述べていて、「堤」は谷の出口を塞ぐダムの堤防で、谷池方式の溜池の築造である。そこから「溝」すなわち灌漑用水路を掘って水を引き、「田墾るべきところ」すなわち灌漑用水の及ぶ範囲を見極めて造田せよと言っているのであって、古墳時代以来の水田開発のノウハウは大化改新政府にも間違いなく継承されて開発に取りかかっていたことが確認できる。

〔図28〕Bは原島礼二（一九七二）の拾い上げた『常陸国風土記』の溜池開発記事を表にしたものである。このうちdの久慈郡の池は天智朝の開発で時期がずれるが、aの孝徳期の壬生連麿《みぶのむらじまろ》の開発とb、cも同時代と考えられることからabcは共に孝徳期の開発だと原島は見ていて妥当な見解であろう。つまり大化二年八月詔の溜池・用水路と水田開発の呼びかけに地方豪族たちは敏感に反応して開発に取りかかっていたようである。

この大化二年八月詔に先立って大化改新詔では「郡司」（＝評造）の名が見えることから国造制を廃して評督・助督制に切り換える方針が公示されていたと考えられ、国造制下で日の目を見なかった中小首長たちは国宰に存在をアピールして評督・助督に採用されようと溜池・用水路開発に積極的に応じることが予想され、国造層も取り残されては大変と開発を進めたであろう。そのため常陸国で見られた改新政府の溜池・用水路と水田開発の呼びかけに対する地方豪族たちの敏感な反応は全国的に起こりえたと考えられ、各地で常陸国同様に溜池や用水路の開発が進んでいたと考えられる。

ここから大化改新政府の方針が見えてくる。改新政府は水田開発には溜池・用水路の開発が重要であることは百も承知していた。ところで条里施工は平野部を覆い尽くす開発となり、その工事量からして冬季の三か月をオーバーしそうな突貫工事となるので、溜池や用水路に手を出している暇はない。そのためあらかじめ地方豪族らに呼びかけて彼らの競合関係も利用しながら、条里施工に先立って溜池や用水路を確保しようとしたのが大化二年八月詔であり、それを承けて条里施工の年はひたすら造田に集中する、こういう方針であったと推定される。

ではふたたび、なぜ「平野部を隈無く造田せよ」と命じたのか。この答えは「もし「平野部を隈無く造田せよ」と命令しなかったならば、どういう事態が起こったか」をシミュレーションすれば解けそうである。やってみよう。

平野部を隈無く造田させた理由　まず古墳時代〜大化前代の大和政権内部で継承されてきた水田開発は、まず溜池や用水路の開発から始め、その用水で灌漑可能な面積だけ造田する方法を採ったため、谷池によって灌漑される山裾寄りの地域の用水路沿いに造田され、その結果、盆地の縁をめぐる形で小区画水田群がいくつも造成されて、平野の中心部は湿地の葦原や蒲原も多く、灌漑用水が届きにくいところは森林となり手つかずの無主の地となっていた。ところでこうした無主の地は「山川藪沢《さんせんそうたく》の利は公私これを共にせよ」という慣習法にしたがって公私共利の地となり、大規模な囲い込みで農民を苦しめたりしない限りは神の許可を得てかつ適正規模の範囲なら開発は自由であり、国家の規制は及ばなかった。

そのため、もし改新政府が古墳時代以来の慣習に則って灌漑用水の及ぶ地域だけ条里施工して平野部の未開地を無主の地のまま放置しておいたなら、地域首長たちが資力に任せて神の許可を得ながら国家の規制を受けない適正規模で開発を進めていって、気がつけば首長制的土地所有＝私的土地所有の土地が公地をしのぐ勢いで増加して公地制と競合する状況になる。この新規開発田は神の許可を得て開発されたものなので加功主義の慣習法に守られ、国家権力でも召し上げられない私的所有地であり、班田収授の対象外となってしまう。こうなれば班田収授制はいわば儒教的法家的社会主義であり規制がきつくて農民にとっては窮屈なので、公民のなかに口分田を放棄して地域首長の私有田に流れる者が出ることになって、班田収授制がスムーズに展開せず、改新政府の大きな政治目標である公地公民制の大原則が崩れてしまうことになろう。つまり無主の地を残したまま条里施工を進めたなら、班田収授法がザル法になり頓挫してしまうのである。

そのため班田収授制を軌道に乗せるためには、平野部には無主の地を残してはならず、既存田を見逃してはならなかった。そのため灌漑用水が届かないなら当分は不耕作地になることは十分に分かっていながら、灌漑用水の届かない平坦地も当面は開発されそうにない葦原・蒲原の湿地も含めて平野部全域に方格地割を築いて造田し、一旦国有地に取り込んでおく必要があった。国有地なら国家の許可がないと再開発できないので、国衙に申請があれば却下すれば私有田は生まれない。そうすれば平野部の田は条里田だけとなり、地方豪族も公民も条里田の班給を受けなければ農業で生きる道は閉ざされてしまうので、国家の指示にしたがっておとなしく班給を受けることになり、こうして初めて班田収授制が軌道に乗って運営されていく。

ただこうした原理は通常は失敗してから気づくものであり、ましてや班田収授制は日本史上初めてで誰も経験のないことだったので、通常の政府なら古墳時代以来の慣習に則って灌漑用水の及ぶ地域だけ条里施工し、その後私有田の増加に驚いて初めて失敗に気づいたであろう。ところが改新政府は施工計画立案の段階で将来起こりうるさまざまなケースを徹底的にシミュレーションして灌漑用水の及ぶ地域だけ条里田を造成したのでは班田収授法がザル法になってしまうことを事前にキャッチし、全国の国宰らに「平野部を隈無く造田せよ」と厳しく指示して条里施工をスタートさせた。驚くべき政策立案能力であり、これをリードした中大兄皇子は希代の政治家と評することができよう。

なお改新政府のリーダーについては本書では通説にしたがって中大兄皇子と考えているが、孝徳天皇だという説も出されている。だがこの白雉四年の冬にスタートしたと考えられる条里施工に関しては、事前から機会を窺いながら白雉四年のおそらく正月に評再編がスタートしたのを承けて冬に着工したもので、『日本書紀』の同年是歳条に中大兄皇子が孝徳天皇に飛鳥遷都を申し出て許可されなかったため、皇極上皇・間人皇后・大海人皇子を率いて飛鳥河辺行宮に遷り、公卿大夫・百官人等も従ったという政権分裂事件があり、孝徳が実権を失った時点にあたるにもかかわらず政策は孝徳失脚前後で一貫しているので、当初から一貫して中大兄皇子が政策指導していたことは疑いないであろう。

「葦原田」「蒲田」の起源　「平野部を隈無く造田せよ」の方針にもとづいて面的造田がおこなわれた結

果、水田化のほとんど不可能な葦原や蒲原、孤の群生地も条里田に取り込まれた。おそらく現実に開田される可能性はほとんどなかったことから、内部の段界畦は省略して一町区画の坪界畦に絞り、杭を打ち込んで壁板を当てて山裾から運んだ土砂を投入して棒で搗き固める形で坪界畦を造成して方格地割に取り込んだ。その結果地目は山川藪沢から「田」となり、田として開田される可能性がほとんどない葦原や蒲原は「葦原田」「蒲田」と呼ばれるようになった。「葦原田」「蒲田」は荘園絵図類によく出る地目だが、もし改新政府が「平野部を隈無く造田せよ」との方針を出していなければ、荘園絵図類には「葦原」「蒲原」と出ていたはずであり、これが自然な姿であった。荘園絵図類に見える「葦原田」「蒲田」は、改新政府が「平野部を隈無く造田せよ」の方針のもと、開田できるか否かを問わず平野部全域を方格地割で覆うという常識はずれの条里施工が実際におこなわれていたことを物語る痕跡資料といえよう。

この「平野部を隈無く造田せよ」方針の実施例として和泉国大鳥郡の事例を見てみよう。

二　地方豪族らに自らの土地を破壊させた改新政府

和泉国大鳥郡での条里施工のシミュレーション　〔図29〕は岡田隆夫（一九六七）の図をベースに吉田孝（一九八三）が等高線を取り去った状態にトレースしたもので、条里地割が見やすくなっている。なお吉田も指摘するようにこの図に示された条里地割は明確な痕跡から復原できたもののみで、施工当初は広く平野部を覆っていたと考えられる。

この大鳥郡の条里図では、一見して①に大規模な条里地割と②も南西方向の和泉郡とつながる大規模な条里地割があり〔図30〕に掲げたように「主条里」と呼んでおこう。その隙間に③④⑤の小規模で方位の異なる「異方位小規模条里」が混在する形となっている。この分類は吉田のA数郡にまたがる大規模条里（国規模）、B一部の主要平野をカバーする中規模条里（郡規模）、C小規模条里（郷ないし村規模）と異なり、①の扱いにもずれが出ているが、これは大した問題ではない。ここで問題なのはこれらの条里図はいつごろ、誰が主体で造成されたと見るかである。吉田は岡田隆夫の研究を承けて、

a　①の石津川地区の西には、大鳥連《おおとりのむらじ》の氏神である大鳥神社があり、②の高石東地区の西には、有名な行基がでた高志《こし》氏の氏神である高石神社があり、③の富木西地区の東には、殿木連《とのきのむらじ》の氏神である等乃伎神社があった。（中略）それぞれの氏族が中心になって条里制地割が施工されたためではないかと推定されている。

b　この条里水田の中心部分を広範に灌漑している鶴田池は、行基が地方豪族の支援のもとに作ったと推定されているので、八世紀前半にこの地域では大規模な条里水田の開発が進められた可能性が強い。

図29　和泉国大鳥郡の小条里区（吉田孝1983）

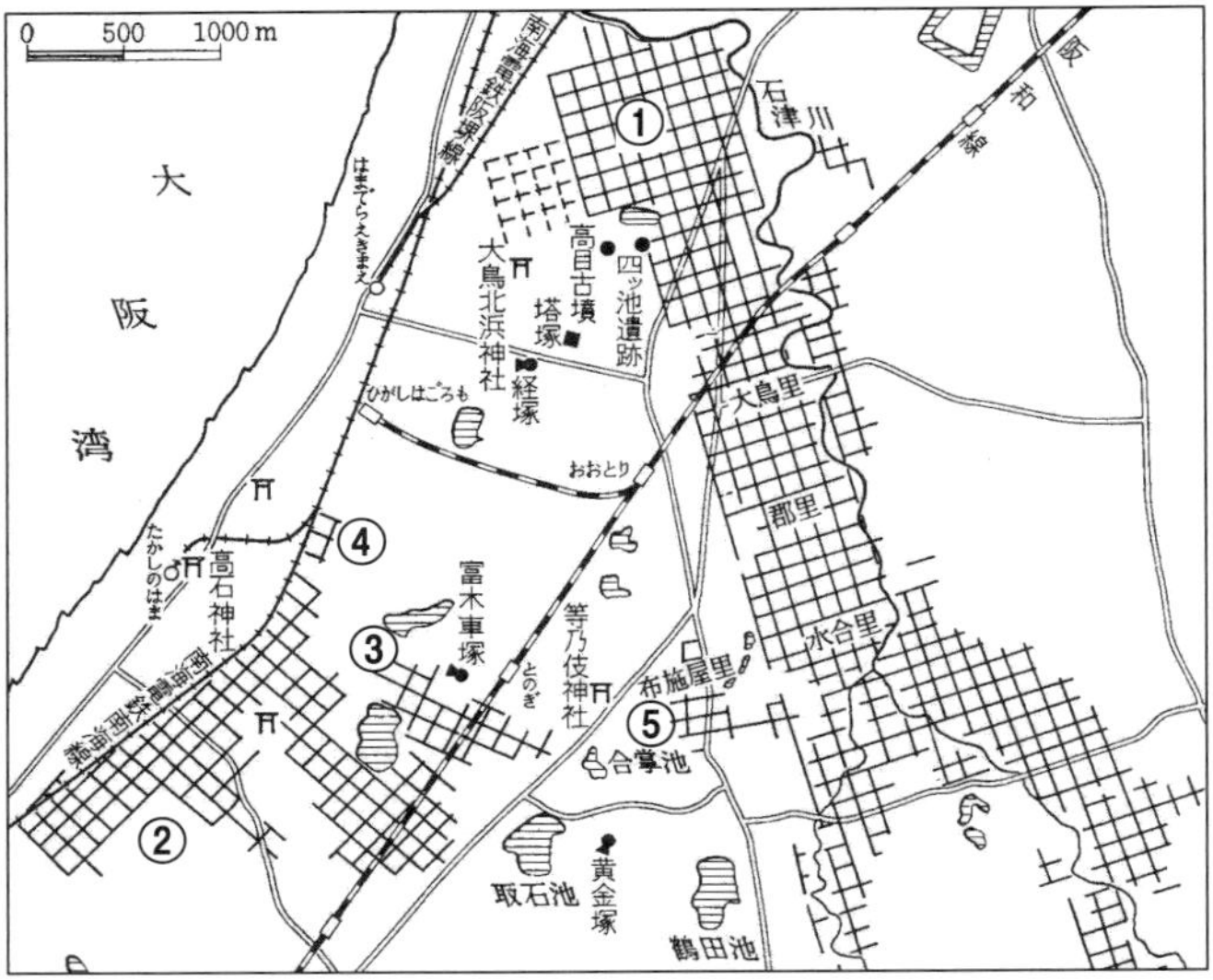

〔**図に関する吉田孝の解説**〕岡田隆夫の復原図により作成。条里地割は復元できるもののみで、本来はこの図より多かったと想定される。

図30　大鳥郡の条里施工の経緯

<table>
<tr><td rowspan="5">吉田孝 1983</td><td rowspan="4">分類</td><td>A　数郡にまたがる大規模条里（国規模）</td><td></td></tr>
<tr><td>B　一部の主要平野をカバーする中規模条里（郡規模）</td><td>岡田隆夫氏は、
②は高志氏が施工と推定。</td></tr>
<tr><td rowspan="2">C　小規模条里（郷ないし村規模）</td><td>①は大鳥連が施工と推定。</td></tr>
<tr><td>③は殿木連が施工と推定。</td></tr>
<tr><td colspan="3">〔条里田の個別施工説〕　鶴田池は行基が地方豪族の支援のもとに作ったとされるので、8世紀前半にこの地域では大規模な条里水田の開発の可能性。8世紀前後には郡より小さな規模の共同体が農耕の基本的な単位。</td></tr>
<tr><td rowspan="3">河野通明 2014</td><td rowspan="2">分類</td><td>主条里：平野の主要部を占める条里。</td><td>①②</td></tr>
<tr><td>異方位小規模条里：主条里と地形的に隔絶された小平坦地の異方位の小条里。</td><td>③④⑤</td></tr>
<tr><td colspan="3">〔条里田の全国一斉施工説〕　かつて大鳥連、高志氏、殿木連が開発した小区画水田は、7世紀後半に全国一斉施工の条里地割ですべて消滅。
③④⑤の小規模条里も、先行した小区画水田が狙い打ちで破壊された痕跡であろう。</td></tr>
</table>

c　八世紀前後には一般に郡より小さな規模の共同体が農耕の基本的な単位となっており、そのなかの有力な首長が郡司として徭役徴発権をにぎり、大きな水系をおさえて郡内の小共同体の首長たちを統轄しているのが一般的な姿であろうか。これらの小共同体の首長となったのは、ウヂのなかの有力な家長層であったと推測される。和泉国の大鳥・高志・殿木の諸氏の場合にも、条里地割施工の主体となったのは、ウヂそのものではなく、ウヂのなかの有力な家長を中心に地縁的に再編成された集団であった可能性が強い。

とする。このうちcはaのより詳細な補足説明なので、ここではaとbへの反論で十分であろう。

さてaをまとめれば、①の石津川地区の条里地割は大鳥連、②の高石東地区の条里地割は高志氏、③の富木西地区の条里地割は殿木連らが中心になって施工されたという推定であるが、これは成り立たない。その理由は第一には、一区画一段、一〇段で一町規格の条里地割は、国家が公民に平等に班給する班田収授制ではじめて必要となる地割であって、大鳥連、高志氏、殿木連が自分たちのために開発するのであれば、他人に平等に班給するわけではないので条里地割にはならない。第二に、①の石津川地区や②の高石東地区はかなり広域の条里地割で、これだけ広域であれば施工直前には複数の開発者の小区画水田が点在していたであろう。それを条里施工で破壊できたのは国営事業だったからで、それも権力向き出しでごり押しでやったのではなく、評再編の過程で国造・地方伴造らから自立性・反乱権と領域支配権を奪って国宰の命令には絶対服従の下僚に貶めた上で、改新政府による全国一斉の条里施工の実施を認めさせ、それでもなお残る先祖代々引き継いできた小区画水田を破壊し去ることへのわだかまりを、起工式での大鳥連、高志氏、殿木連の祖先神を含めた村々の神々を祭場に勧請し国宰が天皇の名代として奉幣し神々に小区画水田の破壊と条里施工の許可を願い出るという丁寧な手順を経てはじめて可能になったものである。大鳥連、高志氏という地域首長の資格で他人の開発した小区画水田を破壊して更地にすることはそもそも不可能なのである。

ｂは、条里水田を灌漑している鶴田池は、行基の造成とされるので、八世紀前半に大規模な条里水田の開発が進められたと推定するものだが、これもありえない。条里田の造成は班田収授の基盤整備事業であり、班田収授は公民の生活を安定させる、具体的にいえば戸籍に付された本貫の地から逃亡することなく住み続けて子育てをし、中央税・地方税を払って労役・兵役を負担できる生活基盤を提供するのが班田収授である。律令国家は〔図9〕（六三頁）で示したように財政上の中央集権国家であり、四百数十万の公民が中央税を都に届けてその中央税で都城に住む天皇・貴族・中央官僚を養っていくという壮大な構想である。そして七世紀末に藤原京が造られ、大宝律令が完成し、八世紀はじめに平城遷都がおこなわれたことは、七世紀第４四半期段階ではすでに中央税の恒常的安定的な運京が確立していたことを物語っており、それらに先立って条里施工が完了していたことを物語っている。八世紀前半という遅い段階に大規模な条里水田の開発が進められたというようなことは現実にはありえないのである。もし本当に八世紀前半に大規模な条里水田の開発が進められていたなら、藤原京・

大宝律令・平城京の成立はそれぞれ五〇年ほど後ろにずれ込んでいたであろう。

大鳥郡の条里施工の時期と実情　では和泉国大鳥郡地域では実際の歴史はどう展開したのか。私のシミュレーションは次の通りである。

六五三年から一〇年以内の冬、当時河内国の大鳥郡の条里施工が決定され、大鳥連が評督をつとめていたならかれが大鳥郡条里施工の現場総監督として工事を仕切ることになった。条里施工は班田収授のための基盤整備事業であり、班田収授の恒常的運用には既存の田の徹底破壊は必須であること、平野部には公私共利の無主の地は残してはならず、わずかな平地にも異方位小規模条里を造成することなど、「平野部を隈無く造田せよ」方針が国宰から厳しく徹底告知された。①②の広い平地はもちろん、③④⑤の小平地にも地域首長が開発した小区画水田があった。大鳥連、高志氏、殿木連らは、現場総監督や施工中隊長あるいは施工小隊長として公民たちを率いて施工に当たった。そして広い平地の①②の大規模条里はもちろん、③④⑤の小平地も既存の小区画水田や開発可能な無主の地は狙い撃ちにして小規模の方格地割の条里田を造成していった。吉田のいうように大鳥連、高志氏、殿木連らがそれぞれの中心になって施工したのではなく、施工主体はあくまで改新政府であり、大鳥連、高志氏、殿木連らは改新政府の手先として施工隊のリーダーやメンバーとなって、先祖代々伝えてきた小区画水田を自らの手で破壊して更地にし、大規模・小規模の方格地割の条里田を大鳥郡全域に造成した。かれらが評督・助督就任直後の事業であり、国宰の監視のもと改新政府への忠誠度が試される究極の踏み絵事業だったのである。その結果大鳥郡の平野部は条里田で覆い尽くされ、平野部には公私共利の無主の地はなくなった。そのため大鳥郡の住民は大鳥連、高志氏、殿木連ら首長層であるか一般公民かは問わず、戸籍の戸口数、性別にリンクした口分田の班給を受けなければ農業を続けられなくなり、結果として班田収授は軌道に乗って農民間の貧富の格差は解消されて、地方税・中央税は恒常的安定的に納入され、労役・兵役も賦課できるようになって、律令国家の形成をベースで支える結果となったと考えられる。

条里施工は中央・地方の上下関係を地域に見せしめるイベント　いま確認したように、和泉地域の伝統的豪族である大鳥連、高志氏、殿木連らは、改新政府の手先となって先祖代々伝えてきた小区画水田を自らの手で破壊して更地にし、大規模・小規模の方格地割の条里田を大鳥郡全域に造成した。国宰の監視の目を気にしながら先祖代々伝えてきた田を自らの手で破壊する、これは彼らにとって最大の屈辱であろう。しかも河内半国の評督・助督・農民が参加する工事現場での踏み絵事業であり、律令国家のピラミッド型の中央集権国家の下部組織が揺るぎないものとして確定されたことになる。したがって条里施工を「条里制開発」のような経済的開発の一種と捉えていては事の本質は見えなくなる。条里施工は一面から見れば中央・地方の上下関係を地域に定着させる一大イベントであり、極めて政治的な施策なのであった。ここで例にあげた大鳥郡は畿内であるが、畿内と畿外とでは条里施工の持つ意味が少し違ってくるのでその点を分析しておこう。

まず畿外の場合を見れば、国造以下地方豪族たちは、一国の評督・助督・農民が参加する工事現場で国宰の監視の目を気にしながら地方支配の根源となってきた先祖伝来の田を自らの手で破壊したのであり、公衆の面前で土下座させられて中央政府への忠誠を誓わされたに等しく、中央政府の勝利、地方社会の完敗という厳しい現実が国中の地方豪族・公民の面前で強く印象づけられたことになる。しかも郡単位の冬ごと連年施工で国内各地を一巡して地方豪族の土下座行事が展開されたのである。これで中央政府の完勝・地方社会の完敗が身分秩序として社会に定着することとなり、地方社会の中央への依存が一気に高まって、地方豪族は中央政府に取り入って地方官に任命されるか位階を与えられるしか地域内で他の豪族より優位に立つ道はなくなった。この求心力の高まりで天皇権力はますます高く聳えることとなり、天皇を頂点とする中央集権国家の地方支配が盤石のものとなった。

畿内豪族の貴族と下級官人への分化の起点　畿内豪族にとっても、本貫地での条里施工は先祖伝来の田を一族の評督・助督の手で破壊させるものであり、受け容れがたい側面をもっていたが、第六章で詳しく扱う評再編は反乱なしに畿内政権が地方豪族から領域支配権のすべてを奪って畿内政権の圧勝、地域社会の完敗を招いており、それを領導した中大兄皇子の手腕を認めて畿内豪族の政権支持率が高まったと考えられる。それに八世紀の段階では大化前代以来、王権を支えてきた畿内豪族の上層部は貴族となって都城に住む高級給与生活者となり、政務に参与したり中央官僚として政権を支えた。他方、農村に残った一族は下級官僚や史生や使部などの諸職あるいは衛府の警察官などの供給源となって中央官制を下支えすることになる。この二極分化の起点が畿内における条里施工であり、中大兄についていけば、その先には畿内豪族一族の上層部には優雅な貴族身分の暮らし、下層部には誇り高い中央官庁勤めの夢がやがて実現すると見え始めたことで、条里施工は畿内においては大きな抵抗なしに進められたものと想定される。

行基の鶴田池で口分田増加か　話しを和泉国大鳥郡に戻して、では行基による鶴田池の建造はどういう意味をもったのか。

行基による鶴田池の建造が八世紀前半なら、条里田が造成され班田収授がスタートしてから半世紀以上経った頃に鶴田池が造られたことになる。〔図28〕A（一三五頁）に示したように、改新政府は条里施工に先立って大化二年八月詔で溜池や用水路建設を呼びかけてはいたが、条里施工期間は造田に徹したために一般には灌漑施設不足であり、造田したものの用水不足で耕作できない不耕作田が多々見られた状況だったと考えられ、これが口分田不足を招いていた。この状況下で鶴田池は造られた。その水は条里田地域に引かれて、造田はしたものの水不足で不耕作田になっていたところが作付けできるようになり、口分田不足の緩和に役立ったと考えられる。

三　加功主義による完璧な国家的土地所有の成立

国営工事に固執した改新政府　これまで見てきたように国家的土地所有成立経過の特質は、大化改新政府は権力による首長制的土地所有の召し上げなどできないと十分自覚していて、地方豪族の評督・助督への任用と交換条件のようにして条里施工を認めさせ、慣習法に則って丁寧に神への既存の水田の破壊と条里田の新規造成を願い出た。工事主体が国家なので、その祭祀は国宰が天皇の名代として執行し、神々の名を読み上げて朝廷からの幣帛を奉納した。「国営工事で造成したから国家的土地所有である」という原則を貫いたのである。

土地所有権を成立させる「加功主義」の要素　この開発者が土地所有権をもつ原理は「加功主義」と呼ばれており、吉田晶（一九八〇）が提起した概念である。これを振り返っておこう。

最初に土地の私的所有の条件として加功に注目したのは石母田正（一九七一）で、延暦一七年（七九八）一二月八日官符が山川藪沢公私共利の原則に背いて寺・王臣家・豪民らが山野を広く囲い込んで秣《まぐさ》や薪採りに入る百姓から鎌や斧を奪うことを禁じたなかで例外として「元来相伝して功を加えて林と成し、民要地に非ずは、主の貴賤を量りて五町以下、差を作りて之を許せ」とあるのにもとづいて「日本古代における土地私有権の指標としては、相伝されることと私的功力が加えられていることの二つがあげられる」とした。これを承けて吉村武彦（一九七五）は「私功」と「相伝」を重視した。

吉田晶は石母田・吉村説を承けて、吉村の「私功」に関しては土地に対する私的所有の源泉としての「私功」に限定せずに、「加功」として共同体・国家をも含むものとし、「私なりに規定すると「加功主義」と呼びうるものである」とした。そして七二三年の三世一身法では「開発の功力を加えること、水田として利用するために溝池の新造・修理という労働行為の行われることが、土地に対する私的権利の発生の理由になっている」とし、七四三年の墾田永年私財法では「加功主体とその子孫が耕地として利用する限りは、その私有を認めるという「相伝主義」が確認」されたとして、「この加功主義と現実に用益しているという事実と相伝主義が、日本古代で土地所有を社会的に承認する基本的前提になっていた」とした。この「現実に用益しているという事実」は「事実上の利用」「用益」とも言い換えられているが、短く圧縮すれば「現使用」であろうか。中世社会の「当知行」にあたるが、「当知行」には中世的な意味合いがまとわりつくので採用しないで「現使用」とした。それでまとめれば、

加功・現使用・相伝

が加功主義の三つの要素となる。

たしかに官符・三世一身法・墾田永年私財法などの公法の字面では三つであろうが、ただ『常陸国風土記』の箭括麻多智《やはずのまたち》の開発譚では神との契約と毎年の神祀りが土地所有権の獲得と維持の条件とさ

れており、条里施工においての式内社の成立からしても、日本古代の地域社会の現実からすれば、「神の許可」も必須の要件だったのではないか。そこで神の許可を加えて、日本古代で土地所有権を成立させる「加功主義」の要素は、

①神の許可、②加功、③現使用、④相伝

となり、この四つを加功主義の要素としておきたい。

壬生連麿は神を祀らなかったのか　この件に関して、『常陸国風土記』の壬生連麿の開拓譚をどう見るかが問題となる。『常陸国風土記』は箭括麻多智が開拓を邪魔する夜刀神《やとのかみ》を山口で祀って、以降、子々孫々まで神祀りを続けることを条件に、ここから上は神の領域、下は人の領域とし契約して開拓地の領有を定着させた、という話に続けて、

其の後、難波の長柄の豊前の大宮に臨軒《あめのしたしろ》しめしし天皇（孝徳天皇）の世に至りて、壬生連麿《みぶのむらじまろ》、初めて其の谷を占めて、池の堤を築かしめき。時に、夜刀の神、池の辺の椎株《しひのき》に昇り集ひ、時を経れども去らず。ここに、麿、声を挙げて大言《たけ》びけらく、「此の池を修めしむるは、要ず民を活かすに在り。何の神《あまつかみ》、誰の祇《くにつかみ》ぞ、風化《おもむけ》に従はざる」といひて、即ち、役民《えだちのたみ》に令《の》りて云ひしく、「目に見ゆる雑の物、魚虫の類は、憚《はばか》り懼《おそ》るる所なく、随尽《ことごとく》に打ち殺せ」と言ひ了《おは》れば、応時に、神しき蛇、避け隠りき。謂はゆる其の池は、今、椎井《しひのい》の池と号く。

とある。これに関して吉田晶は、

さきの麻多智が夜刀神と戦って山麓に追い上げた後に、その神を祭って祝となったとあるように、彼は、夜刀神の神格を認め、かつ祝となって仕えることに首長としての権威を求めたのに対して、麿のばあいは、夜刀神の神格を全面的に否定し、王化・活民思想というより「開明的」な国家的イデオロギーに立っている。

と壬生連麿は神を祀らなかったという解釈であり、一般的にこう解釈されている。

茨城国造小乙下《しょうおつのげ》壬生連麿は那珂国造大建《だいけん》壬生直夫子《みぶのあたひおのこ》とともに、惣領である高向大夫《たかむこのまへつぎみ》と中臣幡織田《なかとみのはとりだの》大夫《まへつきみ》らに申請して行方郡を建てた建評者の一人であり、吉田は記載の順序と冠位の上位およびカバネからみて、おそらく麿が評司のカミ（評督・督領）であったことは、ほぼ確実であろう、としている。

麿は評督級の地域首長であり、地域の政＝祭事のリーダーであった。つまり地域の神を祀り地域社会に五穀豊穣と安定した生活を保証する責任者であった。その麿が孝徳期に椎井の池を開発したのは、大化二年八月の溜池・用水路・開墾奨励詔に応えたものであろうことは先に触れた。「此の池を修めしむるは、要ず民を活かすに在り。何の神、誰の祇ぞ、風化に従はざる」はその大化二年八月詔をバックにしていることは疑いないが、地域の政＝祭事のリーダーである地域首長が神祀り抜きで開発したとは考え難い。『常陸国風土記』は夜刀神に対する箭括麻多智と壬生連麿の態度の違いを語っているが、これはあくまで夜刀神に対してであって、神一般ではないことを見落としてはならない。私は次のように解釈している。

壬生連麿は祖先神か〇〇尊といった地域社会の中心となる神、彼から見れば由緒のある神に開発許可の奉幣をして開発を始めた。改新政府の開発奨励は人間社会の出来事であり、神は地方神とはいえ人間界の上に君臨する存在なので、麿は地域の祭事のリーダーとして当然のように開発許可の奉幣をした。ところが開拓を始めると蛇の姿の夜刀神が邪魔をした。麿にとっては蛇の姿の夜刀神は邪神だったのであろう。自分は正規に神の許可を得ている上、改新政府の民を活かす開発工事という方針もある。邪魔だてするな、というところだったのではないか。

岡田精司（一九七〇）は「『風土記』のうちには、地方の荒ぶる土地神を、中央から派遣された官人などが祭りなごませる話がいくつか見える」として、壬生連麿の話のほか、『常陸国風土記』久慈郡条の立速男命《たちはやおのみこと》は神の祟りが強くて民衆が苦しめられたので、朝廷から片岡大連が派遣されて、この神を人里はなれた賀毘礼《かびれ》の峰に移し祀ったという。中央官人の派遣による地方神の圧服であり、片岡大連は神祇官人である中臣氏の同族の中臣片岡連のことであろうとする。『播磨国風土記』揖保郡《いぼぐん》の道行く人を殺す出雲御蔭大神《いづもみかげのおおかみ》を、朝廷から派遣された額田部連久等等《ぬかたべのむらじくとと》が祭る話や、『肥前国風土記』神埼郡の地名起源説話である景行天皇が往来の人々を殺す荒ぶる神を祭り和《なご》めた話にもみられる、としている。これらに共通するのは民衆を苦しめる悪い神を中央官人が圧服したり和めたりする話であり、民衆の拠り所とする善神は対象となっていない。壬生連麿はやはり由緒ある神に開発許可の奉幣をして開発を始めていて、邪神の夜刀神が邪魔をしたので排除したのではないか。

古代では人間は大自然に対してまったく無力で旱魃や長雨、地震や洪水・疫病に対処のしようがなく神仏に頼るほかはなかった。集団のリーダーの第一の仕事が神仏を祀ってメンバーの願い事を神仏に届けて五穀豊穣や社会の安定を実現することと考えられていた政＝まつりごと（祭事）の時代であり、日本では古代・中世はまさに政＝まつりごとに時代であった。天皇は人間界のボスではあっても神仏の世界ははるか高いところにある。したがって地域の政＝祭事のリーダーであった壬生連麿が、天皇を由緒ある神々より上位に置いて、天皇の施策を背景に由緒ある神々を無視したとは考えがたいのである。壬生連麿は由緒ある神に開発許可の奉幣をして開発を始めていたところ、邪神の夜刀神が邪魔をしたので打ち殺させたと見るのが穏当な解釈ではないか。

なお麿は当然ながら水田も開発したであろう。当時の技術水準として小区画水田だったと思われる。七年後、麿は行方郡（評）の評督に就任した。その冬から常陸国でも条里施工が始まった。行方郡に順番が回ってきたとき、評督の麿は行方郡条里施工の現場総監督となり、既存の田は残らず破壊して条里田を一面に造成せよと命じる立場になった。その結果、椎井池の灌漑で開発した田も、麿が工区分担させた施工隊によって跡形もなく破壊され、一面の条里田が完成したと考えられる。

動物の「獲物の先取権・場所の先取権」由来の強固な慣習法　中大兄皇子はクーデター後の政権として絶大な権力を手中にしているにもかかわらず、地方豪族らから首長制的土地所有権を召し上げるというような専制的な方法は一切採らず、慣習法に則って真正面から加功主義方式で一開発者として取り組んだ。絶大な権力を手にした中大兄政権でさえ従わざるをえなかった加功主義の慣習法の強固さの理由は何か。私はそれが動物時代の慣習を引き継いだものだからであろうとの見当を付けている。

動物社会では、たとえばヒョウがガゼルを倒せばそのガゼルはヒョウのものであり、ハイエナが来ても吼えて威嚇するのは獲物の先取権の主張である。アユは縄張りを持っていて縄張りに侵入する別のアユを激しく追い出すのは場所の先取権の主張である。獲物の先取権も場所の先取権も、自らが努力して獲得した者に先取権を認める点では加功主義と共通し、加功主義は生物のヒトが魚時代や獣時代から引き継いだ何億年・何千万年の歴史をもつ根深い慣習であることを物語っている。われわれはともすれば歴史分析を人間社会内で考えてしまう傾向にあるが、前方後円墳の形と大きさで身分の上下を可視化することで争いを避け社会の安定を図ろうとした前方後円墳体制下の身分制も、士農工商の幕藩体制下の身分制も、文明化の程度にしたがって「士農工商」など文化的外被をまとってはいるが、その中にある組織原理はサル社会のボスを頂点とする社会組織そのものである。サル社会ではボス争いで勝者を決めるが、百年続いた戦国の争乱もサル社会のボス争いの大規模化したものにすぎない。

土地の開発と権利関係のルールである加功主義は、生物のヒトが魚時代や獣時代から引き継いだ獲物の先取権・場所の先取権の文明化バージョンであり、何億年・何千万年来の根深い慣習法だからこそ改新政府もそれにしたがって莫大な労力を投入して条里田を造成せざるをえなかったし、真面目に加功主義に則って開発したからこそ、改新政府はおそらく世界史上で唯一の完璧な国家的土地所有権を手に入れることになったのである。

加功主義を重視した吉田晶説を継承　吉田晶はまた、律令国家の国家的土地所有の成立契機として加功主義にもとづく条里施工を重視した。その主張を見ておこう。

a（国家的土地所有の成立に関しては）私は条里制および条里制開発を検討する必要があると考えている。（中略）多くが郡を単位とし、かつ郡を単位とした条里呼称をもつこともよく知られている。また条里制が著しく規格的であり、かつ相当以上に徹底的に全国的に施行されていることも、事実である。この条里制こそがそれまでの首長的土地所有を否定し、国家的土地所有を実現するための客観的な基礎となった、と私は考える。

b もし（石母田正説のように）条里制に三層があり、第二層が七世紀の後半期にあたるという仮説が成立するとすれば、それは第一義的には、水田に対する首長的所有を否定するために、七世紀後半期の国家がどうしても行わなければならなかったものとして把握されなければならないであろう。「加功主義」が土地所有の第一の指標とされる社会では、国家的土地所有もまたそのような公権力による再開発という事実を必要としたからである。

吉田晶はいわずと知れたマルクス理論家である。その吉田によって東洋的専制主義や総体的奴隷制などに依拠することなく、七世紀後半の政府による加功主義にもとづく条里施工を通して国家的土地所有が確立したと説いたことの意味は大きい。公地制の解明は他人の理論に当てはめて「解釈」するのではなく、あくまで資料の観察に徹すべきことを吉田は身をもって示したのである。ただ扱う資料が文献史料に限られたため実証にはいたらず見通しにとどまった。本書ではこの吉田の成果を継承しつつ条里地割を正面に据えて、シミュレーションや「仮説と検証」法など新方法を駆使しながら、一歩実証に踏み込もうとしたというところであろうか。

加功主義による国家的土地所有の歴史的位置　では加功主義による国家的土地所有は日本史上どんな意味をもったのか。思いつくままに列挙してみよう。

条里施工によって、弥生時代・古墳時代以来の耕地はすべて消滅した。その上に乗っかっていた首長制的土地所有、共同体的土地所有もすべて消滅した。耕作の歴史、耕地に蓄積されてきた代々の努力の結晶もすべて消滅した。それ以降は国有地であることが誰の目にも明らかな条里田である。六五三年から十余年ほどの間に日本各地の耕地がすべて更新されたという人類史上類のない大事件が起きていたのである。この大事件を検出できなかったのは文献限定主義研究の限界であろう。ともあれ日本の耕地は六五三年から十余年ほどの間にすべて更新され、日本の稲作農業は全国一斉に条里田で再スタートした。

ある国家が国土の全耕地を一新するというのはおそらく世界史上唯一であろう。半乾燥地の畑地なら農道で区画するだけで済むが、湛水プールに造成する必要のある水田である。しかも当面用水が引けなくて当面使う予定のないところまで含めて平野部全域の造成であり、それが全国的に確実におこなわれていたことの痕跡が条里地割である。条里地割は近代の圃場《ほじょう》整備や開発でかなり失われたが、残っていれば間違いなく世界遺産であろう。

改新政府は「平野部を隈無く造田せよ」の方針で条里田を造成した。条里地割は山裾に行き当るところまで平野部をすべて覆い尽くしている。ということは平野部に散在した森もすべて伐採して造田したことになる。伐採しなければ遠くを見通せず一〇九m縄の延伸ができず測量できなかったからである。葦原も蒲原も坪界畦で囲んで葦原田、蒲田とした。こうして国家は平野部すべてを「田」として管理し、そのなかから水田として使える熟田だけを口分田として班給した。こうして平野部から無主の未開地を消滅させ、農民も地方豪族も口分田を班給されないと生きていけない状況を作って班田収授制を軌道に乗せた。未耕作の条里田は余るほどあったが、勝手な開墾は認めなかった。つまり墾田は原則存在しなかったのである。

平野部全域が条里田となったことからすれば、三世一身法や墾田永年私財法は条里田の再開発の奨励策だったことになる。

吉田孝（一九八三）は「日本の班田法は、墾田を民戸の已受田に組み込む仕組みを欠いており、熟田を集中的・固定的に把握する体制であった」とするが、改新政府は平野部全域に方格地割を施工して熟田だけではなく平野部全域を丸ごと国有地として徹底管理しており、墾田は原則的に認めなかったのである。吉田はまた「日本の班田法では、未墾地だけでなく園地・宅地もほとんど規制の枠外に放置されていた」とするが、園地・宅地は未検討だが、未墾地は条里地割内では「既開だが未耕作の田」として強い国家の管理下にあり、放置されてはいなかった。

墾田永年私財法で認められた「私財」とは「咸《みなことごと》悉く永年に取ること莫《なか》れ」、つまり永年収公しない＝永年使用権であり所有権ではなく、大寺院でも百姓なみの永年使用権であった。条里施工で完璧な国家的土地所有を実現していたことの結果であり、そのため大寺院は荘園領主になり損ねて初期荘園は衰退した。

一〇世紀には公地を田堵《たと》に請負わせる負名《ふみょう》体制がおこなわれるが、戸籍にもとづく班田収授が実質放棄された後に公地の請負耕作制に向かうのは、これも七世紀の条里施工の結果、一〇世紀に至ってもなお強力な国家的土地所有権が継承され、未墾の条里田はすべて国有地と認識されていたことの結果といえよう。

四　土地制度の解明には物証の採用が不可欠

条里地割は第一次資料　『土地所有史』（二〇〇二）の編者の一人である小口雅史は、班田収授制に触れて「律令制下における国家的土地所有をもっとも象徴的に示すのが、一定の条件を満たすすべての公民に対して国家が定期的に耕作地を給田し、死後はそれを還公させるという班田収授制である。(中略)その給田の原資は、在地首長制下でさまざまな形で続けられてきた田地の蓄積であった」(傍線は河野)とする。在地首長制下でさまざまな形で続けられてきた田地の蓄積が班田収授の原資、すなわち国家的土地所有になったという見解である。

この見解が成り立たないことは、〔図25〕(一三二頁)の奈良盆地の平野部を埋め尽くす条里地割図を見ただけで明らかであり、それは〔図24〕(一二八頁)の「首長制的土地所有が消滅する瞬間」で動画的に示したように、首長制的土地所有のもととなった小区画水田はすべて破壊され更地にした上に条里田が造成されたので、「在地首長制下でさまざまな形で続けられてきた田地の蓄積」は何も残っておらず、班田収授のためには何も継承していないのである。

土地関係はもともと史料が希薄　条里制に関する文献史料が希薄なのは「人と大地との関係」言いかえれば「人と自然との関係」に関することだからと考えられる。人の文化には〔図31〕に示したように二つの層位がある。人は苛酷な大自然と向き合って自然環境から食糧や資源を得て暮らしているので、「人と自然との関係」で生みだされた耕地・溜池・生産技術や知恵などの文化(第Ⅰ層の文化)と、人は社会を作って自然に立ち向かうので、「人と人との関係」で生み出される社会組織や法、芸術などの文化(第Ⅱ層の文化)からなり、大自然の上に第Ⅰ層の文化が載り、その上に第Ⅱ層の文化が載るという二層構造をなしている(河野通明二〇〇八)。

図31　文化の二層構造

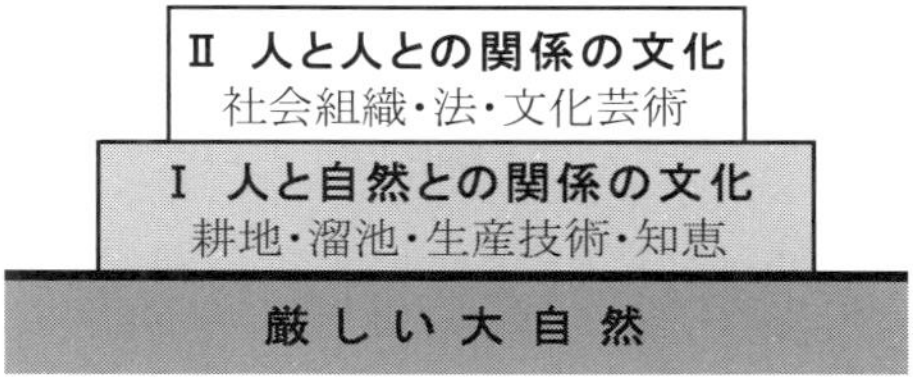

人と人との関係で生み出される組織のなかで最大の組織が国家であるが、古代の文献記録は国家の頭脳部分を構成する政府の内部で作成される。つまり大地に聳えるピラミッド型組織の最上部、大自然とはもっとも遠い部分で、しかも複雑化した人と人との組織の頂点で作成されるので、記録内容は彼らの関心の高い人と人との関係に集中し、人と自然との関係に関する記録はほとんどなされないという傾向をもつことになる。こうしたピラミッド型の国家組織には身分制がつきもので、政府を構成する上位者は生産現場の庶民を蔑視して地方の現場には関心を示さないので、第Ⅰ層文化に関する記事は自ずと希薄になる。『日本書紀』にもその傾向は顕著で、東北地方から九州まで大工事の痕跡が条里地割として大地に明確に刻まれているにもかかわらず、条里制に関する文献記録は田令の半折型規定しかなく、いついつ条里地割が施工されたという記録は一切ない。しかしながらこのことをもって事実がなかったとか、事実のあった可能性がきわめて低いと考えてはならない。いま述べたように史料の性格上、人と自然との関係に関する文化はもともと記録に残りにくいものだからである。

物証の採用であらたな展開を

大規模開発があれば、文献記録は残らなくても大地の側に痕跡が刻み込まれる。それが表層条里＝条里地割であり、公地制研究では条里地割を第一次資料として真っ先に取り上げるべきであった。本書で条里地割をメインの資料として正面に据えて分析を進めたのは、警察の犯罪捜査でいえば現場検証に当たる。警察の扱うのはごく最近に起きた事件だが、犯人は証拠隠滅を図るので資料はほとんど皆無となり、古代史ときわめてよく似た状況が現出する。ここで警察が重視するのが現場検証であり、轢き逃げ事件の現場で加害車の塗料の破片を集めることで、車種が特定でき犯人の絞り込みに繋がって事件を解決に導いている。

警察は初めから文献史料はないものと諦めて犯人逮捕に繋がるものなら何でも取り上げようという姿勢で臨んでおり、現場検証を大事にして科捜研部局を置いて犯人逮捕に繋げている。これに比べると文献史学の土地制度研究は少しお上品な感じを受ける。ここは警察に学んで、歴史の真相の解明に繋がるものなら何でも取り上げようという姿勢が求められているのではないか。

大化前代方格地割論の検討　大化前代との関連でいえば、条里地割に先立って大化前代、六世紀ごろの屯倉の設定に方格地割が伴ったという学説はたびたび提示されてきた。石母田正（一九七一）は「現在の遺構から古代における条里制をかんがえる場合にも、そこに多くの層が存在することはいうまでもなく、その第一の層が大化前代のミヤケにあることは否定できないであろう。たとえば播磨国越部ミヤケに比定される揖保郡揖保川上流地域の条里遺構が、その周囲に分布する同郡のそれと異って約一〇度東方に偏している事実は、大化前代のミヤケにおける条里制的地割の施行をしめすもの」とした。

図32　播磨国越部屯倉故地付近の条里

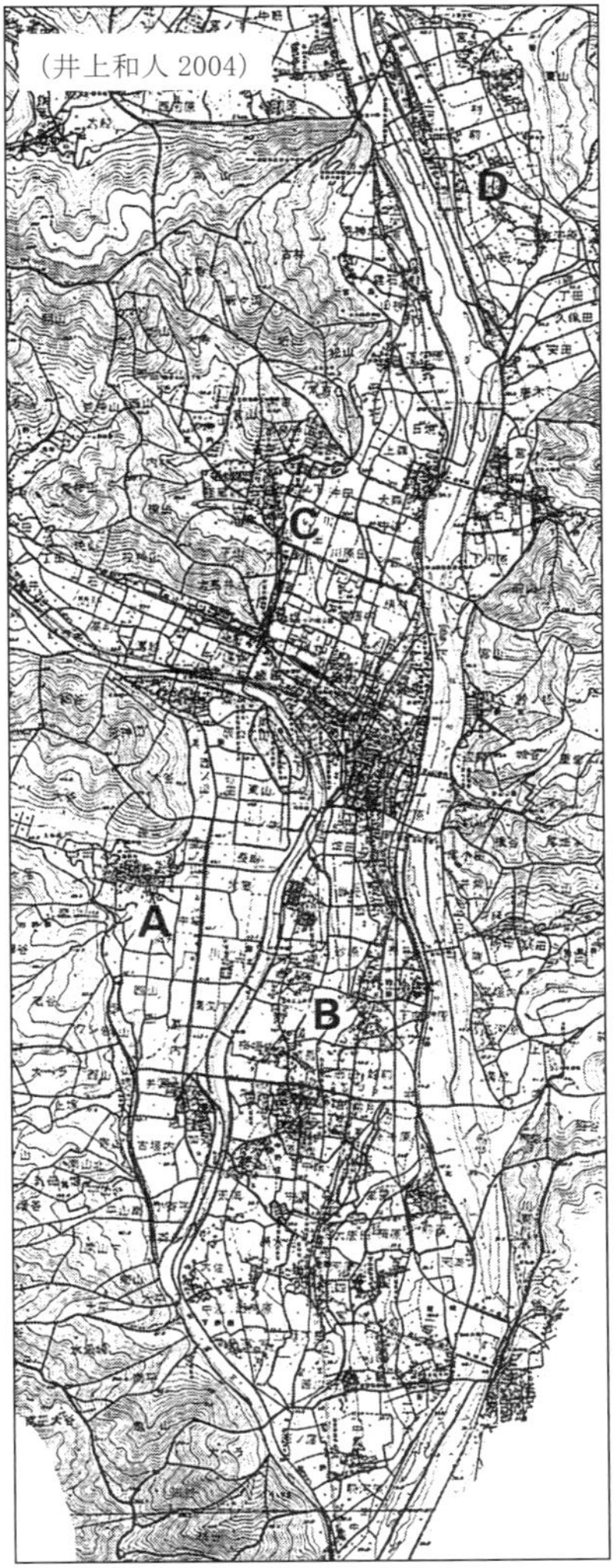

（井上和人 2004）

この石母田の条里制の第一層説に関しては井上和人（二〇〇四）の的確な批判がある。〔図32〕は井上が示した図で原図は新宮町作成、Aが越部屯倉にあたる。この揖保郡揖保川上流地域の条里遺構については谷岡武雄（一九五二）が揖保郡域の他の条里地域の地割方位が、共通して約四度西に傾いているのに対して、当該地域だけが約一〇度東に偏していることと、この越部地区は「安閑紀」にみえる「越部屯家」の跡であることから、「大化以前に於いて朝廷領たる屯倉付近に一部、条里制が施行されていた」との説を立てた。それに対して井上は方位の傾きについては「平坦地を構成しているごく緩やかな扇状地傾斜面の最大傾斜方位にしたがっている」ためであり、一辺が一一〇m前後という一坪の規格も揖保郡の大部分の正方位地割地域と共通しているので、越部地区の方格地割だけを特殊視し、「大化以前の屯家」と関連づけて評価することは妥当ではない、とした。井上はその他の地域の屯倉の遺制とされてきた方位の異なる小地域条里についても、大縮尺地図で一辺の規格が主条里と共通で、主平野から離れた小河川流域の地形にあわせた施工で、統一条里の一部と見なせると逐一反論しているので、大化前代の屯倉にともなう条里遺構とされるものについては、井上の研究でほぼ否定されたとみなしていいであろう。

ここでは井上とは別の農業技術史の立場から、そもそも屯倉に方格地割がありうるのかについて検討しておきたい。というのは先行研究はこうした検討抜きに「屯倉＝渡来人を投入した先進的経営＝条里制に先行する方格地割」という思い込みの連想によって立論されているケースが多いからである。

屯倉に方格地割は不要　まず水田は稲作用に造成された等深プールであり、現実の地形はかすかな傾斜を含んでいるので等高線沿いに畦を築くのが合理的・省力的で等深プールのための底面の均平作業は区画が大きくなるほど傾斜を多く取り込んでしまうので、造成するには小区画が楽である。そのため小区画・不整形水田が落ち着くところであり、方格地割は本来は水田にはなじまない。

継体紀二二年一二月の筑紫国造《つくしのくにのみやつこ》磐井《いわい》の乱後に死罪を怖れて筑紫君《つくしのきみ》葛子《くずこ》が献上した糟屋屯倉《かすやのみやけ》の経営は、実質は葛子に委託されたであろう。委託経営なら方格地割造成の契機はない。

また安閑紀元年一〇月の「小墾田屯倉《おはりだのみやけ》と国毎の田部とを以て、紗手媛《さてひめ》に賜はむ。桜井屯倉と国毎の田部とを以て、香香有媛《かかりひめ》に賜はむ。難波屯倉と郡毎の钁丁《くはよほろ》とを以て、宅媛《やかひめ》に給はむ」や閏一二月の大河内直味張の「伏して願はくは、郡毎に、钁丁春の時五百丁、秋の時に五百丁を以て、天皇に奉献りて、子孫絶たじ」という申し出や「蓋《けだ》し三嶋竹村屯倉には、河内県の部曲《うじやつこ》を以て田部とすることの元、是に起れり」という記事に見える国毎の田部や郡毎の钁丁は、「郡毎に、钁丁春の時五百丁、秋の時に五百丁」の記述からしても農業労働者であろう。農繁期に農業労働者を投入するのであれば、田は等面積に区画されている必要もなく、大きな田には多人数、小さな田には少人数を投入すればいいのであって、方格地割が生まれる契機はない。

条里田は大国唐に対抗するために大化改新政府が均田制・府兵制の導入を決め、本来は畑作国に適合した均田制をまったく条件の異なる水田稲作社会に導入し、平野部の既存の田をすべて壊して新しく国家的土地所有の田を造成し、戸籍に編戸された公民に「男に二段。女は三分が一減せよ」という田令の基準にしたがって公平に班給しようとしたために、その基盤として歴史上初めて造成されたものであって、大化前代には一区画一段の方格地割を造成する契機は見当たらない。

大化前代の地割をすべて消去した条里地割　大化改新政府は「平野部を隈無く造田せよ」との方針のもとに、平野部が一mほど冠水したハザードマップのように平野部を覆い尽くす形で条里田を造成した。そのためそれ以前の田はすべて破壊し尽くされたので、五万分の一、二万五千分の一地図には大化前代の地割りは残っていないのである。播磨国越部屯倉の故地に拡がる約一〇度東方に偏した方格地割は屯倉の方格地割の残存なのではなく、屯倉の小区画水田を狙い撃ちにして破壊した上に造成された条里田であり、屯倉の故地に改新政府が立てた越部屯倉の墓標だったのである。

小括

本章ではこれまでの検討から以下のことが明らかになった。

① 首長的土地所有の基である小区画水田は条里施工によって破壊され、その上に条里田が造成され国家的土地所有が現出したこと、これが六五三年以降十数年間の冬の三か月間の出来事であったことを確認した。

② 奈良盆地の平野部を覆い尽くす条里田の状況は各地にも見られることから、改新政府は「平野部を隈無く造田せよ」との方針を全国に命じていたことを復原した。

③ その理由は、平野部に無主の未墾地を残せば地方豪族や農民が神の許可を得て開発し、無税の私有田が増加して、規制の多い口分田を忌避する動きが現れて班田収授が暗礁に乗り上げることになることを事前に察知し、「平野部を隈無く造田せよ」と命じたと考えられる。

④ 改新政府は首長的土地所有の小区画水田を、その所有者である地方豪族、その耕作者である農民を動員して、自らの手で破壊させていた。かれらが評督・助督就任直後の事業であり、国宰の監

視のもと改新政府への忠誠度が試される究極の踏み絵事業であった。

⑤吉田晶は開発者の所有権を認める慣習法を「加功主義」と命名して「加功・現使用・相伝」の三指標にまとめたが、古代では「神の許可」が不可欠であることから「神の許可・加功・現使用・相伝」の四つの要素で理解すべきことを提案した。

⑥『常陸国風土記』の工事を邪魔した夜刀神を打ち殺した壬生連麿は、国家権力を背景に神を否定した「開明的」な官人と位置づけられてきたが、地域社会の政＝祭事の主宰者である壬生連麿が神の許可なしに開発を進めたとするのは不自然で、壬生連麿は由緒ある神の許可を得て開発を進めたところ、邪神の夜刀神が邪魔をしたので打ち殺させたとの新解釈を提示した。

⑦開発者の所有権を認める慣習法の加功主義は、動物時代の獲物の先取権・場所の先取権に由来する根深く強固な慣習法なので、改新政府も神の許可から始めて慣習法に則って条里施工を実施した。その結果、世界に類を見ない完璧な国家的土地所有権を実現した。

⑧マルクス理論を深く研究してきた吉田晶が東洋的専制主義や総体的奴隷制などとは無関係に、七世紀後半の政府による加功主義にもとづく条里施工を通して国家的土地所有が確立したと説いたことの意味は大きい。本書はその成果を踏まえて一歩実証に踏み込んだことになる。

⑨ある国家が国土の全耕地を一新するというのはおそらく世界史上唯一で、その痕跡が条里地割である。条里地割は近代初頭のように残っていれば間違いなく世界遺産であろう。

⑩ 条里制の前提として屯倉の方格地割を探す研究が続いてきたが、一区画一段の条里田は国家が人に均等に割り当てて耕作させる班田収授の時にだけ必要なもので、屯倉の田は直営田か委託経営なので方格地割にはならない。屯倉の故地に見られる斜め方位の方格地割は、屯倉の小区画水田を破壊して造成された改新政府の条里田である。

第四章　式内社・祈年祭と条里制

一　律令国家の全国支配で語られてきた祈年祭

式内社・祈年祭を地方からの目線で捉え直す　条里施工は平坦部を隈無く覆い尽くすように計画されているので、施工すれば既存の小区画水田を容赦なく破壊することになる。この小区画水田こそ国造や地方伴造が地域支配の拠点としていた首長制的土地所有の田である。この破壊に国造・地方伴造らは猛反対するであろうし、その田を我が田の意識で耕作し続けてきた農民たちも思いは同じであろう。それに加えて一般に開発は未耕作地に造田するもので、十分に使える既存の田を破壊することはこれまでの常識ではありえないことである。改新政府はこの常識外れの命令を地方社会に押しつけたことになる。

今日なら施工を請け負うのは建設会社であり企業なので、工事が正義か否かにかかわらず受注をすれば粛々と執行するが、中大兄皇子が条里田を全国に造成するには、既存田の破壊に反対の意をあらわにしている国造・地方伴造らを現場監督に据え、同じく反対の意をあらわにしている農民たちを雑徭動員して施工するしか道はなかった。では中大兄皇子はこの出口の見えない難題をどう切りぬけたのか。全国各地に散在する式内社の祈年祭がこのことに関係するのであろうと以前から見当をつけてきた。

これまで式内社と祈年祭は律令国家の全国支配・地方支配の問題として取り上げられ、検討されてきた。これは文献記録を残した朝廷側の目線に立った研究である。ところでこれを地方の現場から見ればどう見えるか。この三〇余年、当初は物証からの農業技術史の再構築を目指して、途中からは在来農具から古代史情報を引き出して地域ごとの個性ある古代史を再構築しようと全国各地の博物館・資料館を回って農具調査を続けてきた。各地を回り続けるうちに、地方の現場から遠くに都を見上げる視線が自然と身についてきたようである。律令国家の地方支配は朝廷と地方勢力の利害のぶつかり合いのなかで形成されてくることからすれば、朝廷目線の先行研究に地方からの目線を加えることで、七世紀の中央・地方関係がより立体的に理解できそうな気がしている。

式内社と祈年祭　式内社とは『延喜式』（九二七）の神名帳に記載され祈年祭に朝廷から幣帛を受ける神社で、〔図33〕Aは式内社の数と大社・小社の構成比を示したものである。合計欄の単位の「座」は神座の意味で神の数、一社で二座を祀る場合もある。全国で見ると大社が四九二座に対して小社は二六四〇座で小社が圧倒的に多く、全体の八四・三％を占めている。これを和泉国で見ると大社は大鳥神社ただ一社で残り六一座はすべて小社である。また幣帛《へいはく》を神祇官が用意する官幣社と国衙で用意

図33　式内社と神社の階層構造

A　式内社の大社・小社比

		大社	小社	計（座）	比率
全国	官幣	304	433	737	23.5%
	国幣	188	2,207	2,395	76.5%
	計	492	2,640	3,132	100%
	比率	15.7%	84.3%	100%	

	郡	大社	小社	計（座）
和泉国	大鳥	1	23	24
	和泉	0	28	28
	日根	0	10	10
	計	1	61	62

和泉国はすべて官幣社

B　神社の階層（岡田精司1985）

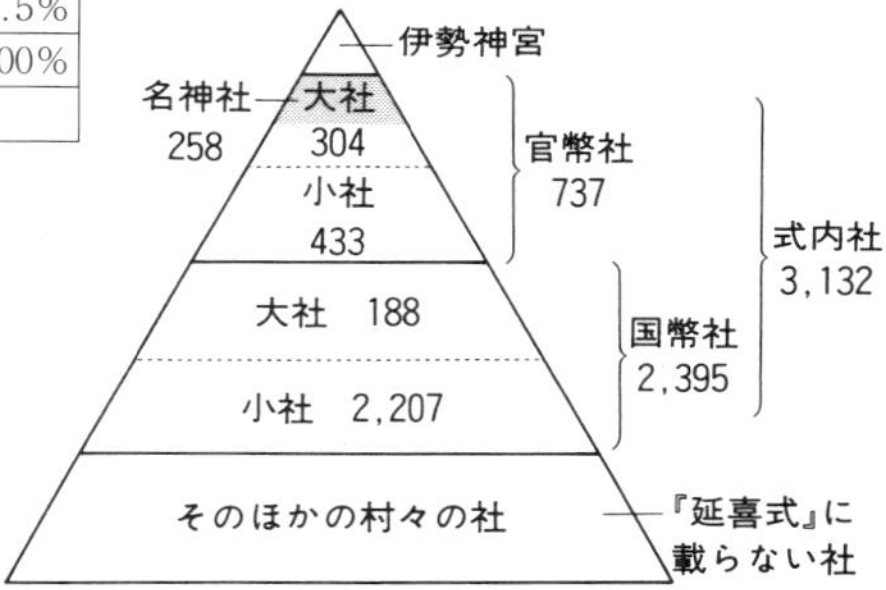

『延喜式』の国数60　1国平均52.2座

させる国幣社があり、官幣社が全体の四分の一、国幣社は四分の三と国幣社が多く、また小社が多い。ただ和泉国はすべて官幣社である。もっとも国幣社は延暦一七年（七九八）からで、七世紀段階ではすべて官幣社だった。これら式内社は岡田精司（一九八五）の作成した〔図33〕Bのようにピラミッド型の階層構造をなしている。

また岡田は〔図34〕で見るように式内社数は大和国が第一で二八六座に対して安芸は三座と分布には大きな偏りがあること、総計三一三二社は平安時代になって増えた結果で当初はこれより少なかったことも指摘している。式内社数の国別の偏りはそれぞれの事情があるのだろうが、本書では一国平均五二座という一般的な形態を念頭に大局的な分析を進めたいと思う。

祈年祭の研究において通説の基本骨格を提起したのは岡田精司と早川庄八だが、祈年祭の成立経緯と位置

図34　式内社数ランキング

多い順（座）			少ない順（座）		
1	大和	286	1	薩摩	2
2	伊勢	253	2	志摩	3
3	出雲	187	3	安芸	3
4	近江	155	4	肥前	4
5	但馬	131	5	肥後	4
6	越前	126	6	筑後	4
7	山城	122	7	長門	5
8	尾張	121	8	日向	5
9	河内	113	9	大隅	5
10	陸奥	100	10	上総	5

（岡田精司1985）

づけに関しては問題がありそうだ。この点については論証には紙数を要するが、先行研究の検討を経た先に晴れて式内社と条里施工との関係の分析に入れるので、まずは岡田・早川説の検討から入ろう。

祈年祭は全国神社の祭祀権の掌握なのか　まず岡田の主張を見ておこう。岡田「律令制度祭祀論考」（一九九一）は次のように述べる。

祈年祭の特色は仲春に天皇の支配の及ぶ全国土の神々を神祇官の庭に集め、〈班幣〉を行うところにある。それは全国の神々の祭祀権を天皇が掌握すること。そして諸神が天皇に臣従することを意味すると考えた。この祭儀こそ〈律令的祭祀形態〉の典型であるとみるものである。

この岡田説を分解すれば、

①　天皇の支配の及ぶ全国土の神々を神祇官の庭に集め、

②　神々に〈班幣〉をすることで全国の神々の祭祀権を天皇が掌握し、

③　諸神を天皇に臣従させる。

という構造になる。この①、②、③について、順次確認していこう。

地方の神々は呼び集められていたか　まず①の天皇が全国土の神々を神祇官の庭に集めていたのかについて、岡田（一九八五）の整理にしたがって、祈年祭・月次祭（六月・一二月）の祝詞に共通して神名が読み上げられる神々を列挙すると、

ア　神祇官西院の神々

　御巫の祭神……神産日神・高御産日神・玉積産日神・生産日神・足産日神・大宮売神・御食津神・事代主神

　座摩巫の祭神…生井神・福井神・綱長井神・波比祇神・阿須波神

　御門巫の祭神…櫛石窓神・豊石窓神

　生島巫の祭神…生島神・足島神

イ　伊勢神宮

ウ　大和の六つの御県の神…高市・葛木・十市・志貴・山辺・曽布

エ　大和の山口の神六社……飛鳥・石村・忍坂・長谷・畝火・耳無

オ　大和の水分の神四社……吉野・宇陀・都祁・葛木

だけであり、アは朝廷内部の神、イは天皇家の祖先神伊勢神宮、ウの御県は大和政権の支配地なので

本拠地よりはやや広い分布を示すが、エは政権膝下の奈良盆地南部の山の神々である。オの「水分」は分水嶺の神々で、奈良盆地は王寺町の大和川の出口に向かってすり鉢状に傾斜しており、奈良盆地北部の山に降った雨は盆地北部を潤して大和川に流れ込むので南部は潤さない。オの「水分」に盆地北部の山の神が含まれていないのは、祭祀の主体が盆地南部にあったことを示しており、箸墓古墳や纏向《まきむく》遺跡を含んで「三輪王朝」とも呼ばれてきた大和政権初期の祭祀を伝統の権威ある祭祀として固定し、そのまま一〇世紀の『延喜式』段階まで変わることなく祀り続けてきた様子がうかがえる。ここには律令国家の成立にともなって拡大した全国の式内社の神々は含まれておらず、祝詞では読み上げられていない。つまり祭場には招かれていないのである。招かれていなければ、祭りの場で神々に命令することも、神々に〈班幣〉をすることも、天皇が全国の神々の祭祀権を掌握することも、諸神を天皇に臣従させることもできないことになる。

河内王朝説は成立不可能　少し横道に逸れるが、〔図35〕Bからは興味深い結論は引き出せたので触れておこう。この地図は都出比呂志（二〇一二）の「大阪と奈良の前方後円墳の分布」図に「王家自認の本貫地」を加筆したものである。大和政権の巨大前方後円墳は三～四世紀には古くから「大和」と呼ばれた奈良盆地東南部の大和・柳本古墳群に築かれていたのが、四世紀後半からは奈良盆地北部の佐紀古墳群に移り、さらに五世紀初頭には大阪平野の古市古墳群や百舌鳥古墳群に移る。この同時代のトップを占める大古墳が大和から河内に移動する背景については、王朝交替と見る説、見ない説が

図35　宮廷祈年祭で祀られていたのは奈良盆地東南部の神々

A　祈年祭祝詞で読み上げられる神々（岡田精司1985より作表）

ア	神祇官西院の神々	御巫の祭神（天皇の鎮魂）	神産日神・高御産日神・玉積産日神・生産日神・足産日神・大宮売神・御食津神・事代主神
		座摩巫の祭神（宮殿の敷地神）	生井神・福井神・綱長井神・波比祇神・阿須波神
		御門巫の祭神	櫛石窓神・豊石窓神（宮殿の門の神）
		生島巫の祭神	生島神・足島神（大八洲の国魂神）
イ	伊勢神宮		
ウ	大和の六御県の神		高市・葛木・十市・志貴・山辺・曽布
エ	大和の山口の神		飛鳥・石村・忍坂・長谷・畝火・耳無
オ	大和の水分の神		吉野・宇陀・都祁・葛木

B　奈良盆地東南部は大和政権の本貫地

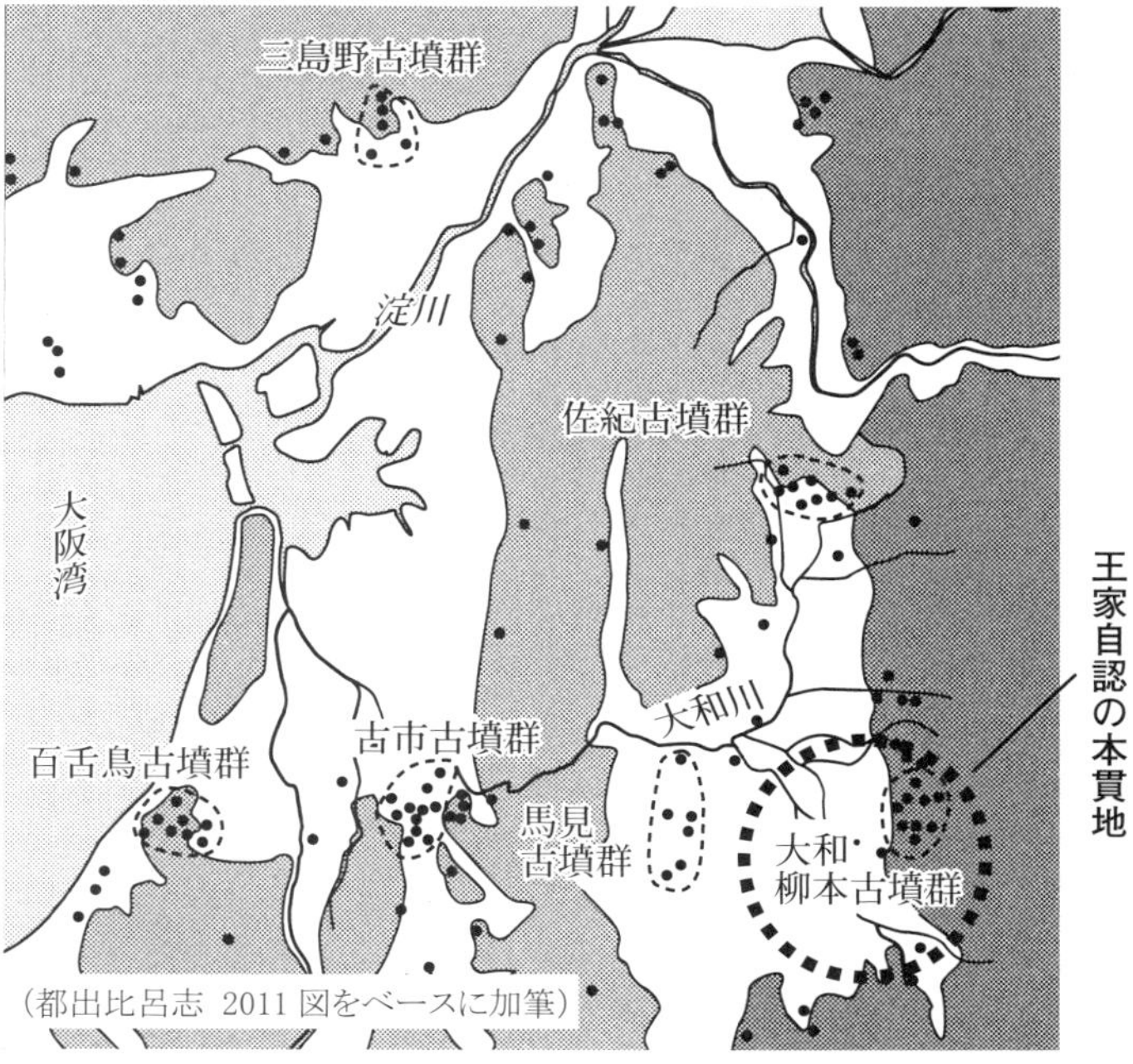

（都出比呂志 2011 図をベースに加筆）

出されていて、都出比呂志のまとめによれば、文献史家では五世紀に河内を根拠地とする有力首長が、奈良の大和政権から権力を奪ったという説（上田正昭、岡田精司）、大和・河内の勢力が対立していたのではなくて、両者で一体化していたと見る説（和田萃）があり、考古学研究者でも、巨大前方後円墳の移動を権力の奪還による政権中枢の移動とする説、畿内南部の政治連合の内部での盟主権が大和の勢力から河内の勢力に移動したとする説（白石太一郎）、三世紀から大和盆地で巨大な前方後円墳の築造を続けた結果、空閑地が少なくなり、墓の場所として河内や和泉の未開の原野を新たに選んだとする説（近藤義郎）があるという。

〔図35〕Aの神々は九二七年成立の『延喜式』に記されたものなので、宮廷内部では三世紀の三輪王朝段階の初期大和政権が祀っていた神々を一〇世紀まで変わることなく祀り続けていたことになる。つまり大古墳が古市古墳群や百舌鳥古墳群に移動しても、古市や百舌鳥近辺の神々を加えることはせず、王宮が大阪平野の応神の難波大隅宮、仁徳の難波高津宮、反正の多治比柴垣宮に移っても、河内はあくまで出先の地であり、我々の本拠地はあくまで奈良盆地南部だと考えて、天皇たちは六月・一二月の月次祭、一一月の新嘗祭には三輪王朝時代から宮廷で祀られてきた奈良盆地南部の諸社の神職たちを河内の王宮に呼び寄せて祭祀を執り行ってきた。つまり河内の王権自身が自分たちの本貫の地は奈良盆地東南部であることを年三度の祭祀の度に再確認していたのであり、河内の王権が大和の王権から政権を奪取したとする河内王朝説は無理なのではないか。

天皇は「神々に」班幣したのか　話を戻して、岡田説の②「神々に〈班幣〉をすることで全国の神々の祭祀権を天皇が掌握した」のかについて、奉幣と班幣の違いに関して岡田は次のように述べる。

a　神祇官において、〈天神地祇〉の諸々の神々をまつり幣帛を供えること（中略）には二つの場合があった。一つは祈年・月次・新嘗の宮廷の恒例祭祀においてであり、もう一つは祈雨・祈晴・防風などの臨時祈願のために、畿内を中心とする名神大社に奉幣する場合である。一般には前者については、伊勢神宮の場合を除いて〈奉幣〉とはいわず、〈班幣〉または〈頒幣〉といい、後者についてのみ〈奉幣〉の語が用いられている。

b　班幣という語は、神を敬って奉献するという意味ではなく、幣物を朝廷から「班《あか》つ」というのであり、恒例の四度の宮廷祭祀に全国の社に幣帛を供える時にだけ用いられる語であった。この言葉の意味から考えても、一般に考えられているように、天皇が敬神の念を以て諸神を「奉斎」するためのものではない（岡田一九七〇）。

c　祈年祭の時に天皇の使という形で勅使が幣物を持って出かけてお供えをするのは伊勢神宮だけです。これが奉幣です。それ以外の神社に対しては「神主と祝集まれ」と命令して祈年祭の幣物を神祇官に集まった神職たちに配布するということなんです。こうして日本中の官社の神主と祝《はふり》を神祇官の庭に呼び集めて、その集まった神主・祝たちに祈年祭の祝詞を読み聞かせるわけですが、その祝詞には集まった神主たちの奉仕する地方の神々を祭る言葉は一つも見出せま

図36　奉幣と班幣の関係

分類		奉幣までの経過		奉幣対象社
奉幣	直接的奉幣（狭義の奉幣）	神祇官の奉幣使が直接神に**奉幣**		伊勢神宮 祈雨など臨時の祈願社
	間接的奉幣（広義の奉幣）	神祇官が幣帛受取り使に**班幣**	⇒ 諸社の神前で担当者が天皇の名代として**奉幣**	大和の諸社 地方の式内社

せん（岡田一九八五）。

このaの説明を踏まえて「奉幣」と「班幣」の違いについて整理したのが〔図36〕である。

奉幣には「直接的奉幣」と「間接的奉幣」がある。伊勢神宮のような特別格の高い神社には奉幣使を派遣して直接に奉幣する。これを「直接的奉幣」と呼ぼう。また旱魃時の祈雨など急を要するときも神祇官から奉幣使を派遣して直接に奉幣する。それに対して恒例の神事では、通常は先方の神社の幣帛受取り使を呼びつけて幣帛を配付し、幣帛受取り使は自社に持ち帰って奉幣するので「間接的奉幣」となる。このケースで神祇官から先方の幣帛受取り使に幣帛を渡す作業が「班幣」である。岡田は「祈年祭の特色は仲春に天皇の支配の及ぶ全国土の神々を神祇官の庭に集め、〈班幣〉を行うところにある」と地方の神々を神祇官に勧請しておいて神祇官から地方の神々に幣帛を班つのだと説明しているが、地方諸社の神々は神名を読み上げられておらず、祭場に招かれておらず、召集されていたのは幣帛受取り使なのであった。岡田自身も「それ（伊勢神宮）以外の神社に対しては「神主と祝集まれ」と命令して祈年祭の幣物を神祇官に集まった神職たちに配布するということなんです」と説明しているように、ここは人から人への幣帛の手渡し現場なのであり、手渡し側は神祇官僚で天皇の名代として臨んでいるので身分は高いのに対して、受け取り側は七世紀後半なら国宰の派遣した国衙役人、八世紀初頭なら令制国造、それ以降は地方諸社の神主・祝部と交替するが、いずれも天皇の名代である神祇官僚よりは低い身分なので、神祇官僚は「幣帛を班つ」と上から目線で臨むことになる。つまり人と人との関係で身分の上の者が下位のものに手渡すために「班幣」との表現になったものであり、神祇官僚が地方諸社の神々相手に、つまり人から神に班幣していたわけではないので、ここから天皇が敬神の念を持っていなかったという結論は導けない。

朝廷祈年祭の場では式内大社に対する幣帛は机の上に置くのに対して、式内小社に対する班幣の仕方は地面に薦《こも》筵《むしろ》を敷いて幣帛を並べるという差別的ともいえる方法が採られており、この場面からは「天皇が敬神の念を以て諸神を〝奉斎〟する」とは感じられないことも事実であり、この点は岡田と同感である。しかしながら「班幣」は間接的奉幣の途中の過程の客観的表現であり、「班幣」の言葉にまで差別的意味を持たせようとするのはやや勇み足ではないかというのが本書の立場である。

天皇は諸神を臣従させたのか　では岡田説③の「諸神を天皇に臣従させる」点について検討してみよう。先に確認したことだが、律令国家の成立にともなって式内社に組み込まれた村々の神々は祝詞では読み上げられず、祭場には招かれていなかった。招かれていなければ諸神を天皇に臣従させることもできない。つまり天皇は諸神を臣従させていなかったのである。

神と人では神が上位で人は下位である。天皇は人の世界のトップリーダーだが、神よりははるかに下位である。地方の神々が天照大神に臣従することはあっても、神々が人の代表の天皇に臣従することはない。岡田の「全国の神々の祭祀権を天皇が掌握すること。そして諸神が天皇に臣従する」というのは、現代人が持ちうるイメージであって、前章でも触れたが神を畏れる古代人たちにはこういう発想はなかったのではないかと思うがどうだろうか。

天皇は村々の式内小社にも奉幣　朝廷祈年祭で班幣された幣帛はその後どうなったのか。地方諸社の例で考えると、七世紀後半では国宰の派遣した国衙役人が神祇官僚から班幣を受け、幣帛を国元に持ち帰って国宰が国内トップの神社に祭場を設け、国宰が自ら起草した神々の名の入った祝詞を読み上げて国内の式内社の神々を勧請し、国宰が天皇の名代として奉幣する。天皇は間接的ながら神々に奉幣していたのであり、神格の違いから伊勢神宮のような直接的奉幣ではないが、奉幣であることには変わりはない。つまり「班幣」は「間接的奉幣」だったのである。

ここで注目されるのは、班幣＝間接的奉幣の場合、律令国家のトップにある天皇が、地方の一般には名も知られていないような小社にまで間接的ながら奉幣しているという事実である。なぜこうなったのか。まずは岡田精司や早川庄八の説明を見た上で、私見を対置することにしたい。

伊勢神宮を頂点とした神々の序列化　岡田（一九八五）は「神々の序列化」という項目を立てて、

伊勢神宮、この天皇の守り神としての神宮を頂点において、その下に日本中の神々を全部臣下として服従させる。こういう形をつくるのが目的だったのではないかと思われます。
最高神としての伊勢神宮を頂点として、全国の神々を序列化する。こういうことが律令制度の神祇政策の目的ということになります。

と述べるが、世俗の世界が〔図9〕（六三頁）で見るように天皇を頂点として全国四百数十万人の民衆を支配するピラミッド型中央集権国家を形成している以上、それを反映して神社界にも〔図33〕B（二七一頁）のような伊勢神宮を頂点とするピラミッド型中央集権構造はおのずと形成され、朝廷という国家最高位の神祇官が関わって幣帛配布をおこなう際には神社の格によって扱いが変わるのは身分制社会では当然の面はある。しかしながら国家形成期であり、太政官と神祇官が並び立つ国家構造が生まれれば、神祇官僚は太政官との競争意識も加わって、神々の序列化を構想するであろう。祈年祭は「伊勢神宮を頂点として、全国の神々を序列化する」装置という岡田説を神祇官僚の意図を言い当てたものとして継承したい。ただそれが現実的に効果をもたらしたかどうかは、別途検討する必要があろう。

律令国家の全国支配に関連づけた早川庄八説　早川庄八「古代天皇制と太政官政治」（一九八四）は、天皇一代一度の即位後に行なわれる（イ）大嘗祭を除いて、

a　毎年中央で律令国家が挙行する重要な祭祀は、（ロ）祈年祭、（ハ）月次祭、（ニ）新嘗祭の、三

種四度の祭祀であったが、月次祭と新嘗祭には天皇みずからが「神今食」という神事を行なう天皇親祭であったのに対して、(ロ)祈年祭には天皇はまったく関与しない。

b　天皇親祭の(ハ)月次祭と(ニ)新嘗祭での班幣の対象は、畿内とその近傍の大社と畿外の特定の大社に三〇四座に限られているのに対して、天皇の関与しない(ロ)祈年祭での班幣の対象が全国の官社三一三二座である。これは月次祭と新嘗祭はヤマトを基盤とする地域的王権が古くより執行してきた祭祀であったのに対し、(ロ)の祈年祭は律令国家が成立する過程において新たに国家の祭祀として設定されたものであることを示している。

c　祈年祭が、後発の、律令国家の形成とともに国家の祭祀として設けられた新しい祭祀であったと推定される理由は、第一に、祈年祭は全国の官社を班幣の対象としたように、まさに国家的祭祀であり、第二に、祈年祭という祭祀名は中国に由来するもので、第三に、祈年祭の祝詞で祈願の対象とされている御年神は民間で一般に信仰されていた農業神であり、ヤマト王権が奉斎した神ではないから、とした。

そして祈年祭が設定された理由について早川「律令制と天皇」(一九七六)は、

d　地域的権力であったヤマト王権が全国支配の律令国家に昇格したことにより日本国統治の正当性を新たに主張しなければならなくなり、そのため国家の祭祀として祈年祭を設けて「班幣」という行為を通じて行なわれる諸国神社・諸国祭祀の統制と中央集権化を図り、日本国統治の正当性を全国に宣布した。

とする。

b月次祭と新嘗祭は大和政権以来の伝統的祭祀なのに対して、c祈年祭は律令国家の全国支配にともなって新設されたものという位置づけは明快で、dの祈年祭新設の理由を全国の神社・祭祀の中央集権化と日本国統治の正当性の全国宣布だとする点は岡田の序列化説とともに神祇官僚の意図を言い当てたものとして継承したい。

村々の小社への間接的奉幣はなぜか　岡田・早川両氏の研究によって、祈年祭は律令国家の全国支配にともなって新設されたものであり、伊勢神宮を頂点として日本中の神々を臣下として服従させ序列化するものであり、全国の神社・祭祀の中央集権化と日本国統治の正当性の全国宣布するものだという祈年祭に託した神祇官僚の意図が明確になった。ただ一つ大きな疑問が残る。神々の序列化であり中央集権化なら、裾は国幣大社あたりで留めておいて、末端の小社に対しては「おまえらなんかは式内社には入れてやらないぞ」と傲然と構える方が朝廷の権威も高まるように思える。にもかかわらず村々の小社を、しかも全部ではなく一部を式内社に組み込み、天皇が班幣＝間接的奉幣をする理由は何かが岡田・早川説では説明できないのである。

このほとんど無名の村々の小社の一部を式内社に組み込み、天皇が班幣＝間接的奉幣をする理由は、条里施工に先立つ神々への開発許可申請と考えれば辻褄が合う。その見当が当たっているかどうか、和泉国大鳥郡を例に見ていくことにしたい。

二　和泉国大鳥郡の条里施工と祈年祭の始まり

和泉国大鳥郡の条里地割と式内社　岡田隆夫（一九六七）は和泉国大鳥郡の開発を灌漑との関係を考察するなかで大鳥郡の式内社の分布図と条里地割の復原図を提示したが、その式内社の分布を〔図37〕で見ていこう。Aは大鳥郡の式内社分布図で、Bは式内社の一覧表、Cは大鳥郡の郷名で、Dは大鳥郡の条里地割である。この条里地割は吉田孝（一九八三）が指摘するように地図上の痕跡から復原できたもののみで、本来はもっと広く覆っていたと推定される。

Aの地図を見ると、Cに示した一〇の郷にBの二四座の式内社が鎮座するという一郷あたり二・四座という密度の高さであるが、Ⅵの土師郷とXの常淡（深井）郷には式内社はない。この「郷」は大宝令段階の〔国―郡―里〕制の「里」の後裔で、大化改新後に「五十戸」として発足した新たな制度であって、古墳時代以来の地域の祭祀事情とかならずしもリンクしているわけではない。たとえば大化前代には土師郷と常淡（深井）郷は下流の№8石津太社の氏子圏であった、というようなズレがあるのであろう。

小社への朝廷奉幣で条里施工がスタート　Bの大鳥郡の二四座の式内社は弥生時代・古墳時代を通して

図37　和泉国大鳥郡の郷と式内社

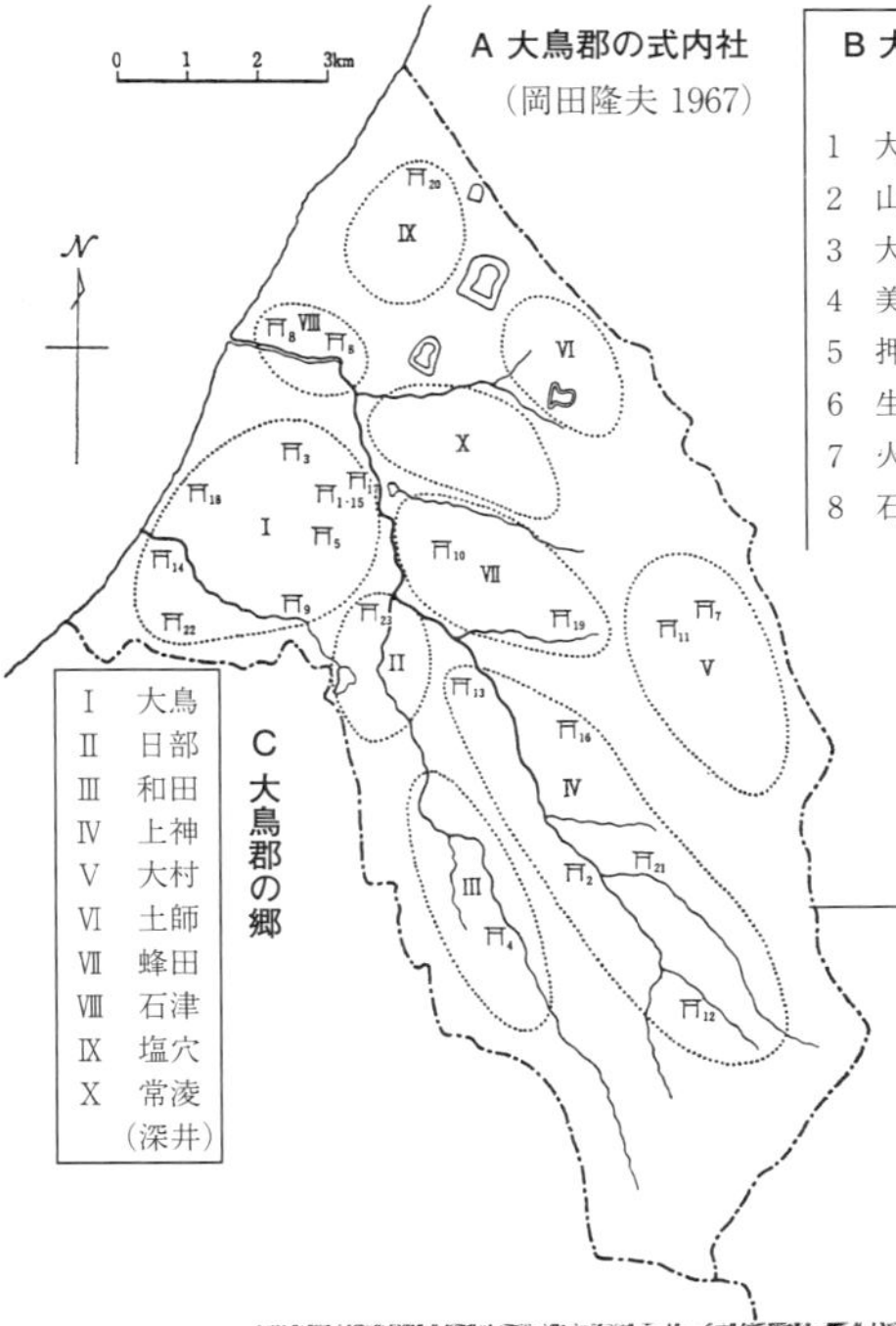

B 大鳥郡の式内社一覧

大１座、小23座

1	大鳥（大）	9	等乃伎
2	山井（以下小）	10	蜂田
3	大鳥　鍬靫	11	陶荒田（２座）
4	美多弥	12	国
5	押別	13	鴨
6	生国	14	高石
7	火雹	15	大鳥美波比
8	石津太社	16	多治速比売命
		17	大鳥井瀬
		18	大鳥浜
		19	坂上
		20	開口
		21	桜井
		22	大歳
		23	日部

D 和泉国大鳥郡の条里（岡田隆夫 1967）

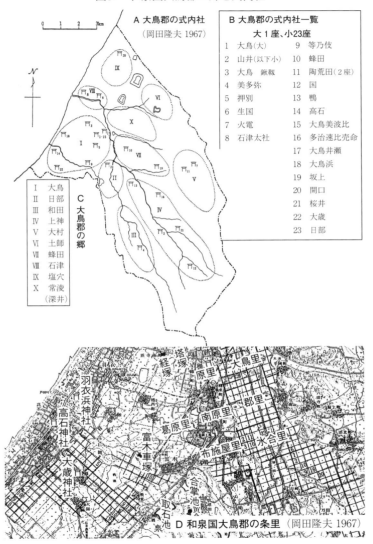

郡内各所で開発されてきた小区画水田に開発許可を与え、その後も見守り続けてきた神々であり、大鳥郡の条里施工はDで見るように丘陵を除く平坦部全域を覆う形で造田されているので、各所に散在する弥生時代・古墳時代以来のすべての小区画水田を破壊し尽くすことになる。そうとなれば着工に先立ってこれら郡内二四座の神々に破壊と全域の再開発の許可をもらわねばならず、許可申請は工事主体がおこなうものなので、天皇は政府直営の事業として全国の国々で国宰を通して祭場に地域の神々を勧請して大々的に起工式をおこなうこととした、と推測される。そこで改新政府は幣帛を準備して幣帛受取り使を呼びつけて班幣して国宰の手元に届け、施工に先立っての丁寧な神祀りを命じた。

和泉地方は七世紀段階ではまだ河内国に包摂されているので、大鳥郡の評督・助督を束ねたのは河内の国宰である。六五三年以降一〇年間ほどのある年、この冬が大鳥郡の条里施工と決められていたので、九月下旬になると河内の各郡から評督・助督らが雑徭農民を率いて続々と集まってきた。河内国宰は大鳥神社に祭場を設けてかつて大鳥郡各地の土地開発に関わってきた神々を勧請し、工事現場の現場監督となる大鳥郡の評督・助督、工区ごとの施工隊長となる河内の各郡の評督・助督らを参列させて厳かに起工式を挙行した。里長や農民も遠巻きに見守るなか、国宰は自ら起草した祝詞で神々の名を村々の小社にいたるまで丁寧に読み上げて勧請し、天皇の名代として幣帛を捧げて今回大鳥郡全域に条里施工をすることになった経緯と、竣工の暁には新造条里田の守り神として毎年祀り続けるので、今回の既耕田破壊と無主地の新規開発に協力して欲しいこと、工事中の安全のため是非お守りいただきたいことを願い上げた、と推測される。

評督・助督は新体制下で実質農業共同体首長として引きつづき地域支配を任されることになった責任上、条里施工には賛成せざるをえず、農民たちも農業共同体首長が賛成派に転じた以上はやむをえないかと思い始めていたであろうが、伝統的小区画水田の破壊に関しては、地域の神々・氏神たちは大反対であろうから工事が始まるなら神々の怒りや祟りで大事故が起きるのではないか、自分は雷に打たれて命を落とすことになりはしないかなどと不安は隠せなかったし、何より先祖代々の土地、それもこの秋まで豊かな稔りを与えてくれていた田を自らの手で壊すなど罰当たりなことはやりたくなかった。

ところが国宰は村々の氏神たちを祭場に勧請して天皇の名代として奉幣した。この展開に評督・助督たちは驚いたであろう。厳しい身分制下では国王たる天皇が地域の小社、自分たちの氏神ごときを相手に奉幣するなどありえないことであり、大変畏れ多いことであり、もったいないことである。ここには中央政府の誠意が感じられたであろう。ここまでされては受けざるをえない。天皇が奉幣を通して氏神から直接許可をとるという話なら神々も納得してくれるに違いない。「祖先神が納得なさるならわれわれも協力しないと」と心のなかで自分自身を説得しながら祭祀の推移を見守っていたに違いない。

こうして起工式は無事終わり、直会の席では酒が振る舞われ、わだかまりが取れて笑顔の戻った評督・助督や地元民の談笑のなかで明日からの施工が見通せることになった、と考えられる。朝廷と地方小社との出会いは朝廷による条里田の開発許可申請の過程で生まれたものであり、条里田完工後も国家的土地所有の再確認のための行事として祈年祭の形で継承されていった、と考えられる。

地域の神々に御礼と豊作祈願の奉幣―地方祈年祭の起源　和泉国大鳥郡では約三～四か月の施工を経て条里地割は無事完工、暦は新春となっていたが、正月～二月頃の竣工式にも再び村々の神々を勧請した神祭りが行われ、工事の無事完工の御礼と今年の豊作を願って国宰の祝詞奏上と朝廷からの奉幣がおこなわれたと考えられる。これが「河内国大鳥評」の地方祈年祭の始まりである。

なおこの段階で地方式内社の春の奉幣神事が何と呼ばれていたかは不明で「祈年祭」の名は六七〇年の朝廷祈年祭の発足時に神祇官僚によって命名された可能性が高い。だからといって各地で始まった春の奉幣神事を別の言葉で呼び分けようとすると煩雑になって流れが見えにくくなるので、大筋を把握することを優先して地方に始まった祈年祭を「地方祈年祭」と呼ぶことにしたい。

和泉国大鳥郡のように村々に散在する地方小社に朝廷から班幣がおこなわれる祈年祭の起源を、私は以上のようにシミュレーションしてみた。

こうしてみれば、朝廷がプライドを捨てて村々に散在する地方小社にわざわざ奉幣した理由は、岡田精司のいう「最高神としての伊勢神宮を頂点として、全国の神々を序列化」するためではなく、早川のいう「諸国神社・諸国祭祀の統制と中央集権化を図り、日本国統治の正当性を全国に宣布」するためでもなく、平野部の各所に散在していた在地首長的土地所有権の基盤となっていた小区画水田をことごとく破壊して平野部全域に条里田を造成するための作業の一環として、かつて小区画水田造成の際に関わった村々の小社、平野内の未開地の土地神を勧請し奉幣して許可を願い、竣工式にはふたたび勧請して工事の無事終了の報謝の幣帛を捧げ、あわせて今年の豊作を祈願したという、改新政府の慣習法に則った丁寧な条里田開発手続きの一環だったことになる。

ここで取り上げたのは河内国大鳥郡の条里施工にともなう一郡の祈年祭だったが、その後冬ごと連年施工をして、河内国のすべての郡に条里地割が完成すると、祭場を後に河内国一宮となる枚岡神社に移し、河内国中の式内社の神々を勧請しての河内国の一国祈年祭がスタートすることになり、毎年の定例神事として執り行われることになったと考えられる。

この一国祈年祭の祝詞で読み上げられた村々の小社にも朝廷からの幣帛が届いて式場で供えられている。そこで村々の小社の祭祀担当者は朝廷からの幣帛を自社に持ち帰って村レベルの祈年祭をおこなうことになる。一国一郡にはとどまらない裾野の広い「地方祈年祭」の成立である。

三　朝廷祈年祭・地方祈年祭の二層構造

朝廷祈年祭と地方祈年祭　これまで岡田・早川両氏をはじめとする学界は朝廷の主宰する祈年祭を取

図38　朝廷･地方の２層だった祈年祭

早川庄八 岡田精司	朝廷祈年祭	岡田：全国の神々を集めて天皇が祭祀権を掌握伊勢神宮を頂点に全国の神社を服従させる序列化 早川：諸国の神社･祭祀の中央集権化日本国統治の正統性の宣布
河野の新提案	地方祈年祭 ↓ 朝廷祈年祭	地域の神々への条里施工の許可奉幣が始まる ① 654年春、条里竣工式の奉幣で地方祈年祭がスタート ② 毎年１郡祈年祭、全郡終わって１国祈年祭と発展 ③ 諸国条里施工が完了した670年、最初の朝廷祈年祭

図39　２つの祈年祭は時差スタート

り上げてきたが、これを「朝廷祈年祭」と呼ぶことにしよう。他方、各地では和泉国大鳥郡の事例で見たように「地方祈年祭」が朝廷祈年祭に先行しておこなわれていたことを確認した。そうであれば、祈年祭は「朝廷祈年祭」と「地方祈年祭」の二層構造だったことになる。

〔図38〕はその二層構造を示したもので、岡田・早川両氏や学界で検討されてきたのは上欄の「朝廷祈年祭」である。文献史料は朝廷側の記録なので朝廷祈年祭は文献史学の研究で的確に捉えることができる。ところが班幣した先では地方の小社で祈年祭がおこなわれていた。これが下欄の「地方祈年祭」で、朝廷側の文献記録では死角になって見えなかった部分である。

〔図39〕は二つの祈年祭のスタート時点を示したもので、まず六五四年春に地方祈年祭がスタートし、一六年遅れて六七〇年春に朝廷祈年祭がスタートしたことになる。大きな時差スタートだったが、この一六年間がちょうど条里地割の冬ごと連年施工が継続していた時期に当たる。この祈年祭が朝廷祈年祭と地方祈年祭の二層構造だったこと、地方祈年祭が一六年先に始まるという時差スタートだったことを踏まえると、岡田・早川氏らが説いてきた朝廷祈年祭の成立事情は少し違っていたことが見えてくる。この点を検討しておこう。

天智九年諸神班幣は条里施工の終了を暗示　岡田は『日本書紀』天智九年（六七〇）三月九日の、

　山御井の傍に諸神の座を敷き、幣帛を班《あか》つ。中臣金連、祝詞を宣《の》る

の記事を「春三月に諸神をまつり、班幣するものであるから、祈年祭とみて誤りないであろう」とする。朝廷祈年祭の始まりである。ではなぜこの年なのか。シミュレーションしてみよう。

改新政府の神祇官前身官司は、地方祈年祭のために白雉四年（六五三）の秋から幣帛の配付を始めていた。それは各地での一〇月朔日の起工式に間に合わせるため、遠国の旅程も考慮して幣帛配布の開始を九月朔日から九月末までとし、翌年春の竣工式にも幣帛が必要なので、起工式・竣工式用に幣帛二セットが配付されたであろう。儀式ではないので、諸国からの幣帛受取り使の到着次第のさみだれ的配付となったであろう。七世紀段階では幣帛受取り使は国衙役人と考えられ、一国分まとめると班幣は相当量になる国もあるので、諸社の担当者にローテーションを組ませて輸送隊を組織して受け

取りにきたのであろう。

毎年続けるうち、条里施工の終わった郡は春の竣工式だけになるので、幣帛の量は減っていき、全国すべての郡で条里施工が終われば、幣帛配付は九月に始める必要はなくなり、春に移せばいいことになる。そして全国すべての諸国から幣帛受取り使が春に神祇官前身官司に来るようになれば、これを朝廷祈年祭に昇格させようというアイディアが生まれるだろう。それを形にしたのが天智九年（六七〇）最初の朝廷祈年祭だったと考えられる。ここから次の二つの重要なことを導き出すことができる。

① 天智九年（六七〇）春の最初の朝廷祈年祭は条里施工が全国的に完了したことを暗示していること。

② 朝廷祭祀なのに天皇が出御しない、祝詞に地方の神々の名がないなど、朝廷祈年祭の特異な個性がこの経過から説明できそうである。

まず①から検討していこう。

天智九年（六七〇）の春に最初の朝廷祈年祭がおこなわれたとなれば、前年天智八年（六六九）の秋の起工式幣帛の配付は無かったことになり、さらに前年の天智七年（六六八）冬を含めてそれ以前に条里施工は全国的に完了していたことになる。そこで、

条里施工は白雉四年（六五三）の冬に全国一斉施工で始まり、天智七年（六六八）冬までの一六

図40　条里施工に何年かかるか

国名	郡数	西暦	653	654	655	656	657	658	659	660	661	662	663	664	665	666	667	668	669	670
		年目	1	2	3	4	5	6	7	8	9	10	11	12	13	14	15	16	17	18
武蔵	21	武蔵A	○	道	○	○	○	○	○	○	○	○	○	○						最初の朝廷祈年祭
		武蔵B	○	道	○	○	○	○	○	○	○	○	○							
河内	17	河内A	○	○	○	○	○	○	○	○	○						高安城			
		河内B	○	○	○	○	○	○	○	○										
吉備	7	美作	道	○	○	○	○	○	○	○										
	8	備前	道	○	○	○	○	○	○	○	○									
	9	備中	道	○	○	○	○	○	○	○	○	○								
	14	備後	道	○	○	○	○	○	○	○	○	○	○	○	城	○	○	○		
讃岐	11		道	○	○	○	○	○	○	○	○	○	○	○			屋島城			
筑紫	8	筑前A	道	道	○	○	○	○	○	○	○	○		水城	城					
	7	筑前B	道	道	○	○	○	○	○	○	○					城				
	10	筑後	道	○	○	○	○	○	○	○	○	○	○							

道：七道建設　　○：条里の郡ごと施工　　城：山城建造
15郡以上は２班同時施工で試算。七道優先、東山道の武蔵は２年目としてみた。

年間にすべての国で終えていた。

と条里施工の上限と下限が特定できたことになる。ここでいう「白雉四年（六五三）の冬に全国一斉施工」は、国によっては七道建設から入った国もあり、この国では条里施工は白雉五年（六五四）からのスタートだったことも含んでの大局的な表現である。

条里施工に何年かかるかの試算　〔図40〕は七道建設や条里施工の全国一斉施工のスタートを六五三年冬とみて、その後何年ほどかけて条里施工が完成したかを、ごく大雑把に試算してみたものである。十分なデータの無い中での試算は間違いも多かろうが、やってみることで大まかな傾向がつかめることと、祈年祭から導いた「条里施工は白雉四年（六五三）冬〜天智七年（六六八）冬の一六年間」という結論が現実味のあるものかどうかを検証するためである。

国ごとに郡数も違い、郡数の多い国はそれだけ人口も多いので何グループかに分けて並行施工したと思われるので、一五郡以上は二分割し、吉備国のように後に四か国に分かれる国は、異質な地域の集まりとみて並行施工の可能性が高いとみた。郡数はひとまず『延喜式』に依っている。『延喜式』では河内国は一四郡、七世紀は和泉国も河内国に含まれていたので、和泉国の三郡を加えて一七郡となり、二グループ同時施工で設定してみた。

また七道建設と条里施工がぶつかった場合は、直線官道が条里地割の基準になる例が多く、道幅分の条里余剰帯が見つかれば直線官道が第一年目、条里施工は二年目からだったと推定できる。山陽道と南海道は条里余剰帯が確認できているので、第一年目に道路を置いた。西海道は大宰府が起点になり六方に道が出ているので、筑前国域では道路建設に二年はかかったと設定した。河内国は六世紀から官道が造られているので、この時期にはなかったと推定した。東山道は未確認だが、二年目に道路が入るケースも考えられるので、そう設定してみた。

また「城」と記したのは白村江の敗戦（六六三）以降に防衛のために設置された山城建設で、備後国は一冬割り込むが、多くの国では条里施工が終わった後の建設だったことが窺える。

こうして試算してみると、一〇年目辺りから多くの国が全郡の条里施工を終えている。国々にはそれぞれの事情があったであろうから遅れる国もあろう。それでも一六年目の六六八年までには終わっているようである。これは祈年祭から導いた「条里施工は白雉四年（六五三）冬〜天智七年（六六八）冬の一六年間」という結論と重なり、まったく違った方向からの推測結果がきれいに重なったことで、たがいにその推測の妥当性を検証し合ったことになり、「条里施工は白雉四年（六五三）冬〜天智七年（六六八）冬の一六年間」仮説は、検証度1、★の学説に昇格したことになる。

では②のなぜ朝廷祭祀なのに天皇が出御しない、祝詞に地方の神々の名がないなど祈念祭の特異な個性についての検討に入ろう。

朝廷祈年祭は宮廷祭祀と班幣作業の粗雑な結合　〔図41〕は、条里施工の期間中の班幣作業を復原してみたものである。先に本文でも少し触れたが、場所は神祇官前身官司で、対象は約六〇か国の幣帛受取り使、期間は遠国でも一〇月朔日の起工式に間に合うよう、九月朔日から末日までで、到着に合わせてさみだれ的に配付していたのであろう。じつはこの場で神祇官僚から諸国の幣帛受取り使に「班幣」がおこなわれていたのである。これは儀式ではなく幣帛配付の作業現場なので、天皇も出御せず、地方の神々の名の祝詞奏上もなかった。これで朝廷祈年祭の構造が見えてきた。

〔図42〕は朝廷祈年祭の構造図である。Aは大和政権内で三〜四世紀からおこなわれてきた宮廷祈年祭であり、Bは六五三年の条里施工開始いらい毎年神祇官前身官司がおこなってきた諸国あての班幣作業である。このBのうちから社格の高い式内大社はAに編入して差別化を図っており、Aの三〇四座は諸国の式内大社を含んだ数である。

諸国式内社ではこの朝廷祈年祭のなかで配付された幣帛を持ち帰って地方祈年祭がおこなわれるのであり、Bの部分は諸国式内社への班幣作業を生のまま、「朝廷祈年祭」という祭祀のなかに嵌め込

図41　条里施工中の幣帛配付作業の復原

① 場所は神祇官前身官司、対象は約60か国の幣帛受取り使
② 期間は遠国でも10月朔日に間に合うよう９月朔日から９月末
　来訪に合わせてさみだれ的配付か
③ ここで神祇官僚から諸国受取使への「班幣」がおこなわれていた
④ 幣帛は起工式･竣工式用に幣帛２セットが配付されたか
　量の多い国は諸社に呼びかけて運搬隊で運んだか
⑤ 幣帛配布の作業現場なので、天皇は出御せず
⑥ 幣帛配布の作業現場なので、神名の祝詞奏上もなし

図42　朝廷祈年祭の構造

朝廷祈年祭

A　大和政権古来の予祝祭

304座　　祭祀

① 伊勢神宮、神祇官西院の神
　王家ゆかりの奈良盆地の神
② 祝詞をともなう祈年祭
③ 収穫祭(新嘗祭)とセット
④ 諸国の式内大社を加え
　304座に

B　諸国式内社への班幣作業

対象は約60国
祭祀ではなく班幣作業

① 諸国式内社への幣帛受け渡し場
② 神祇官僚から諸国担当者へ「班幣」
③ 幣帛受け渡し場なので天皇は出ない
④ 幣帛受け渡し場なので祝詞はない
⑤ 条里施工起源なので新嘗祭なし

朝廷祈年祭は異種の行事をドッキングさせたもの

んだのである。Bは儀式化したとはいえ幣帛配付の作業現場そのものなので、天皇も出御せず、地方の神々の名の祝詞奏上もなかった。岡田が指摘した、祭祀なのに天皇が出御しない、全国各地の式内社の神々の名は祝詞に出てこない、などの不思議さは大和政権以来の宮廷祈年祭と各地式内社あての幣帛配付現場という水と油のような異質なものを溶媒も加えずに「朝廷祈年祭」という容器にぶち込んだ粗雑な造りに由来すると考えればすべて辻褄が合う。

条里起源の祈年祭に後から意味づけ　〔図39〕（一九〇頁）ではまず六五四年春に地方祈年祭がスタートし、一六年遅れて六七〇年春に朝廷祈年祭がスタートしたことを確認した。神祇官前身官司は当初から班幣作業で地方祈年祭には関わっていたが、条里施工が全国的に終わって一〇月の着工式向けの班幣がなくなり春の祈年祭向け一色になった時に、Aの大和政権以来の予祝祭と抱き合わせて朝廷祈年祭に仕立て上げようというアイディアが生まれたもので、岡田や早川が明らかにした「伊勢神宮を頂点として、全国の神々を序列化する」「全国の神社・祭祀の中央集権化と日本国統治の正当性の全国宣布」という神祇官僚の意図は、地方祈年祭の展開のなかから形が見えてきた朝廷祈年祭に後から意味づけを試みたものといえよう。これには律令国家の着実な建設で日々存在の大きくなる太政官前身官司への対抗意識のなかで朝廷祈年祭で巻き返しを図ろうとする神祇官僚の政治的意図が含まれていたものと考えられる。

四　先行研究における条里施工の下限

前節では天智九年（六七〇）の最初の朝廷祈年祭が条里地割の全国的完了に連動したものとみて、分析を進めた結果、六六八年を条里施行の下限と特定したが、先行研究のなかにも、条里地割の八世紀以降個別施工説が学界の主流を占めているなかにあっても、条里施工は七世紀後半だと論証した成果が蓄積されてきた。それらを総括しておこう。

なおここでいう「条里施工の下限」とは、遅くともこの年までには条里施工が全国的に終わっていたという年のことである。

〔大和統一条里の下限〕

井上和人による大和条里の施工年代検討　井上和人（二〇〇四）は大和国を中心に条里地制の施工年代について先行研究の再検討と実証的研究の対置を勢力的におこなってきたが、大和統一条里に関しては自身で成果を要約しているので、まずはそれを見ておこう。

① 現存条里の施行に先立って、異なった規格の方格地割が存在していたとする説―平城宮域周辺地域、斑鳩地域、大和飛鳥地域―は成立しがたい。

② 史料によれば、奈良時代つまり八世紀の時点でも奈良盆地の広範な地域に統一条里地割が

すでに施工されていたと考えられる。

③京東条里および京北条里の分析の結果、大和統一条里の設定は平城京造営よりも古いと判断できる。また、平城京以前の条里地割にあっても、番付呼称は異なっていたにせよ、里界、条界の位置は現存する大和統一条里と共通していた可能性が強い。

などの点が挙げられる。これらの検討結果をふまえて、とくに大和統一条里の施工年代について考えてみると、少なくとも平城京造営（七〇八遷都の詔勅、七一〇遷都）に先行することは間違いないというべきであろう。したがって、藤原京（新益京）のあった地域では条里地割により条坊地割が覆われているので、現存する大和統一条里の施行は藤原京廃都（七一〇）以降のことであるという、一見明解な説明も、たとえば近年の発掘調査の進展にともない各所で条坊遺構が確認されている長岡京域や、条里とは異なる規格をもった条坊の存在が強く推定されている恭仁京城においても、廃都後に条里地割が卓越している事実をかえりみれば、容易にそうとは即断しえないことが理解できるだろう。

として、a大和統一条里の施工は少なくとも平城京造営に先行。b藤原京（新益京）跡地は条里地割に覆われているので大和統一条里の施工は藤原京廃都（七一〇）以降という説に関しては検討の余地がある、とした。

下・中・上三道に関する井上説　〔図43〕Aは『日本書紀』の壬申の乱（六七二）記事に見える下ツ道・

図43　壬申の乱と下ツ道･中ツ道･上ツ道

A 『日本書紀』天武元年７月

時に東の師、頻に多に臻る。則ち軍を分りて、各**上中下の道**に当てて屯む。唯し将軍吹負のみ、親ら**中道**に当れり。是に、近江の将犬養連五十君、**中道**より至りて、村屋に留りて、別将廬井造鯨を遣して、二百の精兵を率て、将軍の営を衝く。
三輪君高市麻呂･置始連菟、**上道**に当りて、箸陵のもとに戦ふ。
村屋神、祝に着りて曰はく、「今吾が社の**中道**より、軍衆至らむ。弊社の**中道**を塞ふべし」といふ。故、未だ幾日を経ずして、廬井造鯨が軍、**中道**より至る。
将軍吹負、既に倭の地を定めつ。便ち大坂を越えて、難波に往る。以余の別将等、各**三つの道**より進みて、山前に至りて、河の南に屯む。

B 壬申の乱と道路　大伴吹負軍の動きを中心にした近江俊秀（2012）図

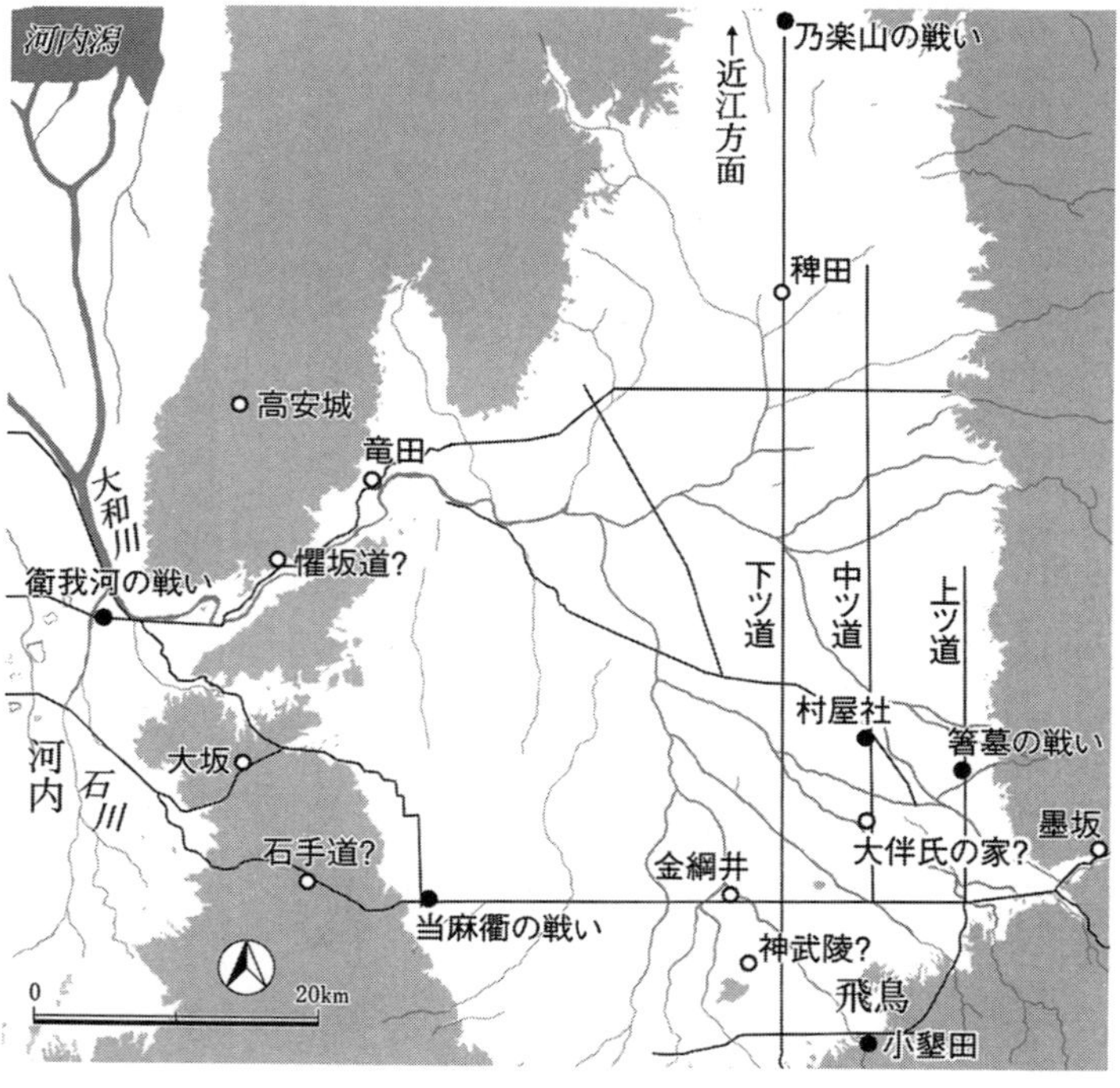

中ツ道・上ツ道、Bは近江俊秀（二〇一二）に掲載された壬申の乱関係地図で、壬申の乱（六七二）の時には三道がすでに存在していて、進軍路や戦場となっていたことが読み取れる。

井上は下ツ道・中ツ道・上ツ道の三道について考察を深めていて、要約すれば次の通りである。

a　条里地割施工に際して、道路地割がことさらに除外された下ツ道と（南）横大路（通常の横大路）の意味は重要視されるべきである

b　下ツ道の地割が現存条里地割から除外されているのに対し、中ツ道の地割は条里地割の中に取り込まれた形で遺存する。こうした状況は、岸氏も指摘するように、条里地割の設定時期（施工時期）を推定する上の重要な現象と考えられる。

c　上ツ道は、（中略）下ツ道あるいは中ツ道のような、幅をもった遺存地割としては確認しがたい。

d　奈良盆地の条里地割設定の東西方向の基準線は下ツ道であり、したがって条里地割施工の時期は下ツ道の設定と同時か、あるいはそれ以後ということになる。

e　岸俊男氏が指摘したように、上、中、下ツ道の三道は等間隔に設定されているので、同時点に計画されたものとみられる。

f　上、中、下ツ道は『日本書紀』の壬申の乱（六七二）における戦闘記事にはすでにこの三道の名がみられるので、これ以前に設置されたと考えられる。

g　その具体的な年代について和田萃氏の「白雉四年（六五三）六月条に「処々の大路を修治る」

とみえること、斉明朝に狂心渠をはじめとする大土木工事が行われたこと、天智朝に唐や新羅に対する防衛対策が盛んに行われたことなどを勘案すれば、斉明～天智朝のいわば国家防衛が急務とされた時期に、大和盆地では、上、中、下ツ道の三道が盆地を南北に走る直線道として整備されたと考える方がより説得力をもつ」とする見解がもっとも妥当であろう。

h　奈良盆地における条里地割の設定は、下ツ道開削以後、すなわち斉明～天智朝以後、平城京造都以前であったことになる。

この井上説のなかでe・g・hについては問題があり、それをクリアすれば条里施工の下限がさらに絞り込める可能性があるので検討を進めよう。

中ツ道・上ツ道は条里施工以降　井上はbで下ツ道の地割が現存条里地割から除外されているのに対し、中ツ道の地割は条里地割の中に取り込まれた形で遺存するとする。「中ツ道の地割は条里地割の中に取り込まれた形」というのは条里地割を蚕食した形で中ツ道の道路幅が確保されていることになり、これは中ツ道の建造が条里地割より後だったことの痕跡と考えられる。またc上ツ道は、下ツ道あるいは中ツ道のような、幅をもった遺存地割としては確認しがたいという。このことから、中ツ道・上ツ道は条里施工後の建造となるのに対して下ツ道は条里の基準線で条理施工以前なので、eの「岸俊男氏が指摘したように、上、中、下ツ道の三道は等間隔に設定されているので、同時点に計画されたもの」とはならない。

三道は等間隔であったとしても、下ツ道の建造後、何年か経ってから等間隔で中ツ道・上ツ道を建造することはありうることで、さらに下ツ道の建造後、何年か経って中ツ道が建造され、さらに何年か経って上ツ道が下ツ道—中ツ道間隔と同じ間隔で東側に建設されることもありうるのである。さきほど確認したように中ツ道は重要道路として二八m幅で計画・建造されたのに対して、上ツ道は計画当初から重要視されず、幅も狭かったと見られることからすれば、三道の時差つき順次施工が歴史の真実に近いのかも知れない。

大和統一条里は壬申の乱以前　以上の考察から中ツ道・上ツ道は条里施工以降の建造であることが確認できた。いいかえれば大和統一条里は中ツ道・上ツ道の建造以前となる。ところで〔図43〕（二〇〇頁）に示したように、上、中、下ツ道は『日本書紀』の壬申の乱（六七二）の戦闘記事にみられるので、三道は六七二年以前に建造されていたことになり、井上もｆで確認している。壬申の乱時に中ツ道も上ツ道も使われていたとなれば、大和統一条里は六七二年以前の中ツ道・上ツ道よりもさらに前に完工していたことになり、大和統一条里の完工はほぼ六七〇年以前にさかのぼる可能性がきわめて高いことになる。

本書では先に天智七年（六六八）を条里施行の下限と推定したが、ここでもそれに近い結果が出ていることに注目しておこう。

岸俊男「代制地割先行説」の最終的崩壊　弥永貞三・岸俊男によって条里地割に先行して代制地割が

あったとする説が提起され支持を集めてきた。〔図44〕は岸俊男（一九八七）の掲げた説明図で分かりやすくできているので、それに沿って見ていくと、奈良盆地には下ツ道・中ツ道・上ツ道の南北道が等間隔で建造されていた。その間隔は下ツ道・中ツ道間で量ると一〇〇〇歩＝六〇〇〇尺であるとし、その一〇等分の六〇〇尺を一辺にして方形区画を作ると二〇〇〇代＝四町分の方形区画となり、さらにそれを四等分すれば一町区画となる、とするものである。

ところで岸の論理で生まれる一町の一辺は高麗尺三〇〇尺で一〇六ｍとなる。この岸説を承けて、周辺条里と方位を異にする小規模条里を代制地割にもとづく先行条里とする学説が数多く提起されてきた。井上和人は大縮尺地図と発掘報告書の詳細な検証から飛鳥に一〇六ｍの代制地割はなかったと岸説とそれを承けた先行学説を否定、その他の地方の先行条里説も逐一検討して否定した。また木全敬蔵（一九八八）は一〇六ｍの代制地割が先に存在し、後に一〇九ｍに再編成したという説に対して「一〇六ｍを一〇九ｍにするということは、畦畔・水路の全面的な付替え工事を伴い、莫大な経費・労力を必要」とするもので再編成はありえないとした。この井上説、木全説によって、条里制研究の分野では代制地割説はほぼ完全に否定されたといえよう。

岸説の成り立たないことは、三道の建設時期からも説明できる。岸説に戻れば、①三道が建造され、②下ツ道・中ツ道間を一〇等分して二〇〇〇代＝四町分の方格地割が生まれ、③それを四等分して一町区画が生まれた、となるが、今回の検討で①まず下ツ道が建造され、②それを基準に条里地割が造

図44　岸俊男の代制地割説(岸俊男1987)

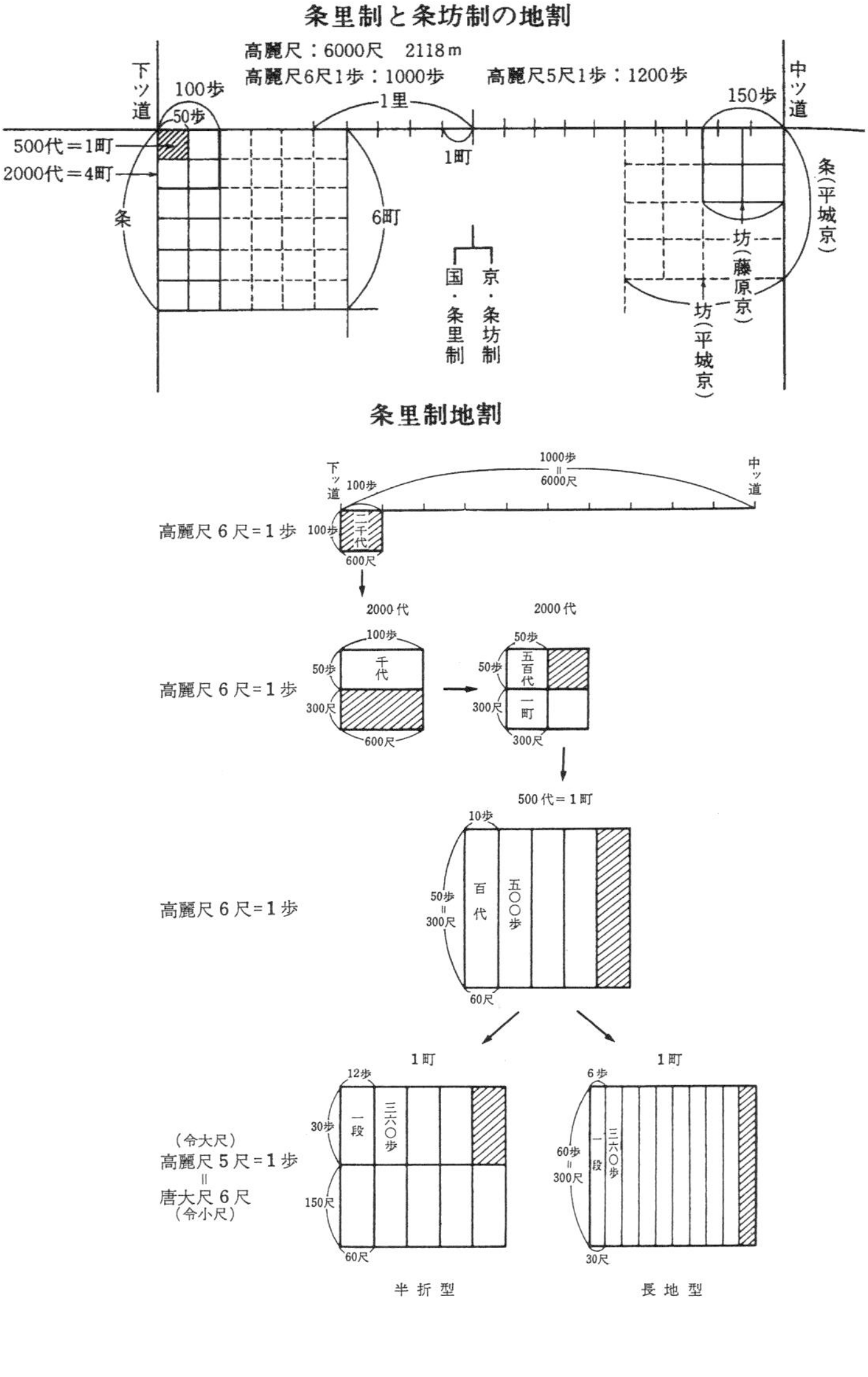

成され、③その後に中ツ道・下ツ道が建造されたことが明らかになった。下ツ道・中ツ道間隔が決まる前に、すでに条里地割は造成されていたのである。これで岸説が成り立つ前提が完全に崩壊した。「代制地割」は研究者の構想のなかにのみ存在しえたもので、現実の地割としては存在しなかったのである。

藤原京跡の条里は平城遷都後の公的耕地回復　藤原京跡の条里地割に関しては、岩本次郎（一九八七）は、藤原京の条坊地割が条里制地割によって殆ど消されており、藤原京の西京極路であった下ツ道が道幅を余して条里制の基準となっている事実は、条里制地割の施工は奈良時代以降といわねばならない。

とする。後半の下ツ道に関しては、条里地割や藤原京に先立って施工されたとする井上和人説が妥当で、奈良盆地の条里施工を奈良時代以降に下げる理由にはならない。

前半の藤原京の条坊地割が条里地割によって殆ど消されている事実に関しては、平城京建設直後に政府か大和国の直営工事で藤原京跡に条里田の復旧工事が進められたと考えられる。その理由は藤原京に代わった平城京は、奈良盆地北部の条里田の上に被さって造成されており、大宝令以降の本格的な班田収授以降なので当時としては日本一人口密度が高いと考えられる奈良盆地での口分田喪失は大きな社会問題となったであろう。その概数は井上和人（二〇〇四図19）をもとに算出すれば五四・六里ほど、ただ右京と外京には丘陵の裾が含まれるので、そこは水田化できなかったと仮定して一〇里分を差し引けば四四・六里、町に直せば約一六〇五・六町の口分田を壊して造成していたことになり、一戸の口分田は養老田令置官田条の「二町毎に牛一頭あてよ。其れ牛は、一戸をして一頭養はしめよ。謂はく、中中以上の戸をいふ」から二町として試算すれば、八〇二・八戸分、約八〇〇戸の口分田を召し上げたことになって大和国はその代替地問題に苦慮したであろう。そこで藤原京から平城京への建物の移転が終われば、政府直営か大和国の直営工事で早速藤原京跡に条里田の復旧工事が始められたと考えられる。奈良盆地平野部は長地型地割が卓越した地域なので、周辺に合わせて長地型地割を造成したため、大宝令以降であっても半折型地割とはならなかったのであろう。

この考えに立てば、藤原京の条坊地割が条里地割によって殆んど消されている事実は平城京完成直後の公的耕地回復工事の結果となり、大和国の条里施工全体が平城京完成以降であったとする論拠にはならないことになる。

〔大和統一条里の先行施工と下ツ道・中ツ道〕

技師養成のため大和国条里は先行施工か　白雉四年（六五三）冬に七道建設が複数路線で着工、優先順から外れた諸国では条里地割の着工がスタートしたとなると、この冬には多数の技師が諸国に派遣されていたことになる。

七道建設には正北・正方位の決め方、測量ポールと一〇九m縄を使った直線の延伸法など測量の基礎から、山当てによる直線路線の決め方、測量伐採・路線測量隊と路幅測量隊の分担、路幅測量隊による一〇九m杭打ち、路床の構築、路肩の補強、路面の舗装技術など、条里施工に関しては三・四・五比の印をつけた縄による直角の決め方、工区全域の面的測量伐採と縦・横・斜めの見通しによる整列確認法による方形区画の杭打ち法とか、一町区画内の傾斜方向の見分けと長地型坪内畦の走行方向の決定法、傾斜地での半折型地割による対応、小川の坪界線沿いの直角曲りの階段パターンの水路への付け替えなども含み学習項目は多い。

また表層条里が一辺一〇九m、方位は内陸部では正方位、海岸や湖岸近くでは海岸線・湖岸線に沿った方向という原則があったように窺え、条里呼称法も測量起点がどこにあるかにかかわらず条里計画の一隅を基点とする一象限座標が大部分を占めるなどの事実は、全国に派遣された技師が統一基準の徹底的訓練を受けていたことを思わせる。

人数は七世紀後半段階では吉備国のように令制国四国を含む大国もあったが、この場合は四工区で作業は進んだと考えられるので、令制国で考えるのが現実的である。ところが令制国でも陸奥三五郡、武蔵国二一郡、美濃一八郡のような大国もあるので、一四郡以上は七郡を最低として分割する方向で工区分けすれば全国約八〇区、一工区一人で八〇人だが、広い工区に一人の技師では勤まらず、これはありえない。一工区三人で二四〇人、四人で三二〇人、ベテラン一人に若手二、三人、最低これくらいは確保しておかなければならない。

技術者養成となれば現代では講義と実習、資格審査もペーパーテストと実技審査となるが、無文字社会がベースの七世紀後半では講義は成り立たない。受講生はノートが取れないからであり、黒板もなく講師も要点を文字で示す講義はできないからである。となればもっぱら実習、それも災害訓練のような模擬訓練では実力がつかないので、全国一斉施工に先立って技術者養成のためにどこかの国で先行施工しなければならなくなる。条里施工は既存田を破壊するので在地豪族の反対が根強いことからすれば、反対の起こりにくい国となり、当然の帰結として政権お膝元の大和国となろう。

なお大化改新政府は難波に遷都しているので政権膝下は型式上は摂津国となるが、大和政権の拠点は大和国・河内国で摂津国は政権との関係が浅いので先行施工をスムーズにおこなうなら大和国が選ばれたであろう。

下ツ道・中ツ道は技師養成のための建造か　畿内の直線道は横大路が飛鳥と難波を結ぶ道路であり、斑鳩と飛鳥を結ぶ斜行直線官道など、当然ながら起点と終点に都市的集落をもっている。ところが下ツ道は平城京の朱雀大路に指定される前から存在しているとなれば、幅広の大道であるにもかかわらず起点と終点に都市的集落をもたないきわめて特異な道路であり、交通の便ではなく何か特別な目的で建設されたことになる。そして下ツ道が奈良盆地条里地割の東西方向の測量基準線だとなれば、それこそが下ツ道の建設目的だったのではないか。七道も条里地割も統一基準で精緻に造成されたことは紛れもない事実であり、それには多くの技術者が全国に同時に派遣され展開したことは間違いなく、それら技師の養成には実習訓練のための施工現場が必要なことも動かせない。七道建設の技師の養成には七道規模の直線官道建設での実習経験が必要となることからすれば、起点と終点に都市的集落をもたない幅広大道の下ツ道は大和国の条里地割の測量基準線とするとともに七道建設のための技師養成のための実習の場とすることこそが目的で先行施工された可能性がきわめて高い。そうであれば建造時期は乙巳の変の六四五年以降の二、三年の間の冬となろう。

中ツ道も下ツ道同様に起点と終点に都市的集落をもたないきわめて特異な道路で七道建設技師養成のための実習の場とすることこそが目的で先行施工された可能性がきわめて高い。これまでの検討で山陽道と南海道は六五三年冬に平野部の全路線が開通した可能性が高い。二路線を同時施工して一冬で全通させるには相当数の技師が必要となろう。七道建設と条里施工の全国一斉施工は当初は天下立評の大化五年（六四九）の冬が予定されていたであろうから、下ツ道はその予定表に合わせて乙巳の変の六四五年以降の二、三年の間の冬に建造されたと考えられる。ところが大化五年の立評は凍結され、評再編は結果として白雉四年（六五三）に伸びた。このゆとり期間ができたことで改新政府はさらに七道建設技師の追加養成のため、すでに条里田が造成された坪界線上に広い道幅をもった中ツ道を建造したものと考えられる。そうであれば建造時期は立評が凍結された大化五年（六四九）以降の二、三年の間の冬となろう。

下ツ道・中ツ道に関しては壬申の乱（六七二）が下限であるが上限についてはは手掛かりがないものと諦められていた。本書では道路幅の広い直線官道でありながら建設当時に起点と終点に都市的集落をもたないというこれまで見落とされてきた奇妙な特徴に注目して、起点から終点への交通の便のためではなく、建造そのものに意味のあったことを見出して七道建設の技師養成のための建造という仮説を導いた。蓋然性の高い仮説として提起して、検証を待ちたい。

〔河内平野の条里施工は七世紀後半〕

池島・福万寺遺跡の条里発掘　大阪平野のど真ん中、東大阪市・八尾市にまたがる池島・福万寺遺跡は長地型地割の表層条里が顕著にのこる地域で、遊水池建設の事前発掘で弥生時代から表層条里にいたる各層の水田遺構が発掘されており、江浦洋（一九九二）は七世紀後半の条里地割の痕跡の検出に成功しているので見ておこう。

江浦は水田遺構の特質について、水田は一度その形が整備されると継続的に耕作され続けるので、土砂の流入が少なく堆積作用がさほど進行しない土地条件の水田などでは、「仮に奈良時代に開発された条里型水田を継続的に平安時代に至るまで耕作した場合、発掘調査によって我々の眼前に現れるのは平安時代の条里型水田面ということになる」、「当遺跡のごとく平安時代以降に大規模な再開発が行われた場合、前代の水田面を完全に消滅させている可能性も考えておかねばならない」と注意を喚起している。言葉を換えていえば水田は毎年前年の遺構を破壊しながら耕作し続けるので、洪水等で埋没しない限りは条里田が発掘されても、それは〝この地域では少なくともこの時代以前に条里田は存在した〟という下限を語るものであり、〝この地域ではこの時代に条里田が始まったのであり、それ以前に条里田は存在しなかった〟という上限を語るものではないというもっとも原則的で重要な指摘といえよう。

池島・福万寺遺跡では弥生時代から古墳時代までの五〇〇年間に堆積した土砂の厚さは一・一五mなのに対して、古墳時代から平安時代の五〇〇年弱の間に堆積した土砂は厚い部分で約三〇㎝を測るのみで、一部では約二五㎝や一〇㎝前後の部分もあり、平安時代水田面の牛の踏み込みが弥生時代後期の遺構面にも及ぶ場合もあるという。つまり七世紀後半の最初の条里地割はほとんど破壊されていることになる。地下約二mの平安時代の条里田は比較的よく残っていて、この長地型地割が表層条里まで継承されているのだが、この平安時代の南北畦畔に覆われた形で七世紀中葉の畦畔と溝、耕土の一部が発見された。

〔図45〕Aはその遺構図で（江浦洋一九九六）、正方形区画で表された一町区画の南北畦畔から約三三m西に「南北地割A」と記した畦畔が見つかり、ここから飛鳥時代の土器や平安時代の銭貨・銅鈴の埋納が見られ、この南北畦畔に関しては飛鳥時代から使い続けられてきたことが確認できる。〔図45〕Bはその畦畔の断面図で、平安時代の南北畦畔に覆われた形で粗いドット模様の飛鳥時代の畦畔と細かいドットの溝や耕土の一部が発見された。

土器埋納は飛鳥時代から平安時代にかけて顕著に見られ、畦畔構築に際して盛土への人為的な土器の埋納で地鎮祭祀と考えられ、中・近世には見られなくなるので古代河内の土俗的祭祀と考えられる。

図45　池島･福万寺遺跡の７世紀地割と土器埋納

（江浦洋1996）

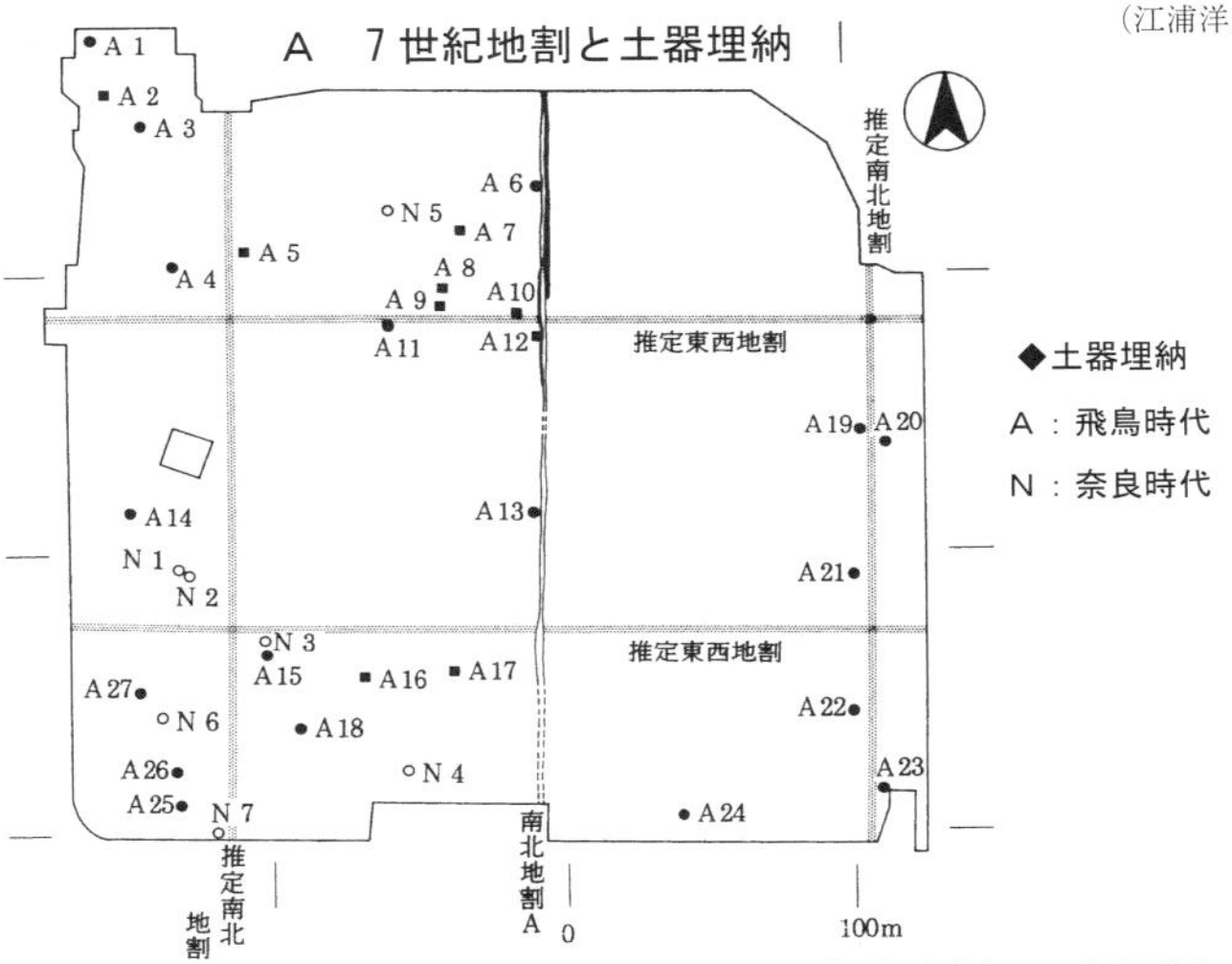

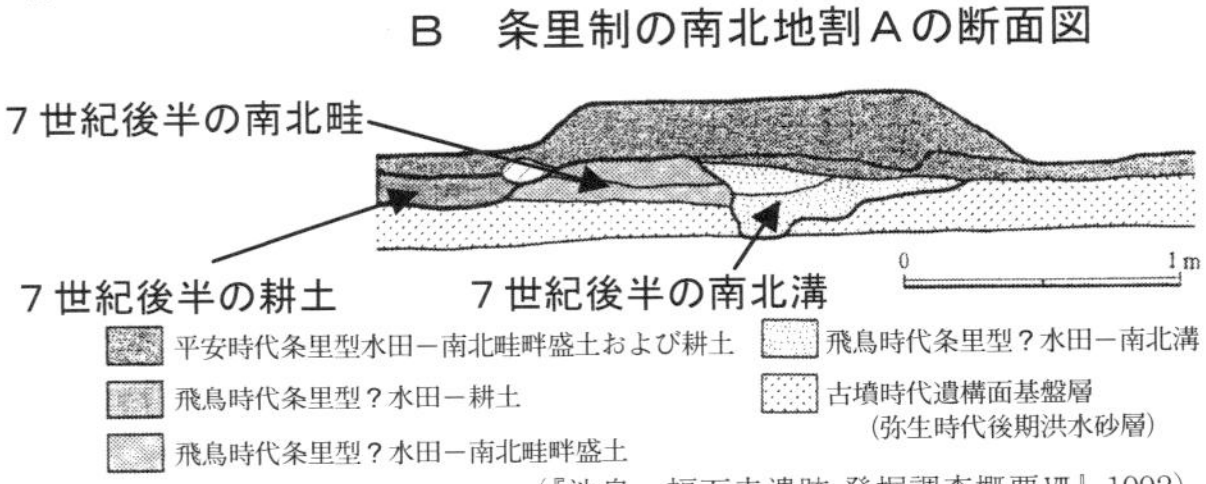

（『池島・福万寺遺跡 発掘調査概要Ⅶ』1992）

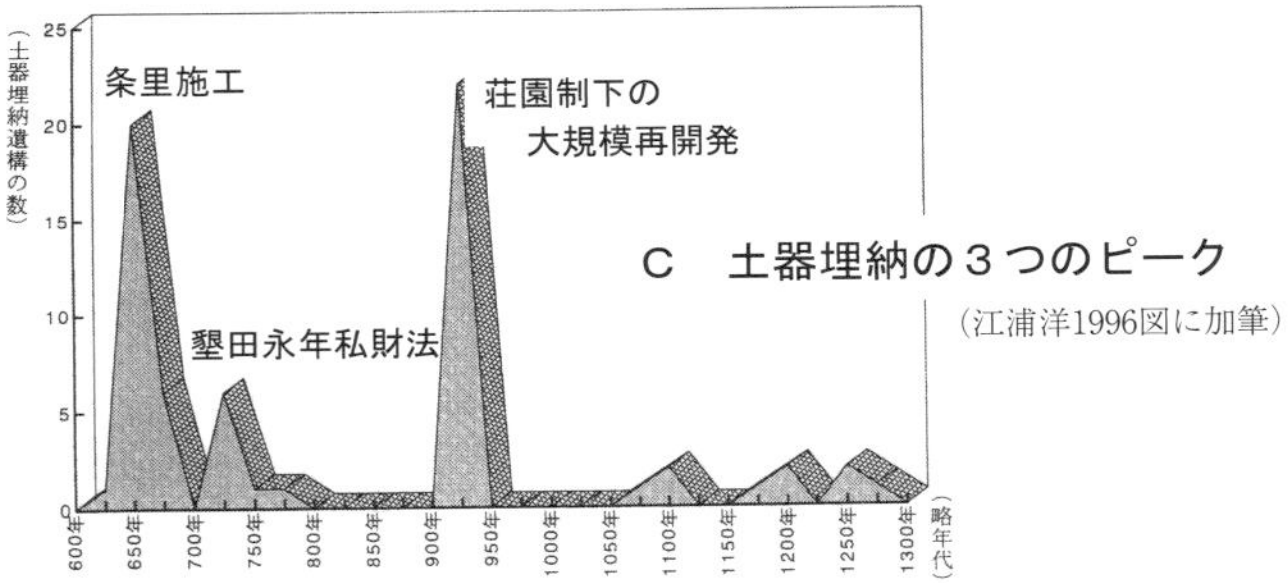

（江浦洋1996図に加筆）

飛鳥時代の埋納土器の年代は古相を示すものは七世紀第２四半期〜第３四半期頃、南北地割Ａに関するものは七世紀第４四半期〜八世紀第１四半期頃である。深く埋納された土器はのちに畦畔が削平されても残ることになり、埋納土器列をたどれば削平されてしまった畦畔も復原できることになる。飛鳥時代の条里田は東西畦畔は表層条里まで継承されるようなのでそれを踏襲して埋納土器列から南北畦畔を加えたのが〔図45〕Ａで、江浦らの復原捜査により飛鳥時代の河内平野の最初の条里地割が姿を現したことになる。

以上の成果を踏まえて江浦は「当遺跡周辺における広域におよぶ計画的な水田開発は七世紀中頃まで遡る可能性が高いことが明らかになった」とし、「これはまさに律令国家の体制が整えられる時期に該当する。さらにその律令国家の根幹を成し、それを支える物的基礎は水田耕作で得られる米であったといっても過言ではない。この段階が土地開発史上の大きな画期であり、土地制度の新たな転換期」とされているが、それが考古学的に証明できたとした。江浦は〔図45〕Ｃで条里田の開発・再開発に連動する三つの土器埋納のピークを示しており、その第一のピークが七世紀中葉であり、これが条里施工の時期を表している。

さらに池島・福万寺遺跡の西南約七㎞に位置する城山遺跡（長原遺跡）からも七世紀後半の長地型地割が発見されたことも併せて、「河内平野における大規模な水田開発は考古学的な調査によって少なくとも七世紀後半以前である」と位置づけた。

本章では朝廷祈年祭の分析から条里地割の施工時期は白雉四年（六五三）冬から天智七年（六六八）冬の一六年間との結論を導いたが、池島・福万寺遺跡の事例にもとづく「河内平野における大規模な水田開発は考古学的な調査によって少なくとも七世紀後半以前である」という結論は、本書の説の妥当性を考古学から検証したもので、すでに検証度1、★を獲得していた「条里施工は白雉四年（六五三）冬～天智七年（六六八）冬の一六年間」説は、あらたに池島・福万寺遺跡の発掘成果の検証を経て、検証度2、★★の学説に昇格したことになる。

小　括

以上の考察から本書では、次の事柄を明らかにすることができた。

①祈年祭は天皇の支配の及ぶ全国土の神々を神祇官の庭に集め、「班幣」を行うことで全国の神々の祭祀権を天皇が掌握し、諸神を天皇に臣従させることとされてきたが、諸国式内社の神々は祈年祭の場には勧請されておらず、「班幣」は神祇官僚から諸国担当者へ幣帛配付を表現したもので特に差別的な意味はなく間接的奉幣であること、人間界の天皇が格上の神を臣従させるというのは古代人の発想にはなかったのではないかと指摘した。

②祈年祭は「朝廷祈年祭」と「地方祈年祭」の二層構造であり、地方祈年祭は地方諸社への条理施工の許可申請として朝廷祈年祭より一六年早く時差スタートした。

③地方祈年祭は条里施工での既存田の破壊と新規開発を地域の神々から許可を得るための奉幣に始まったもので、この時、村々の無名の小社が式内社とされた。

④神祇官前身官司は条里施工の始まる六五三年以降、毎年九月に諸国幣帛受取り使に起工式と竣工式の幣帛を班幣し続けていたことを復原した。

⑥天智九年（六七〇）の最初の朝廷祈年祭は、全国の条里施工がすべて終わって春の地方祈年祭向け幣帛配付だけになった段階で、配付時期を前年九月から春に移し、宮廷祈年祭とドッキングさせて朝廷祭祀に昇格させたものであることを復原した。

⑦天智九年（六七〇）の春に最初の朝廷祈年祭がおこなわれたことから前年天智八年（六六九）の秋の起工式幣帛の配付は無かったことになり、「条里施工は白雉四年（六五三）冬から天智七年（六六八）冬の一六年間」との結論を導いた。

⑧郡数の異なる諸国のシミュレーションで、「六六八年ごろにはほぼすべての国で条里施工を終えている」との結論を得た。⑦の結果と重ねて、「条里施工は白雉四年（六五三）冬〜天智七年（六六八）冬の一六年間」仮説は、検証度1、★の学説に昇格した。

⑨朝廷祈年祭の祭祀なのに天皇が出御しない、全国各地の式内社の神々の名は祝詞に出てこない、などの特徴は、朝廷祈年祭が大和政権以来の宮廷祈年祭と各地式内社あての幣帛配付現場という異質なものを一つの儀式に仕立て上げたという粗雑な造りに由来する。

⑩七道建設と条里施工には統一基準が貫かれていることから、大量の技師が全国に派遣されたと考えられる。技師の大量養成には直線官道と条里地割の先行施工が必要で政権膝下の大和国では乙巳の変（六四五）直後から先行施工されたのであろう。

⑪下ツ道は幅広の直線官道でありながら建設時点で起点・終点に都市的集落をもたないことから、奈良盆地の条里地割の東西方向の測量基準線のためと、七道建設の技師養成の実習の場として建設された可能性が高く、そうであれば建設時期は乙巳の変直後の二～三年間に絞り込まれる。

⑫中ツ道も起点と終点に都市的集落をもたないことから、大化五年の立評は凍結されて白雉四年（六五三）に伸びたゆとり期間に七道建設技師の追加養成のため建造したものと考えられ、建造時期は立評が凍結された大化五年（六四九）以降の二、三年の間の冬となろう。

⑬大阪府池島・福万寺遺跡では、七世紀後半の条里地割の畔・溝が発掘された。本書で考証してきた条里地割は六五三年冬～六六九年春という説は池島・福万寺遺跡の発掘事例の検証を得て検証度2、★★の学説に昇格した。

第五章　金田章裕「条里プラン」説の再検討

一　金田章裕の「条里プラン」説

衝撃的な金田の発見　金田章裕（一九八五・一九九三）は、それまで条里制は律令国家の班田収授のための土地制度と考えられてきた通説に対して、条里呼称法は天平年間の成立で班田収授制とは無関係とする「条里プラン」説を提起し、いまや学界の通説となっている。

金田説の出現は衝撃的だった。それまで条里呼称法は土地管理のための地番表示であり、〔図46〕Bのように「何国何郡何条何里何ノ坪」で広い日本国中で一〇〇m四方を正確に特定できる優れ物だと思っていたので、条里呼称法の出現が天平年間で、それ以前は小字地名的名称表示だったとする金田説には驚いた。旧説は捨てがたかったが、金田説は緻密な文書調査を積み上げての帰納法での主張なので認めざるをえなかった。ただ心底納得できないまま農具調査がメインだったのでそのまま放置していたが、数年前から公地制の起源に取り組むようになってみると、金田説にはいくつかの問題点があることに気づいた。

図46　条里と坪付

A　讃岐国香川郡・山田郡の条里

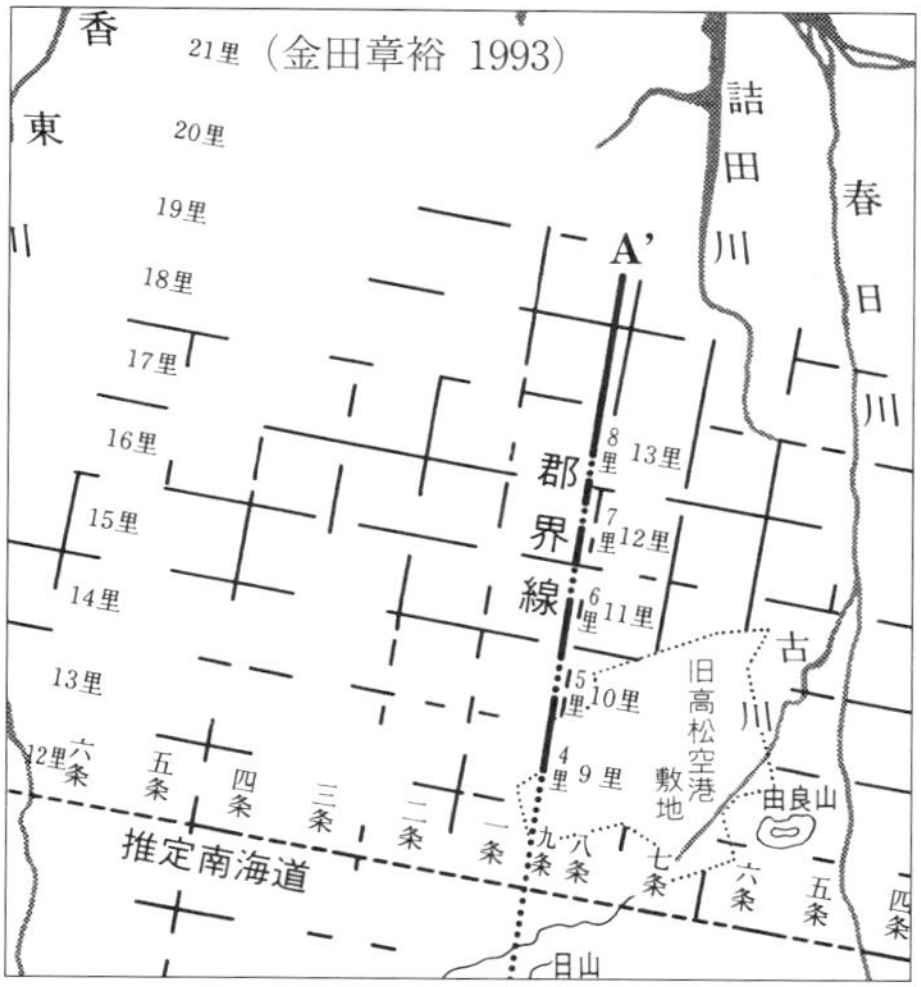

B　条里坪付

(渡辺晃宏 2009)

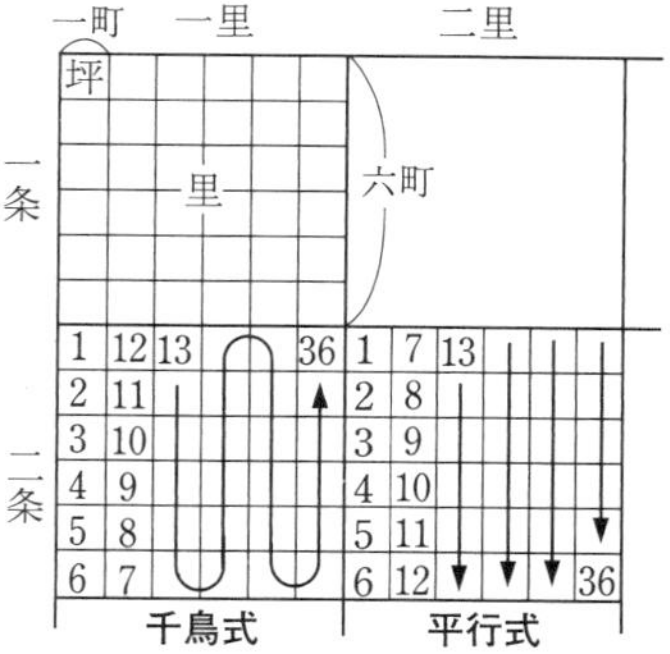

〔図46〕は条里地割で、Aは金田の復原した讃岐国の条里の復原図、Bは渡辺晃宏の示した条里坪付の説明図で、1~36の坪が一〇九m四方の一町区画である。

金田「条里プラン」説の要点　金田の提起した「条里プラン」説の要点を『条里と村落の歴史地理学的研究』(一九八五)から抽出すると次のようになろう。

a　条里についての、近年までの標準的な認識内容は弥永貞三(一九六七)の見解に代表されるように次の三者に集約される。

A　一町方格(約一〇九メートル間隔のメッシュパターン)の径溝網とその内部の半折型・長地型といった規則的な地割形態。

B　「三条五里十八坪」といったような、六町四方の「里」の区画と一町四方の「坪」の区画を単位とする土地表示のための呼称。

C 律令国家の基本政策であった班田収授法との密接な関連。

b Aのような地割を一般に条里地割と呼び、条里地割分布地には、Bのような条里呼称法が一般に郡を単位とした体系をもっており、時には郡を越える規模の統一性を有していることから、このように整然とした条里地割と条里呼称法をそなえた土地計画は、整然とした律令の制度の一部であるに実にふさわしいと考えられ、Cのように「条里制」は班田収授と密接に関連したものであったに違いないと考えられてきた。

c しかしながら律令の法令中には、わずかに「凡田、長卅歩、広十二歩為段、十段為町」といった面積規定しかなく、これが条里地割の半折型の地割形態に結びつく可能性があるが、これ以外に「条里制」に関する規定は存在しない。

d 通説はこのA、B、Cの三者を「条里制」の基本的属性と考えて来たが、A・Bは少なくとも八世紀後半以後においては、両者同時に存在したものであったが、Cについては依然として直接的な証明を経たものではない。そこで、多岐にわたる内容で、さまざまに使用されてきた「条里制」の語を避け、前述のAとB、すなわち、条里地割と条里呼称法とからなるシステムに「条里プラン」の語をあてたい。

e 条里プランとは、条里地割と条里呼称法の両者、あるいはそれが一体となった現実的もしくは現実にあるべき実体を意味し、班田収授法をはじめとする律令の諸制度とは独立した別個の内容を有する。この用語によって、従来、十分な証明がないままに、律令の制度の一部と考えられてきた条里地割や条里呼称法について、律令の制度との関係を一旦断ち切ることができる。したがって、条里プランの基本的な性格や律令の諸制度との関連の存否などについて、改めて検討を加えることが可能となる。

これを要約すれば　①弥永貞三に代表される通説は、条里地割と条里呼称法と班田収授制をいわば三位一体的に捉えてきた。②律令中には「およそ田は、長さ三十歩、広さ十二歩を段とせよ。十段を町とせよ」という面積規定以外に「条里制」に関する規定は存在しない。③条里地割と条里呼称法とは八世紀後半以後で両者同時に存在したが、班田収授との関係は証明されていない。④条里地割と条里呼称法とからなるシステムに「条里プラン」の語を宛てることによって律令の制度との関係を一旦断ち切ることができ、条里プランの基本的な性格や律令の諸制度との関連の存否などについて改めて検討を加えることが可能となる、となろう。

ところでこの三〇年間、通説の位置を占めてきた金田説だが、素直に納得できない点が多い。その検討に入ろう。

二　「条里プラン」説の問題点

田令の面積規定の存在こそが重要　金田はc（二二〇頁）で、条里地割と条里呼称法を班田収授に結びつける根拠は田令の「凡そ田は、長さ卅歩、広さ十二歩を段とせよ。十段を町とせよ」という面積規定以外に「条里制」に関する規定は存在しないとするが、もともと史料の希薄な古代において、班田収授に関係する半折型地割の面積規定が田令に残されていることこそが重要で、これが条里地割が班田収授に関わるものであることの動かぬ証拠なのではないか。「氷山の一角」という言葉がある。海面上に姿を現した小さな氷山も体積の一〇％に過ぎず水面下には九〇％の巨大な氷塊があるので気を付けよという警告だが、史料の希薄な七、八世紀で田令に条里地割を示唆する面積規定があることは、条里地割が存在したことの一部が顔をのぞかせたもので水面下には大きな本体が存在することを示唆しているのであり、金田の「律令の法令中には、わずかに「凡田、長卅歩、広十二歩為段、十段為町」といった面積規定しかなく、（中略）これ以外に「条里制」に関する規定は存在しない」と否定的に捉えるのは史料の扱いとしては間違いであろう。金田も認めるように「これが条里地割の半折型の地割形態に結びつく可能性がある」のであり、半折型地割そのものなのである。

史料の希薄な古代において複数個の文献史料がない限り真実ではないと疑うなら、史料があるにもかかわらず、それを無視して現代人の思いつきで勝手な歴史像を描くという危険な道を開くことになりはしないか、私はそちらの方が気掛かりである。

条里呼称法と条里地割を括ることに問題　金田が発見したのは〔図47〕に示したように、条里呼称法の初現は八世紀の中頃という点だが、そこに七世紀後半に造成された条里地割を巻き込んで「条里プラン」説を造ってしまったところに問題がある。たしかに条里呼称法と条里地割は「八世紀後半以後においては、両者同時に存在したものであった」が、それを一緒に括って「条里プラン」とし、その条里プランが八世紀中頃に成立したとなれば、条里地割まで巻き添えを食って八世紀中頃に成立したように見えてしまう。金田説支持者の多くはそう解釈して条里地割の八世紀以降個別施工説が盛行することとなった。

図47　条里呼称法の開始年

天平14	742	山背（城）・尾張・上野
天平20	748	伊賀・近江
天平勝宝7	755	越前
天平宝字6	762	讃岐・阿波

（金田章裕 1999をもとに作成）

金田は、

> 条里呼称法の導入は、一町方格の地割の施工と必ずしも同時ではなく、国によって遅速があるものの、ほぼ八世紀中頃のことであったことが明らかになった。条里地割の施工の起源や、班田開始の時点より、はるか後になって条里呼称法が導入されて条里プランが完成したのである。

と「条里地割の施工の起源や、班田開始の時点より、はるか後になって条

図48　班田収授・条里地割・条里呼称法は一体構造

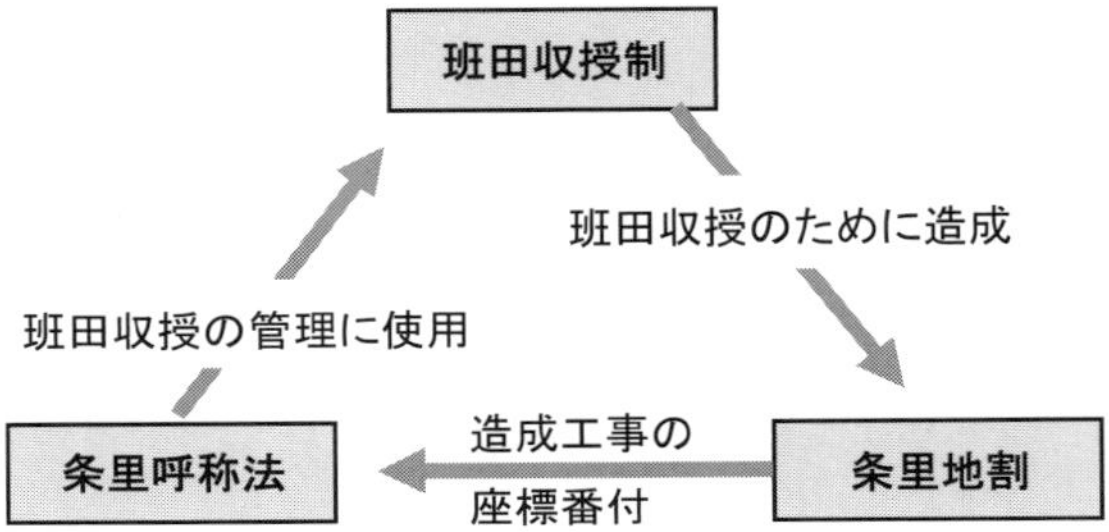

里呼称法が導入され」たことを認めており、金田が発見したのは条里呼称法だけが遅れて出現して史料上の初見が八世紀中頃だという事実である。それならば「条里呼称法の史料上の初見が八世紀中頃と遅れるのはなぜか」と問題を立てるべきなのに、なぜはるか以前に成立した条里地割を結びつけて「条里プラン」という新しい概念を設定したのか、金田の真意をはかりかねている。

条里呼称法と班田収授法の切り離しは不可能　金田はeで「条里プラン」という概念の設定によって「従来、十分な証明がないままに、律令の制度の一部と考えられてきた条里地割や条里呼称法について、律令の制度との関係を一旦断ち切ることができる」と「条里プラン」概念に期待をかけているが、〔図48〕は、金田のいうように条里地割・条里呼称法と班田収授の制度とは、本来別のものであったのかどうかについて検討してみたものである。

まず班田収授制は、大国唐に対抗するための富国強兵政策の一環の稲作民化政策のベースをなすもので、「男に二段」の班給基準に合わせて特注で造成されたのが一区画一段の条里地割であり、後に論証するように条里施工の計画図と施工現場の座標番付が条里呼称法で、条里呼称法は竣工後も引き

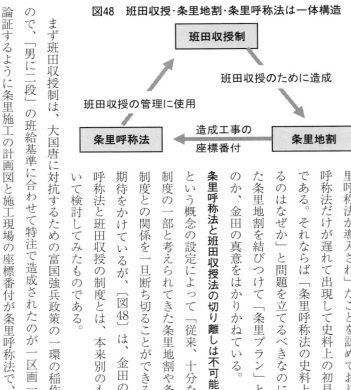

続き班田収授の管理に使われた。このように班田収授制と条里地割と条里呼称法の三者は、当初から三位一体的な絡まりのなかで運用されていたのである。

金田は「条里プラン」の概念の設定によって「条里地割や条里呼称法について、律令の制度との関係を一旦断ち切ることができる」としたが、「関係を一旦断ち切ることができる」のは言葉の上だけ、研究者の頭の中だけの話であって、実態としては条里地割・条里呼称法・班田収授は三位一体の結びつきを持って七世紀後半から存在していたのであり、断ち切りは不可能なのであり、また断ち切る必要もなかったのである。

「仮説と検証」法による条里地割と班田収授の結びつきの証明　金田が断ち切ろうとした条里地割と班田収授制との関係の深さは「仮説と検証」法でも論証できる。まず痕跡資料など確かな根拠にもとづいて大胆な仮説を提起し、その仮説が他方面、他方向からの推測結果と図らずも重なり合った場合、二つの仮説はたがいに正しさを検証し合って「検証度1」、★の学説に昇格するというものである。ではこの方法を使って班田収授の初期の状況を探ってみよう。

① 条里地割は金田も認めるように、一郡単位で、しかも全国に分布する。この残り方からして条里地割の施工主体は全国的に郡を統括できる権力であり、それは国家でしかありえない。（仮説1）

② 条里地割の最小区画は一区画一段であり、それが長地型地割を主とし、それに傾斜地対応で半

折型地割が混在する様子は木全敬蔵（一九八七）の奈良盆地の条里地割の詳細な調査によって証明されており、動かぬ事実といえる。ところで一区画一段のような定面積の均等区画の地割は、土地私有制のもとでは起こりえない。自分の土地なら地形に合わせて造成するのが省力的だからであり、この場合は不整形水田となるからである。したがって一区画一段のような定面積の均等区画の地割は、その土地を自分で耕作するのではなく、人に均等に割り当てて耕作させる場合にだけ必要なものであり、広域にわたって人に均等に割り当てて耕作させる主体は国家でしかありえず、国家が国民に対して田の均等割り当てをおこなっていたことが復原できる。

〈仮説2〉

③ ①では一郡単位でしかも全国に分布という形態から施工主体を国家であると導いた。②では一区画一段の定面積の均等区画に注目して施工主体は国家であると導いた。①と②ではアプローチの出発点は異なるにもかかわらず、どちらも「施工主体を国家」という同じ結論に達したわけで、仮説1と仮説2はたがいに相手の仮説の正しさを検証し合って「検証度1」、★の学説に昇格したと評価できる。

④ ②では一区画一段という定面積の均等区画に注目して国家が国民に対して田の均等割り当てをおこなっていたことを復原した。これは田令が〔田長条〕で「凡そ田は、長さ卅《さんじゆう》歩、広さ十二歩を段とせよ。十段を町とせよ」と定め、〔口分条〕で「凡そ口分田給はむことは、男に二段。

女は三分が一減せよ」と規定する班田収授と重なり合う。ここでは条里地割から導いた国家による国民への班給仮説が、田令の班田規定ときれいに重なったことによって正しさが再検証され、検証度1だった学説が検証度2、★★の学説に昇格したことになる。

金田は条里プランという概念を創出して「従来、十分な証明がないままに、律令の制度の一部と考えられてきた条里地割や条里呼称法について、律令の制度との関係を一旦断ち切ることができる」としたが、「仮説と検証」法を試みた結果、条里地割と班田収授と律令国家の密接な関係は検証度2、★★という「十分な証明」ができたのであり、残るのは条里呼称法との関係の証明となる。ではその検討に入ろう。

三　条里呼称法は施工現場の座標番付方式

条里呼称法は施工時にこそ必須　かつての通説も金田説も「何条何里何ノ坪」という条里呼称法は土地管理システムだと捉えてきた。だがはたしてそうなのか。近年、「何条何里何ノ坪」という条里呼称法は条里施工の計画と施工段階で生まれた座標番付ではなかったか、と疑い始めている。もしそうであれば、記録に残っているかいないかは別として条里呼称法は七世紀後半から使われていたことになり、金田の「条里プラン」説は崩れることになる。文献史料が皆無のなか、それは論証できるのか。

やってみよう。

「何国何郡何条何里何ノ坪」という条里呼称法は、一区画一町の坪の位置を条と里という縦横目盛の座標のなかで捉える座標表示法である。これとよく似た座標表示法が用いられる場合があり、それは寺院や和風住宅の建築現場である。

寺院や和風住宅の一昔前の建築現場では、建物の敷地のすぐ側に作業小屋を建てて柱や梁を削りだし、枘《ほぞ》や枘穴《ほぞあな》といった仕口を刻んで現場で組み上げた。この作業小屋での加工と現場での組み上げを繋いでいたのが板に書かれた設計図に記された座標番付である。板図には柱位置を黒丸で示した平面図が描かれているが、通常は右上を原点として縦に「一・二・三・四」、横には「い・ろ・は・に」の座標を振って「いの一」「はの三」など座標番号で柱に名をつける。こうしておけば板図にしたがって仕口を加工した柱を現場に運んでも平面図通りの位置に立てて梁と組み上げることができる。この建築の座標番付方式はおそらく飛鳥寺の建造の際に渡来技術者によって伝えられたと考えられ、座標記号には平安時代起源の「いろはに」にではなくおそらく「甲乙丙丁」などが使われていたであろう。では条里地割の施工現場ではどうか。

先に〔図19〕（九六頁）で取り上げた二〇条一〇里規模の条里施工の場合に造成されるのは七二〇〇か坪、これをそれぞれの施工小隊に割り振って請け負わせるのだが、七二〇〇か坪それぞれに名前が付いていなければ割り振りはできない。樹木をすべて伐り払って目印のなくなった平野に個性のない一町区画を七二〇〇か坪造成するのである。更地にしてしまったのでこれまでの地名はすべて無くなっており、七二〇〇か坪それぞれ異なる地名を新たに考え出すのは事実上不可能であるし、俄か作りの地名で誰も覚えていないのではコミュニケーションの手段には使えないので随所に大きな小字地名地図看板を掲げなければ場所は特定できず、小字地名地図看板を掲げても工事の参加者ほとんどがまだ文字が読めない時代なので実用にはならない。

その点座標番付方式なら名称で場所が特定できるし、坪隅杭に標柱を括りつけ、標柱の目の高さの木肌を削って「何条何里何ノ坪」と墨書しておけば、「一・二・三・四・五・六・七・八・九・十・廿《にじゅう》・卅《さんじゅう》・条・里・坪（金田によれば当初は「坊」）」という通用字だけなら誰でも記号としてすぐ覚えられるので、作業員の農民たちも毎朝迷わずに現場に出ることができる。施工隊に工区を割り当てるにせよ、施工隊から本部に進捗状況を報告させるにせよ、緊急時の本部と現場の連絡、あるいは雑徭動員された農民たちが毎朝飯場から自分の現場におもむくにも、場所を特定できる共通の言葉には「何条何里何ノ坪」の座標番付方式の条里呼称法しかないであろう。この場面では条里呼称法以外には代案はないと考えられる。

「何条何里何ノ坪」は長らく「土地管理のための地番表示」と考えられてきたが、それはもともと条里区を設計し、施工現場で施工隊に工区を割り当て、工事の進捗状況を把握し、必要な指示を出すために生まれたものであり、「工事計画と施工のための座標番付」だったのである。

条里呼称法は、条里施工の設計図の座標番付であり、施工現場での指揮官と施工隊の共通語として使われた。

これを推測ながらきわめて蓋然性の高い仮説として提起しておきたい。

四象限座標は「施工時の座標番付」の証拠　〔図49〕は金田（一九九三）によって復原された越前国の条里地割の四象限座標である。金田によれば越前国では、

　まず東西・南北の二本の基準線によって、郡ごとに四象限に分割され、東北・東南・西南・西北の各象限ごとに、条は南北方向に、里は東西方向に基準線から順に数詞が付される。（中略）つまり、条・里・坊（坪）のすべての番号が、二本の基準線の交点から外側の方へと進んでいくことになる。

つまりA図の原理説明のように南北基準線・東西基準線の交点が座標原点となり、そこから図中の小矢印のように東北・東南・西南・西北へと座標が進む。四象限座標は座標表示の頭に「東北」「東南」「西南」「西北」の二文字を付けなければならず、かつ何条何里という座標表示は座標圏内に四か所存在することになり、一般的に見られる一象限座標に比べて複雑になっていてメリットは考えられない。にもかかわらずなぜ越前ではこんな複雑な座標表示が採用されたのか。それは南北基準線・東西基準線の交点の座標原点が施工現場での測量起点であり、測量が原点を中心に小矢印の方向に東北・東南・西南・西北へと一〇九ｍ縄が延伸されるにつれ町区画の坪（坊）が広がり、条・里・坪（坊）の

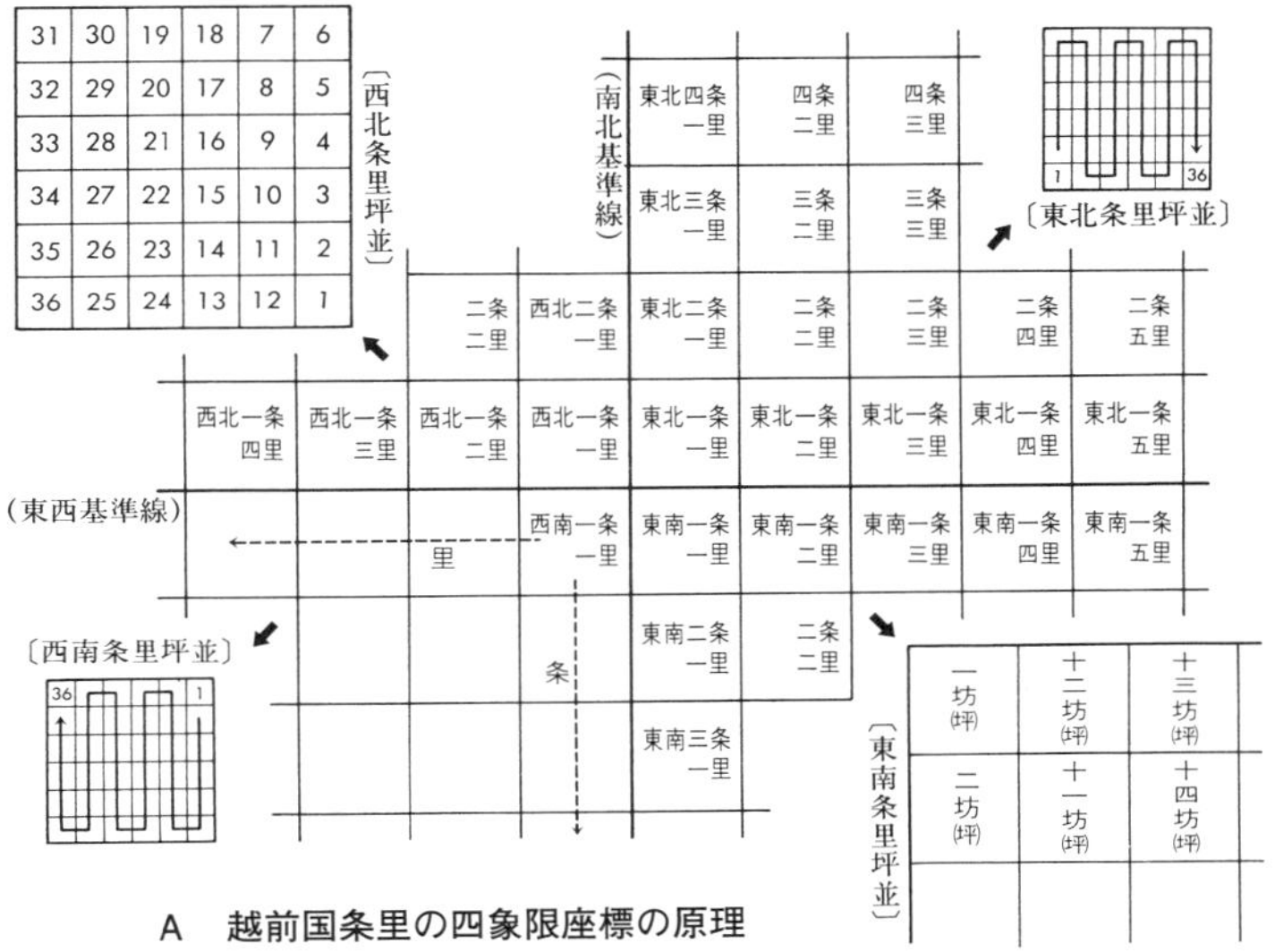

A　越前国条里の四象限座標の原理

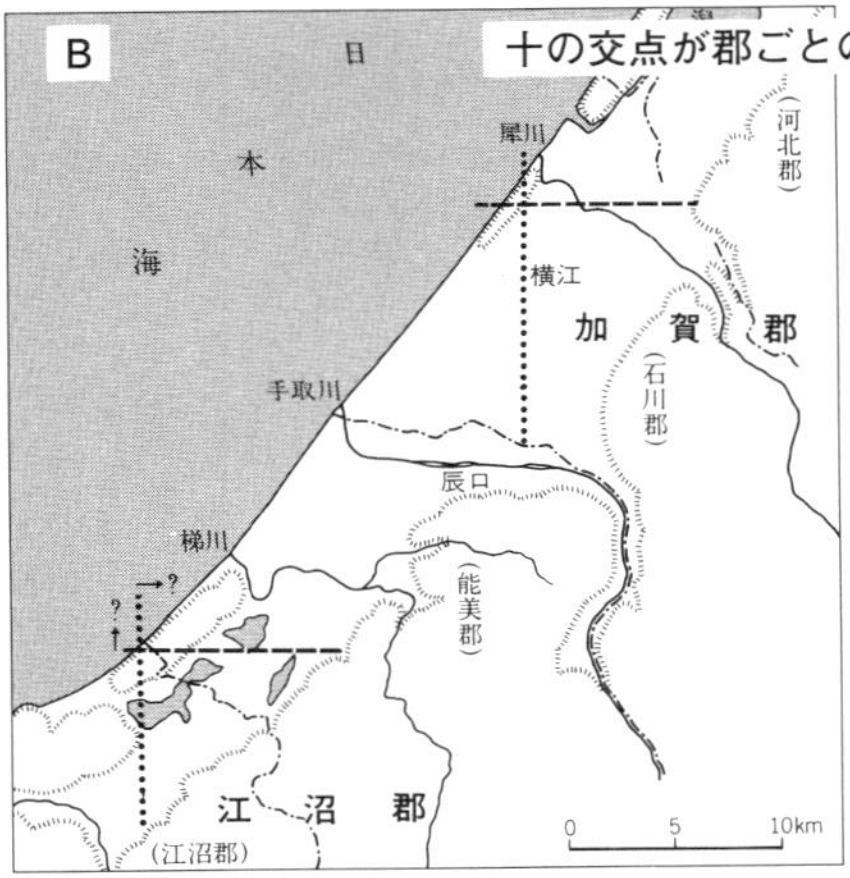

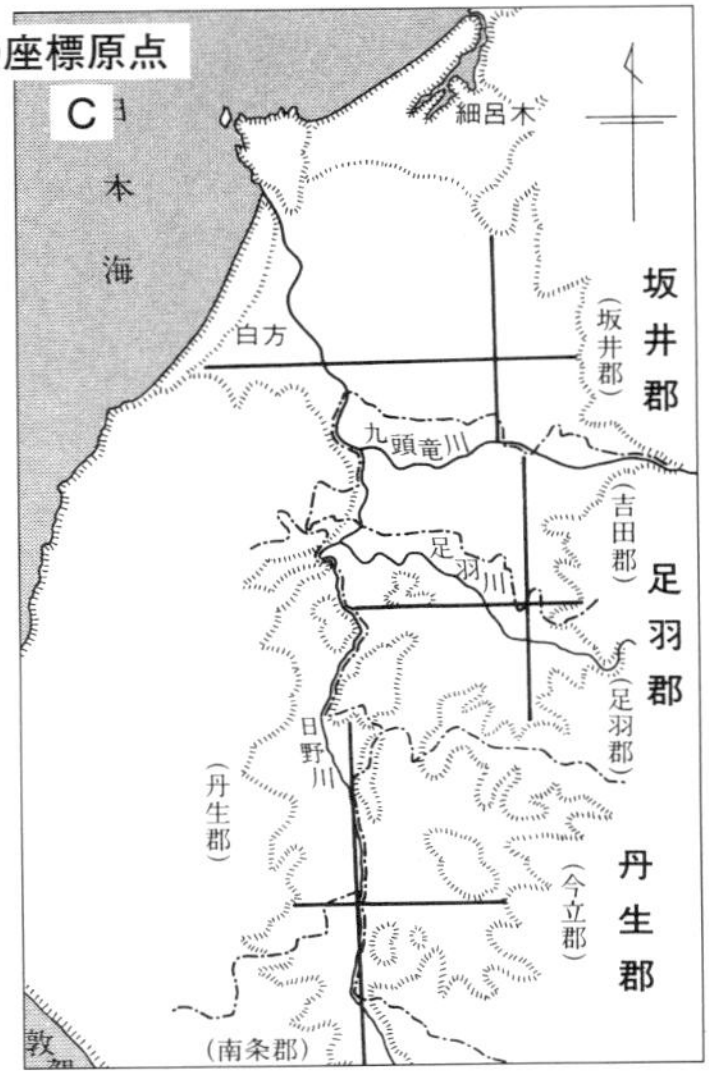

図49　越前国条里の四象限座標
(図はすべて金田章裕1993)

座標番号が振られていったという測量現場の様子をそのまま反映していると考えれば辻褄が合う。

先に二〇条一〇里規模の条里施工の様子をシミュレーションして個性のない一町区画を七二〇〇か坪造成する現場では座標番付が必須となることから、条里呼称法は「工事計画と施工のための座標番付」だったと推定した（仮説1）。いま越前国の四象限座標は座標原点を測量起点として一〇九m縄を四方に延伸して杭打ちしていく測量の様子を素直に反映していることから、何条何里何ノ坪の座標表示は土地管理のために設定されたのではなく、それに先立つ施工現場の測量過程で生まれた施工現場の座標番付だったと推定した（仮説2）。仮説1と仮説2はまったく異なるアプローチから図らずも「条里呼称法は工事計画と施工のための座標番付」という同じ結論に達したので、「条里呼称法は工事計画と施工のための座標番付」説は仮説段階から検証度1、★の学説に昇格したことになる。

四象限座標の座標原点が測量現場での測量起点であったことは、B図の加賀郡・江沼郡の座標原点の立地からも再検証することができる。測量起点は当然ながら見通しのいい場所が望まれるが、加賀郡の座標原点は砂丘の頂上であり、江沼郡の場合は海岸線ぎりぎりであるが、これは近代に入ってのダム建設や河川改修で土砂の供給が減ったことなどから冬の強い北西季節風によって侵食されたものであって測量時点ではここも砂丘の頂上であったと考えられる。砂丘の内側はB図からも窺えるように後背湿地の潟（ラグーン）になることが多く、沼の水面か葦原、その所々にヤナギが混じる程度で高い立木はなく見通しは良好である。しかも奥の山脈から砂丘に向かって標高は下がってくるので、まるで舞台の上に立ってすり鉢状の傾斜をもつ観客席を眺める感じで海岸沿いの加賀郡・江沼郡としては測量起点にもっとも相応しい地点といえる。砂丘上は松林景観で尾根の踏みつけ道が自然発生の主要街道となっていたと考えられるが、その一角に松林を伐り払って測量起点が設けられたわけで、これは日頃砂丘街道を利用していた加賀郡・江沼郡の評督の現地案内による場所設定と考えられる。

つまり加賀郡・江沼郡の砂丘上の座標原点は測量起点としての見通しの良さから選定されたものであって、越前国の四象限座標の原点は測量起点であったことになる（仮説3）。この仮説3は仮説1・仮説2の正しさを再検証したことになり、「条里呼称法は工事計画と施工のための座標番付」説は検証度2、★★の学説に昇格したことになる。

竣工後は条里呼称法は土地管理に　さて話しを戻して工事事務所に置かれていた碁盤目に条里坪付を記入した板図は竣工後はどうなったか。この点をシミュレーションで確認しておこう。

現場総監である当該郡の評督は工事事務所に毎日出勤して大きな板に碁盤目と座標番付を書き込んだ条里計画図を前に、完工坪チェックを入れながら進捗状況を監督する日々となる。条里施工を終えると工事事務所は解体されるが、このとき当該評督が管理してきた碁盤目と座標番付を書き込んだ板図は、評督が引き続き当郡の班田収授の管理責任者となるので、評督邸に間借りした形の当該郡仮庁舎（仮評衙）に引き継がれる。平たくいえば、評督が自宅に持って帰って引き続き班田収授の管理に使ったのである。

条里呼称法でしか班給できなかった最初の班田　条里施工を終えて翌日に国宰がふたたび神々を勧請して竣工式をおこなった後に、当該評督は解体前の工事事務所に里長を集めて条里呼称法の座標番付を書き込んだ板図を前に置いて緊急班田をおこなった。春の農作業が迫っているので急がなければならず、この配分は造成田のうち灌漑用水が供給できる「熟田」総数を評内全戸口数で割った比例配分で分けられたと考えられる。一人当たりの授田額が決まると里ごとに総計して里長Aには何条何里何ノ坪から何条何里何ノ坪まで、里長Bには何条何里何ノ坪から何条何里何ノ坪までと配分したであろう。この場合、小字地名的名称が使われた可能性はゼロである。先の二〇条一〇里モデルでは一町区画が七二〇〇か坪となる。もう少し小さい場合でも五〇〇〇か坪前後となり、これらは造成したばかりで小字地名は何も付いていないので、班田収授のスタート時点では、小字地名的名称による班田収授管理は物理的に不可能なのである。

これに対して条里呼称法の方は、評督・里長・農民の共通語として現場で使われてきていたので、条里施工竣工後はごく自然に条里呼称法で班給され班田収授が管理されていったと考えられる。

班給を受ける農民はすべて条里施工の施工隊の作業員として造成に加わってきたので、条里呼称法には愛着があるうえ、かれらは冬ごと連年施工で一〇年前後かけて国内各郡の現場を転戦してきていて、この見渡す限りの条里田は自分の手で造成したという誇りを持って「A郡は何条何里何ノ坪から何条何里何ノ坪まで、B郡は何条何里何ノ坪から何条何里何ノ坪まで、C郡は…」と自分の作業箇所を正確に覚えていたと考えられる。条里施工は改新政府の押しつけ的大工事であったにもかかわらず、農民たちは誇りを持って参加して条里呼称法に愛着をもっていた。条里呼称法は農民たち愛されて使い続けられたからこそ、一九〜二〇世紀になっても地名はよく残り、その結果条里制研究者による各地の条里地割の復原が可能になったのである。

つまり「条里呼称法は班田収授制の当初から使われていた」という弥永貞三時代の常識は間違ってはいなかったのである。ただ常識の想定と違っていたのは条里呼称法は土地管理のために考案され設定されたのではなく、それに先立つ条里計画と均質な何千か坪の方格地割造成現場のコミュニケーションのために「工事計画と施工のための座標番付」として設定されたものであった。

四　一象限座標と四象限座標

施工前の政府の指導で成立した一象限座標　〔図50〕は金田によって復原された讃岐国の丸亀平野と高松平野の条里図である。丸亀平野でも高松平野でも地図の中ほどに東西に走る推定南海道が復原されているが、山田郡では道路沿いの条里地割の南北幅が一〇mほど広くてかつての南海道の道路幅と推定され、那珂郡でも同様の道路幅が確認されているので、まず直線官道の南海道が通され、それを基準線として条里地割が造成されたと推定されている。また条里番号の並びを見ると、条は郡界の東端、

図50 讃岐国の条里地割

（金田章裕1993）

京に近い方から一条、二条と振られているので、条里地割の測量起点は南海道沿いで郡界の東端に設定され、そこから北西と南東方向に一〇九mごとの杭打ちが進行したと推定される。この測量の進行に合わせる形で座標番号を設定したなら、南海道の東端を原点とする南北の二象限座標となるはずであるが、現実には条里呼称法の原点は郡単位の条里区画の東端で南端＝山側の東隅に置かれ、そこを原点とした一象限座標となっている。

工事現場での工区の割り当てや工事事務所と現場とのコミュニケーションには二象限座標より一象限座標の方が合理的で使いやすいことはいうまでもない。しかしながらこれは実際に工事を経験してから一象限座標にしておけば良かったと気づくものであって、そのことからすれば、讃岐国の条里施工に当たっては「座標番付の原点は測量起点とは無関係に東南端の一隅に設定して一象限座標とせよ」という政府の指導が事前になされていたことになる。中央政府派遣の技師の指導であろう。この派遣技師を大量養成したのが前章で検討した大和国の条里地割の先行施工である。

一象限座標は近江国でもおこなわれていたらしいことは金田の記述から窺える。金田は足利健亮（一九八〇）の成果を要約して次のように述べる。

近江国の場合、湖東の各郡では条を北から南へ、里を東の山側から西の琵琶湖側へと数え進み、坪並も北東隅から始まって南下し、南西隅に終わる並行式であり、湖西では条を南から北へ、里を西の山側から東の琵琶湖側へと数え進み、坪並は南西隅から始まって北行し、北東隅に終わる並行式であることが判明している。つまり、条・里の配列、坪の配列のいずれもが湖を中心として、湖から陸上を見た場合の左上を起点とする右まわりであるという統一性のあることが指摘されている。

つまり「条・里の配列、坪の配列のいずれもが湖を中心として、湖から陸上を見た場合の左上を起点とする右まわりである」という統一基準が近江国に見られるというのであるが、人は陸生生物なので湖上に視点を置くことはないことから一八〇度転回して視点を陸上に置けば「条・里の配列は、湖に向かって右下を座標原点とする」という原則が存在したことになり、この原則は「湖に向かって」を「瀬戸内海に向かって」に置き換えれば讃岐国の場合と一致する。ただ官道との関係は讃岐国とは違っていて道路幅が条里余剰帯として確保されていないとすることからすれば、讃岐国は官道が先に通され翌年以降に条里地割が郡ごと施工がなされたケースなのに対して、近江国では条里施工が先行して官道は後から通したことになる。

では讃岐国や近江国では「座標番付の原点は測量起点とは無関係に東南端の一隅に設定して一象限座標とせよ」という指導を受けていたと推定されるのに対して、越前国は一象限座標を採用せず四象限座標だった。これはなぜか。

一象限座標には座標原点確定測量が必須　一象限座標を実現するには、事前の座標原点の確定測量が必須となる。

〔図50〕（二三六頁）に戻って那珂郡を例にとれば、東隣の鵜足郡との郡界から一条が始まっているので、南海道と鵜足郡との郡界線の交点が測量原点となり、杭打ちは測量原点から西北方向と西南方向に波紋が広がるように進行することになる。ただこれは冬から始まる本施工の話しで、そのままでは二象限座標になってしまうので、それに先立って測量原点とは別に一象限座標のための座標原点の確定測量が必要となる。

那珂郡の条里地割は〔図50〕で見れば南海道が一六里と一七里との里界線となっているが、これは初めから分かっていたわけではない。南海道を条里地割の基準線とした場合、那珂郡の地形からして南海道が何里と何里との里界線となるのか、それを確認するのが「座標原点確定測量」なのである。郡界線は南海道建設にともなって国宰と鵜足評と那珂評の評督・中央派遣の測量技師立ち会いの下で杭打ちされたと考えられ、南海道の路線測量のおりに道幅の両側に郡界線を起点に西に向かって一〇九mの杭打ちがすでになされたと考えられる（第二章）。そこで南海道に沿ってこの杭を辿りながら山の方向を見て、南海道と直角方向に山が一番遠い地点、言い換えれば平野がもっとも奥まで入り込んでいる地点の杭を特定し、そこから南海道と直角方向に山に向かって二丈（六m）ほどの幅に森林や川辺林を腰から膝の高さで伐り倒す測量伐採を実施して見通しを確保し、南海道から一〇九m縄を延伸して杭打ちを進めて六尺（一・八m）ほどのの標柱を括りつけて坪界柱とし、六本毎に高い八尺（二・四m）ほどの標柱を立てて里界柱として先端に白布を結んで目立たせながら、杭打ちを進めていく。最後はおそらく里界柱から先に数本の坪界柱で山裾に突き当たることになろう。この半分山にかかった里区画を「一里」と認定し、順次瀬戸内海に向かって二里、三里と数えた結果が一六里と一七里の境が南海道となったという結果である。一七里の先は何里まで及ぶかは本施工での成り行き任せでいい。南海道が一六里と一七里との里界線と確認できたことで、本施工では一象限座標が使えることになる。

こうした座標原点確定測量の場合、一条一里が山のなかで耕地は存在しないというケースがしばしばおこりうるが、一象限座標は条里区全域に統一番号を振るのが目的なので、一条一里が田であるかどうかは問題とならない。座標番付は何条何里という長方形の網目を自然地形の上に被せるものなので網目のすべてが耕地となるわけではなく、山側では山が、海側では海岸線が座標内に入り込んでくる。人々はこのうち平野部に掛かった部分のみを造田して座標番付を固有地名として工事現場のコミュニケーションやその後の班田収授の管理に使っていったのである。

条里施工の基本方針の復原　座標原点確定測量が復原できたことで、第二章以来追ってきた改新政府が各国の工事現場に通達した条里施工の基本方針＝施行細則の全貌がほぼ明らかになつてきたので、まとめておこう。

◆条里施工の基本方針＝施行細則（復原案）

①方位は大平野や盆地では正方位で造成し、海岸沿い・湖岸沿いでは海岸線・湖岸線に平行に

造成せよ。

②平野部には主条里、少し離れた小平野には異方位小規模条里を施工して平野部を隈無く造田せよ。既開田や未開の平地を残してはならない。

③一町の長さは畦や水路分を見込んで一〇九ｍとせよ。

④一段区画は長地型地割を原則とし、傾斜地では随時半折型地割を用いよ。

⑤座標番付は施工に先立ち座標原点の確定測量を実施して一象限座標を用いよ。

⑥施工に当たっては起工式に地域の神々を勧請して天皇の名代として奉幣し、既開田の破壊と新規造田の許可を得て着工せよ。

⑦竣工式にも地域の神々を勧請して無事竣工の感謝と五穀豊穣の奉幣をせよ。

これが先行研究の成果に本書での条里地割や祈年祭からの分析成果を加えて復原した大化改新政府の条里施工の基本方針である。

座標原点確定測量を実施できなかった越前国　これで越前国が四象限座標になった理由も浮かび上がってきた。一象限座標を実現するには事前の座標原点確定測量が必須なのだが、越前国はそれをやっていなかったのである。改新政府の定めた統一基準は国宰が持ち込んで評督らに公示したはずなのに、なぜ実行されなかったのか。これには国宰と評督らとの力関係で国宰が遠慮気味で、座標原点確定測量を渋る評督たちに押し切られてしまったのではないかと考えられる。一般には一象限座標が用いられていることからすれば越前国は特殊なケースである。これには条里施工にいたるまでの中央政府と地方豪族との確執が尾を引いていたことに加えて、時の国宰のリーダーシップの無さといった個性も多分に関係していたのではないかと考えられる。大規模土木工事の指揮・監督となると支配階級の中央豪族は現場慣れしていない上、土木工事や技術に関心が薄く和歌を愛する文系志向の者には荷の重い仕事だったであろう。その自信の無さを見抜かれて評督たちになめられてしまったのであろう。

一町区画内小区画水田の成因　〔図51〕は、金田の紹介した石川県旧松任市（現白山市）の条里地割で、七世紀後半では越前国加賀郡に属していた。一見して一〇九m四方の一町区画は明確に残るが、その内部は長地型地割や半折型地割の面影は全くなくランダムな小区画水田で埋めつくされている。小区画水田が大化前代の一般的な田圃だったことからすれば、条里施工時に長地型地割や半折型地割を造成せず、施工工事は一町区画で切り上げてそのまま班給し、班給後にそれぞれの農民が自分流に小区画水田を造成して使ったという経緯が痕跡として大地に刻まれている。ではなぜ坪内の長地型や半折型の段界畦を造成しなかったのか。

　国宰は座標原点の確定測量が実施できず、権威を確立できないまま本施工に臨んだが、長地型地割・半折型地割の造成、言い換えれば一段区画の造成については評督たちから猛反対が出た。多数の力を頼んだサボタージュである。条里田は班田収授のための特注仕様の田であり、「男に二段」の規定に合わせて一区画一段にしたもので、一段区画の造成は改新政府の厳命であったにもかかわらず、

図51　旧松任市の条里地割

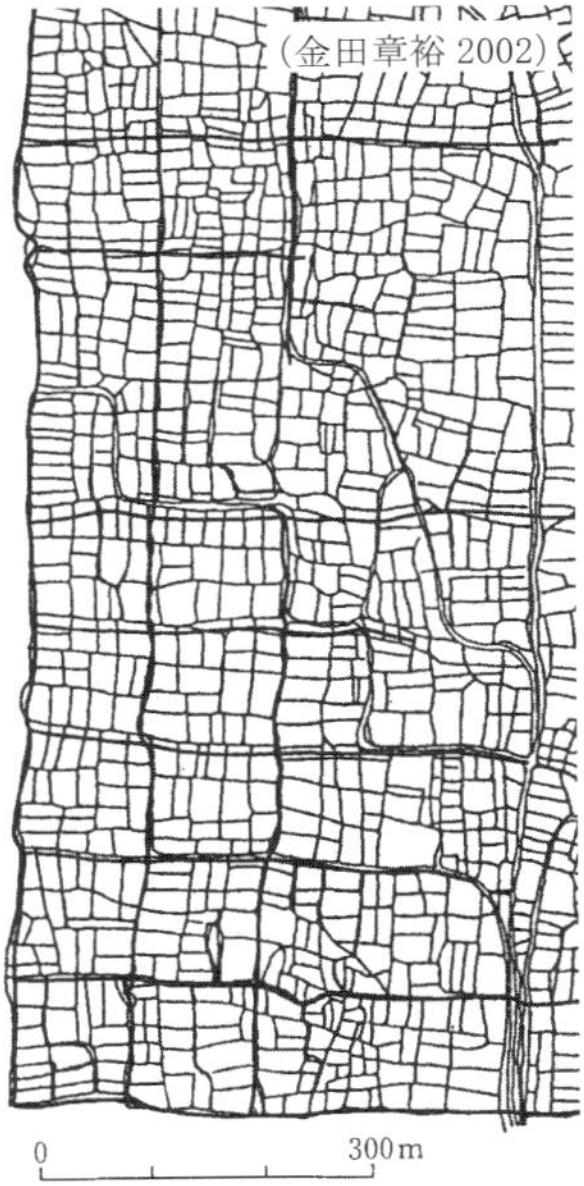

図52　越前国の式内社

	延喜式の国	郡	大社	小社	計
七世紀の越前国	越前国	敦賀郡	7	36	43
		丹生郡	1	13	14
		今立郡	0	14	14
		足羽郡	0	13	13
		大野郡	0	9	9
		坂井郡	0	33	33
		計	8	118	126
	加賀国	江沼郡	0	11	11
		能美郡	0	8	8
		石川郡	0	10	10
		加賀郡	0	13	13
		計	0	42	42
	能登国	羽咋郡	1	13	14
		能登郡	0	17	17
		鳳至郡	0	9	9
		珠洲郡	0	3	3
		計	1	42	43
	3国総計		9	202	211

評督たちを抑えて造成に踏み切ることができず、「われわれは何百年も小区画水田で暮らしてきて何の支障もありません」「越前は飛鳥と違って雪国で、雪の降る前に仕上げておかないと大変なことになります」といった説明や脅しには勝てず妥協してしまったのであろう。評督らのわがままを抑えきれず、都に飛んで帰りたい気分だったであろうが、都では指導力不足をなじる中央政府の厳しい詮議が待ち受けている。胃に穴の空きそうなストレスのなかで越前国の初代常駐国宰は慨嘆しつつ毎夜杯を傾けていたであろう。

　このように旧松任市の「一町区画内の小区画水田」は地方豪族の非協力の

表れであり、一町区画内地割の検出と全国的比較は、条里地割を通しての地域ごとに異なる七世紀後半の中央・地方関係を検出できる有効な方法として注目される。

村々小社への奉幣は丁寧に実行　では越前の国宰は地元の神々への開発許可申請はどうしていたのか。〔図52〕は、『延喜式』（九二七）巻十神名下いわゆる「神名帳」から越前国の式内社を表にしたものである。越前国は養老二年（七一八）に能登国を分出し、弘仁一四年（八二三）に加賀国を分出して『延喜式』段階の越前国となるが、七世紀にさかのぼれば能登・加賀両国も含んだ大きな国であり、後に三国に分かれることからすれば、歴史的に個性の異なる三つの地域を含んだ大きな国であり、統治の難しさを思わせる。

さて〔図52〕で七世紀の越前国の式内社数を見ていくと、港を控えて大和政権と日本海側諸国を結ぶ窓口だった敦賀郡には大社が七座と多いが、その他の郡はほとんど小社で、これらのなかには九世紀末になって式内社に編入されたものも含まれるが、傾向としては村々の小社が主流であり、国宰は条里施工に当たって村々の小社に奉幣して丁寧な神祀りを実行していたことは確認できる。それでも加賀郡では一区画一段の施工はできなかったのである。改新政府と地方豪族との対立関係の厳しさを物語る事例と言えよう。

五　金田の「小字地名→条里呼称」説

条里呼称法の出現時期　金田は条里呼称法の出現時期を関係史料を手間を厭わず博捜して国ごとに整理し、その出現時期を帰納法で探るという実証的研究のお手本のような方法で導いた。本文は長いので随時圧縮・要約しながら讃岐国の例で見ると、

a　天平勝宝九年（七五七）法隆寺文書（鵜足部）
　上原田八段
b　天平宝字七年（七六三）山田郡弘福寺田校出注文
　八條九里卅一池田一段百六十歩
c　康治二年（一一四三）太政官牒案（多度郡）
　三條廿里廿五坪

となり、ここから、

a　小字地名的名称　→　b　条里坪番号＋小字地名的名称　→　c　条里坪付のみ

といった土地表示様式の変遷がみられることになり、讃岐国ではaの七五七年とbの七六三年との間に条里呼称法が導入されたことになる。

このような国別の条里呼称法の出現時期の検討結果を年代順に整理したのが〔図47〕（二一三頁）の条里呼称法の開始年の一覧表である。

中央・地方のせめぎ合いの中での分析が必要　金田が讃岐国をはじめとする各国の数多くの史料から帰納法で導いた〔小字地名的名称〕→〔条里坪番号＋小字地名的名称〕→〔条里坪付のみ〕という土地表示様式の変遷と、〔図47〕の条里呼称法の開始年の一覧表は実証的成果であり、最大限に尊重したい。ただなぜそうなったかの解釈の段階で金田の方法には問題が残る。

金田は条里呼称法の文献史料上の初見は八世紀中頃の天平年間であることを発見、さらにそれ以前は小字地名的名称が用いられていたことを発見した上に立って、条里呼称法は八世紀中頃に成立したもので、班田収授とは無関係と結論づけた。この場合、金田は条里呼称法は八世紀中頃の初出、それ以前は小字地名的名称という文献史料上の現れ方を即実態そのものと解したところに問題があったのだと思う。すでに見たように条里呼称法は条里計画と施工現場の座標番付で条里施工の当初から使われていたのであり、金田〔図47〕で実証したように天平一四年以降に徐々に広がる様子が本当の始りならば、結果としての条里呼称法はもっと不統一で普及にむらが出ていても良さそうな気がする。またそれ以前は小字地名的名称が使われていたというが、条里施工の現場では一〇条二〇里の条里区で造成される一町区画＝坪の数は七二〇〇か坪。更地からの造成なので七二〇〇か坪には小字地名的名称は付いていていない。条里施工は冬季の三か月の突貫工事なので、春の農作業に間に合うよう竣工後

図53　金田説の小字地名的名称から条里呼称法への交代

天平14年(742)以前	小字地名的名称
天平14年(742)以降	条里呼称法＋小字地名的名称
	条里呼称法のみ

図54　実態は条里呼称法、小字地名的名称の3交代

白雉4(653)以降 条里呼称法	条里呼称法は測量･施工時の座標番付 竣工後は引き続き班田収授の土地管理に
和銅6年(713)ごろ 小字地名的名称	政府は小字地名的名称を使うよう全国に指示 地元では、土地管理は従来通り条里呼称法、政府への報告のみ小字地名的名称、と使い分け
天平14年(742)以降 条里呼称法	政府は墾田永年私財法にともなう荘園申請に備え、土地管理を郡から国衙へ この機に条里呼称法を使う国が現れ徐々に広がる

には即緊急班田がなされるが、この時七二〇〇か坪に名前を付けていては間に合わない。小字地名的名称は班田収授の現場にはなじまないのである。

つまり金田は〔図53〕に示したように条里呼称法の前は小字地名的名称だったとしたが、じつは〔図54〕に示したようにその前にもう一段階あったのであり、地方の現場では白雉四年（六五三）の冬から全国的に始まった条里施工で条里呼称法は座標番付として用いられ、小字地名的名称は後から中央政府の指示で使うようになったと考えられる。律令国家の地方行政は中央政府の出先機関である国司（国宰）と、地方の窓口である郡司（評造）とのやりとりのなかで展開され、班田収授はほぼ郡司が請け負う形で自治の範囲で処理されていたと考えられる。

律令格式の文書主義で臨む中央政府・国司に対して、郡司は弥生時代以来の無文字社会の伝統のなかで受け止め消化しようとする。そうしたやりとりのなかに条里地割＝条里田や条里呼称法・班田収授は置かれていたのであり、双方の思いが交錯しぶつかり合いすれ違う複雑系社会のなかに身を置いていたのである。対地方関係の史料の解釈にあたっては、この点を配慮することが必要となる。

本書では金田の提示した①条里呼称法は天平一四年以降に文献に表れる。②それ以前は小字地名的名称が使われていたという実証結果を信頼度の高い事実と受け止めた上で、「条里呼称法はなぜ天平一四年以降に文献に表れるのか」「天平一四年以前は小字地名的名称が使われていたのには、中央・地方関係とどんな関連があったのか」など、この複雑系社会を念頭に置いて分析を進めたいと思う。

金田は天平年間に条里呼称法が使われるまでは、〔図53〕のように「小字地名的名称」で土地管理がおこなわれたとしている。これに対して私は〔図54〕のように、条里呼称法→小字地名的名称→条里呼称法と三転したという複雑な過程を想定している。その検討に入ろう。

小字地名的名称は中央政府の指示　金田は田圃に対する広い範囲の原初的地名が条里地割に合わせて細分表示された例をあげている。天平勝宝九年の法隆寺文書の鵤足郡の例では、小字地名的名称は、

①上原田八段　②中原田八段　③次原田九段二百十歩

④上泉田七段　⑤次泉田二段八十歩

⑥ 墓廻田九段二百卌歩　⑦ □墓廻田五段□百□□歩

となり、①～③は本来「原田」と呼んだ部分、④・⑤は「泉田」、⑥⑦は「墓廻田」と呼んでいたのを、条里の一町方格に合わせて細分して表現した事例であると理解することができる。これらは条里呼称法が導入される以前の土地表示の様子を示しており、条里プランの一町方格に合わせて細分して示そうとした結果であると考えられる、とする。

ところで金田の復原した三町にまたがる「原田」、二町またがる「泉田」や「墓廻田」では、個別の坪を特定できないので班田収授には使えない。ということは、この史料自体が班田収授には当初から小字地名的名称は使われていなかったことを物語っているのである。では三町にまたがる「原田」、二町またがる「泉田」や「墓廻田」の時代、班田収授はどうしていたのか。それは本書で論証してきたように条里施工現場の条里呼称法をそのまま使っていたのであった。そのなかで班田収授とは関係なく、日常の村の暮らしのなかで、その一帯を広く括る地名として「原田」「泉田」「墓廻田」が村人の間で自然発生的に生まれてきたと考えられる。そんな折りに中央政府から「条里田の土地表示には小字地名的名称を用いよ」と命じてきたので、地元では一町ごとの表示のために「原田」は三分轄して「上原田」「中原田」「次原田」とし、「泉田」は「上泉田」「次泉田」、「墓廻田」は「墓廻田」「□墓廻田」に二分轄して中央政府には報告した。他方、六年ごとの班田収授には混乱が起きないよう、これまで通り条里呼称法を使い続けていたと考えられる。

つまりこの史料からは、〔条里施工後は班田収授にも条里呼称法が使われた〕→〔条里施工後時間を経て、条里田の田圃にも数町を括る広さで固有地名が現れ始めた〕→〔中央政府が土地表示は小字地名的名称で報告せよと命じた〕→〔地方側は、「原田」「泉田」「墓廻田」など数町規模の地名を苦労して一町区画毎に分轄して報告した〕という流れが復原できる。

この事例からして小字地名的名称は条里施工の当初からあったのではなく、条里施工後のある段階で中央政府が「条里田の土地表示には小字地名的名称を用いよ」と命じていたことになる。したがって土地表示は〔図54〕（二四七頁）に示したように、

〔条里呼称法〕→〔小字地名的名称〕→〔条里呼称法〕

と三転していたことになる。では中央政府はいつ「土地表示には小字地名的名称を用いよ」と命じたのか。その考証に入ろう。

小字地名的名称の使用開始は和銅六年か　「土地表示には小字地名的名称を用いよ」、言い換えれば「条里地割の土地管理状況を小字地名的名称によって報告せよ」というのは、もともと広い田圃の一町ごとに地名があるわけはないことからすれば、まったく現場を知らない見当違いの命令である。現場をよく把握していた大化改新政府では考えられないことであり、中央官僚が現場感覚を喪失した以降の政策である。中央官僚に現場感覚を喪失させる大きなきっかけとなったと想定されるのが藤原京・平城京とつづく都城の建設である。中央官僚が都城に住んで宮域のオフィスに出勤するようになると、

急速に特権意識が高まって地方を蔑視するようになり現場感覚が失われていく。したがって「条里地割の土地表示には小字地名的名称を用いよ」と命じるのは六九四年の藤原京遷都以降であり、意識の変化の時間を考慮すれば直後ではなく少し後で平城遷都以降であろう。

中央官僚が「条里地割の土地表示には小字地名的名称を用いよ」と命じた可能性が高い出来事を文献史料から探せば、『続日本紀』和銅六年（七一三）五月甲子（三日）条に、

　畿内と七道との諸国の郡・郷の名は、好《よ》き字を着けしむ。

と命じている記事が注目される。この記事の後半は『風土記』の撰上令に続く。

前半の諸国の郡・郷名は好き字を着けよというのは長安・洛陽など中国の都市名が二字であることに合わせて、上毛野・下毛野の国名を上野・下野の二文字に揃え、大和国の郡名も葛上、葛下、磯上、磯下など二文字地名に改めさせたのがこの時と考えられる。

この時おそらく条里地割も小字地名的名称を用いよと指令した可能性が高い。この時の中央官僚は先進国の唐にならって地名の上でも先進国仕様にして国際的に恥ずかしくない体裁を整えようというのが趣旨だったと考えられ、〔図55〕（二五七頁）のように唐の長安が方形の街区に「大安」「安楽」「延祚」「安義」「安徳」「通済」など一〇四の吉祥的固有地名をつけているのを知って「何条何里何ノ坪という条里呼称法は格好悪い」と感じて「条里地割の土地表示には小字地名的名称を用いよ」と命じたものと考えられる。

和銅六年（七一三）は平城遷都から三年目、藤原京遷都から数えて一九年目、中央官僚が特権意識を募らせて地方を蔑視し、地方への関心の喪失と連動して現場感覚が急速に失われていく時期であり、また朝廷では大宝元年（七〇一）に再開した遣唐使の帰国で日本の律令制度が唐の標準と大きくずれていることが分かり、和同開珎の発行（七〇八）、平城京遷都（七一〇）など唐風化に努めていた時期でもある。中央官僚が「条里地割の土地表示には小字地名的名称を用いよ」と命じたのは和銅六年（七一三）の諸国郡・郷名の好字採用令に連動した唐風化政策の一環だったのではないか。

地方側は建前と本音の使い分けで対応　条里地割は新規造田なのでもともと小字地名的名称があったわけではなく、われわれから見れば見当外れの愚かな指令だが、国郡の現場は柔軟に対応して、郡・里レベルの班田収授の土地管理は従来通りに条里呼称法を使いながら、中央政府に対する報告文書には指示通りに小字地名的名称を使うという、建前と本音を使い分けて対応したと考えられる。

国・評制が布かれる前の大化前代の部民制社会では、中央と地方は請負い関係で結ばれていて、たとえば中央側が宮の警備に毎日六人を差し出せと命じれば、国造・地方伴造側は承知しましたと承って、地域の事情に合わせてローテーションを組んで毎月交代で毎日六人出仕を実現した。この場合に内部でどのような手配をしようがそれは地方側の自主的選択で中央側は一切タッチしなかった。この感覚からすれば、命じられた通り中央政府への報告文書には小字地名的名称を使っておけばいいのでその型式で報告し、郡レベルの班田収授管理は従来通り条里呼称法を使い続けたと考えられる。

①　郡レベルの班田収授管理に小字地名的名称を使うのは事実上無理である。
②　このことを上申しても命令が撤回される可能性はほとんどゼロである。

この状況下で班田収授の土地管理を請負っていた郡当局は揃って建前と本音の使い分けでしなやかに対応することを国司に提案し、国司は地域の実情からしてそれがベターと判断して了承、ただこの事がばれると自身の責任が問われるので中央政府に対しては黙っていたのであろう。

口分田の四至表示も和銅六年の指示か　条里呼称法は天平一四年（七四二）以降に現れることを発見した金田は、それ以前には条里呼称法は存在していなかったとして、その理由の一つに、

八世紀初頭においても、田令では「給訖、具録町段及四至」と規定していて、班給が終われば、各口分田の面積と四至すなわち東西南北の境界を記録すべきことのみを定めており、条里呼称法が存在していたとは考えられない。

と述べる。ここで条里呼称法と四至表示の関係を検討しておこう。

四至表示とは、「東は限る某口分田、南は限る小川、西は…、北は…」と東・南・西・北隣りを記して位置関係を示すことであるが、「何国何郡何条何里何ノ坪」という条里呼称法は里内の三六の坪の番号表示であり坪名で位置が特定できるので四至表示は必要としない。これに対して小字地名的名称では里内の三六がそれぞれ違った固有地名で表示されるので、地図が用意されていなければ位置の特定は難しい。この場面では東・南・西・北隣りの坪名が表記されていれば位置の特定に役立つであ

ろう。そう考えれば四至表示は小字地名的名称とセットで和銅六年に中央政府から指示された可能性が高いと考えられる。

荘園領主対策で条里呼称法が再浮上　文献史料では条里呼称法は天平一四年（七四二）以降に現れることを発見した金田は、その理由を墾田の増加にともなう事務量の増加・事務の繁雑化に求めて、

養老七年（七二三）には三世一身法が、天平一五年には墾田永年私財法が施行され、私有ないし実質的に私有地である墾田が急増した。（中略）口分田・乗田の対象とならない墾田を認可するとなればそれが従前の口分田・乗田ではないことを確認しなければならず、一旦墾田として認可した以上、それを正確に記録して次の校田・班田の際に混同しないよう明確に峻別しなければならないことになる。しかも、このような行政手続きの作業量は、墾田の増大に伴って激増することとなる。この行政実務の要請に対応すべく導入されたのが条里プランであったと考えてよいであろう。条里プランのような土地表示システムは、当時の土地管理実務のうえで極めて有効であったと考えられる。

と説明するが、私は墾田永年私財法が大土地所有を解禁したことにともなう大貴族や大寺院の大規模荘園の申請に備えて、土地管理を郡に任せていた段階から国段階で一括管理するようになった。理不尽な要求が予想される荘園領主に対抗しようという中央政府の方針転換である。そのなかで郡段階で使い続けられてきた条里呼称法が、現地に土地勘を持たない平城京の大貴族や大寺院相手の荘園の認

可事務にはコミュニケーションの齟齬が少なくてトラブル軽減に繋がる有効性が再発見されて、気づいた国から郡段階で水面下で使い続けられてきた条里呼称法が、国段階の書面に再浮上してきたのであろうと推測している。

これまでの検討から条里呼称法は条里地割の設計・施工のための座標番付で当初から存在したもので班田収授の管理にも最初から使われてきたが、和銅六年（七一三）頃の中央政府の「土地表示には小字地名的名称を用いよ」という命令で一旦文書面からは消えた。だが現場ではそのまま班田収授の管理に使いつづけられており、墾田永年私財法の大土地占有解禁に伴って水面下で使われてきた条里呼称法が再浮上してきたことが明らかになった。つまり天平年間に条里呼称法と条里地割からなる条里プランが成立したという金田説の論拠は崩れ去ったのであり、弥永貞三に代表される条里地割・条里呼称法と律令国家の基本政策であった班田収授法を三位一体的に捉えていたかつての通説は正しかったことになる。それが分かった以上、条里地割・条里呼称法・班田収授法を一体的に捉えて「条里制」と呼ぶかつての通説に回帰しようではないか。

六　平城京の条坊表示は日本の創作ではない

長安城の街区は固有地名、平城京は条坊表示　金田（一九八五）は長安城では〔図55〕のように大街の多くは門名に由来する固有名詞で呼ばれていたのに対して、「平城京では坊を単位として数詞で数えすすむ条と坊で表示し（条坊制）、その内部の位置についでも一六等分された区画にやはり機械的に番号を付して表示したのである。土地表示法に関する限り、平城京はそれ以前の日本や中国の都城とは異なった画期的なシステムを確立したことになる。唐の長安・洛陽においても説明のために街路を数詞で数えることがあったし、飛鳥でも数詞が土地表示のために使用された可能性があるが、それが体系的に整備され使用された点において、平城京は際だった特徴を有しているといってよい」、とするが、そう解釈できるのだろうか。

長安城も建設段階では座標番付方式　長安城では〔図55〕のように街区ごとの「大安」「安楽」など一〇四の吉祥句の固有地名を付けているが、これは工事が完成して工事担当官司から行政当局に長安城が引き渡された後に開市に当たって行政当局が首都に相応しく飾り立て、また長安城の永遠の繁栄を願って吉祥句を選んで命名したもので、建設段階では条里地割と同じく縦横の座標番付を付して個々の区画の位置表示をして進めたものと考えられる。この建設段階で当初から「大安」「安楽」など吉祥句の固有地名が用いられた可能性はほとんど皆無である。

長安城は平城京の四倍の面積をもつ大都市で（井上和人二〇〇八）、新造成の方形区画の数多くの街区の工事には、俄か作りの街区名では誰も覚えていないのでコミュニケーションの手段には使えず、随所に大きな街区名看板を掲げなければならないが、街区名看板を掲げても工事に動員された農民は

図55　長安城の街区の固有地名(小澤毅2002)

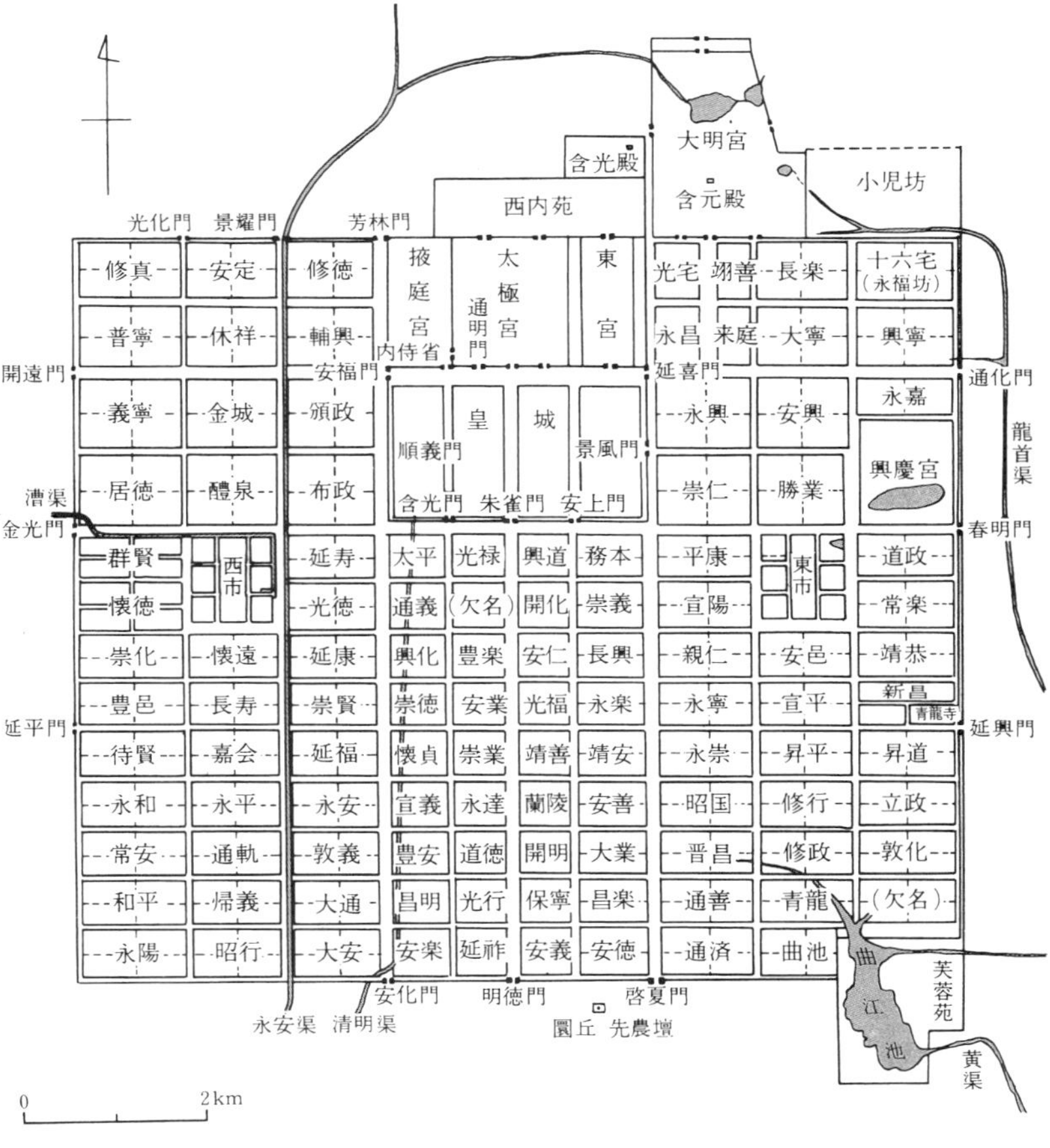

ほとんどがまだ文字が読めないので実用にはならない。その点、座標番付方式なら平城京の四倍の広さでも座標番号で場所が特定できるし、数字と条・坊に相当する数個の文字なら文字が読めない農民でも記号としてすぐ覚えられるので、本部が施工隊に工区を割り当てるにせよ、施工隊から本部に進捗状況を報告させるにせよ、緊急時の本部と現場の連絡、あるいは動員された農民たちが毎朝飯場から自分の現場におもむくにも、条坊制方式の座標番付しかないであろう。吉祥句の固有地名が工事段階から使われた可能性はゼロと断言しても間違いはなかろう。

こうして長安城は条坊制的な座標番付方式で建設されたが、完成して工事担当官司から引き渡された後に行政当局が吉祥句を選んで命名した。都城の歴史の古い中国での文明の熟成段階の余裕である。それに対して唐を強く意識して長安城をモデルに建設された平城京だったが、建設で精一杯で建設段階の条坊制をそのまま街区名として使った。開市に当たって吉祥句を選んで命名するゆとりはなかったし、後進国日本の中央官僚たちには合理的な条坊制表示もまた文明の象徴と見えたという側面もあろう。こう考えてみれば平城京に先行する藤原京も条坊制方式の座標番付で建設されたことはほぼ間違いなく、完成後も平城京と同じく条坊制表示を使っていた可能性はきわめて高い。金田のいうように平城京の条坊制は「それ以前の日本や中国の都城とは異なった画期的なシステムを確立した」ものではなく、建設当時の座標番号表示をそのまま使っていたにすぎないと考えられる。

小　括

本章ではこれまでの検討から以下のことが明らかになった。

①金田章裕は条里呼称法は文献史料の初見は天平一四年で、それ以前は小字地名的名称が使われていて、条里呼称法は七世紀の律令制度初期にはさかのぼらないとした。この「条里呼称法は文献史料の初見は天平一四年あたりで、それ以前は小字地名的名称」とする結論は実証的研究の成果であり、敬意を持って継承したい。ただその事実に対する金田の解釈には問題があった。

②金田は条里呼称法の出現を八世紀中頃以降と見て、条里地割と条里呼称法と班田収授制をいわば三位一体的に捉えてきた通説は疑う必要があるとし、条里地割と条里呼称法とからなるシステムを「条里プラン」と呼ぶと提起したが、条里呼称法は条里施工の計画・施工段階の座標番付として工事現場の管理とコミュニケーション手段として六五三年から使われていたのである。

③条里呼称法は長らく土地管理のための座標表示法と考えられてきたが、じつは条里計画と施工のための座標番付であり、また新規に造田された何千か坪の一町区画を個別に表示できる唯一の方法であり、竣工後の緊急班田に使われ、その後も班田収授の管理に使われたと考えられる。

④越前国の四象限座標は測量原点を座標原点とした条里呼称法であり、条里呼称法が測量段階から使われていたことの動かぬ証拠といえる。

⑤全国的には一象限座標が使われているが、これには冬からの施工を控えた夏～秋ごろに座標原点

の確定測量が必要なことを復原した。

⑥改新政府が各国各郡の工事現場に通達した条里施工の基本方針＝施行細則六か条を復原した。

⑦越前国の四象限座標は条里施工に先立つ座標原点の確定測量が実施できなかったケースであり、地方豪族の反発を国宰が抑えきれなかった結果と考えられる。

⑧和銅六年ごろ、中央政府は条里呼称に小字地名的名称を用いよという見当外れの指令を出した可能性がある。郡司側は中央政府には小字地名的名称で上申し、班田収授の土地管理には相変わらず条里呼称法を用いるというしなやかな対応をしたと考えられる。

⑨天平一四年前後の変化は、墾田永年私財法で大土地所有を解禁することに伴う荘園領主対策と考えられる。郡段階に任せていた土地管理を国衙に吸い上げ、理不尽な要求が予想される荘園領主に対抗しようという中央政府の方針転換である。この過程で地方の現場で使い続けられてきた条里呼称法が、ふたたび使われることになった。

⑩金田は平城京の条坊制を日本独自のものとみて、条里呼称法の出現と連動させて捉えようとしたが、長安城も建設段階では条坊制的な座標番付方式を用いていたことは間違いなく、長安城は完成後に吉祥句の固有地名を付けたのに対して、平城京はそのゆとりがなく、座標番付をそのまま条坊制として使ったことが明らかになった。

第六章　孝徳期の立評と再編

一　鎌田元一の天下立評論

鎌田元一の立評・再編論　鎌田元一（一九七七）は、孝徳期の立評と評再編に関する定説となる提起をした。その鎌田による七世紀史の概説「七世紀の日本列島―古代国家の形成」（一九九四）は研究成果を簡潔にまとめているので関係箇所を紹介し、継承すべき点と問題点を指摘したうえで、さらに踏み込むべき箇所の分析に入ろうと思う。まず鎌田の関係箇所を引用しておこう。①〜⑥は河野が付した。

①日本の古代国家は七世紀末、唐の律令法を国情に合わせて体系的に継受することにより、そこに国制の基本を置く律令国家として成立した。その根幹をなすのは公民制と官僚制である。

②公民制は前代の部民制、すなわち王権に従属する中央・地方の諸豪族が王権の承認のもとに一定範囲の人民を所有し、それを前提として王権に対して各種の奉仕義務を負うという体制を克服するものとして形成された。（中略）その過程では、当然のことながら一方で旧来の部民所有者に対する政治的・経済的権益の保証が問題とならざるをえない。新たに構築される国家機構

のもとに彼らを官僚として組織し、位階と官職に応じた封禄を支給すること。この両者が一つの盾の表裏のように進行したのである。

③評は律令郡制の前身をなす地方行政組織であり、（中略）評あるいは国造の支配領域（クニ）をそのまま受け継ぎ、あるいはそれを分割・統合することによって設置され、その評の官人には国造やその一族の者ばかりでなく、国造配下の中小豪族も任じられた。このような施策が可能であったのは、当時すでに国造による在地の支配秩序が動揺しつつあったためである。（中略）倭政権はこのような状況をとらえ、国造一族をはじめとする在地豪族を直接国家の官僚に取り込むことによって、一挙に国家的な領域支配の実現をはかったものと考えられる。

④それはまた在地豪族の側の利害とも一致する面があった。台頭しつつある新興豪族は倭政権との直接的な結びつきによって国造支配からの脱却をめざしたであろうし、逆に国造一族はみずから評の官人になることによって国家機構を背景に支配の維持・強化をはかろうとしたであろう。

⑤東国国司詔において、国司らに命じられた注意事項の一つに、もし国造・伴造・県稲直らが名を求め、詐って「我が祖の時より、此の官家を領り、是の郡県を治む」と訴えても、たやすくそのとおりに上申するのではなく、よく実情を調査してから報告せよ、というのがある。（中略）郡領（評造）への任用を競望する在地首長間の争訟（中略）であろう。

⑥かくして評制は格別の抵抗を受けることもなく全国的な施行をみるのであるが、その画期は六四九年（大化五）であったと考えられる。『皇太神宮儀式帳』にいう「天下立評の時」が、『神宮雑例集』所引「大同本紀」では己酉年、すなわちこの年のこととされているからである。（中略）常陸の香島評の建評もまた己酉年に行なわれた。常陸の場合、契丑年（六五三・白雉四）にも信太評・行方評・石城評がそれぞれ建評されているが、これは己酉年に香島評の分出を除き一旦常陸六国造のクニがそのまま評とされたのを、さらに再編成したものと理解している。

①で鎌田は「律令国家（中略）その根幹をなすのは公民制と官僚制である」としたが、ここでは教科書的にも一般的にも律令国家の重要な特性とされる「公地公民制」のうちの「公民制」だけが取り上げられて「公地制」が抜け落ちてしまっている。吉川真司（二〇〇四）も「七世紀、アジアの大変動に連なって、倭国の支配階級は中央集権的な国家体制を構築した。この体制は中国の律令制度を模倣・継受して形づくられたため、一般に律令体制と呼ばれており、その基軸を官僚制と公民制に求めることができる」とここでも公地制が抜け落ちていて、律令国家の根幹を「公民制と官僚制」と捉えるのは近年の学界の一般的傾向と見られる。これは公民制は人と人との関係のため文献記録が残りやすいのに対して、公地制は人と自然との関係のため文献記録が残りにくいという文献史料の偏在が分析者である古代史研究者の関心の範囲にまで影響を与えてしまった事例といえよう。

公地制を視野から外したことが、②の「公民制は前代の部民制」の「人民の私的支配の否定である」という公民制のみでの評価となり、条里施工によって首長制的土地所有の基となった既存の小区画水田群が破壊されてしまったという前代未聞、おそらく世界史上ただ日本の古代の七世紀にしか起こらなかった大事件が見えなくなっている。そのことが④の「それ（立評）はまた在地豪族の側の利害とも一致する面があった」という楽観的な評価につながり、⑥の「かくして評制は格別の抵抗を受けることもなく全国的な施行をみる」という七世紀第3四半期史を穏やかな流れと受け止めることにもつながる。また評制の全国的な施行の「画期は六四九年（大化五）であったと考えられる」と大化五年の立評こそが大きな節目であり、白雉四年の評の再編は「一旦常陸六国造のクニがそのまま評とされたのを、さらに再編成したもの」と付随的な修正作業と理解されているようである。

七世紀第3四半期の対立構造　唯物史観の影響下にあった一九五〇〜六〇年代の政治史・社会経済史研究では階級関係を重視して社会を構造的に捉えようとするのが共通認識となっていたが、近年は階級関係への関心が薄れているように思える。ただ階級関係の分析を外すと文献史料の偏りの影響をもろに受けて視野が支配階級内部の対立に限定されて社会の理解が表面的になってしまうので、ここは社会経済史研究の伝統を継承して分析を進めることにしたい。

政治史の動向を決定づけるのは、社会を構成する主要な勢力間の矛盾・対立関係であり、社会はさまざまな勢力で構成されているので諸勢力間の対立関係が錯綜して複雑な様相を呈する。ここでは錯綜する対立関係の中から、その時々で何が主要な矛盾でどの勢力間の対立を軸に政治が展開するのかを見極める必要がある。そこで七世紀第3四半期に想定される諸勢力間の対立関係を抽出すれば次のようになろう。

a　唐と日本の対立
b　畿内政権内部の王権と畿内豪族の対立
c　畿内政権中枢部の路線をめぐる対立
d　畿内政権と地方豪族の対立
e　地方社会内部の国造ら伝統的勢力と新興中小首長層の対立

aの唐と日本の対立は、七世紀第3四半期の背景に流れる重低音のような政治的プレッシャーであり、改新政府はこの情勢を味方につけてクーデター後の緊迫した空気を引き継ぎつつ非常事態宣言下のような雰囲気を醸しながら専制的に政策を展開していった。

bの畿内政権内部の王権と畿内豪族の対立は、部民制下で畿内豪族は王権の地方支配を分掌する見返りとして経済的収入や政治支配権を手にしていたが、これらの諸権益は改新政治で全面否定されるので対立は深まる。ただ中大兄皇子はクーデターの勝者として政権を一手に握り、粛正で恐怖感を与えているので対立は表面化しにくくなっている。ただ改新政府が目指した中央集権国家では畿内豪族は都城で暮らす高級取りの貴族身分に移行することが約束されているので、改新政治が進むにつれて対立関係は弱まる傾向にある。

ｃの畿内政権中枢部の路線をめぐる対立は、王族内部の諸流派、畿内豪族内部の諸流派の対立と絡まって複雑な様相を呈して数々の粛正事件をもたらすが、ｄの部民制社会から中央集権国家への転換を進める畿内政権と特権を剝奪される地方豪族との対立に比べればあくまで副次的矛盾であり、過大評価は避けなければならない。ただ王権中枢部で編纂される正史には政権内部の政争は文献記録として残りやすいため、正史内での比重が大きくなっていることが予想される。したがって文献史料にだけ依拠して歴史叙述を進めるなら、この期の主要な矛盾である畿内政権と地方豪族の対立や主要政策である七道建設と条里施工の二大土木工事が抜け落ちてしまって、ダイナミックな七世紀第３四半期史を政局史に矮小化しかねないことに注意しておかなければならない。

ｄの畿内政権と地方豪族の対立は、改新政府は中央集権国家樹立のために地方豪族に対して①編戸で地方豪族支配下の農民を取り上げて天皇支配下の公民とし、②立評で地方豪族らを評督・助督として国宰に絶対服従の部下とすることによってかれらから独立性・反乱権・領域支配権を奪い取り、③条里施工で地方豪族の勢力基盤を構成していた小区画水田をすべて破壊して首長的土地所有を跡形もなく消滅させるという地方豪族層には絶対受け容れられない毒薬を含んだ政策を予定していた。したがって七世紀第３四半期はｂの畿内政権と地方豪族の対立を主軸として展開すると考えられる。

「反乱権」を保持していた国造ら地方豪族　大化前代の大王と国造の関係は、上下関係はあるものの互いに自立した勢力同士の支配と服属の関係であり、自ら服属を選んだのであって、大王政府からの労役動員が度を超えて苛烈になった場合は拒否して反乱するのも選択肢の一つであった。つまり国造制段階の地方豪族は、今日風に言えば「反乱権」をもっていたわけで、この状況下で筑紫君磐井《つくしのきみいわい》の反乱（五二七）は起きた。ただその原因は北部九州に対する朝鮮出兵への過重な役負担だったため、反乱は豊国・肥国には広がったが、全国的な反乱には至らなかった。

ところが今回は事情が違う。改新政府は全国の国造ら地方豪族を評督《こおりのかみ》・助督《こおりのすけ》に再編して地方官僚とし、国司（国宰）の部下に貶めようとしていたのであり、国司の部下になることは地域支配権の放棄であり、全国の地方豪族から自立性、独立性、それに反乱権をも奪ってしまうという地方豪族の在り方を根本的に否定する企みが隠されていた。それに次ぐ条里施工では既存の小区画水田をすべて破壊して更地に戻してから条里田を造成するものなので、地方豪族の伝統的支配を支えてきた小区画水田を地球上から抹消してしまう計画であり、それとともに小区画水田の上に成り立っていた首長制的土地所有権を根こそぎ奪ってしまう計画であった。そのため政策の出し方を一歩間違えば、全国的反乱に発展しかねない状況にあり、大化元年八月の東国国司詔では「閑曠《いたづら》なる所に、兵庫を起造《つく》りて、国郡の刀・甲《よろひ》・弓・矢を収《をさ》め聚《あつ》め」よと地域社会の武装解除を命じ、次いで九月朔条に「使者を諸国に遣して、兵《つはもの》を治む」とあり、さらに「六月より九月に至るまでに、使者を四方の国に遣して、種種の兵器を集めしむといふ」と武装解除はクーデター直後にさかのぼる可能性も考えられ、改新政府が地方豪族らの反乱を恐れ極度に警戒していたことを物語っている。

したがって改新政府が地方豪族がまだ自立していて反乱権を保持している段階で条里施工に踏み切ることは危険きわまりない行為であり、絶対に避けたかったであろう。このことからすれば改新政府が条里施工に踏み切ることができるのは、立評で地方豪族を評督・助督に任命し、一地方官として国宰の命令に絶対服従の下僚に位置づけ、彼らから反乱権を奪ってから後のことになろう。そうなれば地方豪族から自立性を剝奪する立評の場面が改新政府と地方豪族側との対決の最大のやま場となる。

捨て身の賭けに出た中小首長層　地方豪族側から見ればどうなるか。改新政府は部民制時代の地方豪族を通しての間接統治を改めて、天皇を頂点とする直接統治の中央集権国家を目指して具体的に打ち出した公地制関連の地方政策が編戸、立評、条里施工の三つであるが、編戸によって地方豪族の支配下にあった民衆は公民として天皇政府の管轄下に移行し、条里施工で先祖代々受け継いできた小区画水田が破壊されてその上に成り立っていた首長制的土地所有も消滅するとなれば、立評過程で評督・助督に任命される以外には地域社会で支配階級の地位を保つ道がなくなったのである。それは独立性・自治権・反乱権・地域支配権の放棄に繋がるが、座して機を逸したならば、競合相手にポストを奪われ一平民に貶められる、これを避けようと評督・助督の任用候補をめぐる地方豪族間の争いは熾烈を極めることとなった。東国国司詔の「若《も》し名を求むる人有りて、元より国造《くにのみやつこ》・伴造《とものみやつこ》・県稲置《こほりのいなき》に非ずして、輙《たやす》く詐《いつは》り訴へて言さまく、『我が祖の時より、此の官家《みやけ》を領《あづか》り、是《こ》の郡県を治《おさ》む』とまうさむは、汝等国司、詐《いつはり》の随《まま》に便《たやす》く朝に牒《まう》すこと得《え》じ」という経歴詐称を含む郡領（評造）への任用を競望する在地首長間の争いも、この背景のなかで理解できる。

ｅの地方社会内部の国造ら伝統的勢力と新興中小首長層の対立は、鎌田が台頭しつつある新興豪族は倭政権との直接的な結びつきによって国造支配からの脱却をめざしたであろうと指摘した動きで、群集墳の拡大に見られる新興勢力の台頭が背景にある。ただ新興豪族の改新政府との直接的な結びつきによって国造支配からの脱却をめざすのは、①編戸で配下の農民を取り上げられ、②立評で独立性・反乱権・領域支配権を奪われて国宰に絶対服従の部下に貶められ、③条里施工で首長的土地所有の小区画水田が跡形もなくなることを覚悟した上での決断だったことになる。つまり七世紀中葉の中央・地方の力関係からして部民制社会の継続は不可能と見切りを付け、中央政府による地方豪族破壊は勢力の大きいものほど打撃が大きいことを予測した上で、この機に国造層旧豪族を追い落として自分たちの地位向上を図るという捨て身の決断だったと考えられる。改新政府はこの新興中小首長層の協力を得て国造層の押さえ込みに成功することになる。

改新政府は地方豪族の反乱は必至というべき苛酷な改革を押し付けながらも、地域社会の旧族と新勢力の対立の激化を背景に地方勢力全体を後戻りのできない崖っぷちに追い込んでいたのである。

二　改新政府の立評凍結と方針転換

大化から白雉へ、改新政府の方針大転換　〔図56〕は常陸国の立評・再編についての森公章（二〇〇二）の表に『和名類聚抄』の郡名を加えて作成したもので、国造のクニ→評→郡のほぼ三〇〇年間にわたる総数の変化とその特徴を下欄に記した。これによって見れば、大化五年の天下立評は那珂国造のクニを分割して香島評を立てることはあるが、総数は六つの国造のクニを七評にしたのであり、新設の香島評は鹿嶋神宮の神郡でやや特殊例であり、これを除いた六評については国造のクニを名前も数もそのままに評に移行させており、大化改新詔第二条に、

　其の郡司には、並に国造の性《ひととなり》識《たましひ》清《いさぎよ》廉くして、時の務《まつりごと》に堪ふる者を取りて、大領・少領とし、強く幹《いさを》しく聡《さと》敏くして、書算に工《たくみ》なる者を、主政・主帳とせよ。

とあって、基本的には国造を評造（評督・助督）任じるという改新詔の方針にしたがって立評がなされたことを示している。

　ところが大化五年の立評と白雉四年の評の分割・再編との間では七評が一二評に分割され五評も増加しているのであり、比率では一・七倍増である。このとき分轄されたのは七評中五評で七割が分轄という大規模再編である。これは一国宰の裁量を超える大再編であることからすれば、中央政府主導

図56　常陸国の立評と再編成(森公章2002の表をもとに加筆)

国造のクニ 大化前代	大化5年 己酉649	白雉4年 癸丑653	和名類聚抄 931～38	郷数
新治国造のクニ →	新治評 →	新治評 →	新治郡	12
	(新治評) →	白壁評 →	真壁郡	7
筑波国造のクニ →	筑波評 →	筑波評 →	筑波郡	9
	(筑波評) →	河内評 →	河内郡	7
	(筑波評・茨城評) →	信太評 →	信太郡	14
茨城国造のクニ →	茨城評 →	茨城評 →	茨城郡	18
	(茨城評・那珂評) →	行方評 →	行方郡	17
那珂国造のクニ →	那珂評 →	那珂評 →	那珂郡	18
(海上国造のクニ)・(那珂国造のクニ) →	香島評 →	香島評 →	鹿島郡	22
久慈国造のクニ →	久慈評 →	久慈評 →	久慈郡	21
多珂国造のクニ →	多珂評 →	多珂評 →	多珂郡	8
	(多珂評) →	石城評　陸奥国へ		
6クニ(海上は下総)	7評	12評	11郡	153
〈ほとんどそのまま継承〉	〈1.7倍に増加〉		〈278年変化なく継承〉	
	改新詔の旧国造重視で大郡を含む	方針転換	郡規模を小規模化・平準化して評造ポストを増やし、農業共同体首長に近い階層を評造に任用して地域の実情にフィットさせる。	

〔改新詔２条〕其の郡司には、並に**国造**の性識清廉くして、時の務に堪ふる者を取りて、大領・少領とし、強く幹しく聡敏くして、書算に工なる者を、主政・主帳とせよ。

図57　郡の規模別分類 — 標準郡(８里)の何倍か —

改新詔第２条	大　郡	中　郡	下　郡
	40(～31里)	30～４	3
標準郡8里比	５～3.9倍	3.8～0.5倍	0.4倍

戸令定郡条	大　郡	上　郡	中　郡	下　郡	小　郡
	20～16里	15～12	11～８	７～４	３～２
標準郡8里比	2.5～2倍	1.9～1.5倍	1.4～1倍	9.9～0.5倍	0.4～0.3倍

の評の再編があったのであり、中央政府主導なら中央集権国家の特性として全国一斉の評再編であろう。しかも立評からわずか四年後である。数十年後なら時代の変化に合わせて再編したとの説明が可能だが、わずか四年なら再編過程にそれなりの時間を要することを考えれば再編を決断したのはほとんど立評直後であり、七評を一・七倍増の一二評に分割となれば一般的な「再編」の範囲を超えて、全国的に立評の全面的なやり直しがあったと考えるべきであろう。

それと対照的なのが白雉四年の評の分割・再編から『和名類聚抄』（九三一〜三八）までの間で、二七八年余り経過しているにもかかわらず、陸奥国に移管した石城評を除いた新治評から多珂評までの一一評は、評を郡と呼び変えただけで、再編・分割もなく、名称もそのまま継承されている。

つまり常陸国で見る限りでは、大化五年（六四九）の立評と白雉四年（六五三）の評の分割・再編の間には、大化改新政府自身による大きなかつ明確な方針転換があったことになる。ではどんな方針転換なのか。〔図57〕で見ていこう。

〔図57〕に改新詔と養老戸令の郡（評）規模を表にして比較してみたが、郡規模がどれほど大きいか小さいかの判断基準として「標準郡8里比」を下欄に示した。七世紀後半の郡数は約五〇〇、里数は約四〇〇〇と見積もれるので、平均は一郡八里となり、これを基準に標準郡の何倍かを計算すると改新詔の大郡の上限四〇里は五倍もあり、大国造容認策である。これに対して戸令定郡条の大郡の上限は二〇里で標準郡の二・五倍となり、穏当な規模だが、四〇里が二〇里へと半減されており、明らかな大国造の勢力削減策である。改新詔も戸令も中央政府の出したものであることからすれば、中央政府は大国造容認策から勢力削減策に方針転換したのである。それはいつか。この方針大転換こそが常陸国の大化五年から白雉四年にかけての七評中五評の分轄であり、五評から一二評への評の細分化・平準化であろう。そうなれば大郡の上限を二〇里とした戸令定郡条は、大化五年から白雉四年にかけての評再編過程で中央政府が打ち出した評再編の新基準だったことになる。

国造の評造任用は改新政府の我慢の妥協　ところで改新詔の上限四〇里という標準郡の五倍もの大規模郡を認めてしまうと郡司級豪族四～五人を束ねる大首長を律令国家の末端に据えることになり、ここには中間搾取が生じて国造のクニによる間接統治を律令制下に持ち込むことになる。改新政府は国造制を廃して天皇を頂点とする中央集権国家を目指していることからすれば、これは認めてはならないことだった。にもかかわらず四〇里の大規模郡を認め、郡司には国造を任じよと明言したのは、国造の反乱を避けるために採ったやむをえない戦略的妥協であろう。改新政治の直接統治方針は立評を通して地方豪族から地方支配権をすべて召し上げる計画であり、全国の国造を敵にまわした一触即発の状況にあり、何とか国造らをなだめすかして立評まで無事にこぎ着けたいための大幅な妥協であった。

その改新政府が上限二〇里を打ち出して評再編に乗り出したとなれば、国造の反乱を恐れずにその勢力削減に取りかかれる新たな政治状況が地方社会で生まれていたことになる。それは何か。

〔図58〕は大化五年の立評から白雉四年の評の再編までの情勢の推移をシミュレーションしてみた

図58　立評→再編過程のシミュレーション

大化5	649	**天下立評** → 選洩れ首長らが全国的に猛抗議したか **立評凍結事件**：改新政府は立評人事を凍結して方針転換 → 大郡上限20里の新基準を公示して中小首長を味方につけ、大国造潰しの評再編に踏み切る
白雉元	650	・安定的は評体制樹立には地方社会の意向の尊重が必須 ・殺到する候補は円座会議で地方勢力自身で選別させたか ・地域推薦を受けた候補が国宰に申請、上京選考を受ける ・評造候補の上京選考：約500評で評督・助督約1000人
白雉2	651	
白雉3	652	
白雉4	653	**正月(?)、再編評がスタート** **冬、七道建設・条里の冬ごと連年施工がスタートか**
白雉5	654	**春、最初の条里施工の竣工、最初の緊急班田か**

ものである。これに沿って事態の展開を追っていこう。

選漏れ首長の抗議で立評は一時凍結　評は評督・助督の二人で管理することになっていたことから立評時の七評には一四人の評造（評督・助督）が選ばれていたことになるが、白雉四年の再編後は一二評で二四人であることからすると、その差の一〇人が大化五年の立評時には選漏れだったことになり、身分的には国造一族の傍流や地方伴造や県の稲置クラスであろう。では彼ら一〇人はどういう動きをしたのか、シミュレーションしてみよう。

選漏れのまま事態が進み条里施工が始まれば、条里施工で先祖代々受け継いできた小区画水田は破壊されて土地なしとなり、配下の農民たちも編戸で公民化されて召し上げられているので、彼らは無一文の一平民となり、かつて同格だった新評督の下で口分田の班給と公出挙を受ける被支配身分に陥落してしまう。この屈辱的な地位低下は何としても食い止めなければならない。そこで彼ら一〇人は国宰を取り囲んで激しく詰め寄り、今回の立評の白紙撤回と、再編成を実行してポストを増やし、国造家傍流や中小首長も評造職に任用して欲しいと訴えたであろう。大化改新詔では評造の任用基準として国造を第一にせよと記されていたことからすれば、孝徳立評による国造家傍流や中小首長の選漏れ状況は全国の各評で起きていたと想定され、常陸国同様の大化五年の立評結果の白紙撤回と評編成の全面的なやり直しの要求は、全国各地で国宰に出されていたものと考えられる。

国宰は彼ら選漏れ首長たちの主張にそれなりに理ありと見、この要求を受け容れる以外に地域の安定と条里施工の実現は不可能であろうと心中では思いながらも、国宰には政策の決定権はない。そこで訴えの要旨は中央政府に上申するので、返答が届くまでしばらく待て。過激な行動に出ると中央政府の討伐をうけることになり勝ち目はないので平穏を保つようにと伝え、自身は混乱した不安定な現場を離れるわけにはいかないので、中央政府と国との間のメッセンジャー役の惣領を通して中央政府に上申したであろう。

改新政府の方針転換　惣領の上京、その復命報告を通して全国各地からの立評結果の凍結と評編成の全面的なやり直しの要求を集中的に突きつけられた改新政府は、これを国造層を押さえ込む好機と捉えた。そして中小首長層を味方につけて、彼らの立評人事の撤回要求を背景に評の小規模化・評督・

助督の増員を骨子とする方針転換を決意したと考えられる。ただ事態は急を告げている。国宰は政策決定権を持たないので職務に忠実なあまり居丈高になると反発を喰らって反乱の火の手が上がりかねない。政策の詳細な練り上げは後に回してまずは大化五年の立評人事の凍結を決め、早馬で諸国に伝えたであろう。

そこで評再編に踏み切るとして、すでに公示した大化五年の立評人事については凍結し、評督・助督人事は名誉職として祭り上げて旧国造らの顔を立てた上で評再編を進めるのがもっとも穏当で現実味があるので、改新政府はこの道を選んだと考えられる。評督・助督人事は名誉職にとどめてその職名では行政に関わらせず、これまで通り国宰が旧国造や国造家傍流や中小首長たちを指揮して行政を展開したのであろう。この難しい地方情勢を改新政府の目指す方向に誘導するには、政府から地方支配権を委託された国宰の常駐が必須となろう。

戸令の郡規模規定は立評凍結直後の政府の新基準か　ここで改めて〔図57〕（二七一頁）の郡の規模別分類を見ると、大化改新詔第二条の「凡そ郡は四十里を以て大郡とせよ」の規定は、大国造なら五〇を超える里数もありうるなか、それではどう見ても大きすぎるので上限を四〇里に限ったという規定だったのであろう。それに対して戸令で上限を二〇里と大化改新詔の半分に下げたのは、選洩れ首長の立評人事の白紙撤回要求を味方につけて評再編に踏み切った機会に上限を一気に半分の二〇里に引き下げて、大国造の弱体化を図るとともに評造のポストを増やして中小首長層の要求に応えたということになろう。

以上見てきたように、郡規模をどう定めるかについては改新政府と国造ら地方豪族との熾烈なせめぎ合いのなかで決められたものであり、律令編纂段階で担当中央官僚がデスクワークで数字を変えられるような生やさしいものではないことからすれば、戸令定郡条の「凡そ郡は、廿里以下十六里以上を以て、大郡と為よ」以下の規定は、立評凍結直後に改新政府によって各国に公示された再編成基準をそのまま継承したものと考えられる。

自主選出を尊重した再編過程　ところでこの評の再編過程は大化五年（六四九）中に改新政府は立評凍結を決め評再編に踏み切ったとして、白雉四年（六五三）まで四年がかりである。少し長すぎはしないか。この点を〔図57〕を参照しながら検討しておこう。

まず再編作業は大化五年中に始まったと考えられる。大化五年の立評で発表した国造層の大型評を分割するには大化改新政府が全面に出て権力的に分轄したのでは反乱を招きかねないので、中小首長層の声で分割させるのが得策でしかも地域推薦評督・助督なら以降の安定支配が期待されるので、国宰は中小首長層を煽って円座会議に持ち込ませたと考えられる。ここでヨーロッパ史のように「円卓会議」と呼ばずに「円座会議」としたのは、日本はテーブル・椅子の文化はなく、それぞれが薦筵《こもむしろ》の座布団にあぐらをかいて丸く向き合う円座が会議の基本型だったと考えられるからである。そして地域推薦の者のみ申請を認めて中央に上申することとし、国内全評の候補が揃った段階で国宰は候補等を率いて上京、改新政府の審査を受けさせたと考えられる。

国により評により事情は異なるので、中央審査まで持ち込む時間はさまざまだったであろう。全国五〇〇評、評督・助督合わせて一〇〇〇人、半端な数ではない。それぞれの事情での遅速を含みながらも白雉三年中にはすべての中央審査を終えたのではないか。

評制は律令国家の地方支配の要であり、新しい評体制は全国一斉スタートが望ましい。また再編された新体制のスタートは年度初めが相応しい。稲作国の年度初めは正月であることからすれば、白雉四年（六五三）の正月に再編評がスタートした可能性はきわめて高い。

評再編で中央集権国家がスタート　この白雉四年（六五三）の全国的な評の再編は、七世紀後半の律令国家形成史上の大きな画期となった。このことをまとめておこう。

第一には、この白雉四年の評再編で八、九世紀に繋がる評（郡）制が確立して国―評―里制がこの時からスタートし、中央集権国家の下部組織が完成したことである。この上に中央の政府組織である二官八省体制が乗れば天皇を頂点とする中央集権国家のピラミッド型組織が完成するが、それは七世紀第4四半期の課題となる。ピラミッド型組織は下から積み上げていくものであり、七世紀第3四半期にまず下部組織が完成したことが重要なのである。

第二には、評制の全国的施行の画期は、鎌田のいう大化五年の立評時ではなく、この人事は即時に凍結され、白雉四年の評再編が評制の全国的施行の画期となったことが明らかとなった。

第三には、改新政府は大化五年の立評で選漏れとなった国造家傍流や中小首長が大化五年の立評の凍結と再編を願い出たことを大国造を弱体化させる好機と捉えて方針転換を実施、全国的反乱が起きないよう慎重に判断しながら、三年半の時間をかけて大化前代の有力農業共同体首長に近いクラスを拾い上げて評造に抜擢することで、六世紀社会を支えてきた地域の安定成長システムを条里制下に移植することに成功した。井上光貞は律令国家は律令制と氏族制の二元的国家であるとし、吉田孝は氏族制と律令制の二重構造だとした。郡司に代表される氏族制的伝統社会の上に唐から直輸入した律令国家がそびえるという捉え方であるが、じつはこの伝統的社会なるものは大化前代からそのまま引き継いだものではなく、評再編で大国造の勢力が削がれ条里施工で伝統的小区画水田をすべて破壊して造成された条里田の上に意図的に移植したものであり、伝統的社会そのものではなくリニューアルバージョンであったことが解明できたことが今回の成果であろう。

第四には、国―評―里制完成とともに国造制にもとづく間接統治は終了し、地方豪族の自立性・独立性は完全に奪われて、かつての地方の王家であった名族も中央派遣の国宰（国司）の管下の下僚に成り下がってしまった。やがて法制化が進むと、「儀制令」遇本国司条の規定するように、

凡そ郡司、本国の司に遇はば、皆馬より下りよ。

という下馬の礼が定式化される。「本国の司」は国司＝国庁の役人である。かつての地方の王家であった名族も、中央派遣の国庁の役人に出会えば、下馬の礼を強いられる惨めな地位に転落したが、

この凋落を決定づけた節目は白雉四年の評再編だったことになる。

畿内政権が地方を圧服したのは白雉四年　早川庄八（一九八四）は、畿内勢力による地方支配を「畿内政権」として的確に捉えている。その内容を要約して紹介すれば、

ヤマト朝廷とはヤマト（大和）を中心とする畿内およびその周辺に本拠を有する諸豪族すなわち政治的諸集団の長たちが、連合ないし結合して作りあげた政権であり、畿内政権であった。七世紀半ばの朝鮮半島の動乱をめぐる国際的危機に直面して、国内支配体制の再編を図るため、律令制を導入したのもこの畿内政権であり、関晃がいうように（「律令支配層の成立とその構造」）、律令国家とは、畿内を中心とする諸豪族が大王を中心として結集し、それまで人民に対する支配権を分有していた地方豪族から、その権力を奪取するために形成された国家であった。

畿内政権の構造は律令体制内に維持され、畿内と畿外とは人民の課役負担において、官僚の登庸において、截然と区別されており（西本昌弘「畿内制の基礎的考察」）、内位・外位の制や蔭位の制によって中央政府の行政幹部は畿内豪族出身者が独占していた。

畿外の政治的諸集団は、畿内政権にとっては屈伏させ従属させるべき存在であって、それはけっして畿内を中心とする支配者集団と同質ではない。郡司に対し、中央からの派遣官である国司への下馬の礼を強要したのも、まさにこうした意識の反映であったといえる。

としている。

本書では畿内政権が地方豪族から地方統治権のすべてを奪取した画期を大化五年（六四九）の立評ではなく白雉四年（六五三）の評の再編時、地方豪族たちを正式に評督・助督に任命した時とした。この時地方豪族らは評督・助督への就任と引き替えに自立性も自治権も反乱権も領域支配権も民衆支配権もすべて放棄して、国宰に絶対服従の下僚に成り下がったからである。それによって条里施工が可能となり、白雉四年（六五三）の冬から十数年にわたって冬ごと連年施工の形で続けられた条里施工が国造らが先祖代々継承してきた小区画水田を徹底破壊して駄目押しをしたことになり、畿内政権による地方制覇を決定づけた。それればかりではなく条里施工の過程で地方豪族たちに先祖代々受け継いできた田を自らの手で破壊させて旧体制と訣別させ、連年施工を続けるなかで新しいリーダーのあり方を模索させて政権支持派に変えてしまった。畿内政権の完勝であり、地方勢力の完敗であった。郡司に対する国司への下馬の礼の強要は白雉四年の評の再編の結果、可能となったのである。

白雉四年の評再編は全国一斉　本書ではこれまで白雉四年の評再編は全国一斉におこなわれていたという前提で分析し記述してきたが、白雉四年（六五三）の評の分割・再編が明確に分かるのは常陸国だけなので、再編はさみだれ的であって全国一斉ではないのではないか、との疑問が出される余地は十分にある。白雉四年の評の再編は七道建設・条里施工の起点ともなった七世紀第3四半期の大きな画期なので、全国一斉施工だったかどうか、再確認をしておこう。

①　常陸国の評再編は、七郡中五郡を分轄して新たに五郡を新設するという大規模再編であり、常陸

国司の裁量の範囲を超えているので中央政府の指示にもとづく再編と考えられる。中央政府の指示であれば中央集権国家は同一政策の全国一斉施行という特性を持つことから、この大規模評再編も全国一斉施行だったことになる。（結論1）

② 戸令定郡条では大郡の上限は二〇里で大化改新詔の上限四〇里の半分に縮小されている。大郡の上限四〇里は大国造の容認策、大郡の上限二〇里は大国造の勢力削減策で評再編の新基準となったものである。これは政府主導の全国的な評再編であり、国造制に代わる〔国—評—五十戸〕制のスタートとなるので全国の評造人事が出揃うのを待っての全国一斉施行だったと考えられる。（結論2）

結論1は法令を受け止めた現場史料からの論証で、結論2は法令発信側から導いた結論であり、双方から導いた結論が図らずも重なり合うので、白雉四年の評再編全国一斉施行説は検証度1、★の学説に昇格したことになる。

③ 金田章裕（一九九三）は讃岐国では南海道を基準にして郡単位で条里施工がおこなわれたことを復原しており、条里番号は都に近い東側が番号が若いことから、都に近い大内郡から西端の刈田郡へと冬ごと連年施工されたと想定してその様子を年表化・図化してみたのが〔図60〕である。これまで論証してきたように条里施工は白雉四年（六五三）の評再編後の施工であり、また讃岐国の条里施工の単位となった郡は『和名類聚抄』の郡と一致するので、〔図59〕に示したように、讃岐国でも常陸国同様の評再編がおこなわれていたことが明らかとなった。（結論3）

図59　常陸国·讃岐国の評分割

	大化5年 立評 649	白雉4年 評再編 653	和名類聚抄 931～38
常陸国	新治評	新治評	新治郡
		白壁評	真壁郡
	筑波評	筑波評	筑波郡
		河内評	河内郡
		信太評	信太郡
	茨城評	茨城評	茨城郡
		行方評	行方郡
	那珂評	那珂評	那珂郡
	香島評	香島評	鹿島郡
	久慈評	久慈評	久慈郡
	多珂評	多珂評	多珂郡
		石城評	陸奥国へ
	7評	12評	11郡

	大化5年 立評 649	白雉4年 評再編 653	和名類聚抄 931～38
讃岐国	常陸国のように大郡が混在して郡数は少なかったか	常陸国のように現行郡数に分割されていた可能性が高い	大内郡
			寒川郡
			三木郡
			山田郡
			阿野郡
			鵜足郡
			那珂郡
			多度郡
			三野郡
			刈田郡
			10郡

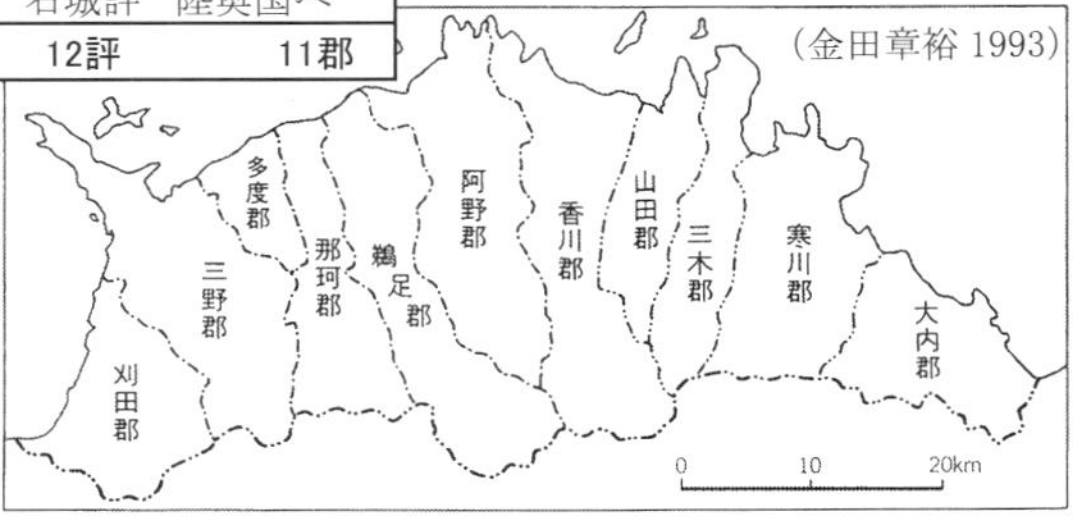

(金田章裕 1993)

図60　讃岐国の条里施工のシミュレーション

653	4	**評再編、南海道造成か**
654	5	**讃岐の条里施工開始か**
655	斉明元	
656	2	
657	3	
658	4	
659	5	
660	6	
661	7	
662	天智元	評宛に犂の様配付(662～3)
663	2	白村江の敗戦
664	3	防人・水城
665	4	**春、讃岐の条里完工か**
666	5	

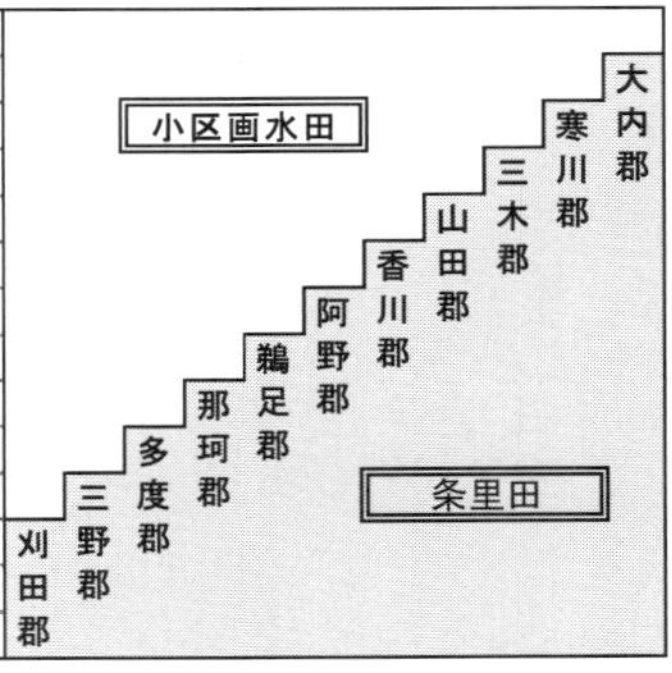

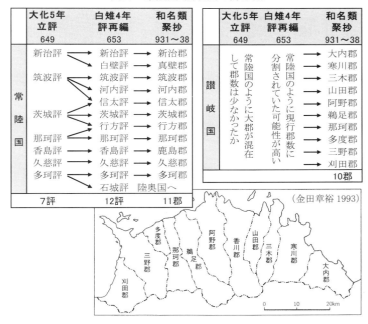

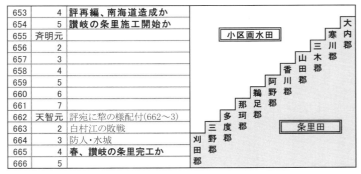

この讃岐国の例が加わったことで、白雉四年の評再編全国一斉施行説は検証度2、★★の学説に昇格したことになる。白雉四年の評の再編は、やはり全国一斉施行だったのである。

大化五年の立評も全国一斉　本章では、鎌田元一説に依拠して大化五年（六四九）の立評、白雉四年（六五三）の評の再編を動かないものとしてきたが、須原祥二（二〇一一）によれば、評の成立に関しては、鎌田の「大化五年全面建評説」と、東国国司諸詔などにうかがえる孝徳朝の諸改革が漸次実行される過程で建評が進行していったと考える「漸次建評説」に分かれるという。

漸次建評説を主張する篠川賢（一九九六）は「建評が在地首長層の動向に密接にかかわったものであるならば、全国的評制施行の時期を、白雉四年とかあるいは大化五年といった単一の年度に求めるのは妥当ではなく、それは孝徳期という一定の期間に求めるべきである」とするが、二つの点で問題がある。第一は建評が在地首長層の動向に密接に関わったものであるから漸次建評になるとするが、立評（建評）や評再編は中央政府の方針であり、国造らは中央政府の定めたスケジュールに沿って行動しているので彼らに主体性があるわけではない。第二は『皇太神宮儀式帳』の「難波朝庭（＝孝徳朝）、天下に立評し給ふ時」の解釈であるが、「難波朝庭」だけを見れば何年と限定していないので孝徳期全体に可能性が広がるが、後半の「天下に立評し給ふ時」の「天下に」は「天下一斉に」の意味で、年号は指定していないもののある特定の年に立評されたことを意味しており、鎌田は「大同本紀」と『常陸国風土記』香島郡条に見える己酉年（大化五年）と結びつけた。第三は在地首長層の動向にかかわるので漸次建評になるという背景には、評造候補が中央政府の選考に合格すれば即立評という理解があるようで、この点は須原も同様の見解なので合わせて考察していこう。

須原は「国造系コホリの建評は、「東国」と「非東国」の二段階に分かれて順次実施されたということになる。銓擬段階ですでに規模を含めた「評」の概要はほぼ決まっていただろうから、現地の認識では、銓擬段階で「建評」が行われたと見なしていてよい。したがって国造系コホリは、「東国」においては大化元年から二年にかけて、「非東国」においては大化二年から三年にかけて、一斉に建評されたということになる」としているが、評は中央集権国家の地方組織であり、中央集権国家の同一政策の全国同時施行という特性からして、国造制から〔国―評―五十戸〕制への切り換えは全国一斉施行と考えられる。漸次建評を認めていたのでは同一政策の全国同時施行が実現できないからである。ところで選考は飛鳥までの遠近も異なり全国約五〇〇評で評造約一〇〇〇人と数も多く、かなりの時間がかからざるをえない。そこで選考は早めに始めることになり、合格した評造候補は今日風にいえば内定をもらったのであって天下立評の日まで自宅待機することになる。大化二年に内定を受けたものは大化五年の天下立評まで自宅待機していたのである。

地方豪族側からすれば、内定を取れたことが評造就任につながる節目なので内定の年が強く記憶され、後世それが立評年と記録されてしまうことも起こりうる。『因幡国伊福部臣古志』が伊福部臣都牟自が大化二年に水依評の評督に任じられたと記すのもこの例と考えられ、都牟自は大化二年の選考で合格し、大化五年の天下立評で評督に任じられたのであろう。

三　組織原理と職務内容から見た国宰常駐開始時期

国宰常駐をいつと見るか　これまで立評・再編過程の分析を続けてきたが、大化改新後の中央・地方関係の復原には国司の常駐をいつと見るかが重要なテーマであり、文献史料・官衙遺跡・木簡など資料を駆使して議論が重ねられてきた。早川庄八（一九七五）・大橋康夫（二〇〇九）・篠川賢（二〇一三）らは天武一二～一四年（六八三～五）の国境画定事業を重要なポイントと見る一方、鐘江宏之（一九九三）や今泉隆雄（二〇〇一）は孝徳期に求めている。鐘江は大化二年八月派遣の「国司」を国宰の常駐の画期と見ているが、この詔では「今発て遣す国司、幷て彼の国造、以て奉聞るべし」と国造も詔を承る対象にあげられており、この「国司」はまだ詔書伝達使にすぎず、国宰常駐はこれ以降であろう。今泉は、道奥（陸奥）国の設置は孝徳朝の中でも建評事業が完了した白雉四年（六五三）以後、すなわち白雉四、五年ころであり、新たに置かれた評と評の官を管轄する国宰の派遣・常駐体制の成立であったとする。今泉の国宰の常駐は白雉四、五年ごろとする結論はともかく、中央から国宰（国司の前身）が派遣されて評の官の上に常駐する体制の成立を重視すべきという組織原理を重視する観点は継承したい。

組織原理から大化五年立評時に国宰は常駐　国宰の常駐の画期としては大化五年（六四九）の天下立評が注目される。この立評を境に国造・伴造ら地方勢力のあり方が根本的に変わるからである。乙巳の変直後の国造・地方伴造は、中央政府に対して恭順の意は示しているものの地方の独立勢力であり、原理的には天皇との主従関係で結ばれているので、相手を尊重して天皇の詔で意向を伝える必要があり、それを伝える使者が文字通りミコトモチ（詔持ち）であって、現地では国造・伴造を集めて詔書を読み聞かせたのであろう。

ところが天下立評で国造・伴造らを評督・助督に任命したことは、〔国―評―五十戸〕制という中央集権国家のピラミッド組織のなかに組み込んだのであって、国造・伴造らから独立性を奪って地方組織の下僚にしてしまったのである。国造・伴造らが評督・助督として地方組織の下僚に成り下がった以上、彼らに対する中央政府の意向の伝達は詔書ではなく、まだ様式は未整備であろうが太政官符・民部省符・兵部省符を国宰が受けて、その国宰からの国符で中央政府の意向は評造らに伝達されることになる。そうなれば国宰が常駐しないと事が進まない体制になってしまった。つまり国造・地方伴造らの評督・助督への任命と国宰の常駐とは組織の性格上セットで施行されたのである。文字史料に残っていようがいまいが関係なく組織原理からして大化五年の立評時に国宰の常駐は始まっていたと考えるのが妥当であろう。したがって国宰の常駐が天武朝までずれこむことはありえない。

大化五年の立評で国宰の常駐は始まったと考えられるが、下部組織の評督・助督の人事は凍結されてしまった。評督・助督の人事は凍結で国宰は取り残された形となったが、評再編の大仕事が出たため、中央政府は国宰常駐の方針を変えずに評の再編に取り組ませたものと考えられる。

職務内容からも立評時に国宰は常駐　国宰の執行すべき職務内容から見ても立評と同時に国宰の常駐は必須となる。貢納物や税の京送については、部民制下では貢納物は服属の証しなので地方豪族側の責任で都まで届けられたので、中央政府側は何も関わらなくて済んだ。ところが〔国―評―五十戸〕制を作ってしまうと、調庸など中央税の京送は国司の貢調使が責任をもって届けることになるので、国造・地方伴造らを評督・助督に任命してしまうと、中央税の京送の責任は国司側に移ってしまうので、国宰が常駐して組織を動かして準備しないと中央税は都に届かなくなってしまう。したがって改新政府は立評を機に国宰の常駐を命じたであろう。

改新政府は大化五年の立評を凍結して評の細分化で旧国造の勢力を削ぐ方針に切り換えたが、中小首長を味方に付けて評の細分化を進めるには国宰の常駐は必須である。

また白雉四年（六五三）の冬に始まる条里施工は、評督・助督に自らの手で先祖代々の水田をすべて破壊させるという究極の踏み絵作業であり、この現場には常駐国宰が工事総責任者として君臨し、「国宰殿が見ておられる。不熱心を咎められて解任されれば一平民に貶められてしまう」と圧力をかけるていることが必須となる。もし東国国司的な臨時派遣の国宰が監督したなら国造らになめられてサボタージュが起こり、条里施工は頓挫したであろう。

また条里施行に先立つ平野部の国境・評境の画定にも国宰の責任を持った決断・裁定が必須である。これらの点からして、大化五年の立評時の国宰の常駐は必須であり、国宰の常駐は天武朝までずれこむことはありえない。

国宰と惣領の役割分担　先ほど立評がなされて国造・伴造らが評督・助督として地方組織の下僚になった以上、彼らに対する中央政府の意向の伝達は詔書ではなく、太政官符・民部省符・兵部省符を受けた国司からの国符となるとしたが、これは原理的な話しで大化五年段階ではまだ中央官制は未整備で太政官符・民部省符・兵部省符の逓送で中央政府の意向を国司に伝える体制はまだ整っていなかった可能性が高い。この隙間を埋めて国司を常駐させた上でその国司らに詔書を伝えるために広域担当で設定されたのが惣領ではなかったか。

ところで『常陸国風土記』によれば、「惣領　高向大夫《たかむこのまえつきみ》」が国造らの申請を受けて香島《かしま》・信太《しだ》・行方《なめかた》・多珂《たか》評の立評に関わり、行方評では「惣領高向大夫・中臣幡織田大夫《なかとみのはとりだのまえつきみ》」が立評に関わっている。この事例から鐘江は「惣領」高向大夫・中臣幡織田大夫らは「東国国司」と共通性を持っており、高向臣と中臣幡織田連の両名は、大化元年の「東国国司」の中に名前の見られないことから、大化二年八月派遣の「国司」であったとしている。この点に関しては、先に見たように国ごとの国宰の上に東国担当の詔書伝達使としての惣領が置かれていた体制を想定すると、惣領はある時点では東国のどこかの国に滞在しているであろう。たまたま常陸国に滞在中なら、申請側の国造らとしては採用されたい一心から国宰より上位の惣領に申請することはありうることで、評の再編を進める立場の惣領としてはひとまず受理はして事務的手続きは国宰に任せた。申請者側としては受理者の惣領高向大夫や中臣幡織田大夫が記憶に残って伝承され『常陸国風土記』の編纂時に記録されたということもありえよう。かなり推測混じりとなったが、「惣領」「国宰」と名称が異なる以上は仕事内容も異なる別のポストと見るのが穏当なので、このように惣領は文書行政が未整備な段階での中央政府―常駐国宰間の情報伝達のメッセンジャーと解しておきたい。

小括

本章ではこれまでの検討から以下のことが明らかになった。

① 七世紀第3四半期の政治動向を決定づけた主要な対立軸は畿内政力と地方豪族間の対立で、改新政府が打ち出した編戸、立評、条里施工は、地方豪族の存立基盤を根本から否定するもので、全国的反乱の危機を孕んでいた。

② 改新政府は国造らを反乱に走らせないよう、国造を評督・助督に優先任用する方針を出し、大化五年の立評では評規模も大きくして国造のクニをそのまま評に横滑りさせた。

③ 大化五年の国造優先任用の立評人事は選洩れ中小首長の大抗議を招き状況は膠着、改新政府はこれを国造押さえ込みの好機とみて立評人事を凍結、大郡上限を半減させた二〇里の新基準を公示

して選洩れ中小首長を味方に付けて評再編に乗り出した。これを「大化五年の立評凍結事件」と名づけて七世紀後半史の大きな節目として位置づけることを提起した。

④白雉四年の評再編で改新政府は評の小規模化、評督・助督の大幅増を実現し、『延喜式』まで継承される安定した地方行政機構の樹立に成功した。

⑤白雉四年の評の再編で地方豪族側は評督・助督のポストは得たが、それと引き換えに独立性・反乱権・配下の農民と地域支配権・首長制的土地所有権のすべてを召し上げられて国宰の部下に成り下った。畿内政権の圧勝、地方豪族の完敗である。

⑥地方豪族からすべてを奪い改新政府の完勝となった白雉四年の評再編は、律令国家建設史上、七世紀後半史上の大きな画期であり、これ以降改新政治が加速することになった。

⑦鎌田元一の「大化五年全面建評説」に対して「漸次建評説」が出されているが、「天下に立評」は「天下一斉に立評」の意味で大化五年全面立評で問題はない。また評造候補の中央政府での選考は時間幅をもっておこなわれたが、そこでの合格は今日の就職内定にあたり、かれら合格者は自宅待機して大化五年の立評時に一斉に評造に就任したので大化五年全面立評で問題はない。

⑧国宰の常駐開始は、組織の原理からも職務内容からも大化五年の立評時と考えられる。

⑨国宰の常駐は始まったが、中央政府から国宰への文書伝達方式が未整備だったため、中央政府と国宰間の情報伝達役として国宰の上に置かれたのが広域担当の惣領だったと考えられる。

第七章　農業共同体と出挙

一　世帯共同体・農業共同体・地域圏

前章までは大化改新政府と地方豪族層の対立、地方豪族内部の国造層と中小首長層の対立を軸に、大化五年の立評と白雉四年の評再編の政治過程を追ってきた。ここには反乱を防ごうとしての妥協も見られたが、本来改新政府は地域支配の核となる郡（評）の規模については、当面の地方豪族層の対立と離れて、あるべき郡規模の姿を描いていたはずである。それを探っていこう。

都出比呂志の農業共同体・地域圏説　改新政府の掲げた政治目標は、国造らを介した地方の間接統治を改めて、一人の天皇が四百数十万人の公民を直接支配する中央集権国家を建設することであった。ただ「一人の天皇が四百数十万人の公民を直接支配する」というのは理念上の表現であり、当時は個人単位で農業をやっていたわけではないので、現実的・経済的観点からすれば、国造や地方伴造らの中間搾取者を排して、稲作農業に必須な耕地や溜池・用水路の開発・維持をして農業生産の核となっている首長に率いられた集団を国家が直接把握することだったであろう。そのためには律令国家の地方組織である郡（評）の大きさをどれくらいにするかが大きな課題となる。

この稲作農業の核となる首長に率いられた集団は「農業共同体」として吉村武彦（一九七八）ら文献史家も論じているが、都出比呂志は考古学の集落研究をベースに弥生時代から律令期までの世帯共同体、農業共同体やそれら複数を包み込む地域圏の形成過程を地図入りで具体的に復原しているので、まずは都出の成果を学ぶことから始めよう。

都出比呂志（一九八九）は考古学の集落研究をベースに淀川上流の大阪府高槻市域をとりあげて弥生時代から律令期までの世帯共同体・農業共同体・地域圏の形成過程を復原している。

〔農業共同体・世帯共同体〕

a〔図61〕の網目楕円で示した大阪府高槻市の安満《あま》遺跡は、弥生時代前期段階で直径約一〇〇ｍの環濠集落で類推人口は約五〇人、中期段階には集落の範囲がさらに東に拡大し、居住区と墓域とをあわせると東西一㎞、南北三〇〇ｍの規模となる。この安満集落を母ムラとして中期から後期にかけて集落の北の丘陵地に天神山から萩ノ庄までの小集落が次々と分村した。これらは平野部とは遠くない比高二〇～三〇ｍほどの準高地性集落で、単に高地性集落として軍事的な機能のみを有したのではなく、平野部における農耕に従事し、その収穫稲をそれぞれの小集落で貯えた水田経営の基礎単位でもあった。

b　分村した小集落は大型竪穴住居と数棟の小型竪穴住居と高床式倉庫で構成され、それらの住居

図61　母ムラと分村から成る農業共同体（都出比呂志1989）

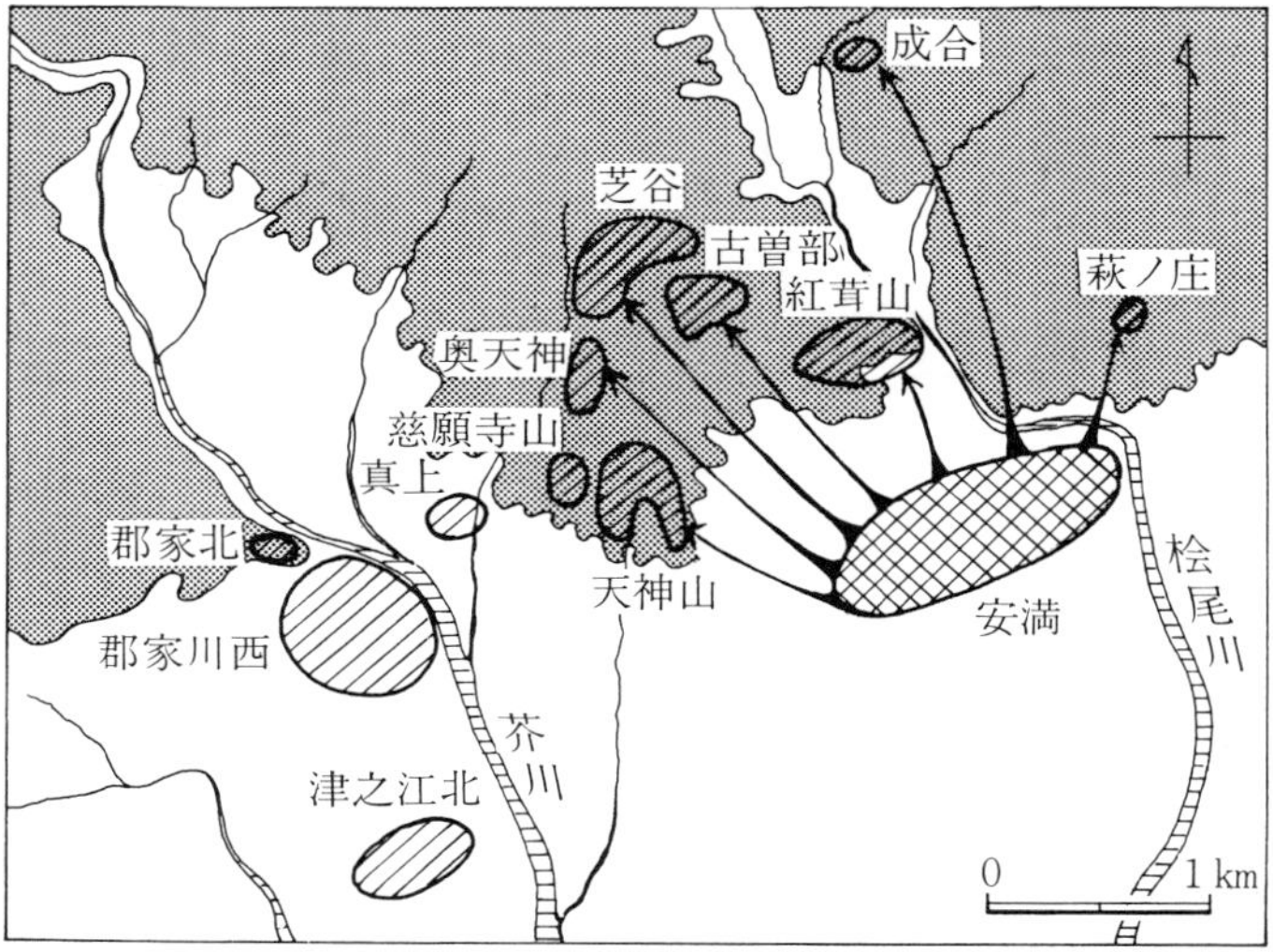

群は既婚者を核とする世帯別の居住形態と考えられる。大型住居に住むのは複数の世帯を統括する長老あるいは「家長」と考えられ、この複数の世帯の複合体からなる有機的集団を「世帯共同体」と呼ぶ。

c

小集落の基礎となった世帯共同体的小集団は耕地と労働用具とを保有して、その耕作に従事し、稲をはじめとする収穫物を倉庫に収納するという一貫した過程に携わる独立した経営体であった。その小集団単位の耕地の保有と耕作、そして収穫物の保有とは、さらに大きな協業労働とそれを可能とする農業共同体的結合によって、その基礎を保証されていた。

d　安満地域の水利・灌漑・治水の開発と維持は、母ムラを中心に分村した小集落が有機的な連携の協業労働でおこなっていたことが推測でき、これを「農業共同体的結合」と呼ぶ。こうした農業共同体的結合は、大阪府の池上遺跡や東奈良遺跡、兵庫県の加茂遺跡でも確認できる。

e　淀川水系地域においては、古墳時代前期の古墳群の分布に示された首長墓の一系譜の出身基盤と、これら農業共同体とがほぼ対応する。

〔古墳時代の地域圏と律令制下の郡域〕

f　〔図62〕Aの原名は「淀川水系の古墳の首長系譜と地域圏」。都出は安満遺跡を含む「三島」、長岡市・向日市域の「乙訓」、木津川領域の「南山城」、枚方・交野・寝屋川市域の「交野」の古墳時代の四つの地域圏を命名して点線楕円で示している。

g　〔図62〕Bでこの地域圏と『和名抄』に見える律令制下の郡を重ねると、地域圏は律令制下の一ないし三郡の範囲に相当するが、乙訓郡や交野郡のように郡と古墳時代の地域圏が重なるものもあり、また淀川右岸地域は島上郡と島下郡に分かれる以前は三島郡（評）で地域圏と重なり、「律令制下で、初期に郡として編成された地域単位は、弥生時代以来の通婚や交易で緊密な結びつきをもつ地域圏と近い広がりを有する場合が多い」とする。

h　服部昌之は『和名抄』における郡と郷数とを比較して総数五九一郡中の三分の二にあたる郡が四〜八郷を支配することを統計的に明らかにし、この範囲の郷数が郡の領域の画定にあたって

図62　古墳時代の地域圏（都出比呂志1989）

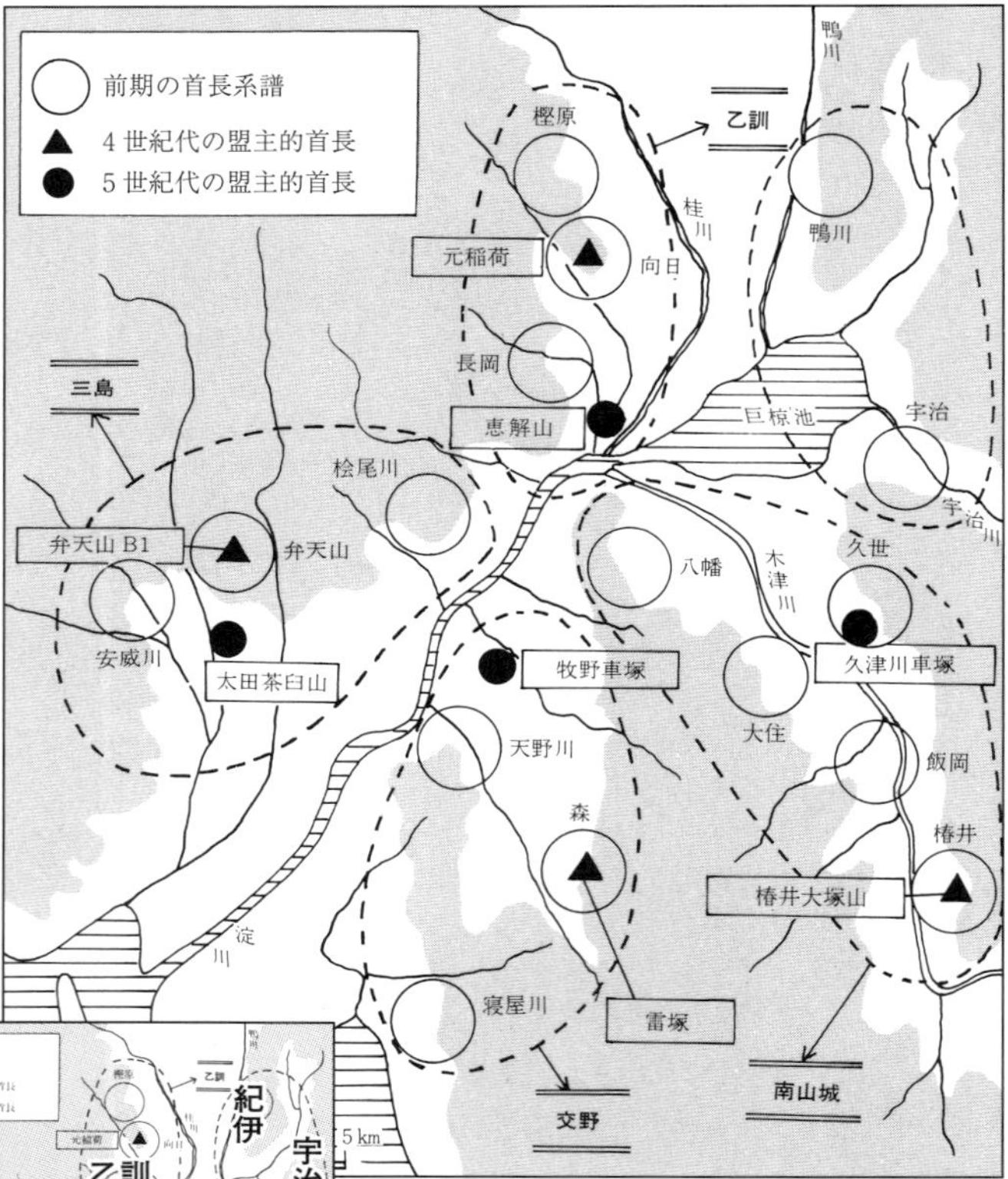

A 古墳時代の地域圏

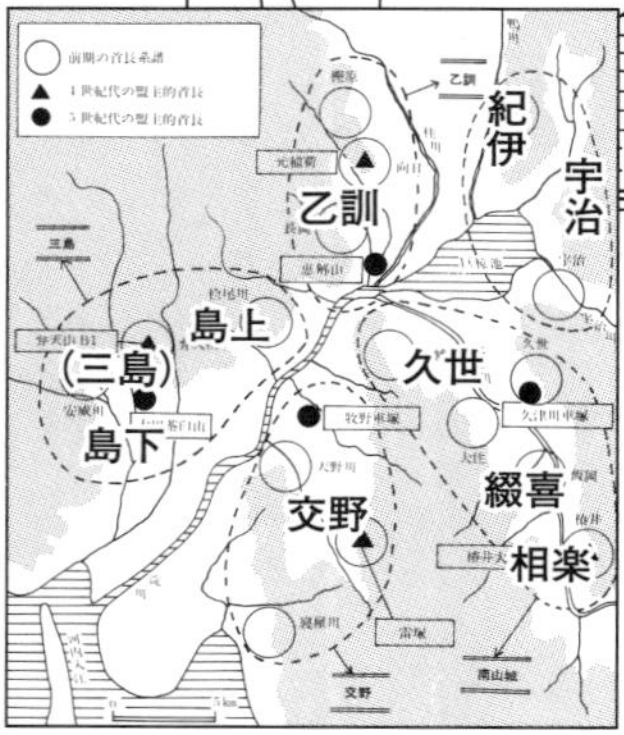

B 古墳時代の地域圏の郡比定

（都出の本文記述を図化）

基準となったことを指摘する。なおこの『和名類聚抄』の「郷」は律令制初期の「里」に相当する。

i　郡に相当する広がりをもつ古墳時代の「大地域」は弥生時代や古墳時代における農業共同体の領有圏を数単位含んでいる。

j　本貫の移動現象は郡内が多いこと、通婚圏の主要な範囲が郡域と重なることなど、郡という地域単位が重要な生活圏となっている。農耕を基盤とするかぎり、郡に似た広さの空間単位が、歴史をこえて生活圏として共通の性格をもつ理由ともなった。

とまとめている。

以上、都出の分析によって改新政府は通婚圏・生活圏として弥生時代以来継承されてきた地域圏を評域に設定しようとしていたらしいことが明らかとなり、その大きさは農業共同体の領有圏を数個含んだものであった。

軍事編成の末端組織を地域の実態とどう融合させるか　改新政府は唐に対抗できる軍国体制をつくろうと、一戸約二〇人、一戸に正丁四人で兵一人という基準のもとに編戸を進め、五〇戸を一里（五十戸）とし、里をいくつか束ねて評（郡）を造った。戸口約二〇人、正丁四人で一戸になるようにする編戸過程は軍事政策優先で、実態と大きく乖離しかねない機械的編成であり、また五〇戸を一里とするのも軍隊編成を念頭に置いた機械的編成である。となると、その上位組織の里をいくつか束ねて評

（郡）を造る過程が、国民皆兵体制優先で編成された地方組織を、生きた社会に近づける唯一の機会だったことになる。

律令国家は形式上は一人の天皇が四百数十万の公民を戸籍で把握して税や労役・兵役を課すという直接統治ではあったが、末端の現場では人々は助け合いの共同体を組織して大自然と向き合って開墾し用水路を開削して食糧を確保し、自然災害に対処し、治安を維持し外敵から防衛して暮らしてきた。その自然と向き合うまとまりが農業共同体であり、それを数個束ねた流通圏が地域の生活圏として人々の暮らしを支えてきた。したがって律令国家の末端を担う評造《こおりのみやつこ》には、地域の有力農業共同体の首長で地域圏の流通を掌握している者を選び、末端の行政は評造に委託して自治に任せることが直接統治の実態であり、形式上一君万民の律令国家に命を吹き込むことになった。

評（郡）は里（五十戸）の集合体なので、五里で一評とするか、一〇里で一評とするかは自由なので、評再編の過程で現地の地域圏に含まれる里を集めて評を作れば、地域圏に重なる形で評域を設定することができる。ただ評域の策定は国造や中小首長たちの既得権が絡まる厄介な場面である。したがって改新政府は「評の規模は地域の生活圏・交易圏でもある地域圏に合わせよ」という大原則を公示しながら、円座会議でかれらの合議のなかで評督・助督を選ばせたものと考えられる。

もし評造にこの地域圏を四つも五つも束ねる大国造を任じてしまったなら、文書の上では律令制度にもとづく支配がおこなわれているように見えても、実態としては大国造が数人の地域圏首長の上に聳える領主となり中間搾取が生まれて一人の天皇が四百数十万人の公民を直接支配する中央集権国家の理念と大きくかけ離れてしまう。こうして見れば大化五年の立評から白雉四年の評の再編までの政治過程は、改新政府が地域行政を安心して任せられる適正規模のパートナー探しだったことになる。

ここで再検討を要するのは評督・助督の双頭制の真のねらいは何かである。

評督・助督双頭制のねらいは何か　国造制は国造一人支配だったのに対して、国造制を解体して新設することになった評の管理には、評督・助督の二人体制が採られた。これを「双頭制」と呼ぶことにするが、双頭制を採用した中央政府のねらいについて、熊谷公男（二〇〇二）は次のように述べる。

評督・助督は、在地の別々の氏族（これらを譜第氏族・譜第家などという）から代々任用するのが原則で、しかも両者はほぼ同等の権限をもっている。ツートップ制といってよい。この特徴は、評の後身である郡の組織にもそのまま引き継がれる。

さきに、改新政権は「国造・伴造・県の稲置」の家がらの人物を評の役人に任用する方針であったことをみたが、これは安定した在地支配を行うためには、どうしても伝統的な権威をもつ有力首長の力が必要だったからである。（中略）しかしそれだけでは国造の支配体制と本質は変わらない。やがて同じ弊害が生じてくることは目に見えている。そこで新たに導入されたのがツートップ制である。在地でライバル関係にある別々の氏族から評の長官・次官を任用し、両者に同等の権限を与えることによって互いに牽制させ、特定の氏族が評を独占的に支配することを防ごうとしたのである。

国造支配の大枠であったクニを解体し、ツートップ制をとった評に再編することによって、在地支配に首長の伝統的な支配力を利用しつつも、王権のよりコントロールしやすい体制がここに成立したのである。

「在地でライバル関係にある別々の氏族から評の長官・次官を任用し、両者に同等の権限を与えることによって互いに牽制させ、特定の氏族が評を独占的に支配することを防ごうとした」という相互牽制説であるが、「ツートップ制」はサッカーでは攻撃のための布陣なので、熊谷の意図に反して「地方社会側がツートップ制を採って中央政府の干渉を迎え撃った」と誤解されかねないので、ここでは双頭制と呼び変えることとした。

さて熊谷のいう相互牽制は実際に機能したのか。国宰の前では長官・次官の秩序を守り、文書形式も規定の様式を遵守しながらも、それぞれが支配領域をもつ別々の氏族の出が基本なので、本音の部分ではそれぞれの領域を中心に評域を二分して支配していたのではないか

都出の分析ではiで「郡に相当する広がりをもつ古墳時代の「大地域」は弥生時代や古墳時代における農業共同体の領有圏を数単位含んでいる」との指摘がある。この「数単位」を仮に四単位だった場合でシミュレーションしてみると、評督・助督を規定通り長官・次官のポストと見て上司と部下と見るなら、評域で四つの農業共同体を管轄することになる。それに対して評域を評督・助督で分け

合って支配するなら、評督・助督はそれぞれ自分の農業共同体を起点に隣の農業共同体を管轄することになり、より地域密着型になって農業技術・開発・灌漑・治水のノウハウと高い技術の成員たちを抱えた農業共同体を丸ごと律令制下に移植できることになる。また評再編過程の力関係で地域圏を二〜三個含む大評（郡）ができてしまった場合も、評督・助督で分轄統治するなら、地域圏とのずれも少しは解消されるであろう。

改新政府が評造人事にほとんど同格の評督・助督双頭制を持ち込んだ真の意図は、相互牽制よりは分割支配で管轄範囲を小さくし、より農業共同体のスケールに近づけることにあったのではないかと考えられる。

二　公出挙は国内起源か唐制導入か

坂上康俊の公出挙の唐制導入説　公出挙《くすいこ》の起源についてはこれまで租の起源とともに、共同体内部で運用されていた再生産維持の方策の一つと見なされてきたし、私も専門外ながら漠然とそう考えてきたが、坂上康俊《さかうえやすとし》（二〇一一）は、

①七世紀の百済でも五割の利子を取る公出挙が行われていたらしい。

②八世紀の唐の西州（トルファン）でも、官が春に粟を貸し出し、五割の利息とともに秋に返却さ

せる制度が運営されていた。

③唐では、公廨本銭《こうかいほんせん》といって諸官庁が財源を持っており、これを下請けの高利貸し（公廨戸）に預けて利息分を徴収し、それを各官庁の年間経費に充てるという、日本の公出挙も全く同じ趣旨で運営されている。

④西州の粟出挙は西州だから粟を回転させていたのであって、江南なら稲を用いていた可能性が大きく、ますます日本の公出挙にそっくりになる。

という近年の新史料を踏まえて百済あたりを経由しての外部からの導入という見解を提示している。

ところで大化二年（六四六）三月辛巳（一九日）詔には、

官司の処処の屯田《みた》、及び吉備嶋皇祖母《きびのしまのすめみおや》の処処の貸稲《いらしのいね》を罷《や》むべし。

とあり、この「貸稲」は出挙の史料とされていて、まだ税制の整わない大化二年三月のことであり、廃止が命じられていることからして、大化前代から出挙がおこなわれていたことになる。そうであれば日本の公出挙の起源も坂上のように外来起源か在来起源かと二者択一的に考えるのではなく、共同体出挙の伝統の上に唐の公出挙制を導入したという双系的理解が当時の現実に近いのではないか。

公出挙は農業共同体出挙方式を継承　私が公出挙に共同体出挙の伝統を強く感じる理由は、公出挙が種籾支給と田植えの雇用労働費補助という日本の稲作の根深いところに関わっていることで、この深い関わりからすれば、公出挙が七世紀後半という新しい段階の唐制導入だけで成り立ったとは思えないからである。

種籾は言うまでもなく稲作の根幹の部分であるが、五月の出挙については、延暦九年（七九〇）四月一六日官符の「応に田夫に魚酒を喫《くらは》しむる事」で「殷富《いんぷ》之人は多く魚酒を蓄えて既に産業の就き易きを楽しみ、貧窮之輩は僅に蔬食《そじき》を辨《そな》へて還って播殖の成り難きを憂う。是を以て貧富共に競って己が家資を竭《つく》して彼の田夫に喫はす。百姓之弊、斯《これ》より甚しきは莫《な》し」と弊害を訴えている田植え時の好条件での雇用労働の獲得競争がある。この禁制は出土資料の嘉祥二年（八四九）の加賀国の加賀郡牓示札にも同内容が記されており、ここまで広がっていることからすれば、激化の程度はともかく起源は大化前代にさかのぼる古いものと思われる。

夏の出挙は代踏み雇用の補助が起源か　旧暦五月の田植えを前にして大量の雇用労働を投入する習慣は、馬鍬《まぐわ》以前の代《しろ》踏み段階にさかのぼると考えられる。

馬鍬は古墳時代の五世紀に倭の五王の使節が江南から持ち帰って、大和政権と連合を組んでいる地方首長のもとにも実物模型が送付されて普及した。馬鍬の出現で代掻《しろか》きは楽になったが、それ以前は一家総出で泥田に入って足を大きく上下に踏みながら水中の土塊を一つ一つ踏み潰していく代踏みであった。弥生時代以来の水田で乱雑な大小無数の足跡が見つかるのは、この代踏み跡であろう。田植えは旧暦五月の梅雨の五月雨をあてにしておこなわれたが、梅雨も後半は集中豪雨が激しくなる。代踏みで田底には足跡が深く踏み込まれ、浮いた泥水は田植えに格好の軟質土となっているが、豪雨で河川が溢水すれば、洪水は浮いた軟質土壌を一気に流し去って田底に深く踏み込まれた足跡の上に川砂が堆積して埋めてしまう。水田跡で発見される足跡の多くはこのケースであろう。

馬鍬による代掻きは、荒代《あらしろ》・中代《なかしろ》・植代《うえしろ》の最低三回おこなうが、植代は当主が早朝から田植え順に合わせて代掻きをする。段取りよく一日前に済ませておいたなら、泥が沈殿して田植えの際に痛くて指が入らないのだという。それで早朝からの植代掻きとなるのだが、これが馬鍬以前の代踏み段階だと大変になる。田植えの前に田一面を代踏みで仕上げなくてはならないからである。女性陣は田植え要員なので代踏みは手伝えない。そこで出挙稲の下賜を受けて雇用労働が投入されたのが夏の出挙の起源ではないか。

大量の備蓄稲は共同体出挙の蓄稲か　農業共同体はおそらく古墳時代の前から出挙をやっていたであろう。この出挙が首長に年々蓄稲をもたらしたらしいことは、古墳時代の反乱伝承で逃げた側が追っ手を防ぐため屋敷の周りに穎稲《えんとう》を積み上げて大規模な矢除けのバリケード「稲城《いなき》」を築いていることから窺われる（河野通明一九九七）。

a〔垂仁紀五年一〇月〕　狭穂彦《さほびこ》の反乱時の防戦場面

時に狭穂彦、師《いくさ》を興して距《ふせ》く。たちまちに稲を積みて城《き》を作る。それ堅くして破るべからず。これを稲城と謂《い》ふ。月をこえて降《したが》はず。（中略）すなわち将軍八綱田《やつなだ》、火を放《つ》けて其の城を焚《や》く。ここに、皇后、皇子を懐抱《いだか》して、城の上を踰《こ》えて出でたまへり。

b〔『古事記』中巻〕沙本毘古《さほびこ》の反乱場面

天皇（中略）すなはち軍を興して沙本毘古王を撃ちたまひし時、其の王、稲城を作りて待ち戦ひき。

c〔雄略紀一四年四月〕根使主《ねのおみ》の抵抗

根使主、逃げかくれて、日根に至りて、稲城を造りて待ち戦ふ。

d〔崇峻即位前紀〕蘇我馬子に攻められた大連物部守屋の防戦

大連、親ら子弟と奴軍《やつこいくさ》とを率て、稲城を築《つ》きて戦ふ。

穂首刈りの稲束＝穎稲を積み上げて矢除けのバリケードを築くのだが、束ねた稲穂なので押さえながら積み重ねていけば、とくに括らなくても崩れない。稲束を積み上げるので断面は台形となり、矢除けであると同時に味方も矢を射るので稲城の高さは肩より下で四尺、一・二mぐらい。敵は稲城の上に出た顔を狙って射るので矢は稲城の上端近くに集中的に当たる。そのため頂部はそれなりの厚み＝奥行きが必要となり、上端幅は三尺で九〇cmとしよう。固く押しながら積めば、斜辺は六〇度でも崩れないが、aの史料で「皇后、皇子を懐抱して、城の上を踰えて出でたまへり」とあるので、斜面六〇度では皇后が皇子を抱いて稲城を越えるのは難しい。斜面は四五度ぐらいだろうか。そうなれば底面幅は一一尺、三・三m、斜面が五〇度なら底面幅は二・九mとなる。

稲束の積み重ねた内部では、籾粒は相互に少し動ける隙間があるので、矢が表面に当たると押し込まれた籾は数粒を押し込み、その数粒がそれぞれ数粒を押し込むので、矢の当たったところを頂点に奥に向かって円錐状に力が拡散伝播し、籾粒が少しずつ動いて力を吸収するので矢の速度は急速に減衰して貫通しない。

この高さ一・二m、上端幅九〇cm、底面幅三m前後の稲束堤防で屋敷をぐるりと囲むわけだから、相当数の稲束が必要となる。この蓄稲は毎年の出挙利稲の蓄積で生み出されたと考えるのが穏当であろう。地域首長の成員に対する出挙が年々利稲をもたらしているなら、官稲の公民に対する出挙で地方財政がまかなえるというのはすぐ思いつくことであろう。農業共同体首長の成員に対する春・夏の出挙は、成員から見れば「公の出挙」である。その農業共同体首長を評督・助督に任用して、官稲の公民に対する春・夏の出挙運用を任せたのが公出挙なのではないか。

三　「出挙を通した災害保険共同体」仮説

出挙は弥生時代中期に誕生か　ところで地域首長の成員に対する出挙が年々利稲をもたらして厖大な量になるとしたなら、春の種籾、夏の雇用労働費の貸し付けだけでは少し片務的ではないか。出挙のような慣行が長続きするなら、そこには何か互酬的な成員側にメリットとなるような要素があっても良さそうだが何かないか。この点を検討しておこう。

出挙については、古代日本の社会に根付いているように見えることから当初は田植え法を日本列島に伝えた江南少数民族系稲作民が江南時代からの習俗として持ち込んだのではないかと見当をつけていた。ところが雲南省や貴州省、東南アジアの稲作民についての文化人類学者の調査報告には十分目を通せているわけではないが出挙の話は出てこない。私自身も広西省・雲南省の調査に行った際に、日本の古代では稲束の種籾支給と結びついた共同体の成員に対する高利貸しがあったが、そんな慣行はないかと聞いてみたが知らないとのことだった。改めて考えてみると人々は誰も故郷を捨てたがらない。故郷を捨てて日本列島に渡ってくるのは、そうしなければならない切羽詰まった事情があったはずで、それは中国が戦国時代から秦による統一に向かう過程での苛烈な戦争で、留まれば皆殺しにされるか奴隷にされるかという状況で着の身着のままで避難する他はなく、辿り着いた先が日本列島だったのであろう。この難民状況ではかれらに備蓄米があるわけはなく、仮に故郷で出挙慣行があったとしても日本列島への移住と開拓時代のぎりぎり命をつなげるかの生活を何代かにわたって続けるうちに消えてしまったであろう。となれば出挙は日本にきてから生まれた慣行となる。出挙が生まれるには共同体にある程度備蓄が貯まってきて余裕ができてからとなる。その時期は〔図61〕（二九四頁）の安満の環濠集落が分村を始める時期、弥生中期あたりからであろう。

世帯共同体の倉は自分たちの食糧保存庫であり、種籾は親村の共同体倉庫から神からの下賜として受け取るのは自然な成り行きであろう。収穫期に神に返納することになるが、神から受けた種籾が十数倍、時に何十倍にもなって収穫される場面である。感謝を込めて倍返しで返納するのはごく自然な流れであろう。出挙の誕生である。

農業共同体の「出挙を通した災害保険共同体」仮説　ところでもし安満の農業共同体集落が集中豪雨被害に遭ったなら彼らはどうしたか。山添いの分村は土砂崩れで流され、平野部の水田も河川決壊で半分ほどが土砂で埋まったなら、共同体首長は迷わず自邸敷地内の共同体倉庫を開いて被災家族に食糧を与え、復旧班を二グループ組織して分村救助と水田復旧に当たったであろう。もちろん人手不足なので首長邸の共同体倉庫の備蓄稲を使って大量の雇用労働を投入して復旧に当たった。これを経験した成員たちは、秋の収穫期の出挙稲返納は、神への感謝はもちろんだが予期せぬ災害に備えるためにも共同体備蓄の充実に日頃から心掛けなければならないと考えるであろう。そして満杯の共同体倉庫を見ると、これで災害が来ても安心だ。復旧は何とかなるのでまずは命を大事に逃げることが肝要だ、とも思うであろう。ここでは出挙は災害保険として機能している。

つまり共同体成員として保険に加入し、毎年出挙利稲という形で保険料を支払っておけば、災害時には即時・無審査の全額補償が受けられることになり、農業共同体は災害保険共同体としての性格を併せ持っていたことになる。

農業共同体の母ムラと分村小集落が有機的な連携を保つ契機を「水田の開発と維持のための協業労働」に限定した場合、水田の開発は何十年に一度のことであり、水路の維持のための協業労働も農業共同体全体の作業とは限らず、用水路の支流ごとの二、三か村の溝浚えが毎年の作業となるかも知れない。そうなると水田の開発と維持のための協業労働だけでは母ムラと分村は年々疎遠になって農業共同体結合が弛緩していくことにもなろう。この点、首長邸の共同体倉庫の備蓄稲による春夏の出挙は、災害救助という支出をもった途端に成員一人一人に密着したものになり、共同体倉庫の備蓄の充実は成員に安心を与えて明日への活力の源となってくる。つまり農業共同体は「出挙を通した災害保険共同体」としての側面をもっていて、その側面を備えていたからこそ、農業共同体は弥生時代から一〇世紀まで地域社会の生産と生活の核であり続けられたものと考えられる。

出挙の三類型　農業共同体の「出挙を通した災害保険共同体」仮説を出したことによって、古代日本の出挙には次の三類型があったことにある。ここで古代と言っているのは、律令体制下の八世紀社会を念頭に置いている。

Ａ　**公出挙**…郡司の公民に対する公的出挙で、利稲は現実には地方税化している。

Ｂ　**私出挙**…民間の高利貸し的出挙で、『日本霊異記』の讃岐国美貴郡の大領の妻、田中真人広虫女《たなかのまひとひろむしめ》が「酒に水を加へて多くし、沽《う》りて多きなる直《あたひ》を取る。貸す日は小き升にて与へ、償る日《はた》は大きなる升にて受けぬ。出挙の時は小き斤《はかり》を用ゐ、大きなる斤にて償り収む」という活動に代表される。

Ｃ　**農業共同体内出挙**…農業共同体内の首長―成員間の出挙で、春の種籾、夏の雇用労働費のほか、災害保険の意味合いをもって農業共同体の結合の核となっていたと推定される。

Cは公出挙のように国家と関わりがあるわけではなく、Bの私出挙のように社会問題となることはなく、しかも共同体内の動きなので見えにくく、共同体なので大きなトラブルになることは少なく、もっとも事件性が少なくて記録に残りにくい出挙である。したがって文献記録がないからこの形態の出挙は存在しなかったとは絶対にいえない性質のものであることを確認しておきたい。

都出のいう農業共同体的結合が生きていた時代は弥生時代中期から一〇世紀前後の郡司の崩壊といわれる時代までで、大化前代の部民制社会から律令国家建設の間の断絶を越えて継承されていた。そしてその農業共同体は「出挙を通した災害保険共同体」としての側面をもっていたこと、それが農業共同体が人々の生活の拠り所として長続きしてきた原因であり、その農業共同体が弥生時代以降の日本社会の発展を支えてきたことを、まだ論証不十分ながら仮説として提起しておきたい。

小括

本章ではこれまでの検討から以下のことが明らかになった。

① 郡司（評造）には地域の有力農業共同体の首長で地域圏の流通を掌握している者を選ぶのが望ましく、改新政府は評規模が地域圏に重なる方向で指導していたと考えられる。

② 評督・助督双頭制の狙いは事実上の評分轄を認めることによって、大きすぎる評は適正規模に近

づけ、適正規模の評は分轄統治でより農業共同体に密着した支配ができるようにしたものと考えられる。

③公出挙は農業共同体出挙の伝統の上に唐の公的出挙制を移植して成立したものと思われる。

④夏の公出挙は、馬鍬以前の代踏み時代の雇用労働費補助が起源と考えられる。

⑤農業共同体内出挙は、災害保険を兼ねて首長と共同体員を結ぶ絆となり、弥生時代から一〇世紀まで、千年以上にわたって農業の開発・維持の基礎単位として地域社会を支える核となってきた。

⑥日本古代の出挙は、A　公出挙、B　私出挙、C　災害保険機能をもった農業共同体内出挙の三類型に分けられる。

第八章　中央集権的天皇権力はいつ形成されたか

一　永続する社会体制は争乱後の講和条約

中央集権的天皇権力の形成　本章のタイトル「中央集権的天皇権力はいつ形成されたか」は、ちょっと意味がわかりにくいかも知れない。「それは大宝律令で成立したことは自明のことではないか」と反論されそうなので少し説明しておこう。大宝律令で「天皇―太政官―八省―国―郡―里―戸」という中央政府による地方支配の組織が定められ、一人の天皇が全国四百数十万人の民衆を直接統治するピラミッド型の中央集権国家が成立したことは教科書の説く通りである。ただ七〇一年の大宝律令は律令国家建設過程の最終仕上げの段階であり、現実に出来上がっていた支配体制を整った法制にまとめ上げ、外被を着せたものである。

天皇の全国支配は相手のあるものである。法令で天皇を頂点とするピラミッド型の中央集権国家を定めてみても、全国の地方豪族がそれに従わなければ空文に終わってしまって律令体制は成立しない。現実世界で一人の天皇が全国四百数十万の公民を支配する中央集権国家を築くには、あらかじめ実力で地方豪族らをねじふせて、おとなしく命令に従わせる上下関係を造っておかなければならない。ではその上下関係はいつ造られたのか、この点は重要な課題なのだが、その重要性が十分認識されておらずその解明は進んでいない。この課題に迫るために、少し角度を変えて検討してみよう。

社会体制成立の法則　律令体制のような何百年も続く社会体制は、全国の諸勢力の覇権争いの結果、勝者を頂点とする身分制社会として創られるという法則がありそうである。この点を日本史の他の時代を例に具体的に考察してみると、弥生時代の後半に起こった倭国の大乱を経て、巨大な前方後円墳の形と大きさで各地の勢力の身分の上下を目に見える形で表す「前方後円墳体制」が出来上がった。また戦国末期の織田信長・豊臣秀吉の統一戦争と関ヶ原の戦い（一六〇〇）での徳川家康への権力移行を経て、士農工商の身分制度を基にした「幕藩体制」が出来上がった。各地の勢力の覇権争いの大規模な争乱を経て、その勝者が今後は戦乱なしに安定した社会が維持できるよう、勝者を頂点とする身分制度を創り上げるのである。身分制度は差別の体系である以前に、戦乱を戦った諸勢力が勝者の提案を受け容れて結んだ講和条約であり、戦乱の時代に終止符を打って平和な日常を回復するという諸勢力の共通の願いを勝者の立場から編成した社会秩序だったのである。したがって発布当時は散発的な反抗は起こりながらも世代交代を経て安定社会の秩序として定着していく。

ここから一つの重要な法則が導き出せる。

◆社会体制成立の法則

数世紀にわたって安定した社会秩序を維持することのできた社会体制は、諸勢力の覇権争いの大規模な争乱の結果結ばれた講和条約で勝者を頂点とする身分体系であり、平和な日常を回復するという諸勢力の願いを勝者の立場から編成した社会秩序である。

とまとめることができよう。

ところでこれはサル社会のボス争いとそっくりである。肉食獣に狙われる環境にあって、サルたちは強いオスをリーダーとして群れで行動して安全を守り子育てする。ところが年月を経てボスが年老い若いオスが力を持ってくると、群のメンバーの前でボス争いの決闘が展開し、勝者が新しいボスとなって新ボスを頂点とする身分秩序が構成されて、新リーダーのもと群れで行動し安全を守り子育てする日常が回復する。全国支配の覇権をめぐる倭国の大乱も戦国の争乱も、人類段階に入って社会が大規模化したことにともなってサル時代のボス争いが列島を巻き込むまでに大規模化したものであり、文明化にともなって「将軍」「大名」…「足軽」「百姓」「士農工商」など漢字語で飾り立ててはいるものの、その本質は何千万年も前のサル時代から受け継いだ自然界で群社会が生き延びるための知恵だったのである。それだけにこの「社会体制成立の法則」は時代や民族の違いを超えて人類社会に広く通用する一般性をもった法則といえよう。

この社会体制成立の一般法則を援用すれば、

「前方後円墳体制」→倭国の大乱の勝者による平和維持体制

「幕藩体制」→戦国末期の統一戦争の勝者による平和維持体制

ならば

「律令体制」→乙巳の変以降の諸勢力の対立の勝者による平和維持体制

という図式が描けよう。

つまり律令国家の天皇支配の体制は、六四五年の乙巳の変から七〇一年の大宝律令にいたるまでの政治過程のなかで、中央政府が地方の諸勢力や畿内豪族を圧服して天皇による全国支配体制を造り上げたのであり、その政治過程とはいつのどの事件だったのか、この答えを探らなければならないのである。では天皇政府が諸勢力を圧服して全国支配を確立した政治過程とは何か。それが本書でこれまで分析を重ねてきた評の再編と条里施工だったのではないかと見当をつけている。

二　天皇の全国支配を確立した評の再編と条里施工

関・早川の「畿内政権論」　早川庄八（一九八四）は関晃（一九五二）説を継承して大和政権を構成していた大王と畿内豪族による政治勢力を「畿内政権」と位置づけ、「律令国家とは、畿内を中心とする諸豪族が大王を中心として結集し、それまで人民に対する支配権を分有していた地方豪族から、その権力を奪取するために形成された国家であった」とした。正鵠を射た把握と考えられるので継承したい。この畿内政権論が重要なのは、律令国家が形成される七世紀後半の政治情勢を畿内政権対地方勢力という対立構造を主軸に据えて分析していることで、この準備なしに文献記録にもとづいて政治過程を分析すると、文献史料には朝廷回りの出来事以外はほとんど記録されていないので、文献史料の偏りに規定されて歴史叙述が政局史に矮小化されてしまうからである。

先ほどの社会体制成立の法則からすれば、部民制社会を廃して天皇を頂点とする中央集権国家を創設するという大規模な体制変革には、既得権を根こそぎ奪われる地方豪族の反乱が全国に拡がり、中央政府はそれを征討し鎮圧した上で成立するという政治過程があって当然であるが、現実には大反乱は起きていない。大反乱は起きなかったために律令国家創立にいたる政治過程は文献史料には記録されず、文献記録がなかったため分析もおこなわれなかったのである。だが「文献記録がないならお手上げ」では不甲斐ない。ここは歴史の真相に迫るには使えるものは何でも使うという歴史研究の原点に戻って取り組んでみようではないか。ここで活躍するのが痕跡からのシミュレーションである。

本書のこれまでの分析で畿内政権と地方豪族がぶつかり合ったのは評の再編と条里施工であり、評の再編と条里施工の政治過程についてはこれまで丁寧に復原してきたので、ここでは内乱も起こさずに天皇を頂点とする中央集権国家を確立させた改新政府の政治の采配はどんなものだったのか探ってみる、という観点から改めて整理してみよう。

改新政治は武器接収からスタート　大化改新政府は大化元年（六四五）八月の東国国司詔で戸籍と作成

と田畑調査を命じるのとあわせて任地で兵庫（武器庫）を建造して武器の接収を命じ、九月朔日には諸国に使者を派遣して「兵を治む」と武器の接収を命じている。大化改新政府は諸国に派遣した最初の使者に地方社会の武装解除を命じたのであり、大化改新政府が地方豪族たちに反乱を起こさせないよう、細心の注意を払って改新政治をスタートさせたことを物語っている。やはり時代の動向のカギを握っていたのは畿内対地方の対立だったのである。

大化改新詔は地方豪族に対する宣戦布告　改新政府は大化二年（六四六）元旦の大化改新詔で改新政治の大綱を公示し、王族のもつ子代《こしろ》の民や屯倉《みやけ》、諸豪族のもつ部曲《かきべ》の民や田荘《たどころ》を廃止して大夫より以上の上層貴族には食封を与えるという部民制の全廃を掲げ、国造を評造に優先任用して地方社会を中央政府の直接統治下に置く方針を打ち出し、戸籍で民衆を公民化して班田収授と「田は長さ三十歩、広さ十二歩を段とせよ。十段を町とせよ」という方格地割を掲げて将来の条里施工を部分的に示した。これは地方豪族からすべての既得権を奪う政策を公示したのであり、大化改新政府が地方豪族に対して発した宣戦布告でもあった。したがってこの段階で一気に内乱が勃発してもおかしくないはずだったが、現実には中小首長層の評造任用を求める競争が激化するという方向で情勢は展開した。

内乱化を抑制した地方社会内部の対立の激化　国造制は六世紀初頭段階の中央・地方関係を身分制として固定したものだが、その後の一世紀あまりの間に群集墳の拡がりに見られる中小首長層の台頭は著しく、国造制の枠組みを変えて自分たちも地方官のポストを得たいとする要求が地方社会には充満していて、大化改新詔による国造制を廃して評造制に移行する方針は中小首長層にとって千載一遇の好機の到来と受け止められたようで、改新政府は端から国造の優先任用方針を打ち出しているにもかかわらず、中小首長層の評造任用運動が激化した。これが地方社会が一致して中央政府に反抗して内乱に向かう芽を摘んでしまう結果となり、大化改新政府にとっては評造任用をエサに地方豪族をコントロールできる買い手市場の状況が現出した。

反乱の機を逸した国造級豪族　先ほど大化改新詔は地方豪族に対する宣戦布告だと言ったが、それは地方豪族側からすれば、中央政府から派遣されてきた国宰が国造以下の地方豪族を集めて大化改新詔を読み聞かせた時、応諾の返事で答えなければならず、それは大化改新詔の内容を受け容れたことの態度表明となり、時間が経てば既成事実となって反乱の機を逸することになる。中央政府が大化改新詔を読み聞かせたことは地方豪族たちにこの内容を受諾するか否かを迫っているのであり、地方豪族側からすれば、おとなしく応諾の返事をして苛酷な内容も時代の流れだとして受け容れるか、反対ならば国宰を拘束して人質にとり、改新詔拝聴の場を中央政府に対する反乱の決起集会に変えて反旗を翻す他はなく、この二者択一を迫られたのであって第三の穏和な選択肢はない。

ところで中央政府への反乱が成立するには、地域ぐるみの反抗でなければならない。地域ぐるみの反抗でなければ反乱の正当性が得られず、正当性がなければ反乱は周囲に拡大せず、孤立したまま反逆者のレッテルを貼られ、中央政府側についた仲間たちの手で殲滅されてしまうからである。地域ぐるみの反抗が成立するには、頭を垂れて詔旨を拝聴する地方豪族たちの拳が怒りに震え、横目で目配せして国宰が詔を読み終わった途端に誰かが反対の声をあげ、全員が拳をあげて国宰に詰め寄って拘束するという展開しかないが、経済的政治的実力を持ちながらも相応のポストに就けていなかった中小首長層は国造制廃止の詔旨を国造層を追い落としてポストを得るチャンスとみて賛意の反応を示したため、国造らは反意を少しでも見せれば「国造に謀叛の意あり」と密告されかねないので反乱を呼びかけることができず、改新政府が打ち出した評造への国造の優先任用方針を信じて生き残りの夢を託す他はなくなり、反乱の機を逸してしまった。

改新政府・中小首長層連合に大国造は敗北　改新政府は改新詔の国造の優先任用にしたがって国造が横滑りで評造となる人事を決定、国造のクニをほぼそのまま新設の評と認定する方向で評編成と評造人事を公表した。大化五年（六四九）の天下立評である。ところが東国国司詔いらい評造に任じられることを期待して運動を続けてきた中小首長たちはほとんどが選洩れとなり、彼らの不満が爆発、立評人事の白紙撤回と大規模評を分轄して評造ポストを増やし、そこへの新規任用を国宰に迫ったと考えられ、この動きは全国的だったと考えられる。改新政府はこれを大国造を押さえ込むチャンスとみて立評人事を凍結、中小首長層と結んで大規模評を分轄し中小首長層を評造に任じる方向で方針転換した。改新政府と中小首長層が結託したことで大国造は孤立、評の再編過程で改新政府の思うままに大規模評は分轄されてしまい、既得権を多くを失ったが何もできなかった。国造級豪族の完敗である。

評の再編で畿内政権が地方勢力を支配下に　白雉四年（六五三）のおそらく正月朔日、評の再編が発表され評督・助督の人事が公表された。評督・助督に任じられた豪族たちはひとまず安心したが、それには大きな代償が伴っていた。評造は国宰に絶対服従の下僚なので、地方豪族は評造就任と引き換えに地域支配権のすべてを国宰に召し上げられたことになり、畿内政権は地方勢力を完全に圧服したのである。

いま「地方豪族は評造就任と引き換えに地域支配権のすべてを国宰に召し上げられたことになる」と言ったが、これには説明が必要であろう。評督・助督は今日でいえば市長・副市長といった公職であるが、公私の区別の明確な近代社会では、市長に就任したからといって公務は勤務時間内であって、退庁すれば私人としての生活があり、公職についたからといって私財が召し上げられるようなこともない。ところが前近代社会、とくに古代ともなれば公私は未分化で、公職に就くことは私財も投げ打って全身全霊で公に奉仕しなければならないことになる。したがって〔国―評（郡）―五十戸里〕制が確立した段階で評造（＝評督・助督）に就任するなら、中央政府から派遣された国宰に絶対服従の下僚となり、地方豪族としての独立性も奪われ地域支配権も召し上げられることになる。じつはこれが中央政府の狙いで、国造ら地方豪族を評造に任命し地方組織の官僚に組み込むことで彼らから地域支配権を召し上げることで中央政府が地方社会を直接統治できるようになるのである。

ところで「地方豪族は評造就任と引き換えに地域支配権のすべてを国宰に召し上げられた」といっ

ても、召し上げた国宰が地域支配権を一〇年も行使しなければ召し上げた事実があいまいになり、地域支配権は徐々に評造の手に戻り始める。現実に支配し続けている事実が既得権になるのであり、中世語で「当知行」の法理である。そのことは改新政府は同時代人としてよく承知していた。評造から地域支配権を召し上げた以上は、召し上げの事実が風化しないうちに行使をして、地域支配権が国宰の手に移ったことを地方社会に知らしめて、中央政府の地域支配権掌握を確定させておく必要がある。その意味も込めて早速取り組まれたのが条里施工であった。

条里施工のもつ政治的意味　中央政府が地方支配を貫徹する上で、条里施工は大きな政治的役割を果たしていた。その点を列挙してみよう。

条里施工のもつ政治的意味は、第一には、条里施工は冬ごと連年施工で一郡ずつ条里田を造成するのだが、郡内は国造ら各首長の支配地がモザイク模様のように入り組んでいたはずである。ところが国宰はそのことをまったく気にしないで一郡の平野部全域に条里田を造成を命じて施工させた。これは評域・国域の領域支配権は完全に中央政府の支配下にあることを、地方豪族や農民たちに思い知らせる結果となった。これに不満なら反乱をおこすほかはなかったが、その芽は完全に摘み取られていて、これは運命だと自分に言い聞かせながら黙って見過ごす他はなかった。

第二には、条里施工は国宰が国中の正丁を動員して一郡に投入し、冬ごと連年施工で条里田を一郡ずつ造成するのだが、国宰はかつては地方豪族の支配下にあった農民たちを何の遠慮もなく国内全域から動員してこの冬施工の一郡に投入した。大化~白雉三年までに戸籍が作られ農民は公民として登録されていたが、〔国―評―里〕制成立以前は公民を地方豪族に預けた形になっており、事実上、地方豪族の支配下に置かれていた。ところが評の再編で〔国―評―里―戸〕の組織が整ったことで、国宰がこの組織を使って国内の全正丁を動員することができるようになり、一国の農民はすべて天皇の支配する公民であることを、地方豪族たちや農民たちに思い知らせる結果となった。

第三には、平野部には国造以下の首長たちが先祖代々伝えてきた小水面水田が点在しているにもかかわらず、国宰は改新政府の「平野部を隈無く造田せよ」方針に則って、それらの土地の所有者の評督・助督・里長（五十戸造）を施工大隊長・中隊長・小隊長に任じて、彼らの手で先祖代々の首長制的土地所有の田を破壊させた。しかも国中の豪族・農民が参加している工事現場で、国宰の目を気にしながらの破壊であり最大の屈辱である。だがここで躊躇して手を止めたならたちまち「謀反の意あり」と拘束され、厳しい詮議を経て翌朝の工事開始前に工事事務所前の広場で国中の豪族・農民が見守るなか、叱責されて即解任されたであろう。評督・助督・里長たちは悔しさを噛みしめ鬼の形相で農民たちを叱咤しながら工事をやり遂げた。これは中央政府対地方の内乱で中央政府軍の総攻撃を受けて勝ち目のなくなった地方豪族側が白旗を掲げて降伏し、中央政府軍の総司令官（国宰）の前に地方豪族軍の大小の司令官（評督・助督・里長）が土下座して「農民たちの命だけは助けてください」と和を乞う全面降伏の儀式に相当する。

第四には、条里施工は評督・助督ら地方豪族たちに、もう国造制・部民制の時代には戻れないことを思い知らせ、改新政府支持派に転向させたことである。大化前代では灌漑用水の得られるところだけが開田され、水がかりの悪いところは照葉樹林や落葉広葉樹林の森だったので、首長制的土地所有の小水面水田は空は開けているが周囲は遠くや近くの森や川辺林で視界を遮られたやや閉鎖的な空間で、これが農民が国造との先祖代々の服属関係を語り伝える舞台となっていた。ところが条里施工は平野部全域に条里田の杭打ちをするため平野部の木を測量伐採ですべて伐り払ってしまい、これまで見たこともない山裾まで見通せる開放的空間が出現し、その上に一町区画の条里田は五〇〇〇か坪ほど造成されたため、先祖代々耕してきた田は地上から抹消されたばかりか、どこにあったのか場所の特定さえもできなくなり、「世の中は変わった。もう国造制時代には戻れない、頭を切り換えて新時代に対応しないとバスに乗り遅れてしまう」と改めて決意を固めさせ、改新政府支持派に転向させることになり、中央政府による地方社会の直接統治は現実のものとなって地方社会に定着していった。

内乱ぬきの地方制圧　部民制・国造制社会では国造ら地方豪族たちは自立した首長としてそれぞれの地域を支配していた。その国造制を全廃して一人の天皇が全国四百数十万人の民衆を直接統治する中央集権国家を建設するという改新政治は、国造ら地方豪族の既得権をすべて奪い去るもので地方豪族の全国的反乱は必至という政策の大転換であり、地方豪族の全国的反乱を制圧して初めて実現できるような地方社会の大改革であった。ところが大化の改新後の政治過程では、地方社会での国造層と新興中小首長層との対立が激しく中小首長層が中央政府と手を組んで評造ポストを手に入れる方向を選んだことと改新政府の慎重かつ巧妙な内乱回避策が功を奏して、内乱を伴わず政治的駆け引きの展開で畿内政権は地方社会を圧服する結果となった。

大化五年の立評・白雉四年の評の再編・それに次ぐ条里施工という政治過程のなかに、地方豪族たちに地域支配権の全面放棄を迫るという内乱の制圧に匹敵する厳しい場面が組み込まれていたのであり、地方豪族たちがその条件を呑んで国宰の前に土下座でひれ伏す儀式が条里施工であった。

条里施工は白雉四年（六五三）のおそらく正月朔日に評の再編が公示され評督・助督は任命されてからわずか九か月後、評督・助督の就任後の最初の大仕事として条里施工が設定された。評督・助督に任命された地方豪族にとっては厳しい競合関係を勝ち抜いてようやく手に入れたポストであり、政府の方針に積極的に協力して国宰に忠誠心をアピールし、ようやく獲得できた地位を自分のポストとして確定させる必要に迫られていた。そのため次に出されてくる政策は改新政府への忠誠度が試される踏み絵となり、反対はできない状況に追い込まれていた。改新政府はそれをすばやく見抜いて評督・助督着任直後の時点に七道建設と条里施工をぶっつけたと考えられる。

評造たちを条里施工に踏み切らせた村々の小社への奉幣　評督・助督としてはここ数年の政情の流れから条里施工はいつかは出されてくると覚悟していたであろうし、窮地に追い込まれている状況では受諾もやむなしと腹を括っていた側面もあろう。だが評造就任式の場で国宰からこの冬条里施工を実施するので各々協力せよと伝えられた時は心臓は凍り付き頬は引きつったであろう。緊張で固まった評造たちに国宰は「条里施工では既存の田をすべて破壊してその上に条里田を造成することになる。それには工事に先立って地域の神々に天皇から奉幣し、既存の田の破壊と新規の造成の許可を得なければならない。かつて既存田の開発許可に関わった神々を調べ上げてリストアップせよ」と告げた。思わぬ展開である。

日本の頂点に立つ飛鳥の天皇が、地方豪族らの祖先神である村々の小社に奉幣することなど通常ありえないことであり畏れ多いことであった。天皇が村々の小社の神々に頭を下げて既存田の破壊と新規の造成の開発許可を直接申し出る、これはもったいないことであり、ここまでされれば祖先神も条里施工に協力するであろうと評造たちは読んだ。「祖先神がＯＫなさるなら我々も条里施工に協力しないと」と自分一人で背負っていた重圧から解放されて肩の荷が下りたであろう。

白雉四年（六五三）の春から秋、すなわち評の再編が正月にスタートしてから冬一〇月朔日の条里施工の着工式まで、これまでのシミュレーションによれば忙しい日程が詰まっていた（第二章）。春には国境を接する国宰たちがそれぞれ国境を接する評造をともなって中央政府から派遣された技師の立ち会いのもと隣接国境の線引きと杭打ちをおこなった。春から夏にかけては国宰は評造を連れて国内を一巡し、隣接郡境の線引きと杭打ちを順次おこなった。そして秋にはこの冬着工する郡の一象限座標のための座標原点の確認測量を実施して座標原点を決めた（第五章）。この準備を経て冬の条里地割着工に踏み切ることができたのである。評造たちは天皇が村々の小社の神々に頭を下げて既存田の破壊と新規の造成の開発許可を直接申し出るという方針を聞いて頭を切り換えたことで、春から秋の忙しい日程を消化できたと考えられる。

この時期の中大兄皇子の政策指導は冴えている。六六二年の夏におこなわれたと推定される政府モデル犂の各地への配付では鋳造技術圏向けには鋳造犂先・鋳造犂へらの畿内向けモデル犂を、鍛造技術圏向けには鍛造V字形犂先と一木犂へらの七道向けモデル犂の配付した。地方社会の実情をよく観察して把握した上で二種類のモデル犂を作成して地域の実情に合わせて送り分けていたのである。村々の小社への奉幣は加功主義にもとづいた完璧な国家的土地所有を実現するための神への許可申請と、先祖代々の田を破壊することに踏み切れず固まっている評造たちを条里施工に誘い込むためとの二つの目的を兼ねたものであったが、それが見事に功を奏して評督・助督たちの固まった心を溶かして条里施工を無事軌道に乗せることに成功したのである。凡庸な専制君主には真似のできない精緻さと誠実さを兼ね備えた政策指導であった。

条里施工で高まった地方豪族の王権への依存　条里施工で首長制的土地所有の小水面水田がすべて破壊しつくされたことは、稲作社会の地域首長として大土地所有を基礎に地域支配を展開してきた国造・評造クラスの地域首長にとっては、地域支配の経済基盤を失ったことになり、地方豪族の中央政府への依存度が一気に高まった。

大宝二年（七〇二）の筑前国嶋郡川辺里肥君猪手《ひのきみいて》の戸籍は、郡司大領クラスの豪族の実態を示す資料として注目されてきた。青木和夫（一九七四）の整理によれば、

◆筑前国嶋郡川辺里　嶋郡の大領肥君猪手の戸籍

戸口　合計一二四人

親族六一人

寄口二六人

奴婢三七人

口分田　一三町六段一二〇歩

となる。これまでこの肥君猪手の戸籍は郡司の大領家族の規模の大きさ、寄口・奴婢の数の多さが注目されて「さすがは地方豪族、すごい」という文脈のなかで理解されてきたが、見方を変えればこの肥君猪手の戸籍は「律令制下では郡大領クラスの伝統的豪族であっても、平民なみに家族数にリンクした口分田を班給される以外に農業を続ける道はないところにまで貶められてしまっていた」ことを示している資料でもあることを見逃してはならない。肥君猪手は郡大領なので郡司職分田六町は別に支給されるが、六町の田は標準戸三戸分の口分田にすぎず、口分田一三町六段一二〇歩の大家族にとっては口分田の半分以下の四四％で、資産として誇れるような面積ではなかった。

古墳時代以来、稲作社会の地域首長として大土地所有を基礎に地域支配を展開してきた国造・評造

クラスの地域首長にとっては、条里田造成にともなって首長制的土地所有の土地をすべて失った上、平野部全域が国有地となり墾田も原則禁止された状態では一般百姓と同列に政府から口分田の班給を受ける以外には農業経営ができなくなり、中央政府への依存度が一気に高まった。五世紀には吉備の反乱、六世紀には筑紫君磐井の反乱を戦った誇り高き地方豪族は、令制下では「およそ郡司、本国の司（＝国司）に遇はば、皆馬より下りよ」（「儀制令」遇本国司条）と道で国司に出合うと下馬しなければならなくなった。かつては地方社会の王者であった地方豪族は、国司には下馬の礼をとらなければならない国司の下僕のような地位に貶められていた。この陥落の節目となったのが白雉四年の評の再編とそれに続く条里施工という畿内政権と地方豪族との内乱なき全面戦争での完敗であった。

畿内豪族も条里施工で王権に依存　条里施工で王権への依存度を高めた点は、畿内豪族についても同様のことが指摘できる。畿内豪族は奈良盆地に拠点を持ち大阪平野にも進出拠点をもつ豪族で、部民制社会では王権を支える一族として地方社会に設定された部から貢納や労役奉仕を受けていた。条里施工で先祖代々受け継いできた土地はすべて破壊され国家的土地所有の条里田に置き換えられたため、王権を支える畿内豪族も一般百姓並みに戸口数と男女構成にもとづいて口分田の班給を受けることになったこと、また国造制全廃の方針にしたがって地方社会に設定された部との繋がりも遮断され、これまで権力基盤となっていた土地も部民制関係の利権もすべて失って、いわば無一文になった。改新政府はこの段階での畿内豪族の離反を防ぐため、改新詔では「部曲の民・処処の田荘」の全廃と同時に「食封を大夫より以上に賜ふこと」と公示して、政権を構成する畿内豪族上層に関しては、国家の給与で暮らす貴族・高給官僚への道を示していた。

畿内豪族は畿内政権の構成員であり、その代表の中大兄皇子が国造ら地方豪族を相手に回して巧みな政策運営で内乱を避けながら評の再編で地方豪族層を圧服したことに関しては、その政策手腕を認めて支持派に回っていた。そのため自らの権力基盤である本貫の地の土地を失い配下の農民も公民制化されて王権に召し上げられ、部民制での地方社会との関係も断ち切られて厖大な収入をもたらしていた利権を失ったことに関しては未練も残ったが、食封給与の先には将来都城に住んで国家の給与で暮らす貴族・高給官僚への地位が保証されていたので畿内政権の一員として改新政府に協力する立場を維持したと考えられる。ひきつづき特権は保証されたとはいっても、先祖代々の土地が破壊されて跡地は国家的土地所有の条里田に変わり、地域支配を支えてきた首長制的土地所有権を失ったことは、畿内豪族の王権依存を一気に高めたことになる。

大化前代の蘇我氏と平安時代の藤原氏は、娘を入内させて男の子が生まれれば皇位につけて、外戚の立場から天皇の後見役として政権を左右するという点では同じスタイルを持った豪族である。ところが経済基盤から見れば両者はまったく異なっている。大化前代の蘇我氏は本貫地の土地と一族を基盤とし、王権の構成員として部民支配の一翼を担って地方からの貢納物や労役奉仕の利権を持つ自立した豪族だったのに対して、平安時代の藤原氏は高位・高官を世襲して位田・位封・職田・職封・季禄など朝廷からの給付に依存して暮らす貴族であり給与生活者であった。これを樹木に譬えると、大化前代の蘇我氏は王権の樹に並んで立ち、大地に根をはり大空に樹冠を広げる蘇我の大木であったが、藤原氏は王権の樹の梢に緑の葉を茂らせた寄生木《やどりぎ》に成り下がっていた。高位・高官を世襲する高給取りとはいえ王権に寄生する寄生木にすぎないのである。この矮小化の節目が中大兄皇子が全力で取り組んだ条里施工であった。

豪族の王権依存で屹立した天皇　白雉四年の評の再編とそれに続く条里施工の結果、地方社会にはかつて大古墳を造ったような地位の領主はいなくなった。そのどんぐりの背比べのような状況のなかで競合する朋輩たちから一歩抜きん出る道が都に上って警察官などの職を勤めて位階と官職を得て帰国することであり、地域社会のリーダークラスの目が都の朝廷＝天皇政府に吸い寄せられるようになって朝廷への求心性が高まった。一人の天皇が全国四百数十万人の民衆を直接統治するピラミッド型の中央集権国家は、白雉四年の評の再編とそれに続く条里施工の結果、実質的に構築されたのであり、大宝律令はそれに法的外被を被せて定式化したのであった。

一〇世紀前半の九三九年、平将門は反乱を起こして常陸・上野・下野の国府を制圧して「新皇」と名乗ったが、対立相手の平貞盛や藤原秀郷によって討たれた。関東地方に自立した王国を築く夢は将門一人にとどまって関東地方の初期武士たちには共有されず、貞盛や秀郷は朝廷の呼びかけに応じて朝敵将門を討って恩賞として位階や官職を得る道を選んだ。地方豪族＝初期武士たちの目が都の朝廷・天皇に吸い寄せられているという求心性が平将門の乱を簡単に潰してしまったのである。

三　「百姓」階層の成立

公民化によって百姓はどう変わったか　ここでこれまで検討してきた百姓の自立過程を整理しておこう。

大化改新政府は豪族支配下の一般民衆を戸籍に編付することを通して把握し、国家を支える公民身分と位置づけた。日本国規模での百姓身分の成立である。これを地方の現場から百姓目線で見直すと、大化初年に始まった戸籍の作成過程では民衆は戸籍に編付されたものの小区画水田はそのままで地方豪族の支配は継続しており、実態はこれまでと変わらなかった。民衆は不安と期待の入り交じったなかで情勢の推移を見守っていたであろう。この状況を変えたのが白雉四年（六五三）の評の再編で、〔国―郡（評）―里―戸〕体制に位置づけられて旧豪族との縁は切れ、百姓＝公民として改新政府に把握されたことになる。この新体制に実体を与えたのが評再編の冬から始まり一〇年ほど続いた条里施工で、目に見える形で状況は一変した。

これまでの首長制的土地所有の小区画水田は、空は開けているが周囲は遠くや近くの森や川辺林で視界を遮られたやや閉鎖的な空間であり、これが農民が国造との先祖代々の服属関係を語り伝える舞台となっていた。この懐かしい空間は条里施工で跡形もなくなり、平野部の樹木が集落と神社林を除いてすべて伐られて山裾まで見通せるという「評」空間が現れた。木立に守られた優しい国造のクニ空間の消滅で、もう時代は後戻りしない。これからはこの広々とした「評」空間のなかで天下の「百姓」として生きる外はないのだ、と決意させることになった。地方の民衆にとっては、大化の改新は歴史を画する文明開化だったのである。

郡対抗の冬のイベント　条里施工で一〇九m四方の一町区画＝一坪の造成という同じ工事を一年で十数回から何十回、これを冬ごと八年前後繰り返すうち、動員農民は条里施工に習熟して仕事も早く完璧にこなせるようになり、ゆとりも生まれて、自分は条里施工のプロだとの自信を持つだろう。重機なしの人力工事なので不慣れな初年度は工期が延びて四か月あるいは四か月半に及ぶこともあったであろうが、年を重ねるうちほぼ工期に納まるようになったであろう。

また二五六ほどの小隊が樹木をすべて伐り払ったオープンなフィールドに展開して工事を進めるとなれば、競争意識は当然生まれ、冬季の三か月に限られた突貫工事なら一番乗りを目指して競い合ったであろう。工期内に一番乗りを達成すれば歓声が上がって注目を集め、竣工式で国宰殿のお褒めの言葉をもらったなら、翌年度からは郡対抗、小隊対抗の恒例の冬の大イベントとして盛り上がったであろう。竣工式を終えて工事は完了なので自分たちの請け負い工区を仕上げたからといって自隊だけが早く家に帰れるわけではない。昼休みに互いの工区を見て進捗状況を把握しているので請け負い工区を仕上げた小隊は大隊長の指示を待つまでもなく自発的に遅れた小隊の工区に助っ人に入って握手の歓迎を受け、大隊間の競争＝郡対抗戦での一番乗りを目指したであろう。立評過程では里を地域ごとに八つばかり機械的に集めて成立した評（郡）だったが、条里施工は評対抗イベントという性格を併せ持つことを通して、その出来たばかりの評に人の集団としての命を吹き込んだのである。

冬季の三か月、飯場暮らしでいわば同じ釜の飯を食って大自然の改造に取り組むプロジェクトである。自分の郡には他郡からも飯場を構えて助っ人にきてくれる。翌年はこちらが助っ人に出る番だ。こうして連年施工を八年前後も繰り返すうち、国宰の下の同じ令制国の住民だという意識があらわれた。部民制下では思いもしなかった新しい感覚であり、これは条里施工がもたらした令制国の公民意識である。

都に向かって真っ直ぐ伸びる直線官道は、この条里施工・七道建設の大工事は都の天皇の主導で進められていること、自分の住む地域が都と直結していることを強く意識させるようになり、改めて自分は戸籍に登録された公民であることを自覚するようになったと考えられる。令制下での日本国民意識の芽生えである。

評造からの自立　オープンなフィールドでの一国の国宰から評督・助督、里長、正丁農民全員参加の工事となれば、総指揮を執る当該郡の評督は、その指導性や段取りの善し悪しが衆目に曝されることになり、冬ごと指揮者が変わって一国中の評督がすべて比較されるので、旧国造家の跡継ぎであっても駄目評督は駄目、家柄は低くてもリーダー性に優れた評督は高く評価されて、国造制下の社会秩序が崩壊し、〔国宰―評造―里長―公民〕という新たな社会関係が、内実を伴って社会を覆うことになった。

この状況下で毎年参加する農民たちの間では、冬ごとに指揮者が変わって一国中の評督がすべて比較されるので、評督の品定めが酒の場の楽しい話題となったであろう。評督をあれこれ品定めすることで農民たちはこれまで畏れ多い支配者と感じていた評督を実は長所も短所も併せ持った一人の人間だったことを発見し、かつては評督（国造）と道で出会った時は、ただ畏れてこわばりながら道を空けるだけだったのが、評督の指揮の下で工事を続ける中で、評督を人間として上司として見直す機会ができ、道で出会ったときも礼儀を保って道を譲りながらも、目線を合わせて会釈を交わせるゆとりが出てきたであろう。評造から自立して大人になったのであり、公民百姓の誕生である。

条里施工が終わって班田収授が始まると、地域の支配階級である評督も助督も百姓並みに戸籍にもとづいて口分田の班給を受ける場面が現出する。これを見てあらためて自分たちは大化前代のような地方豪族の民ではなく、都の天皇の下の公民なのだとの自覚を固めたであろう。

オールジャパンチームでの大自然挑戦　改新政府は唐に対抗するため国民皆兵制を創設してオールジャパン体制で臨もうとしていたが、白村江の敗戦（六六三）の一〇年前であり、地方の農民たちにとっては唐への対抗意識は共有できなかった。それよりは測量伐採で平野部に木が一本もなくなって山裾まで見通せる評景観が出現し、さらに数か月後には一面が条里田になったという大自然へのオールジャパンチームでの挑戦の実感で受け止められた。平野部の景観の大変化を見て、この条里田は自分が造成したのだという参加意識で自信を高め誇りをもったであろう。

自然の大改造を称える歌としては、条里施工が六六八年に終わった数年後に起った壬申の乱（六七二）後の天武天皇を称えた『万葉集』の、

大君は神にし坐せば赤駒の匍匐《はらば》ふ田井を都となしつ　（四二六〇）

大君は神にし坐せば水鳥のすだく水沼《みぬま》を都となしつ　（四二六一）

の歌がよく知られているが、飛鳥浄御原宮の造営を現場の外から眺めて称えた宮廷貴族の感動と農民たちが条里施工の中で感じた感動を比べれば、農民たちが体験したのは①日本全国の平野部の森をすべて伐り払って全面に条里田を造成したという桁違いのスケールの大きさであり、②「大君は神にし坐せば赤駒の匍匐ふ田井を都となしつ」の作者大伴御行は工事を外から眺めていたのに対して、農民たちは毎冬この工事にフル参加して自分の手で大自然を改造したのだという自信と実感をもっていたのであり、これまで到底敵わないと思い込んでいた大自然に対してオールジャパンチームの力で勝利したという実感であった。条里施工への参加を通して、農民たちは天皇の公民としての自覚を高め、彼らの政権支持率が条里施工を機に大幅アップしたと考えられる。

改新政治は旧体制の地方社会の徹底破壊を目論んでいたため、地方豪族も農民も強い警戒心を抱いてスタートしたが、冬ごと連年施工、八年前後に及ぶ条里施工は、彼らを巻き込んで心底からの政権

支持派に変えてしまった。条里施工マジックである。こうして農民も評督・助督も政権支持側に回ったことによって、それ以降矢継ぎ早に出される改新政治の諸政策も大きな抵抗を受けることなくスムーズに展開することになった。近代の国民国家に千年先立っての早熟的な国民意識の形成であり、改新政府は対外戦争をやらないで条里施工という平和的な国内政策で国民統合を成し遂げていたのである。

条里施工は、改新政府の予期せぬところで政府のサポーター役を果たしていたのである。

直線官道の効果　都に向かって真っ直ぐ伸びる直線官道は、この条里施工・七道建設の大工事は都の天皇の主導で全国的に進められていること、自分の住む地域が都と直結していることを強く意識させるようになり、改めて自分は戸籍に登録された天皇の公民であることを自覚するようになったと考えられる。令制下での日本国民意識の芽生えである。

評の再編以降は、都への中央税の輸送が始まり、農民たちは輪番制で飛鳥の都まで貢調使の運脚として調庸の運搬をするようになると、道々の国々のどこでも条里施工が進んでいるのを目にするであろう。その度に都の天皇の指揮の下オールジャパンチームで毎冬条里施工に参加しているのだと感じ、自分は天皇の公民であると自覚するようになった。全国の百姓が天皇の公民であることに誇りを持つことによって、都の天皇は求心力に押し上げられてますます高く天空に聳えることになった。

「百姓」の自覚で律令国家は強固に　農民たちが評の再編・条里施工を通して、地方豪族の配下から脱して天皇の下の公民であり百姓だと自覚したことは、一人の天皇が全国四百数十万人の民衆を直接統治するピラミッド型の中央集権国家の基礎を強固に固めたことになり、この上に中央官制を積み上げることで律令国家は完成する。律令国家建設は七世紀後半をかけて続けられ八世紀初頭の大宝律令で完成するが、大化改新政府はその基礎部分を担当して強固に仕上げたのであり、国家建設の前半過程担当の責任を見事に全うしたと評価できよう。

法令の公示・読み聞かせの効果　『日本書紀』の天武一二年正月丙午（一八日）詔は「明神御大八州倭根子天皇の勅命をば、諸の国司と国造と郡司および百姓等、諸に聴くべし」と法令の受け手に「百姓」を掲げており、『続日本紀』の文武元年八月庚辰（一七日）の文武天皇即位詔も「現御神と大八嶋国知らしめす天皇が大命を、集り侍る皇子等・王等・百官人等、天下公民、諸聞きたまへと詔る」と法令の受け手に「天下公民」を掲げていて、百姓が天下の公民として政府の法令の発布対象になったことを示している。国家を下支えする公民として位置づけられたのである。こうした法令は、制度が整った段階では高札として掲示され、その内容は里長の下の村役人「田領」によって口頭で百姓らに読み聞かせられていた（佐々木恵介二〇〇四）。公民が法令の発布対象になった以上、高札掲示はともかく、読み聞かせは早い時期からおこなわれていたであろう。

もちろん法令の内容は税や労役に関するものが多く素直に喜べないものもあったが、大化前代からも地方の民衆は役夫や采女として中央に駆り出され出仕していた。だがそれは国造ら地方豪族を介しての動員であり出仕であって、法令の伝達は中央政府から派遣された宰《みこともち》が国造・地方伴造たちを集めて読み聞かせたのであり、一般民衆はかやの外であった。ところが大化の改新後は政府の命令は百姓を名指しで自分たちに直接届くようになった。この法令伝達のたびに「自分たちは豪族配下の民衆ではなく天下の公民なのだ」と自覚し、天皇の下の百姓身分であることを再確認したであろう。

平安時代になると、永延二年（九八八）の尾張国司藤原元命の解任を要求した「尾張国郡司百姓等解」（『平安遺文』二―三三九）のような百姓身分の住民運動が目立ってくるが、その訴訟は「郡司を介して官僚制的に行われるものではなく、「百姓」としての直訴であった」とされる（戸田芳実一九六七）。これらは一〇世紀になって急に百姓＝公民身分としての自覚が高まったのではなく、大化の改新の結果、百姓身分が成立し、条里施工を通して百姓たちの公民意識が高まり、その後の法令発布のたびの読み聞かせを通して天下の公民であることを再確認してきた流れが前提となり、八～九世紀の階層分化の中から田堵百姓＝自立した経営者として公田を請け負うようになった段階で、徴税吏に特化した受領（国司）の先例を無視した理不尽な課税・労役賦課に対して、百姓＝公民としての自覚と権利意識から、国司解任要求の集団訴訟に立ち上がったものと考えられる。

小括

本章ではこれまでの検討から以下のことが明らかになった。

①前方後円墳体制・幕藩体制など数百年続く社会体制は、諸勢力の覇権争いの大規模な争乱の結果結ばれた講和条約で、平和な日常を回復するため勝者の立場から編成した身分体系であり、社会秩序である、という「社会体制成立の法則」を確認した。

②「社会体制成立の法則」は、サル社会のボス争いを継承したものである。

③白雉四年の評の再編で、畿内政権は地方豪族から評造への就任と引き換えに地域支配権のすべてを召し上げた。

④条里施工は一国の農民動員権、地域支配権が国宰の手に掌握されたことを地方社会に知らしめて確定させる政治的行事でもあった。

⑤評の再編の直後から始まった条里施工は就任直後の評督・助督に先祖代々の田を自ら破壊させるもので究極の踏み絵事業であり、一国の豪族・農民の見守る中で評造らが国宰の前でひれ伏す降伏の儀式でもあった。

⑥条里施工は国造のクニ景観を破壊して平野部全域に条里田を造成することで地方豪族たちに国造制時代には戻れないことを再確認させ、改新政府支持派に転向させるきっかけとなった。

⑦律令体制の建設過程は、地方豪族の既得権をすべて奪う改革だったにもかかわらず、地方社会内部の大国造と中小首長層との対立が大きく、中小首長層が改新政府と連携して評造ポストを得ようとしたため内乱に至らなかった希有のケースである。

⑧ 地域の神々に国宰が天皇の名代として奉幣して既存田の破壊と再開発の許可を請う着工式は、悔しさで固まっていた評造たちの心を解きほぐして条里施工に協力させるきっかけとなった。

⑨ 条里施工は既存の田をすべて破壊して地方豪族も農民並みに口分田の班給を受けさせることで、地方豪族の王権への依存性を高め、朝廷に奉公して官職を得ることが唯一の出世の道という意識を地方社会に定着させた。

⑩ 条里施工は既存の田をすべて破壊して畿内豪族も農民並みに口分田の班給を受けさせることで、朝廷への依存性を一気に高めた。大化前代の蘇我氏は土地と人を支配する自立勢力だったが平安時代の藤原氏は朝廷からの給与生活者であり、王権の寄生木になっており、その変化の節目は条里施工である。

⑪ 条里施工は国中全郡の施工隊を一郡に投入することから郡対抗イベントの性格を強く持ち、郡対抗戦に勝とうと協力することから郡民意識が生まれ、五十戸集団を機械的に集めて立評された「評」に人の繋がりのコミュニティーとしての命を吹き込むことになった。

⑫ 一国中の農民が助け合って郡ごとに森の川辺林の伐り払って平野部全域に条里田を造成する条里施工は、農民には都の天皇の指揮の下オールジャパンチームで大自然に対する挑戦するプロジェクトに自分も参加して毎年勝利をおさめているという自信と誇りが生まれて、自分は天皇の公民であると自覚するようになった。近代の国民国家に千年先立っての早熟的な国民意識の形成であ

り、対外戦争を伴わない国民統合である。

⑬ 条里施工を通して、地方豪族配下にあった農民が天皇の公民意識を持って豪族から自立し、「百姓」層が階級として成立した。底辺に自覚した百姓の厚い層を持つことで、天皇を頂点とする中央集権国家の強固な基礎が築かれた。

⑭ 百姓を受け手として出された法令は、そのたび高札で公示され読み聞かせがおこなわれ、農民たちに自分たちは天下の百姓＝公民だとの自覚を再確認させる機会となった。公民意識は広く強固なものとして定着し、一〇世紀の百姓の国司苛政上訴に繋がっていくと考えられる。

第九章　大化改新政府による農業の一新

一　稲作農具一式の班給による稲作農家の育成

稲作民化政策　第一章で見たように大化改新詔は唐に対抗するために唐の均田制・府兵制に倣って国民皆兵体制での軍国体制づくりを進めており、坂上康俊（二〇一一）は、当時の日本の政府掌握人口を四百数十万と算出、兵士の総数は約二〇万人という「軍国体制」を復原した。そして一戸から一人、一里から五〇人の兵士が徴発できるようにし、その公民の生活を安定させるために用意されたものが班田収授であり、そのために造成されたのが条里制水田だとした。ところで七世紀後半の日本列島には採集・狩猟や漁業に生きる非農業民も数多くいたことは政権担当者も十分承知していたはずで、彼らをも戸籍に登録し班田収授で田を与えて稲作農民として生活を安定させ、兵の供給源に育て上げて大国唐に対抗しようとしていたことになり、これが第一章でも指摘した稲作民化政策である。

ところで班田収授の口分田の班給対象に採集・狩猟や漁業で暮らす非農業民が少なからず含まれているとなれば水田の班給だけでは済まず、稲作農具一式の班給が必要となった。兵士約二〇万人の背後には、二〇万戸の公民が控えている。たとえば犂《からすき》を普及させるには、中央政府が二〇万台の犂を作って各戸に送り届けなければならなくなるが、これは物理的に不可能であろう。これに関しては、一〇年前の河野「民具の犂調査にもとづく大化改新政府の長床犂導入政策の復原」（二〇〇四）で評督あての様＝実物模型の配付という仮説を立てた。

「大化改新政府の長床犂導入政策」説の構造　この河野論文は、構造から見れば、検証度2の学説になっており、概要を紹介しながらその構造を確認しておこう。

a　朝鮮系犂は渡来人の持ち込みで説明できるが、中国人の大挙渡来はないにもかかわらず中国系長床犂《ちょうしょうり》は九州から関東まで各地で見られる。長床犂の古辞書の初見は「楊氏漢語抄」（七一七〜二四）で、八世紀初頭に辞書に載るほど普及していたなら伝来は七世紀となり、日中の民間交流はまだなかったので、大化改新政府が殖産興業政策として遣唐使の持ち帰った唐の長床犂を基に政府モデル犂を作り、全国の評督（のちの郡司）に送付してコピーさせて普及を図ったものと推定した。（仮説）

b　香川・兵庫・長野県から七世紀の長床犂が出土し、いずれも中国や朝鮮半島にはない一木造りの犂へらを備えていた。香川・兵庫・長野県と離れた地域から中国・朝鮮にはない一木犂へら犂が揃って出土したことからすれば、この日本独自の一木犂へらつき犂が七世紀後半に全国的に分布していたことになり、これが政府モデル犂のコピーと考えれば辻褄が合う。（検証1）

c　一木犂へらが政府モデル犂の特徴なら、民具の犂に継承され痕跡として残っていなければならないことになるが、九州から関東の在来犂にも一木犂へらの痕跡が多数見つかり仮説の正しさが民具からも検証された。（検証2）

これで民具の長床犂分布と外交状況から立てられた「大化改新政府の長床犂導入政策」仮説は、出土犂からの検証と民具の一木犂へら痕跡の検証を受けて検証度2、★★の学説に昇格している。

様の全国配付による「間接的班給」　この論文で復原したのが政府が全国五〇〇の評督（のちの郡司）に様＝実物模型を送りつけて、評督が各戸の男を集めて各自コピー製作させるという「様配付方式」である。前稿ではここまでだったが、その後の知見を加えてシミュレーションしてみると、評督には送使の伝言の形で「里ごとに各戸の百姓を集めてコピー製作させせよ」と政府の意向が伝えられたであろう。その意を承けて評督は自邸の前庭に小屋掛けし、里（五十戸）ごとに各戸から一人、計五〇人を呼び集め、中央の台に政府モデル犂の実物模型を据えて各自に自分の分を模刻製作させた。犂は大きく複雑で数日かかるが、唐竿なら半日で仕上がる。一評は平均八里なので、この模刻製作会を八回催せば、四〇〇戸の手元に政府モデル犂が確実に届くことになる。評督を介した「間接的班給」である。そして全国五〇〇人の評督がこれを実行すれば、全国二〇万戸の手元に政府モデル犂が班給されることになる。七世紀にしては驚くべき計画性で本当におこなわれたか疑わしくなるが、実際に実行されていたことは九州から関東南部まで全国各地の在来犂にかつて鍛造《たんぞう》V字形犂先《すきさき》・一木犂へらの曲轅長《きょくえんちょう》

図63　遣唐使の持ち帰った犂と2つの政府モデル犂

遣唐使が持ち帰った唐代江南犂	畿内向けモデル犂（鋳造技術圏向けモデル）	畿外向けモデル犂（鍛造技術圏向けモデル）

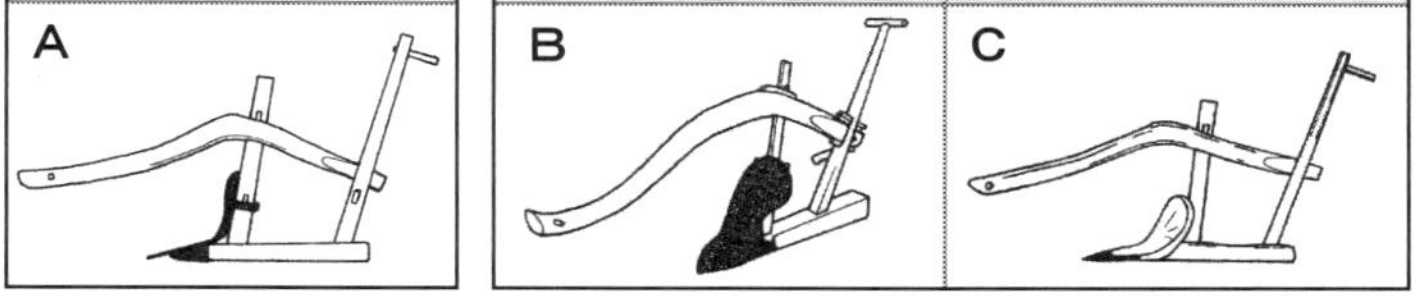

A	B	C
曲轅長床犂		
鋳造犂先		鍛造V字形犂先
爪留め方式の鋳造犂へら		一木犂へら
右反転	左反転	

（図8の再掲載）

床犂《しょうり》という政府モデル犂が配付されていたという痕跡が何らかの形で残っていて、調査のたびにその数が増していることから検証できている。

いま政府モデル犂の様配付を取り上げたが、これは在来犂を研究テーマとして追っていたために犂が網に掛かったもので氷山の一角であり、様配付は稲作農具一式および地機にも及んでいたらしいことが最近明らかになってきた。それらを次に見ていこう。

〔中国系長床犂〕

畿内向けモデルと畿外向けモデル　まずは確認のために先ほど述べた中国系長床犂を見ていこう。〔図63〕は〔図8〕（四五頁）の再掲載だが、Aは第四次遣唐使が持ち帰った唐代江南地方犂の復原図、Bは鋳造犂先・鋳造犂へらの畿内向けモデル犂の復原図、Cは鍛造V字形犂先・一木犂へらの畿外向けモデル犂の復原図である。

Aの遣唐使が持ち帰った中国系長床犂の復原の根拠となっ

たのは中国江南地方の在来犂で、Ｂの畿内向け政府モデル犂は奈良・大阪地方の在来長床犂の共通の特徴をまとめて復原したもので、Ｃの畿外向け政府モデル犂の復原の根拠となったのは兵庫県梶原遺跡の出土犂である。Ｃの梶原遺跡出土犂の全長一五九㎝は中国江南地方の計測できた五台の平均値一六一㎝とほぼ同大で、中国犂は一三〇〇年間大きさが変わらなかったことに加えて梶原遺跡出土犂が政府モデル犂のコピーであったことを裏付ける根拠にもなっている。Ａの遣唐使の持ち帰った犂もＢの畿内向け政府モデル犂もこの大きさに復原した。

ところで中国の長床犂の犂へらは華北は紐留め方式で、江南地方は爪留め方式であるが、畿内の在来長床犂は爪留め方式なので江南地方系で、日本は江南地方の犂を持ち帰って政府モデル犂を造ったことが明らかになった。七世紀の遣唐使は基本的に北路をとって北中国の山東半島に到着しているのに対して、六五九年派遣の第四次遣唐使だけが逆風に流されて浙江省に到着しているので、爪留め方式の江南地方犂を持ち帰ったのは第四次遣唐使と特定できた（河野二〇〇七）。

第四次遣唐使は六六一年五月二三日に筑紫の朝倉宮に帰着したので飛鳥に戻るのは六月、そこから江南地方犂を日本向けにどう改造するか試作を重ねてモデル犂＝実物模型を開発、それを五〇〇台コピー製作するのに最低半年かかる。ところで大化改新政府は六五三年から十数年かけて各国で冬ごと連年施工で条里施工を始めており、そこからすれば各国の評督邸での政府モデル犂の模刻複製会は冬は避けて夏場の行事だったと考えられるので、六六二年の夏にモデル犂送付と模刻会が開催された可能性がもっとも高い。

政府モデル犂作成にあたっては、鋳造技術が定着していた畿内向けにはBの鋳造犂先《ちゅうぞうすきさき》・鋳造犂《すき》へらの畿内向けモデル犂、まだ鍛造技術しかなかった畿外諸国にはCの鍛造V字形犂先・一木犂へらの畿外向けモデル犂の二種類の政府モデル犂を用意していたことが在来犂調査から明らかになった。

〔不定型馬鍬から定型馬鍬へ〕

倭の五王が不定型馬鍬を導入　〔図64〕は馬鍬《まぐわ》の中国江南地方での開発過程と日本への伝来事情をまとめてみたものである。これにしたがって見ていこう。

古墳時代の出土馬鍬は定型がなく形は多様で、木製歯は五〇cmと長いものや台木の一・五m超の大型のものも多く、把手はないもの（兵庫県山垣遺跡）や多くは把手穴が前後方向にあいた水平棒把手で（愛知県勝川遺跡、富山県稲積川口遺跡）、長い歯と相まって一輪車のように把手を両脇に抱えて使っていたようだ。このように多様な形態の出土馬鍬を「不定型馬鍬」と呼ぶことにしよう。それに対して民具の馬鍬は一m前後の台木に九〜一一本前後の歯、鳥居形把手という基本型が全国的に共通しており「定型馬鍬」と呼ぶことにしている。

この大化前代の多様なものがある時一斉に変わって定型化するというのは、次項で扱う牛の牽引法が大化前代ではすべて朝鮮系の幅木《はばき》法だったのが政府モデル犂とセットでの中国系尻枷《しりがせ》の配付によって一斉に幅木から尻枷への乗り換えが起こったとする検討結果と似ていて、大化改新政府による定型

図64　不定型馬鍬と定型馬鍬、馬鍬の２段階導入

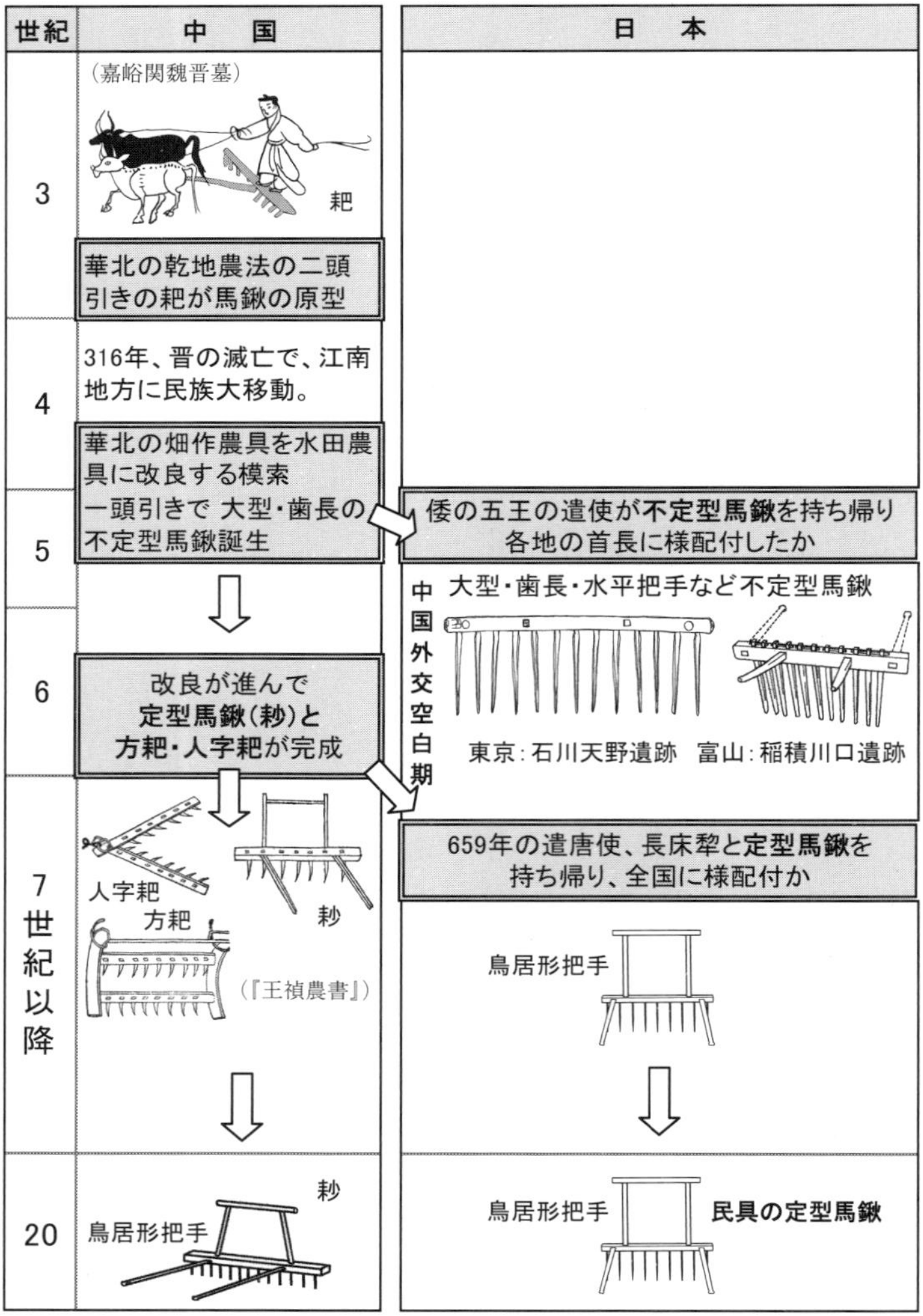
世紀
中　国
日　本
3
（嘉峪関魏晋墓）
耙
華北の乾地農法の二頭引きの耙が馬鍬の原型
4
316年、晋の滅亡で、江南地方に民族大移動。
華北の畑作農具を水田農具に改良する模索
一頭引きで 大型・歯長の不定型馬鍬誕生
5
倭の五王の遣使が不定型馬鍬を持ち帰り各地の首長に様配付したか
中国外交空白期
大型・歯長・水平把手など不定型馬鍬
東京：石川天野遺跡　富山：稲積川口遺跡
6
改良が進んで
定型馬鍬（耖）と
方耙・人字耙が完成
7世紀以降
人字耙
方耙
耖
（『王禎農書』）
659年の遣唐使、長床犂と定型馬鍬を持ち帰り、全国に様配付か
鳥居形把手
20
鳥居形把手
耖
鳥居形把手
民具の定型馬鍬

馬鍬のモデル配付の可能性が浮上してくる。

華北の少雨地帯ではわずかな雨水を保水するため牛の二頭引きの砕土具「耙《は》」が使われていたが、晋王朝は三一六年匈奴に破れて滅亡、晋の王族・貴族は華北を放棄して農民まで引き連れて江南地方の水田稲作地帯に民族の大移動を決行し東晋王朝を建てた。そこで華北の乾地農法用の二頭引きの畑作農具を一頭引きの水田用に改造するという一大社会実験が展開することになった。

乾地農法の耙には長さの十数cmの歯がついているので、耙の台木は十数cmの高さで地上に浮き上っていたことになるが、水田稲作を始めた漢族たちは水田用の耙＝馬鍬の台木も十数cmの高さで水面上に浮いていなければならないと考えてしまった。誰しも陥りがちな先入観の呪縛である。そこで深い田でも台木が沈水しないようにと四〇～五〇cmの長い歯を植え込んだ。そうなれば台木の位置は高くなるので把手は水平棒が主流となる。こうした開発途上のまだ固まりきらない試作品段階の不定型馬鍬が倭の五王の使節によって持ち帰えられたものが古墳時代の出土馬鍬だと考えられる。

大化政府が定型馬鍬導入　日本では四七八年倭王武の上表以降、六〇〇年の推古朝の遣隋使までの一二二年間中国への使節は派遣せず、中国との直接交渉は途絶えることになるが、この対中国外交空白期に江南地方では多様な形態のなかから、「耖《しょう》」と呼ばれた定型馬鍬と、人が乗って体重をかける「方耙《ほうは》」「人字耙《じんじは》」など平枠馬鍬の二方向へ急速に収斂していったと考えられる。大化改新政府の遣唐使のなかで唯一江南地方に辿り着いた六五九年の第四次遣唐使は、犂や首木・尻枷とともに完成した定型馬鍬、方耙、人字耙も見つけたであろう。しかしながら人が乗って体重をかける方耙や人字耙は馴染みがないので収集せず、定型馬鍬だけを持ち帰ったと考えられる。使節が長安や洛陽で外交任務をこなしている間、農具収集を担当したのは船を守る停泊残留組で、彼らの判断で農具の選択と収集がおこなわれた結果、方耙・人字耙は伝わらず定型馬鍬だけが持ち帰られた。この段階でボトルネック効果（外国文化の伝来の際におこる選択・絞り込み）が生じたものと推定される。

大化改新政府は犂や首木・尻枷とともに定型馬鍬も全国の評督あてに政府モデルの配付をした。古墳時代の不定型馬鍬に比べてコンパクトで見るからに使いやすい定型馬鍬は大歓迎で受容され、不定型馬鍬から定型馬鍬への乗り換えが一斉に起こった、と考えれば古墳時代の多様な不定型馬鍬類と民具の全国共通の定型馬鍬というギャップがうまく説明できる。

馬鍬は朝鮮半島からではなく江南地方から　本書では日本の馬鍬は中国江南地方から伝来したと述べてきたが、考古学者は一致して日本の馬鍬は朝鮮半島から伝来したと述べているので、その関係を整理しておこう。

まず馬鍬を江南起源とする根拠は、①日本では馬の利用が先で牛の利用が後からという先後関係は動かせない。発掘資料でも五世紀段階から馬具や馬の埴輪が先で、牛の埴輪は遅れる。民俗資料でも古代の政権所在地の関西では牛小屋をウマヤ、牛を洗うのもウマダライ、牛を扱うのもバクロウと呼ぶなど、かつては馬が農村では最初に馬が飼われていたことが痕跡として残っている上、牛の装具の名称はすべて馬の装具の名称を継承したものである。②馬鍬はデビュー当時に馬に引かせていたことが全国的にウマグワやマグワ（馬鍬）と呼ぶことからも証明できる。③東アジアでは古代では犂や馬鍬は牛に引かせるものであって、馬に馬鍬を引かせるのは日本独自の特異な形態なのである。もし朝鮮系渡来人が馬鍬を持ち込んだのなら牛と馬鍬がセットになり馬に引かせることは起らない。④伝統的稲作は五月雨、五月女に象徴されるように旧暦五月、新暦六月の梅雨の雨を田に引いて田植えをした。朝鮮半島は雨季が日本より遅れるので田植え法の普及は遅く、畑状態で耕して籾を播き、後から灌水して水田とする方法が広くおこなわれていた。婁永東（二〇〇七）によれば、韓国の田植え法は高麗末に始まり、李朝初期では国王がたびたび田植えの禁令を出していたとされるので、日本への馬鍬の伝来は朝鮮半島経由ではなく、馬鍬開発途上の中国江南地方からの直接導入であろう。

政府モデル配付と民間での乗り換えのタイムラグ　本書では政府モデル農具が出されると旧来の農具から政府モデルへの一斉乗り換えが起こるというイメージで書き進めているが、これは世紀単位で見た大局的な話しで、現実には少し時間幅をもった交代であろうと推定される。これは近代の例だが、東北地方ではかつては引棒なし馬鍬が広く使われていたようだが、明治二〇年代に福岡県の馬耕教師たちが抱持立犂《かかえもったてすき》に併せて福岡県の定型馬鍬を持ち込むと人気になり、その使いやすさの原因は自動姿勢制御装置の機能をもつ引棒にあると分かると、現役の引棒なし馬鍬を鍛冶屋に持ち込んで鉄製の引棒を後付けすることが流行し、やがて新製品の馬鍬は鉄製引棒つきが標準のようになった。ところが山形県には購入した鉄製引棒馬鍬の鉄製引棒をヤスリでわざわざ切り落として引棒なし馬鍬として使っている例がある。おそらく引棒なし馬鍬を使い慣れた中年以上の農家だと思われるが、なかなか新製品に馴染めなかったのであろう。同じく山形県では木摺臼《きずるす》は押引き棒方式の木摺臼が使われてきたが、やがて全回転方式の土摺臼《どずるす》が主流になり押引き棒方式の木摺臼手に入らなくなってきたようで、購入した土摺臼に素人細工で押引き棒を付けている例がある。これも新製品に馴染めなかった人のようで、時代の移行期には全般的には農具の乗り換えがあったとしても、微視的に見ればさまざまなケースがありえたのであろう。個人的な遅れも含みながら全体としては世代交代を重ねるうちに時代の流れとして新型に移っていくのだろう。

〔中国系首木と尻枷〕

尻枷法と幅木法　政府モデル犂とセットにして中国系の牛の牽引具である引綱渡し首木と尻枷もモデル配付されたと考えられる。〔図65〕に沿って見ていこう（河野通明一九九六）。

古代の東アジアでは華北から朝鮮半島北部にかけては二頭引き犂が使われており、A図で見るように二頭引き犂は二頭の牛の肩に横木を渡して首木（軛）とし、その中点に犂から長く伸びた引棒＝犂《り》轅《えん》を括りつけるなり吊して牽引させていた。この二頭引き犂の場合、牛は左右にいて犂の中心軸上はスペースが空いていたので長い犂轅を首木に届くまで伸ばすことができた。ところが一頭引き犂では牛は犂の中心軸上に置かれるので、長い犂轅をそのまま使うと牛体を後ろから串刺しにしてしまうこ

図65　尻枷法と幅木法

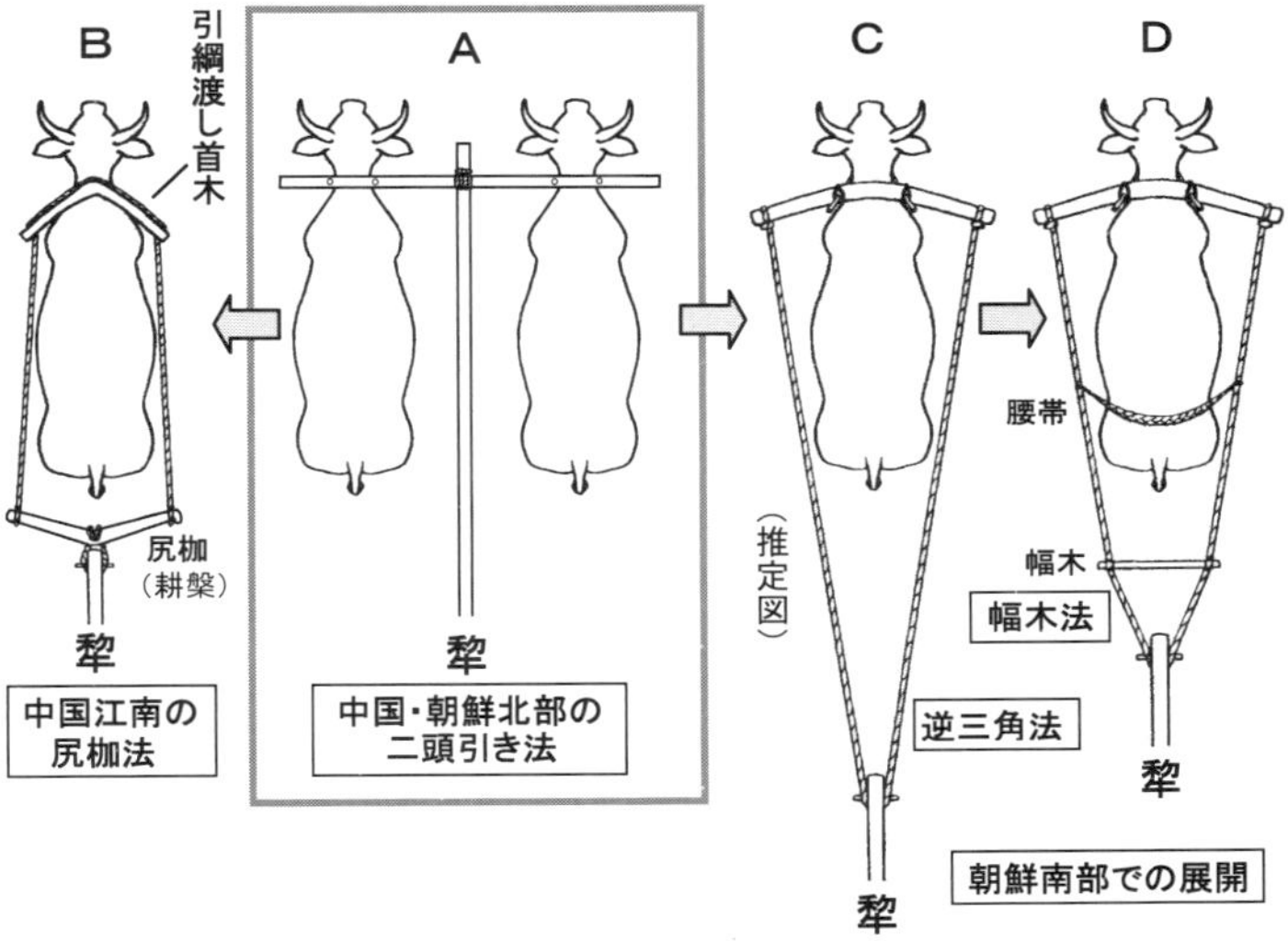

とになる。そこで牛を犂の中心軸上に置きながら犂をどう牽引させるか、その解決法が模索された。

このなかから生まれたきわめて単純ながら画期的な発明品がB図の尻枷（槃）と呼ばれる横木である。七〇cmほどの細棒を牛の尻の後方に横置きにしてその左右の端を首木の左右の端とそれぞれ引綱で繋げば首木を上辺とし、尻枷を下辺とし左右の引綱を側辺とする四角枠ができあがって牛を中に納めることができ、尻枷の中点に犂轅の先端を括り付ければ牛を犂の中心軸上に置きながら犂を引かせることができる。中国で開発された一頭引きの「尻枷法」の完成である。

他方、朝鮮半島では牛を犂の中心軸上に置きながら犂を牽引させるという難題に対して、

C図のように当初は首木から伸びる引綱を直接犂轅の先端に結びつけるという方法を採ったようだ。そうすれば首木を底辺とし左右の引綱を斜辺とする逆二等辺三角形ができあがるが、引綱が長くなる上、左右の引綱が牛の後肢に擦れて傷つけるということになる。

そこで引綱間を少しでも広げようとD図のように四〇㎝ほどの横木を嚙ませた。この幅もたせの棒を「幅木」と呼ぶことにしよう。引綱が長くなったので停止時には地面に横たわって再開時に牛の後肢に絡まったりすると危険なので、腰帯を掛けて引綱を中ほどで吊り上げることにした。朝鮮系一頭引き牽引法「幅木法」の完成である。

五世紀後半~六世紀にかけて朝鮮系渡来人たちは牛と犂とともに幅木法も持ち込んでいたはずだ。そのため大化改新前までは、日本列島各地で牛をつかっていた人々は渡来人・日本人を問わずすべて幅木法で犂を引かせていたことになる。ところがこれまで各地の博物館・資料館・教育委員会の民具収蔵庫を一〇〇〇箇所ちかく回って首木・鞍・尻枷はとくに見落とさないよう観察してきたが、見た限りではすべて尻枷法で、幅木法はただの一例も見つかっていない。

これに対して首木についていえば、大化改新政府が尻枷とセットで全国に配付したと考えられる中国系首木は首木の両端に上下穴を開けて尻枷から伸びてきた引綱を通し、首木の稜線を這わせて頂点で左右の引綱が出会い、その結び部分で引綱の長さを調節するという「引綱渡し首木」で、加工が難しくまた手間が掛かる形態であった。この引綱渡し首木は山口県東部と広島県西部の山間部で二〇世紀まで使われているが、残りの地域は野球のバットの手元のように括れを作って引綱を括りつける括れ加工首木で、これは朝鮮系首木から継承したものである。

折衷型牽引法が定着　ここで大化改新政府が全国に流した中国系引綱渡し首木と尻枷のセットに対して、朝鮮系幅木法に慣れていた各地の農民がどう対応したかをまとめれば、首木に関しては大多数が加工の簡単な朝鮮系括れ加工首木を使い続けたのに対して、尻枷については全員が例外なく幅木を捨てて尻枷に乗り換えた。この状況を整理すると、

◆大化前代の牽引法　◆大化後の牽引法

〔朝鮮系首木……幅木〕→〔朝鮮系首木……尻枷〕（首引き法）牛
〔中国系首木……尻枷〕（首引き法）牛
〔鞍…………幅木〕→〔鞍…………尻枷〕（胴引き法）牛か馬
〔朝鮮系首木＋鞍…幅木〕→〔朝鮮系首木＋鞍…尻枷〕（首引き胴引き法）牛

となる。

背鞍を使わず首木だけで引かせる首引き法はアジア標準の牽引法で、紀伊半島には朝鮮系首木を使った首引き法が渡来人持ち込み当時のまま二〇世紀まで使われてきた。また山口県東部と広島県西部では大化改新政府が配付した中国系引綱渡し首木を使った首引き法が当時のまま二〇世紀まで使われてきた。

牛の背中に鞍を置いて引かせる胴引き法は日本独自の牽引法で、馬鍬が伝わったときに馬に鞍を付けて引かせたのが始まりで、馬耕地帯は胴引き法であり、中国・四国地方・九州地方は牛を使っても胴引き法である。

首木と鞍を併用する首引き胴引き法は、馬に馬鍬を引かせて使っていた人々が、渡来人から牛と犂を受容した際に手慣れた鞍に首木を併用するようになったものと考えられる。かつてこの首引き胴引き法を平安時代に始まったと発表したことがあったが（河野通明一九八四）、いまここで述べたように馬鍬の胴引き法に慣れた人々が渡来人から牛耕を受け容れた際に発生したと考える方が自然であり、発生時期は五世紀後半から六世紀となる。

牛馬の尻の後ろの横棒について見ると、大化前代にはすべて幅木だったのが、大化後には全員が例外なく幅木を捨てて尻枷に乗り換えている。これは長年農具調査をやってきた者から見れば、じつに異例のことなのである。幅木と尻枷を比べれば、幅木は進化の途中で固まってしまったもので引綱は長くて牛とは遠くなり、引綱の幅は手前で狭くなるので牛の後肢を擦りやすいのに対して、尻枷は幅は十分で牛の後肢を擦らないし、引綱の長さも最小限で牛とも近くてコントロールしやすいという、いいことずくめである。ただこれは比較しての話しであって、幅木法も子供の時から慣れれば何の不便も感じず、朝鮮半島では二〇世紀まで使われてきた。また前近代の伝統的農村社会は農具の形が一旦決まれば使いやすかろうがなかろうが「農具とはこんなもの」という固定観念が成立してしまって隣村の犂が合理的で使いやすいものであっても見向きもしないで先祖代々の我が村の犂を壊れては同じ形で更新しながら使い続けるという世界である。この伝統的農村社会で全国的に幅木から尻枷への一斉乗り換えが起こったとするなら、それはたまたま次の条件が揃った時に限られる。その条件とは、

①幅木と尻枷を比較せざるをえない立場に全国の農民が置かれること。

②使って比べれば誰でも優劣は見分けられるが、形を見ただけで幅木と尻枷の優劣が分かるのは、全体の三分の一ぐらいの道具好きの人に限られる。

③集まった人々が気楽に和やかに喋れる場で比較がおこなわれたなら、道具好きの者が得意になって優劣を比較するので全員一致で尻枷を選ぶことが起きる。

この三つの条件が揃うのは評督邸で開かれる里ごとの政府モデル農具の模刻複製会である。改新政府の強制力が働くのは政府モデル農具の模刻複製会の開催までで、国宰は開催の有無はチェックするが、政府モデル農具がそっくりコピーされたかアレンジ受容かなど結果には無関心である。結果のチェックがこないことは評督も農民も十分に分かっていて模刻複製会は和やかな雰囲気になる。それどころか毎年一、二種類の新式農具が送られてくるのだから今年はどんな農具か、興味津々の参加である。里ごとの模刻会なので親族か隣近所の顔見知りの集まりである。模刻が始まる前に会場に早く着いた者から台の上に飾られた新式農具の使いやすさの品定めが始まるだろう。形から性能を見分けるのが得意な者は効用を滔々と説き、賛否のフリートーキングが続いて三〇分もすれば自ずと評価はまとま

るだろう。幅木か尻枷かは尻枷の優位性が勝って尻枷採用に決まり、全員が尻枷を模刻し、首木は逆に中国系の引綱渡し首木は加工が難しいので使い慣れた朝鮮系首木を使い続けることで一致したであろう。こうして中国系尻枷は採用しながら首木は朝鮮系という折衷型牽引法が成立した。また胴引き法地帯では手慣れた胴引き法はそのまま続けて、幅木の方は全員が尻枷に乗り換えた。

先に犂のほか多くの農具で政府モデル農具や朝鮮系との混血型が見られることから、評督邸での政府モデル農具の里ごとの模刻複製会があったと推定したが（仮説）、大化前代では全国どこでも幅木法で牛を使っていたと考えられるにもかかわらず、民具の牛の牽引法はすべて尻枷に変わってしまっている事実は、全国各地で評督邸での政府モデル農具の里ごとの模刻複製会が間違いなくおこなわれていたことの痕跡資料であり、「評督邸での政府モデル農具の里ごとの模刻複製会」仮説の正しさが検証されて、検証度1、★の学説に昇格したことになる。

〔長柄風呂鍬《ながえふろぐわ》〕

古墳時代はナスビ型短柄鍬　唐の農具を参考にしながら大きな改変を加えて様配付した例として中国系長床犂があったが、同様に日本社会の実情に合わせて大幅改造をほどこしたと考えられるのが長柄風呂鍬である。ここで長柄風呂鍬と長柄を強調したのは古墳時代の短柄のナスビ型鍬との違いを強調したためで、民具の風呂鍬は基本的に長柄風呂鍬である。

ナスビ形曲柄鍬から長柄風呂鍬への変化については、出土木製農具とくに出土鍬の詳細な比較研究

図66　長柄風呂鍬の誕生

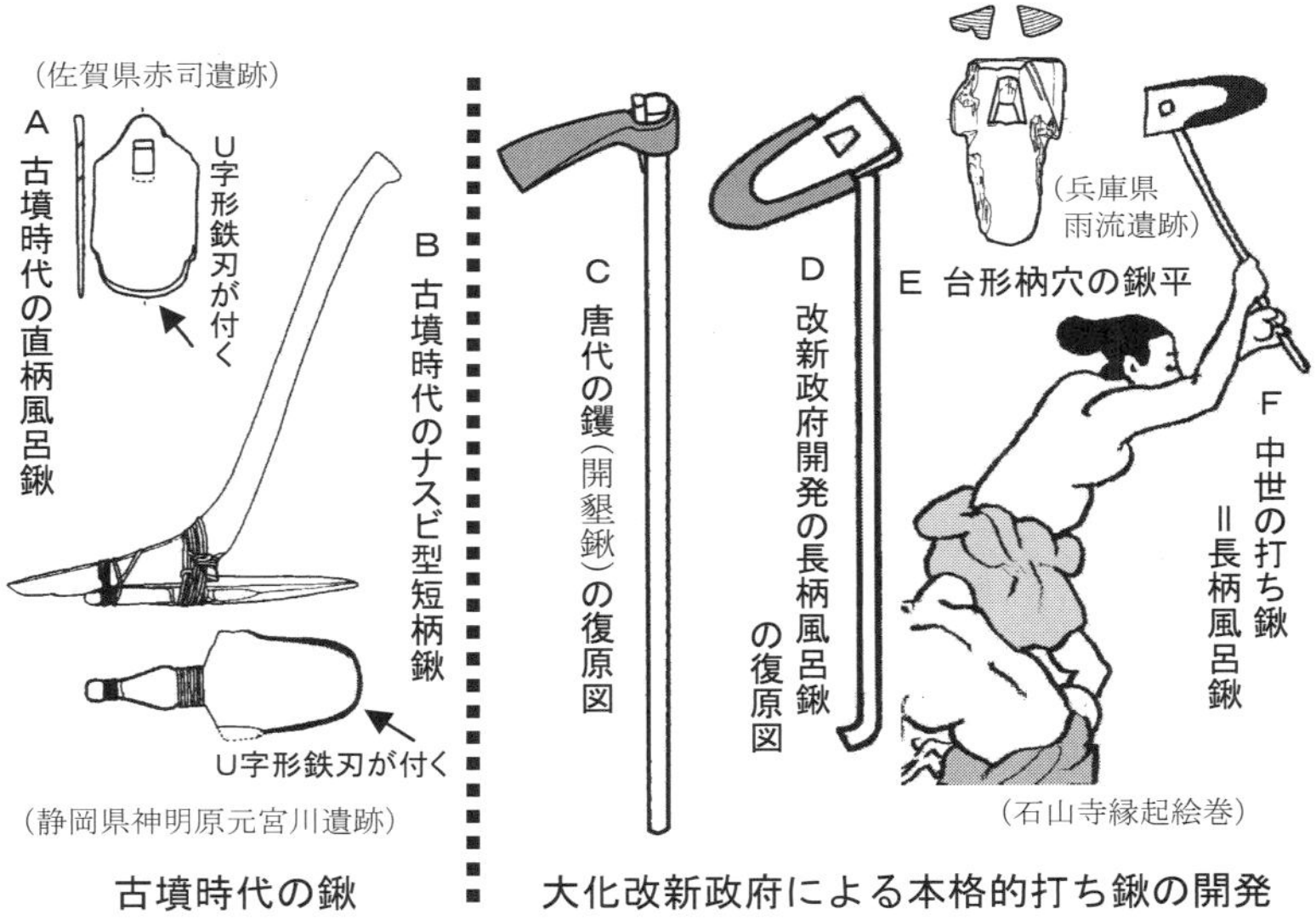

を重ねてきた樋上昇が概観しているので、樋上説を紹介することから始めよう。なお本書での「長柄風呂鍬」を樋上は「直柄風呂鍬」と呼んでいるが、実態は同じものを指している。

樋上昇の「ナスビ形曲柄鍬から直柄風呂鍬へ」説

樋上昇「農具と農業生産」（二〇一二）からナスビ形曲柄鍬から直柄風呂鍬への変化に絞って〔図66〕を見ながら要約・紹介すれば、

a　五世紀中葉〜六世紀代にU字形鉄刃がナスビ形曲柄平鍬に装着されると（B図）、瀬戸内以東の地域では直柄平鍬が姿を消し、ナスビ形曲柄鍬が「古墳時代の農耕具」としての地位を占めるにいたった。九州地方では、頭部をやや幅広にした直柄平鍬が四世紀代に出現し、これにU字形鉄刃が装着されて直柄風呂鍬（A図）となる。

b 身（鍬平）のどこかに柄孔を開ける必要がある直柄鍬に対して、ナスビ形曲柄鍬は刃部の長さを最大限生かすことができる点に最大のメリットをもつ深耕用の鍬であるため、沖積低地の開発にその力をフルに発揮したと考えられる。

c 五世紀中葉～六世紀代にU字形鉄刃がナスビ形曲柄平鍬に装着されると、開発の波は一転して、これまでの木の刃先では文字どおり歯が立たなかった洪積台地へと向かうこととなる。大阪府の上町台地や愛知県の名古屋台地における大規模な集落群の出現や、百舌鳥・古市古墳群のような巨大前方後円墳の築造にもU字形鉄刃装着のナスビ形曲柄平鍬が一役買ったことは間違いない。

d ナスビ形曲柄鍬は、いかなる理由によるものか、八世紀を境にその姿を消す。それと入れ替わるように出現し、近世まで存続するのが直柄風呂鍬である。

e 七～八世紀のいわゆる終末期に属するナスビ形曲柄鍬は多様で、これらに共通する特徴は柄との装着方法にさまざまな工夫を施している点である。ナスビ形曲柄鍬はB図のように、柄と身を紐で縛り付けるために笠部の上端を細く絞り込んでいたことが、鉄刃の重みが加わったために、強度の面でかえって弱点になったと考えられ、そのU字形鉄刃による加重を克服できなかったがゆえに、直柄風呂鍬（および犂）にその地位を追われることとなったのである。
とする。〔図66〕を見ながら樋口説を検討していこう。

ａからして古墳時代の鍬はＢ図のＵ字形鉄刃を装着した短柄のナスビ形曲柄鍬が主流で、九州ではＡの直柄風呂鍬がＵ字形鉄刃を装着し直棒の柄を付けるのだが、鍬平は薄くて、頭上に振り上げて打ち込む本格的な打ち鍬には使えず、中世の長柄風呂鍬には繋がらない。

ｂで樋口はナスビ形曲柄鍬は鍬平が長く使えることから「深耕用の鍬」としているが、深耕のためには頭上に振り上げて落下の加速度を利用して打ち込む必要があり、それには立ち姿勢が必須で長柄が必要であり、ナスビ形曲柄鍬の柄は短く腰を落として使うタイプなので、あまり深耕には向かないと考えられる。ただし木製鍬に比べれば掘削性能が向上したことは間違いない。

ｄで八世紀を境にナスビ形曲柄鍬から直柄風呂鍬への交代が起こるとするが、農具の新旧交代には地域的あるいは個人のレベルでもタイムラグが生じて旧型がある期間は残ることからすれば、交代の画期は七世紀後半と見た方が良さそうである。

ｅで交代の要因の一つとしてナスビ形曲柄鍬のもつ欠陥を指摘しているが、交代の要因はナスビ形曲柄鍬側にあったのではなく、大化改新政府が開発した本格的な打ち鍬＝長柄風呂鍬の出現によると見た方が良さそうである。

では「ナスビ形曲柄鍬から直柄風呂鍬（長柄風呂鍬）へ」という大枠は継承しながら、自説を対置してみよう。

長柄風呂鍬は改新政府の創作か　平安時代末から鎌倉時代の経典見返し絵や絵巻物に描かれた鍬はいずれも〔図66〕F（三五九頁）に示した長柄風呂鍬でU字形鍬先を装着し、柄首でやや曲り柄尻を少し曲げて滑り止めにするタイプ一色である。ここからすれば平安時代ではすでに長柄風呂鍬が主流になっているが、平安時代中に古墳時代の短柄鍬から長柄風呂鍬に一斉に変わる契機は想定しがたいことからすれば、大化改新政府の稲作農具の様配付でナスビ型短柄鍬から長柄風呂鍬への乗り換えが一斉におこなわれた可能性が高い。

また民具の長柄風呂鍬では木製鍬平＝風呂に穿たれた柄穴は台形柄穴《ほぞあな》が主流であり、出土資料ではE図の兵庫県雨流《うりゅう》遺跡の鍬平は上底二・五㎝に対して下底は四・五㎝の台形柄穴を備えており、長さ二三㎝、幅一二・八㎝、厚さは四・四㎝あって頭上に振り上げて落下の加速度を利用して打ち込む本格的な打ち鍬としての要件を備えている。この雨流遺跡の鍬平は伴出土器が少なく年代の特定は難しいとされるが、同様の台形柄穴の鍬平が兵庫県三田市の対中遺跡で出土していて、奈良時代から平安時代のものとされていて、大化改新までさかのぼる可能性は十分にある。

ここで木製鍬平にあけられた柄穴について整理しておくと、弥生時代の木製鍬は素朴な円形柄穴で、これには直棒の柄が対応する。柄が直棒ではなくなって柄首で少し曲り柄尻で滑り止めのために曲がったりすると方形柄穴が必要となる。九州では弥生時代から方形柄穴が使われている。鍬が進化して頭上に振り上げて落下の加速度を利用して打ち込む本格的な打ち鍬になれば、刃先が大地にぶつかる瞬間に柄の下面と柄穴の下面の間には大きな力がかかって鍬平の損傷や柄の緩みを招きかねない。そこで頭上に振り上げて打ち込みながらも柄と柄穴にかかる力を和らげる工夫が、D図に示した柄穴の下面を幅広にして柄と柄穴の接触面積を大きくした台形柄穴である。台形柄穴は打ち鍬として使われる長柄風呂鍬にとっては究極の柄穴といえるだろう。

唐の開墾鍬を日本向けに改良　この台形柄穴の出現については、遣唐使の持ち帰った「钁《かく》」との出会いがきっかけと考えられる。では遣唐使が持ち帰ったであろう唐の鍬とはどんな鍬なのか。

中国ではC図のような鍬平総鉄で歯の根元のソケット（ヒツ）に直棒柄を挿し込むヒツ鍬が鍬の基本型となっていた。細刃の開墾鍬の歴史は古く、紀元前の戦国時代に出土し、秦・漢・南北朝・唐・宋・金・元・明と連続して出土していて「钁」と呼ばれてきた（『中国農業考古図録』一九九四）。一七世紀に日本に伝来して「唐鍬」と呼ばれているもので、現代の江西省の農家でもメインの鍬として使われていることからして、遣唐使が持ち帰ってきたのもヒツ鍬方式の唐鍬であろう。

元代の『王禎農書』（一三一三）に「钁」という鍬が載せられており、意訳すれば「钁は畑を斫《き》る道具で、主に根株の除去に使う。農家で土地の開闢や荒れ地を斫るのに用いる。田園山野で使うものは刃の広狭、大小さまざまあるが、すべて钁と呼んでいる」とあり、钁は開墾鍬として使われていた。〔図66〕C（三五九頁）は出土鍬や『王禎農書』の明本の挿絵を参考に復原した唐代の钁である。

唐鍬は頭上に振り上げて落下の加速度を利用して打ち込む本格的な打ち鍬で、日本にはなかったタイプである。大化改新政府の様製作チームは、唐鍬を使ってみて掘削性能の良さと立ち姿勢での使いやすさに驚いたであろう。唐鍬をモデルに日本の事情に合った標準農家のメインの鍬をデザインすることになった。唐鍬を即採用しなかったのは、鉄資源不足の日本では鍬平総鉄のヒツ鍬は畿内であっても使える状況になかったからである。しかしながら唐鍬の長柄は大きく振りかぶって打ち込めるので深耕が可能であり、立ち作業の耕起は中腰のナスビ型短柄鍬に比べて疲れない。直柄・長柄の唐鍬は短柄縄緊縛のナスビ型短柄鍬に比べていかにも先進的で格好良く見えたので採用したかった。そこで鉄資源不足の日本に合わせてD図のように木製鍬平にU字形鍬先を嵌め込む風呂鍬とし、開墾鍬の唐鍬にまけない堅牢さを確保するため柄穴周りは厚く仕上げ、柄穴は柄と鍬平間の衝撃を弱めるために底辺を大きくした台形柄穴とし、柄は約一mと長くして柄首で曲げ柄尻も曲げて滑り止めとしたと考えられる。この滑り止めはナスビ型短柄鍬から継承したものである。こうして七世紀から江戸時代から二〇世紀の民具にまで継承される本格的な打ち鍬の長柄風呂鍬が完成した。

公共工事で長柄風呂鍬が定着　完成した長柄風呂鍬は政府モデル鍬として全国の評督あてに送付されたと考えられる。その時期は唐の钁を持ち帰ったのが犂と同じく第四次遣唐使だったとすれば博多への那津への帰国は六六一年五月、飛鳥に届いて開発チームが改良を加えて五〇〇本の複製となれば、全国配付は六六二年の夏となろう。〔図40〕（一九三頁）の条里施工に何年かかるかの試算では、着工一

図67　唐竿　用途を変えての受容

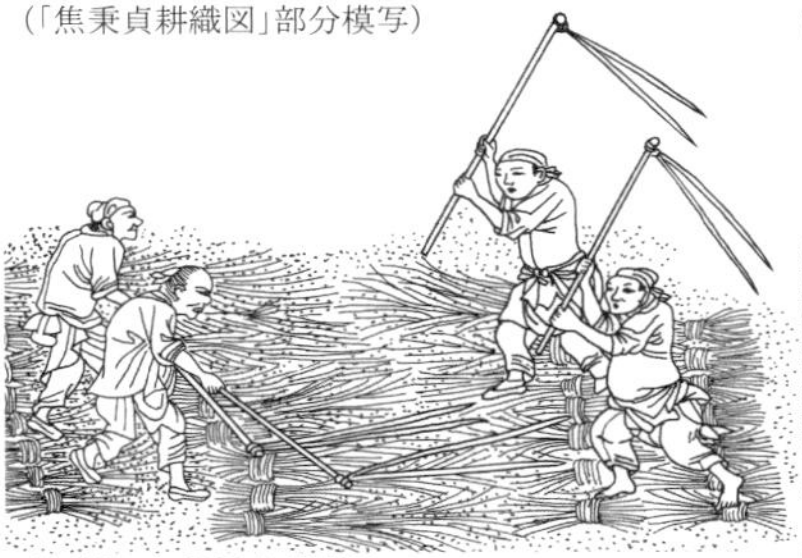

〔中国江南地方〕
（「焦秉貞耕織図」部分模写）
（早稲田大学図書館蔵）
インディカ米の中国江南地方では脱穀用

〔日本〕
（『絵本通宝志』）
日本では芒落としの籾打ち用

○年目の六六二年には約半数の国では条里施工は終わっているが、条里施工は終わっても七世紀後半は国家の建設期で、駅家や評倉、評衙や国衙と土木工事・建設工事への動員が続く。評督邸の模刻複製会を通して一戸に一本の長柄風呂鍬は普及していたことになるが、一戸から二人・三人の動員の場合にはナスビ形曲柄鍬も使われたであろう。集団参加の公共工事のなかでナスビ形曲柄鍬と長柄風呂鍬を使い比べれば、本格的な打ち鍬の長柄風呂鍬の性能の良さは衆目の認めるところとなり、ナスビ形曲柄鍬から長柄風呂鍬への乗り換えは一気に進んだものと考えられる。

〔唐竿《からさお》〕

唐竿はインディカ米用脱穀具　唐竿とは〔図67〕図に見るように、柄の先に軸結合した打穀棒を振り回して麦や豆を打つ道具で、中国の宋代に始まる耕織図《こうしょくず》では稲束を広げて唐竿で打つ場面がかならず描かれていて、江南の稲作地帯では脱穀具として使われていたことが確認できるが、一九九七年、九九年におこなった長江中流域の江西省の農村調査では、脱穀は日本から入った足踏み脱穀機が主流で、唐竿は使われていなかった。足踏み脱穀機以前の脱穀具として農家に残っていたのは一辺約一三〇cm、深さ約五〇cmの口の開いた角型桶で、このなかに木製枠に竹桟を並べた稲打ち枠を設置して稲束を打ち付けて脱穀していたという。栽培されていたのは長い籾のインディカ系の米で、脱粒性が高いので打穀法で脱穀できたのであろう。耕織図での唐竿による脱穀からして、江南地方では古くから脱粒性が高いインディカ系の米が栽培されていたと考えられる。遣唐使の停泊残留組は江南農民の唐竿による脱穀の実演を見て、これは便利な脱穀具だとして唐竿を持ち帰ったと考えられ、大化改新政府は様として全国配付したようだ。唐竿の関東以南の全国的な分布はそれを裏付けている。

唐竿での脱穀は失敗、脱穀は手扱きで　脱穀具という触れ込みで普及が図られた唐竿ではあったが、日本のジャポニカ米は唐竿で打っただけでは脱穀できない。そこでやむなく手で籾を扱き落とす「手扱き」で処理することにしたようだ。『枕草子』九九段「五月の御精進のほど」で京都北郊にホトトギスを聴きに行った清少納言一行が知り合いの明順朝臣宅に立ち寄ったところ、明順は折角農家にいらっしゃったんだからと「稲といふものをとり出でて、わかき下衆どものきたなげならぬ、そのわたりの家のむすめなど、ひきゐて来て、五六人してこかせ」と脱穀作業を再現して見せてくれたが、この場合「五六人してこかせ」と道具の記述がないことからして手扱きと考えられる（河野通明一九九八）。なお旧暦五月、新暦の六月にとり出されてきた「稲」とは、稲刈りから八か月ほど経っている

図68　碓

（河南省済源県新代墓陶製模型　抽出模写）

中国新代（1世紀）の陶製模型　　江戸時代の碓

ので根刈りの藁付き稲ではありえず、穂首刈りの穎稲《えいとう》であろう。他方、唐竿の方は脱穀には使えなかったが当時の稲は芒《のぎ》が長くて脱穀・調製作業の妨げとなっていたので、稲の芒落としの籾打ちや大麦の脱穀や大豆の脱粒に転用されながら農家に不可欠の農具として定着していったようである。

〔碓《からうす》〕

地碓と台碓、二段階の伝来　碓とは〔図68〕に見るように、片側に杵のついたシーソー板の他端を踏んで米を搗く踏臼で、石製の臼とシーソー板の石製支柱を土間に埋め込むジガラウス（地碓、ジガラ）と木枠にシーソー板を設置し、臼は木製臼とした可搬式のダイガラウス（台碓、ダイガラ）があるが、漢代の陶製模型は地碓タイプであり、古代畿内の大阪平野の碓も地碓タイプであることから、古代に地碓が伝来、近世に台碓が伝来という二段階の伝来品が混在していると見るのがよさそうである。

カラ（韓・唐）という接頭語はおそらく「加羅」が語源で六世紀段階では韓鍛冶《カラカヌチ》のように朝鮮半島由来の物事を表したが、遺隋使・遺唐使を通して中国外交を再開して以降は、日本の支配層の関心・憧れの対象が中国に移るとともに漢詩をカラウタ、唐伝来の新型乗馬鞍を唐鞍《カラクラ》と呼ぶように、もっぱら中国を指すようになった。カラスキ・カラサオ・カラウスはいずれも『和名類聚抄』（九三四）に載せられた古代語なので、大化改新政府の稲作民化政策の一環として同じ頃に全国に様配付された可能性が高い。

朝鮮半島にも碓があるが、大部分は踏み板がY字に分かれて二人で踏むY字形碓で、日本の一人踏み碓は中国系である。

なお碓に関しては飛鳥寺以来、古代寺院の厨房の設備としてへっつい型竈や羽釜とともに伝来していた可能性が考えられる。寺院の厨房の碓が全国向け様配付の基となったなら、配付時期は六五四年以降の早い時期、遣唐使の持ち帰り碓が基となったなら、配付時期は遣唐使の飛鳥到着の六月から五〇〇台の実物模型コピーの時間を見て、六六一年の夏あたりであろうか。碓の場合は日本向けに改良する必要はなく、唐代江南地方の碓のそのままコピーでよかったので、犂よりは一年早く全国配付できたであろう。

〔籾摺りの木摺臼〕

木摺臼の伝来と畿内人的改良　〔図69〕に見るような縄引き型木摺臼を使って稲籾の籾殻を剝がして玄米を取り出す作業が「籾摺り」で農学用語では「脱稃《だつぷ》」と呼ぶが、弥生時代～古墳時代の一般的なやり方では、穂刈りで乾燥させた稲束を一日に必要分竪臼に入れ、毎朝主婦が竪杵で搗いて脱穀から精

図69　籾摺臼の伝来と改良

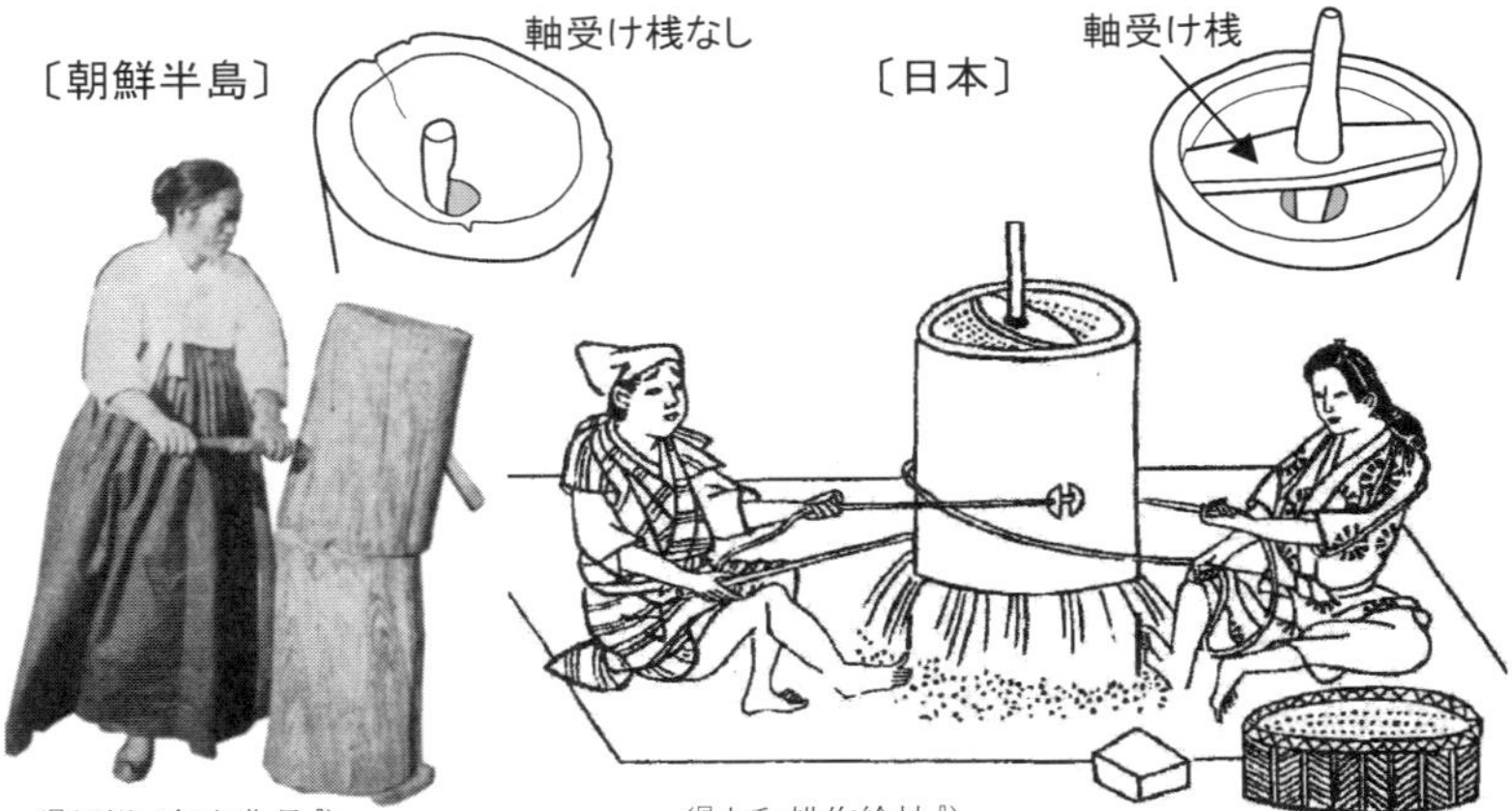

（『朝鮮ノ在来農具』）　（『大和耕作絵抄』）

立ち作業・把手棒駆動　対座・縄引き型

臼までを連続動作でやっていたので籾摺り過程は分化していなかった。

日本の籾摺臼は古代では「するす（摺臼）」と呼ばれていたが、その実態は『枕草子』の先に引いた明信朝臣宅の農作業再現場面で脱穀作業に次いで「見も知らぬくるべくもの、二人して引かせて」と見えており、経典見返し絵の鬼が亡者を鉄《てつ》磑《がい》で挽く場面に描かれた鉄磑は当時の木摺臼を参考にしたと考えられるので、ここから平安時代の籾摺臼は円錐摺り面、放射目、対座方式で往復回転の縄引き型木摺臼であると推定される（河野通明一九九八）。このうち円錐摺り面、放射目、往復回転は朝鮮系の木摺臼から継承したもので、〔図69〕で見るように、朝鮮半島では立ち作業・把手駆動であったのを座位作業に慣れた畿内人すなわち江南地方少数民族系稲作民の後裔たちの好みに合わせて、背を低くして直径は大きくし、把手駆動を縄引き型に変え、上臼のぶれを抑えるため軸受け桟を付加したタイプが開発され畿内の標準となったようだ。

朝鮮系木摺臼には軸受け桟《さん》はなかった。木摺臼の上臼の軸穴は籾の供給口を兼ねているので、軸の直径が四㎝ほどでも上臼の軸穴は直径一〇㎝から一二㎝ほどある。そのため把手を握って往復回転させると上臼は前後左右にぐらぐら揺れながら往復回転を繰り返すことになり、使い手のくせで片減りが起こって静止させると上臼が傾くことになる。上臼が傾くと籾の供給にも偏りができて籾摺りの効率が悪くなる。軸受け桟はこの是正を狙ったもので、上臼の直径方向に軸受け桟を嵌め、軸穴は軸の直径より少し大きめにしておけば、上臼の籾供給穴は十分大きくとっても、上臼自体は正位置を保って水平面内を正確に往復回転する。

軸受け桟を付加して上臼のぶれを止め片減りと籾の供給の偏りをなくそうというのは、いかにも日本人的は几帳面さが表れているが、では日本人ならだれもが思いついて改良できるかといえばそうではない。技術後進国だった古代日本では渡来文化は眩しく輝いて見えるので、先進的な渡来文化を醒めた目で観察して改良を加えようという発想は、大和政権の膝下の畿内以外ではそう簡単に起こるものではないのである。朝鮮系木摺臼の立ち作業を座位に変えたのは、建築現場で手斧を振るうのも立ち作業ではなく胡座《あぐら》でこなしてしまう座位好みの畿内人であろうが、軸受け桟の付加も渡来文化を相対化できる畿内人の仕業であろう。

では木摺臼はいつ伝来したか。朝鮮系木摺臼は朝鮮半島での発明と考えられるが、伝統的社会では発明はなかなか起こりにくいことからすれば、伝統を打ち破っての発明には国家形成の高揚期といった社会的背景が必要であり、そうなれば高句麗・百済・新羅の三国が競い合って国家形成を進めていた四世紀末～五世紀初頭辺りに発明され、五世紀前半の第一期渡来人が持ち込んだものとひとまず推定しておこう。

対座縄引き型木摺臼の全国的様配付　木摺臼は近世を通じて中国系土摺臼への乗り換えが進んで遺存資料は希薄となっているが、それでもこの畿内的な対座縄引き型木摺臼は福島県を東限として各地に点在しており、畿内型がかつて全国配付された様相が窺われる（河野通明二〇〇八）。他方、木摺臼の性能から見ても、弥生時代以来の竪臼・竪杵による脱穀から精白までの連続作業に比べて、籾摺りを独立させることは効率化につながること、先に様配付の候補にあげた精白の碓と結合すれば、穀倉に備蓄された籾を木摺臼で籾摺りし碓で搗けば効率よく舂米《しょうまい》化できるので、農家個人の生産効率だけでなく国家財政や軍用の糒《ほしいい》や玄米・舂米輸送に備えた基礎技術でもあることからすれば、大化改新政府は畿内型の座位の軸受け桟つき縄引き型木摺臼を様配付した可能性は十分考えられる。また様配付の痕跡と考えられる朝鮮系木摺臼と畿内型木摺臼の混血型も各地で見つかっており、この推定を裏付けている。

また福島県では政府モデルの縄引き型木摺臼の分布地になっているが、これは福島県域では評督の

図70　日本の地機は朝鮮系の改良型

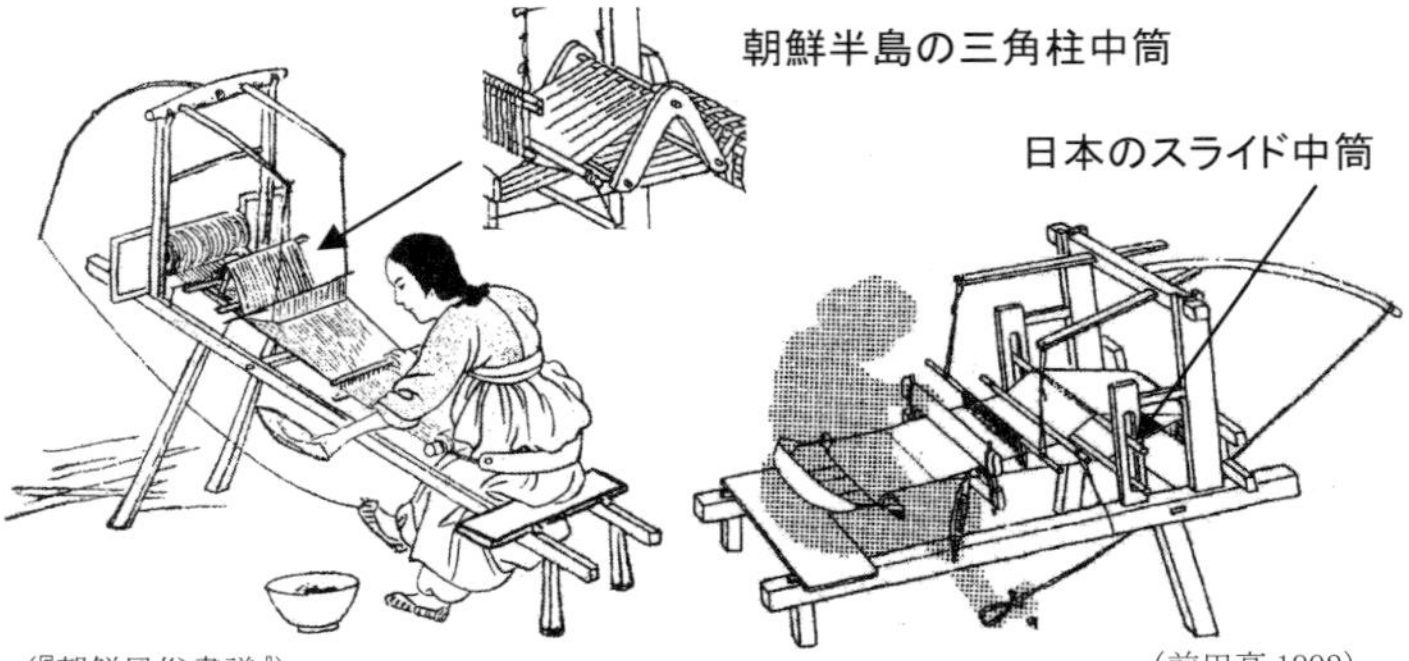

（『朝鮮風俗畫譜』）　（前田亮 1992）

渡来人が朝鮮系地機を持ち込み　→　畿内人がスライド中筒に改良

下の模刻製作会が真面目におこなわれ、各戸に政府モデル木摺臼の間接的班給がなされていたことを物語っている。

〔地機〕

日本の地機は朝鮮系　地機《じはた》については先行研究が多く、しかも論点が錯綜しているので本格的に検討するには別稿を構えなければならない。この点は別の機会に譲ることとして、いま見通しの立っている結論を、大化改新政府の稲作民化政策に引き付けて解説することにしたい。

民間で使われてきた織機には地機と高機《たかばた》があるが、高機は絹用で庶民の家にあって麻系の布を織ってきたのは地機である。〔図70〕には韓国の地機と日本の地機の図を掲げたが、どちらも傾斜機台をもっていて基本的に同じ構造である。そうであれば日本での地機は朝鮮系渡来人の持ち込みに始まるという推定ができるが、滋賀県の斗西《とのにし》遺跡では渡来系遺物とともに地機の部品が出土していて、その推定の正しさが検証されている。さらに渡来人起源を裏付ける資料があるので紹介しておこう。

地機に相当する織機の初見史料は『和名類聚抄』（九三四）に引用された八世紀初頭の「楊氏漢語抄」（七一七〜二四）の「臥機」で、『和名類聚抄』は次のように記述する。なお小文字二行書きの割注は（　）内大文字に改め、適宜句読点を付した。

臥機　楊氏漢語鈔云。臥機（久豆比岐）。辨色立成説同。

現代語に訳せば、

〔臥機〕「楊氏漢語鈔」には「臥機（クツヒキ）」と書かれている。（同じく辞書の）「辨色立成」も同じ説である。

となる。奈良時代初頭の辞書「楊氏漢語抄」によれば、臥機＝地機は当時クツヒキと呼ばれていた。〔図70〕の『朝鮮風俗畫譜』（一九一〇）の地機の図では、織手は藁編みの沓を履いていて沓の先端から縄が伸びて招木に連動する棒に繋がり、沓を引けば招木が回転して綜絖を引き上げて経糸を開口させる仕組みになっている。つまり「楊氏漢語抄」時代に使われていた臥機＝地機は沓を引いて経糸を開口させる渡来人の持ち込んだ地機の後裔だったことになる。

日本の地機と渡来系地機の相違点　沓引きの沓については、日本では藁製浅沓の伝統はなかったので、縄の先端を輪にした足縄に代わっている。そのほか日本の地機と朝鮮系地機の違いについて、先行研究の指摘をまとめると、次の三点となろう。

①横糸を通すのに朝鮮半島では二〇cmほどの舟形杼《ふながたひ》を使うが、日本では緯打刀《よこうちとう》を兼ねた六〇cmほどの管大杼《くだおおひ》を使う。
②横糸（緯）の打ち込みは朝鮮半島では筬《おさ》を使うが、日本では筬に加えて管大杼も使う。
③経糸を上下に分けて間隔を保つ中筒は、朝鮮半島では「三角柱遊動中筒」だが、日本では朝鮮系の三角柱遊動中筒の地機と日本独自の「梯子型上下動中筒」の地機が混在する。

となろう。これらの全面的な検討は別稿に譲るとして、大化改新政府の様配付に関わるものとして、③の中筒がポイントとなる。

〔図70〕（三七二頁）の朝鮮系の三角柱遊動中筒は上糸と下糸の間に三角枠を置いただけて、下糸の動きに合わせて前後に遊動しながら上下糸間の間隔を保っている。この適当に遊動しながら間隔を保っている動きは、軸受け桟のない朝鮮系木摺臼の上臼の動きに似ている。几帳面な畿内人はこのアバウトな造りに我慢できなかったのであろう。立体的な三角枠の中筒を平面的は梯子型枠とし、上下に長いスリットをあけた支柱の中に納めて、下糸の動きに合わせて上下しながら上下糸間の間隔を保っているが、スリット支柱に収めることで前後の遊動を押さえ込んだ。軸受け桟を付けて木摺臼の上臼のぶれを止めたのと同じ、畿内人好みの几帳面な改良である。

改新政府が畿内型地機を全国配付　先行研究によって梯子型中筒の分布を確認すると、九州・中国・四国・近畿から・佐渡・八丈島までと分布は広範囲にわたっている。梯子型中筒は几帳面な畿内人好みの特異な発想にもとづいた改良で、鹿児島県から佐渡・八丈島の各地で互いに情報交換なしに偶然的に同じ改良を思いついて実行することはありえない。また技術後進国だった古代日本では渡来文化は眩しく輝いて見えているので、先進的な渡来文化に改良を加えようという発想は、大和政権の膝下の畿内以外ではそう簡単に起こるものではない。となれば、畿内起源は疑いない梯子《はしご》型中筒地機の鹿児島県から佐渡・八丈島までの広範囲の分布は、大化改新政府の様配付の結果と見るのがもっとも無理のない推定であろう。各種の稲作農具と並んで、畿内型の地機も政府モデル地機として全国配付されていたと考えられる。

この畿内型地機の政府モデル地機としての全国配付仮説を裏付けるのが、航海の神として知られる福岡県の沖ノ島に祀られている宗像大社に遣唐使時代に奉納されたと考えられる金銅製の雛形地機で、これが畿内型の梯子型中筒なのである。詳しい論証はいずれ別稿でおこないたいが、遣唐使をもっとも頻繁に派遣したのが大化改新政府なので改新政府の奉納の可能性が高く、改新政府は畿内型の地機も政府モデル地機として全国配付されていたという仮説をひとまず提起しておきたい。

広幅調布賦課のための織成技術の底上げ　ところで律令国家が中央税として全国に賦課した調の布は幅広なので、改新政府が政府モデル地機として全国配付したのと同じ、民間の地機では、織り幅が足らず、調の布は織れなかったとされている。賦役令調絹絁条には、

凡そ調の絹、絁《あしぎぬ》、糸、綿、布は、並に郷土の所出に随へよ。正丁一人に（中略）布二丈六尺。

（中略）二丁に（中略）端成《たんな》せ。端の長さ五丈二尺、広さ二尺四寸。

とあって、律令国家は百姓たちに布幅二尺四寸＝七一・七cmの調布を賦課した。機台幅七〇cm前後の通常の地機で織れるのは最大で布幅五〇cm強まででこの広幅の調布は織れず、通常は三五cmほどの反物幅の布を織っている。では中央税の調の布が織れないことが分かっているのに、なぜ改新政府は家庭用地機を全国配付したのか。これには政権側に次のような目論見があったからだと推定される。

布幅七二cmの調布を織るには機台幅八〇cm弱の特別仕様の地機が必要で、大化改新政府はその広幅地機の様も配付したと考えられる。特別仕様の広幅地機の織成となれば、その場所は国衙工房か評衙（郡衙）あるいは豪族邸などが考えられるが、織り出すのは錦や綾ではなく普通の平織りなので、織手は百姓女性の交代勤務であろう。ならば一般家庭の機織りが原始機段階では織手が確保できない。したがって調布の広幅地機の織手の確保のためには一般家庭の織成技術を原始機段階から地機段階にレベルアップしておく必要があり、そのため直接調布は織り出せないことは十分承知の上で、家庭用の地機を配付することにしたものと考えられる。

この狙いは見事に当たったようで、原始機から地機への乗り換えが一気に進んだと考えられる。というのは犂に関しては幕末・明治初年までは鍬耕で犂耕空白地帯で、明治時代二〇年前後の福岡県の馬耕教師の派遣で初めて犂耕に接した地域という地域が東日本では何か所も検出できるのに対して、幕末・明治初年まで庶民の普段着が原始機で織成され続けていた地域は検出できないからである。これは早い段階で原始機から地機への一斉乗り換えが起こっていた痕跡と考えられ、原始機から地機への一斉乗り換えが起こる契機を歴史のなかに求めれば、大化改新政府の地機の様配付以外には候補が見つからないからである。一般家庭のレベルアップを狙った地機の様配付は地元女性の心を捉えて政権支持率が一挙に向上し、この後の天武・持統朝にいたるまでの矢継ぎ早の押しつけ的施策も、大きな抵抗もなく展開できることの一因となったと考えられる。

二　大規模技術移転と国民統合

史上唯一の大規模技術移転　以上、大化改新政府が畿内・畿外諸国の評督あてに様＝実物模型を送り付けて普及を図ったと考えられるものを挙げてみたが、中国系長床犂から地機まで九種類に及んだ。これらはある程度証拠が揃ったものを選んだので、全体としては十数種類に及ぶであろう。

これらの多種類の農具・道具のモデル配付の意図は、冒頭に述べたように稲作民化政策にもとづく重要政策なので、白雉四年（六五三）の評の再編が終って条里施工が始まると、それに並行して稲作農具一式と地機の様配付も始まったと考えられる。季節的には冬の農閑期は全国的に条里地割の冬ごと連年施工が続いている時期なので、冬は避けて田植えと草取りが終わって稲刈りが始まる前の夏から初秋の時期であろう。政権側で五〇〇個の様を製作するにも、評督邸に里ごとに五〇人を集めて五

○個の様をコピー製作するにも、晴天続きの夏なら簡単な小屋がけで済むので好都合であろう。また一年に複数種類となると政権側も評督側も大変なので一年一〜二種類が原則で六五三年の夏以降十年前後かけて配付されたのであろう。

日本古代の天皇が東洋的専制君主と考えられていた一九六〇年代には、政府は東アジアからの先進技術を独占し、大きな技術落差を梃子に地方を支配したというイメージで語られることもあったが、事実は大きく違っていたようだ。畿内と地方の大きな技術落差を十分認識した上で、畿内の先進技術を代表する農具や地機を時間をかけて五〇〇の様＝実物模型を製作し、地方に送り付けてコピーさせ、地方の技術の底上げを図っていたのである。遣唐使の持ち帰った江南地方の先進農具も政権膝下の畿内で独占することなく、早速日本向けの改良を加えて全国に様配付し、地方の技術の徹底した底上げを図っていた。これは今まで知られていなかった新事実である。まずこのことを報告しておきたい。

政権支持を高めた大規模技術移転　大化元年の八〜九月、大化改新政府が東国国司のような国宰を地方社会に送り込んで戸籍づくりと耕地調査を始めたときは、地域住民はこれからわれわれはどうなるのだろうと不安の目で国宰の活動を見ていたであろう。その不安を払拭して彼らを政権支持に向かわせた契機は四つあったと私は見ている。それをまず列挙してみよう。

① 条里施工にともなう村々の小社への開発許可の間接的奉幣。

② 一〇年前後にわたる七道建設と条里施工での国宰・評造・公民が冬の三か月飯場生活で大自然

改造事業に取り組んだなかで生まれた一体感。

③条里施工と並行して毎年夏に一～二種類の稲作農具や地機の様＝実物模型が評督のもとに届けられ、評督邸で里ごとの模刻会が開かれて最新式の農具・道具の間接的班給による地方の技術の底上げがおこなわれたこと。

④通常農具は形を見れば使い方は分かるが、地機の場合は縦糸を揃える整経過程から織成まで技術指導が必要で指導員が派遣されたと考えられる。その指導員と地元民の交流を通した政権の政策への理解の深まり。

①は村々の小社への天皇からの奉幣は厳しい身分制社会の古代では通常考えられない出来事であり、中央政府に対する警戒感が吹っ飛んで畏敬の念に変わったと考えられる。

②の条里施工では、農民たちは都の天皇の指揮のもとオールジャパンチームの一員として大自然改造に取り組み、毎年一郡ずつ一面の条里田に置き換わっていくという未曽有の体験をするなかで伝統的・閉鎖的な国造―農民関係から開放されて、自分が天皇のもとの公民であることを自覚し、オールジャパンチームの一員であることに誇りを感じるようになったと考えられる。近代の資本主義経済の発展をベースにした国民国家形成にはるかに先立って、七世紀第３四半期特有の政治状況の中で生まれた早熟的な国民意識である。

③の稲作農具一式と地機の様＝実物模型の配付では、毎年定例行事のように唐からの直輸入農具も

含めた最新の農具が送られてくるなかで、地方豪族や民衆は改新政府は本気で自分たちをターゲットにして地域経済の底上げを図っているのだと実感し、政権支持率を一気に高めたと考えられる。

④の地機の技術指導員には、畿内の農家の子育てをほぼ卒業した中年女性が選ばれたと考えられるが、徒歩で半月ときには一と月かかり、半年近くに及ぶ地方出張は大きな負担ではあったが、その反面、国家の形成期に当たって中央政府は技術指導員に他ならぬこの私を指名してきた、頑張って政府の期待に応えねば、という自負心もあったであろう。その自負心と熱意は方言の違いを越えて相手女性の心を摑み、身振り手振りのコミュニケーションで指導の実をあげたと考えられる。原始機からすれば、地機は憧れの最新機器であり、地元女性は大化改新を地機と指導員のイメージとだぶらせて記憶していたのではないかと考えられる。

対外戦争ぬきで国民統合を実現　明治政府は日清・日露戦争の勝利を契機に国民統合を果したが、七世紀第３四半期の国民統合は対外戦争ではなく、改新政府の打ち出した地方政策を契機にしているところに大きな特徴がある。中大兄は唐に対抗できる国造りをと唐を仮想敵国に据えていたが、百済滅亡・救援軍派遣より七～一〇年前の時点では全国の農民たちはまだ対外危機を肌で感じられる訳もなく、それよりも樹木をすべて伐採して山裾まで見通せる評景観・国景観を創り出す条里施工を国を挙げての自然の大改造プロジェクトと受け止め、自分もそれに参加しているという誇りを感じ、村々の小社への天皇の奉幣や、毎年夏に一～二種類の最新式の稲作農具や地機の様配付で改新政府が本気で地域経済の底上げを図っていることを実感したことなどが契機になっている。中央政府が地域振興政策で国民統合を成し遂げたのは日本前近代史上ではこの中大兄の施策がおそらく唯一であり、世界史上でも稀なケースであろう。

対外危機と中大兄の個性の合作　中大兄皇子、ひいては改新政府としては、地方豪族や民衆・地元女性の人気取りに政策を打った訳ではなかった。条里施工は班田収授のための基盤整備であり、稲作農具一式の様の配付は稲作民化政策の重要な柱であったのだが、稲作民化政策の元は大国唐に対抗するための国民皆兵軍づくりであり、それには地方経済の底上げが必須であり、それに真剣に取り組んだことが地方豪族や民衆・地元女性の心を摑む結果となった。対外危機がなければ中央対地方、畿内対地方の対立が表面に出るので地方経済の底上げ策が浮上する可能性は低く、通常の政府の対応はこのパターンであり、律令国家も対外危機が去った八世紀段階では体系的な地方経済の底上げ策は継承されていない。唐の高句麗攻撃前後に六四一年百済、六四二年高句麗、六四五年日本、六四七年新羅と政変と権力集中が続くが、それだけ唐の高句麗攻撃のインパクトは強かったのであり、それが中大兄皇子をして稲作民化政策にもとづく国民皆兵軍づくりに向かわせたのであろう。

ではこの対外危機があれば誰が政権を執っても大規模技術移転政策が採られたかといえばそうではない。大規模技術移転政策の元は稲作民化政策であり、稲作民化政策はこの秋まで豊かな稔りをもたらしていた既存の水田をすべて破壊して条里田を造成するという非常識で極端な条里施工と結びついていた。既存の水田をすべて破壊して条里田を造成したのは唐の均田制を機械的に導入したためであり、唐の均田制の機械的導入に走らせたのはクーデター当時一九歳という若さから来る無鉄砲さ、常識の無さ、向こう見ずさ、そしてプリンスとしての伝統に縛られない発想の自由さであろう。仮に孝徳天皇が実権を握ったなら四九歳という社会経験からして既存の水田をすべて破壊して条里田を造成するようなことはしなかったであろうし、クーデターが失敗して蘇我入鹿が古人大兄王を擁立して政権を握った場合でも、伝統的氏族の跡継ぎの立場から伝統的社会関係は温存させるであろうから、この場合も既存田をすべて破壊しての条里田の造成はなく、したがってこれと連動した大規模技術移転政策もなかったことになる。

稲作農具一式と地機の様配付方式による全国二〇万戸に対する間接的班給という徹底した地域経済底上げ政策は、唐の高句麗攻撃という対外危機と中大兄皇子の若さという二つの条件の重なり合いのなかで生まれた、おそらく世界史上唯一の徹底した地域経済振興策であった。

三　小水面水田から大水面水田へ

これまで大化改新政府による稲作農具一式と地機の様配付＝評督を介した各戸への間接的班給を見てきたが、水田に関しても大きな技術革新があった。この点を見ていこう。

大区画小水面水田　〔図71〕は古墳時代の小区画水田と条里田とを同縮尺で比べて小区画水田から大区画水田への変化がどの程度のものかを視覚で確認するために作成した模式図で、A図は静岡県曲金《まがりかね》北《きた》遺跡の第2調査区のⅥ層水田で古墳時代中期後半頃の遺構で、「小区画水田」と呼ばれているものである。小区画の大きさは小さいもので一・四m×一・二m＝一・六八㎡で畳一畳の広さであり、B図の長地型地割の一段は一〇九m×一〇・九mで一一八八・一㎡で畳七三三畳であり、小区画水田がいかに小さいかが分かる。

ところでA図の上部に縮小図で示したように、この水田は畦道や水路によって囲まれたB・G・K・Mなど大文字で示した「ブロック」の内部が極小区画に整然と分けられているという構造をなしている。ブロックの畔には水口があることからしてもこのブロックが灌水・排水の単位で水利上の一枚の田であり、馬鍬による代掻きはこの単位でおこなわれていたと考えられ、代掻き後に手畦で小区画を整えていたことになる。Jは一・三段、Kは三・二段、Mは八段と条里地割の一区画一段より大きなものが多く、そうであればこれまで通り「小区画水田」と呼ぶのは相応しくない。この水田で「区画」と呼ぶに相応しいのは畦道や水路で囲まれたブロックであって、手畔造成の極小区画を含む水田は厳密には「大区画・小水面水田」と呼ぶべきであろう。それと対比して条里田を呼ぶなら「大区画・大水面水田」となる。通説は現代の田では見られない小区画に目がいって「小区画水田」と呼んでしまったのだが、水田の本質に注目するなら、大区画小水面水田と捉えるのが適切であろう。

図71　条里施工は水田の大区画·大水面革命

A 古墳時代の小区画水田

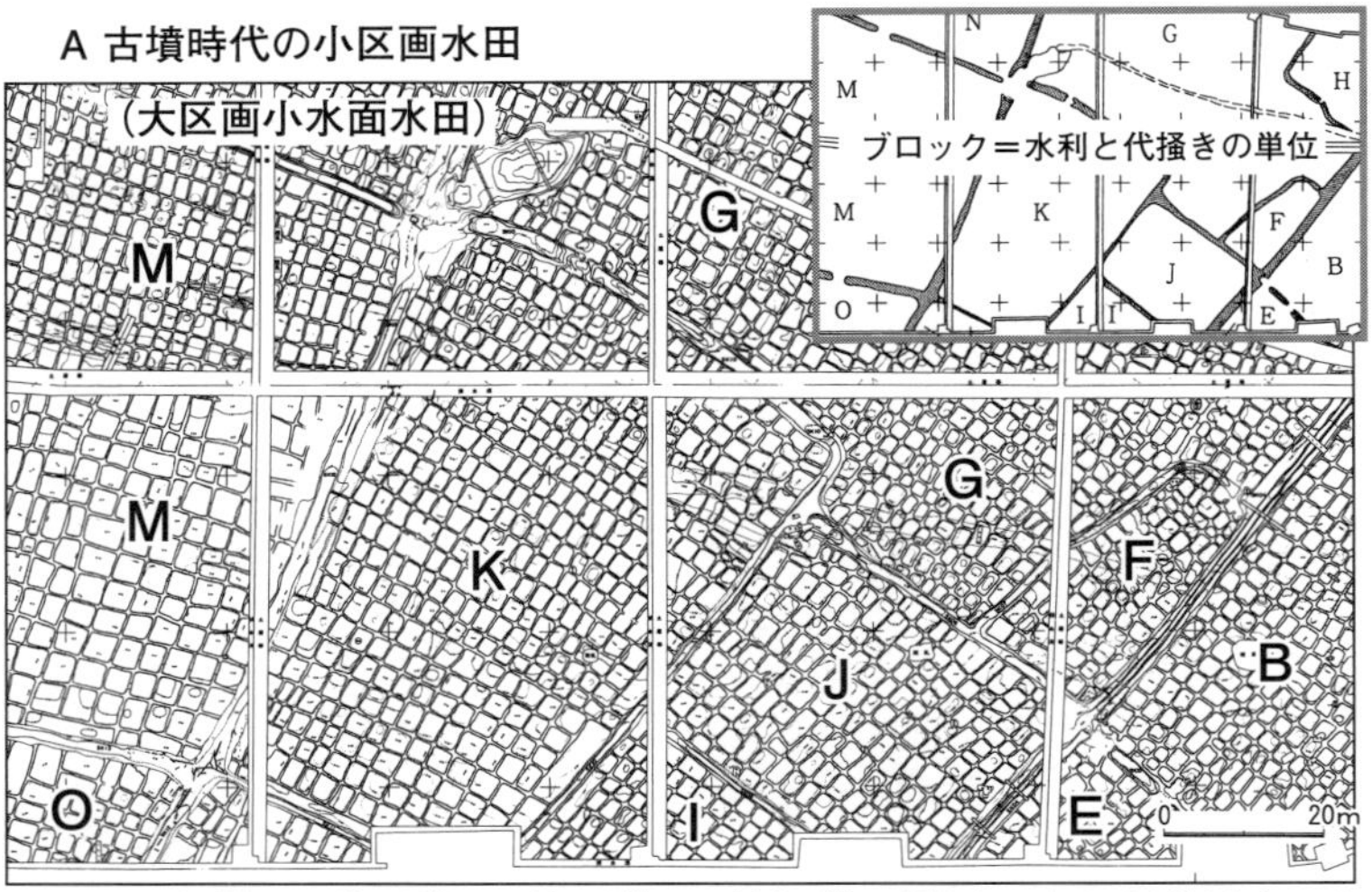

Mは8段、Kは3.2段、Jは1.3段、Fは0.4段　(『曲金北遺跡（遺構編）』1996)

B 同縮尺の条里制の大区画・大水面水田

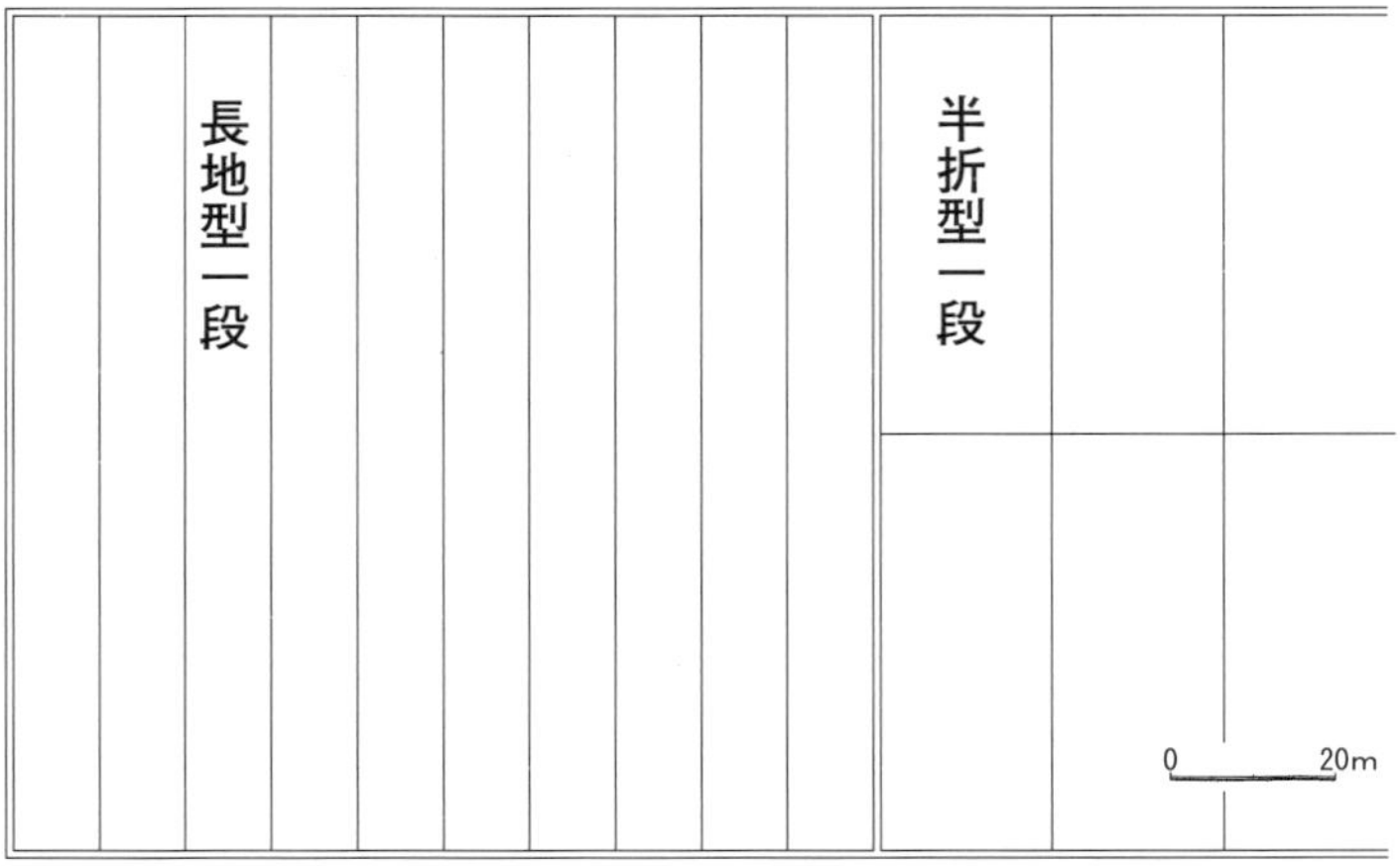

ただ弥生時代から古墳時代、大化前代までの小区画のある水田を「小区画水田」と呼ぶのは学界用語として定着しており、これは有効な概念として本書でも第一章から使ってきた。そこでこの小区画水田概念は尊重することにして、いま問題にしている極小区画水田の存立理由と条里田への移行の意味の分析の場面に限って「小水面水田」「大区画・小水面水田」「大区画・大水面水田」の用語を使うこととしたい。

小水面分轄の理由　ブロック内の小区画（小水面）については、報告書は寸法が計測できた三五七六区画について、ブロックごとの平均面積を掲げているので、分かりやすいように畳何畳分に換算して示すと、一番小さいのがFブロックで平均一・九畳で二畳未満、一番大きいのがUブロックで平均五・二畳で、AからZまでの全体平均は三・一畳である。畳三畳とは部屋を出て大自然の中に置けば水田としては本当に小さい。

このブロック内の小区画を作る意味について、発掘担当者の及川司は「小区画水田の意味」の項目を設けて検討しているので見ておこう（及川司一九九七）。

こうした小区画水田については、一筆内の水深は均一でなければならず、水深に一〇cm以上の差があると稲は育たないといわれる。このため、特に傾斜を有するところでは、区画を細かくする必要があるとされる。また、ある一定の条件のもとで、灌漑効率を高めるためには、水田区画を小さくすることが望ましいとされる。（中略）しかしながら、先に述べたように、立地する地形の傾斜を考慮に入れたとしても、水田面の均等性を保つためにここまで小さくする区画する必要があるのだろうかという疑問が生じる。このように水田区画をここまで小さくするのは、また、別な要素があるのではないだろうか。（傍線は河野）

と小区画水田の成因がつかめないとのべ、次いで坂口豊がハイマツの花粉分析を基に三世紀半ば頃から八世紀前半に至る寒冷期が認められるとしたことを踏まえて、

弥生時代や奈良・平安時代の水田区画に比べ、特に古墳時代のものが小さい例が多い。小区画水田というよりは、まさにミニ水田といった方が適切である。古墳時代に類例の多くなるこうした小区画水田について、坂口氏はこの寒冷な気候条件の中で理解し、稲に冷たい水がかからないよう水温を上げるため工夫の一つではないかと考えている。ただ、曲金北遺跡のⅥ層水田でそうした状況が見られるかといえば、定かではない。大区画内の給水は、小畦畔越しに懸け流す方法であり、特に水をゆっくり回して水温をあげる状況は認められない。

つまり気候との関連を検討したが芳しい答えは得られなかった、ということになる。この点に関して、私はまったく異なる理由を考えてきた。それは伝統的農村社会における慣習の呪縛である。

馬鍬の導入に連動した極小区画水田　同じ小区画水田といっても、弥生時代から古墳時代前期の一家総出で代踏みしていた時代の小区画水田と古墳時代中期以降の馬鍬の導入後では意味が違う。代踏みはその場で足を上下させて足裏の感覚で土塊を踏みつぶして行くものなので、田面全体の均平には役立

たない。ところが馬鍬は馬に引かせて櫛歯で土塊を切り割っていくもので、水平方向の動きなので田面の均平作業も兼ねていることになる。とくに灌水を始めると低いところから水に浸かっていくので高い部分は島状に残るため、どの部分が高いかはすぐ分かるので、そこを低くするように馬鍬で掻くことになる。したがって馬鍬導入後は毎年馬鍬による均平作業を繰り返すので田面は限りなく水平に近づいていく。したがって曲金北遺跡のブロック図の場合、仮にブロックAからブロックJまでが同じ戸の所属であったとするなら、今年はAブロック、来年はBブロックという具合に毎年一ブロックずつ灌水前の畑状態の時から人数を投入して均平作業を徹底すれば、毎年一ブロックずつ手畦なしの大水面水田となって一〇年後には弥生時代以来続けてきた小区画水田を卒業できる。ところが誰もそれをやろうとはしなかった。それは弥生時代以来、「水田とは小区画なもの」という先入観に呪縛されて、大水面水田へというパラダイムシフトができなかったのである。これは日本の工業界が携帯電話の枠内での精緻さ便利さの競争にはまり込んでいる間にアメリカでは携帯機をパソコン端末に仕立てるスマートフォンの開発が進んでいて気がついたら日本だけ取り残されていたという近年の日本が経験した失敗例と二重写しになって悲しい気分になるが、馬鍬導入後も小区画水田のまま移行した主たる原因は「水田とは小区画なもの」という先入観の呪縛であったと考えられる。

この小区画水田の先入観に呪縛された人々に大水面水田という新しいモデルを提供したのが条里田であった。条里田は人々に「大水面水田で稲作はできるのだ」と気づかせたのである。これは大きなインパクトであったに違いない。大水面の条里田は、伝統的農村社会の頑冥な小区画神話に振り下ろされた文明の鉄槌であった。

馬鍬の導入・条里施工の二段階の展開　大区画小水面水田から大区画・大水面水田への転換については、斎藤英敏（二〇〇二）が群馬県の発掘成果をベースに、

a　畜力導入前の人力段階の増収を目的として水管理のためのマイナーチェンジが極小区画で、小畦畔の規格化・均一化を通じた、集約的な水田稲作農業の追求だった。

b　極小区画水田から大区画水田への変化は、犂・馬鍬（杷・耖）を伴う先進的な牛馬新技術（畜力）の導入・普及に起因する。

としているが、すでに指摘したように、馬鍬の導入の結果、極小区画が現れたと考えられ、また「極小区画水田から大区画水田への変化」言い換えれば条里田の出現は、大化改新という政治変動に連動した動きであり、技術史の枠内では捉えきれないものである。

極小区画の出現と消滅に関しては〔図72〕にまとめたので、それに沿って見ていこう。

大区画・極小水面水田の出現は、倭の五王の使節を通して不定型馬鍬が持ち込まれた時期に相当する。この不定型馬鍬は大和政権を構成する各地域国家の首長のもとに様＝実物模型を送付する形で技術移転されたと考えられ、代踏みの重労働から解放する手段として大歓迎されたようで古墳時代の馬鍬は各地から出土している。

図72　水田区画の変遷と畜力農具の対応関係

時代	古墳時代前期	古墳時代中期後半から後期		飛鳥前期7世紀前半	飛鳥後期7世紀後半
水田形態	通説の小区画水田				大区画・大水面水田＝条里田
	不定型小区画水田	大区画・極小水面水田			
代作り	素足で代踏み	不定型馬鍬で代掻き			定型馬鍬で代掻き
耕起	鍬耕		朝鮮系無床犂		政府モデル長床犂 朝政混血型犂

馬鍬の導入を契機に極小区画化

改新政府の政策で、水田区画と稲作農具一式の全面改革

馬鍬導入後は毎年馬鍬による均平作業を繰り返すので田面は限りなく水平に近づいていくが、「水田とは小区画なもの」という先入観に呪縛されて、大水面水田へというパラダイムシフトはできず、代踏みから解放された人々のエネルギーはただただ手畔の整列の精緻化に向かうという袋小路に陥ってしまった。これが極小区画水田と考えられる。

この閉塞状況を解放したのが大区画・大水面水田の条里田である。これは農業技術の発展という技術史上の変化で起こったものではなく、大国唐に対抗するための国民皆兵体制づくりのため、非農業民も巻き込んでの稲作民化政策を進めており、そのための班田収授のために造成されたのが一区画一段の条里田であった。これを中央・地方関係で見ると国造を介した間接統治の部民制を廃して

一人の天皇が四百数十万の公民を支配する中央集権国家の建設という大規模な体制変革の一環であり、この時に政府モデル長床犂と定型馬鍬も様配付されて連動しているのも、その改革の大きさを物語っている。

四　日本の農業を一新させた大化改新

班田収授と稲作民化政策に関する改革を日本史上に位置づけるために〔図73〕を作成したので、それにしたがって見ていこう。

日本の五大土地改革　日本史上のおもな土地改革を数え上げると五回あるので、五大土地改革として整理してみた。№1はこれまで扱ってきた大化改新政府の公地公民制、2は古代から中世に変わるときの荘園公領制、3は中世から近世に変わる節目の豊臣秀吉の太閤検地、4は明治維新にともなう地租改正、5は太平洋戦争後の農地改革である。土地と人との関係、そこに生まれる権利関係は経済の発展段階によってそれぞれ異なり、有力者による土地集積を一様に「地主制」と呼べるかどうかは議論の余地があるが、ここでは物事を大局的に見て骨太の把握をするため、歴代の土地改革が自作農を育てようとしていたか、それとも地主的経営者を担税者に選んでいたかによって分類してみた。

すると1の公地公民制は班田収授で公民に口分田を均等に班給していたので自作農創設政策、2の

図73　日本史上の5つの土地改革

No.	土地改革の名称	世紀	地主制	自作農	自作農創設	耕地の一新	農具の班給
1	公地公民制	7後半		○	平野部全域に条里田造成、公民に口分田を班給	既存田を壊し条里田造成、すべて国有地に	農具模型を配付、各戸に模刻させる
2	荘園公領制	12	○		―	―	―
3	太閤検地	16末		○	耕作者を本百姓と認定、担税者に	―	―
4	地租改正	19後半	○		―	―	―
5	農地改革	20中葉		○	地主の土地を国が買い上げ小作農に払い下げ自作農に	―	―

荘園公領制は名主という地主的経営者たちを担税者に据えていたので地主制容認政策、3の太閤検地は検地で耕作者を本百姓として担税者に据えたので自作農創設政策、4の地租改正は地価を定めて土地所有者に地券を発行、地券所有者を担税者にしたので地主制容認政策、5の農地改革は地主の土地の限度を越えた分を国が強制的に買い上げ小作農に安価で払い下げて自作農にしたので自作農創設政策である。一般に経済の成り行きに任せていると貧富の差は大きくなり地主制は発展するので、自作農に基礎を置こうとする政権は政策的に自作農を創設した。それが1の公地公民制、3の太閤検地、5の農地改革で、奇数番号で揃っていることから見ても、日本の土地制度は螺旋階段を上がるように自作農創設政策と地主制容認政策という一八〇度の転換を繰り返しながら展開して

きたことになる。

全耕地を一新したのは世界史上唯一　〔図73〕の「耕地の一新」「農具の班給」欄を見ると、耕地の一新や農具の班給まで徹底した改革は、五大土地改革のなかで唯一大化改新政府の公地公民制だけである。先祖代々受け継いできた土地、それもこの秋稲刈りしたばかりの土地を惜しげもなく徹底破壊して、その上に新規に造田するという、非常識で馬鹿げたともいわれそうな政策を徹底して実行したのは、おそらく世界で唯一大化改新政府だけであろう。日本全土の平野部の耕地を国家主導の公共工事で造成したため、加功主義の慣習法に則って完璧な国家的土地所有が生まれた。支配領域の全域にわたって完璧な国家的土地所有を実現したのも世界史上、後にも先にも大化改新政府が唯一の例であろう。それは豪族や民衆の土地を権力で召し上げたのではなく国家主導の公共工事で造成したことと、平野部を覆う整然とした方格地割は、その形自体が国家的土地所有であることを強烈に発信し続けたため、国有地であることが曖昧にされることなく、洪水で埋没しても耕作放棄で森林化しても折り触れて国衙に申請して方格地割の形で再開発されたため、表層条里は二〇世紀まで明確な地割として継承されてきた。その後の耕地整理等でかなり破壊されたが、二〇世紀初頭の状況で残されていたなら、間違いなく世界遺産であろう。

大まかには大化改新前後、詳しくは条里施工が冬ごと連年施工で続いていた六五三年から六六八年までを境にして前と後では田んぼがまったく入れ替わったのである。大化前代までは弥生時代以来伝承されてきた小区画水田だった。ところが条里施工でこの由緒ある小区画水田は徹底破壊されて地上から姿を消し、更地の上に班田収授仕様の一区画一段、一〇段で一坪一町という新規格の条里田に生まれ変わった。われわれの見てきた田んぼの歴史はさかのぼると大化改新の条里施工の壁にぶつかってその先には繋がらないのである。日本の水田は弥生時代に始まるが、その弥生時代の田んぼの子孫を追っていくと大化改新の条里施工の壁にぶつかってその後には繋がらないのである。

この変化には小水面水田から大水面水田へという変化が伴っていた。われわれの見てきた田んぼは平地の大きな田であれ、山間部の小さな棚田であれ田面は月を宿す一枚の鏡である。ところが大化前代にさかのぼると田面が手畔で小さく区切られた小水面水田だったのであり、「田毎の月」ならぬ「田毎の割れ鏡」であった。

稲作農具一式の様配付による地域技術の底上げ　稲作農具一式の評督あての様配付方式での二〇万戸の公民あての間接的班給もおそらく世界史上唯一であろう。かつて一九六〇年代に古代日本が東洋的専制国家と考えられていたころ、外交権を握った天皇は中国や朝鮮半島から伝わった先進技術を独占して抱え込み、大きな技術落差を梃子に地方支配を貫徹したというようなイメージで捉えられていたが、本書で検出した稲作農具一式の二〇万戸の公民あての間接的班給は、予想とはまったく逆の展開であった。元はいえば唐に対抗するための国民皆兵制を実現するため、非農業民も含めて兵に動員する基盤づくりのための稲作民化政策であり、均田制の原型となった遊牧民出身の北魏が配下の民衆を首都近郊に移住させて畑地を与えて農民化させる計口授田策も農民化政策だが、ここまで徹底した農具の班給は聞かないし、日本の五大土地改革にも他に例はない。

改新政府がおこなったのは、畿内の先進農具に遣唐使も持ち帰った先進農具を加えて、先進技術の徹底公開と大量の技術移転で地方の技術水準の底上げ、ひいては地域経済の徹底底上げを図ったのである。在来犂調査では、この技術移転によって西日本では犂耕の普及が一気に進み、山間部も含めてほぼ犂耕空白地帯が無くなったことと、それまで日本になかった安定走行に優れた中国系長床犂が東日本も含めて各地で定着していることがわかる。改新政府による稲作農具一式の様配付は、地域経済の底上げを確実に実現していた。

大化改新で一新された日本農業　稲作農具一式の評督あての様配付様のもたらした農業の一新効果は無視できないほど大きなものであった。これまで古代の農業の革新は古墳時代の渡来人による灌漑技術等を中心に語られてきたが、大化改新で農業が変わったという認識はこれまでの学界にはなく、最近刊の『日本農業史』（木村茂光編、二〇一〇）でも、とくに取り上げられていない。したがって「大化改新で一新された日本農業」という小見出し自体が本書での初提起なのである。

大化改新と民衆との関係は教科書では班田収授で説明されてきた。律令の田令本文の記述そのままで文献史学の成果ではあるが、文献史学の限界に阻まれてそれ以上は見えなかった。ところが三〇年来各地の博物館・資料館を回って在来農具の比較調査を続けるなかで各地の農具に残された痕跡資料を再構成した結果、政府モデル農具が何種類も各地に送られ評督の下での里ごとの模刻製作会を通して地域社会に定着していった過程がシミュレーションで明らかになってきた。この結果を踏まえて改めて見直して見ると、戸籍に登録された公民に口分田を均等に班給する班田収授は、当時の日本列島には非農業民が数多くいたことを考慮すれば稲作民化政策であり、非農業民を稲作民の育て上げるには田の班給だけでは不十分で稲作農具一式を様配付方式で全国二〇万戸の公民の手元に間接的班給していたことが明らかになってきたのである。

弥生・古墳時代以来の小区画水田もナスビ型短柄鍬も原始機も大化改新で廃され、大区画・大水面の条里田に長床犂・定型馬鍬・長柄風呂鍬・木摺臼・唐竿・碓・地機など大化改新型の農具や織機に一新された。われわれが思い浮かべる日本の農村のイメージは、大化改新に始まっていたのである。

小括

本章ではこれまでの検討から以下のことが明らかになった。

①律令国家建設は唐に対抗できる国民皆兵の軍国体制作りであり、戸籍で把握した公民には非農業民も多く含まれていて、かれらに田を班給することは稲作民化政策である。

②非農業民には農具一式も与えなければ農業は始められないので、改新政府は全国の約五〇〇の評督にモデル農具の様＝実物模型を送り付け、評督には配下の里ごとに各戸から一人、計五〇人を

③ 呼び集めて模刻製作会を開かせた。評督を介した稲作農具一式の「間接的班給」である。

④ 政府モデルの四角枠長床犂が様配付されると、朝鮮系三角枠犂を使っていた地方ではいいとこ取りの混血型犂が生まれるが、この混血型犂は模刻製作会で生まれたものである。また福島県は政府モデルの縄引き型木摺臼の分布地だが、これは福島県域では評督の下の模刻製作会が真面目におこなわれ、各戸に政府モデル木摺臼の間接的班給がなされていたことを物語っている。

⑤ 政府モデルの様配付は、中国系長床犂以外に、定型馬鍬・中国系首木と尻枷・唐竿・碓・長柄風呂鍬・縄引き型木摺臼・地機でもおこなわれていた可能性が高いことが確認できた。

⑥ 政権膝下の畿内は渡来人密度も高く、畿外諸国に比べて技術水準は高かった。政府モデルとされたのは、畿内の先進農具・道具と遣唐使の持ち帰ったばかりの最新農具であった。

⑦ 改新政府は手元の最新技術をすべて公開して、様配付という確実な手段で稲作農業一式を全国二〇万戸の手元に「間接的班給」で届け、地方の農業技術の底上げと平準化を図った。かつて律令国家は先進技術を独占して技術落差を梃子に地方を支配したと考えられていたイメージとは真逆の事実が検出されたことになる。

弥生時代~古墳時代の水田は小区画水田と括られてきたが、古墳時代後期の極小区画水田と条里田の対比の場面に限っては、「大区画・小水面水田」と「大区画・大水面水田」と捉える必要があり、極小区画水田は馬鍬の導入による均平化でほとんど必要がなくなった手畔を、ただ慣習にしたがって続けていたにすぎず、その閉塞状況を打ち破ったのが大区画・大水面水田の条里田であり、「大水面水田革命」であったことが明らかとなった。

⑧日本の水田は条里施工を境にそれ以前は小区画水田（小水面水田）、以降は条里田の大水面水田となって二〇世紀に及ぶ。また長床犂も定型馬鍬も長柄風呂鍬も唐竿も碓も縄引き型木摺臼もこの時に始まった。われわれが思い浮かべる日本の農業のイメージは、大化改新に始まったのである。

第一〇章　大化改新の再評価

本書の執筆のきっかけは文献史料が皆無で立ち後れていた公地制の解明だったが、書き進むうちに芋づる式に関連項目が拡がって大化改新の重要性が浮上してきた。そこで「大化改新の再評価」の章を設けて七世紀第3四半期史上で重要な事柄についても検討することにした。

一　大化改新詔をどう扱うか

大化改新詔には明らかに大宝令から転載されたと考えられる文章が含まれるので、その評価をめぐっては学界でも意見が分かれた状況であり、史料として扱うにはその信憑性に関して何らかの態度を示さなければならない状況にある。大化改新詔は研究史の厚い部分であり、近年、森博達の画期的な研究が現れたが、まずは部外者として傍観してきた者の議論には傍目八目の利もあろうと感想を述べることとした。

そこで、ここ二〇年あまりに概説的・総括的に述べられた著書や論文から四点を選んでその見解を紹介し、その上で感想を付加することにしたい。気にかかるところには傍線を付した。

遠山美都男『中大兄皇子―戦う王の虚像と実像』（一九九九・二〇〇二）は、大化改新・中大兄皇子を集中的に研究してきた遠山による中大兄皇子の伝記で、このなかで改新詔について次のように述べられている。

『日本書紀』によれば、クーデターの翌年、六四六（大化二）年の元旦、朝賀の儀が終わった後、「改新之詔」が宣布されたことになっている。

元旦にこのような法令が発布されるのは例を見ないことである。だが、大化改新は古代史上最大の改革だったのだから、このような例のない画期的な日取りが実際にえらばれても不思議はないという理由で、この日付を史実として信用することはできないであろう。（中略）クーデターの翌年冒頭という極めて歯切れのよい日に「改新之詔」が発布されたという記述は、その配置に一定の作為が加えられていることを窺わせる。

「改新之詔」が大化二年元旦に配置されることになったのは、どうしてか。（中略）考えられるのは、クーデター成功後に、中大兄皇子が孝徳天皇の皇太子に立てられたという『日本書紀』の記事であろう。すでに述べたように、この時代、皇太子の地位はまだ存在しない。ということは、中大兄が皇太子になったという記事も何らかの目的のもとに造作されたものであって、それに関連した作為記事も近くに配置されているはずである。

このように見てくると、「改新之詔」は、中大兄が皇太子になったという記事に引かれて、その翌年冒頭という位置をあたえられることになったのではないかと考えられる。すなわち、皇太子となった中大兄が中心となって行なった律令編纂の成果ということで、「改新之詔」は大化二年元日に配置されることになり、そして大宝令という律令の条文によって修飾されることにもなった。それというのも、『日本書紀』編纂段階における皇太子が、天皇としての研修を兼ねて、国史の編纂と並んで律令編纂を主宰することがあったからである。この時代、皇太子と律令は切っても切り離せない関係にあった。

とするが、「元日にこのような法令が発布されるのは例を見ない」ことを理由に「その配置に一定の作為が加えられている」という分析は、近世のように文献史料で溢れかえっている時代で数多くの史料を統計的に処理した上で一点だけ外れた史料があれば、違う時代のものの混入かと疑うということはありうるが、文献史料が思い切り希薄な古代で、たとえばＡＢＣの史料があった場合にＢＣの傾向性からＡの信憑性を疑って排除するなら、折角残されてきた貴重な史料をむざむざ捨ててしまうことになりかねない。発掘では土器や埴輪は破片で出土することが多く、考古学者は小さな破片も無視せずに全体像を推測しながら欠けた部分は石膏で補って全体像を復原していく。史料の希薄な時代の分析はこうした方法を採るべきであって、もし担当者がこの破片は埴輪に相応しくないとして捨て去って、残る部分を自分の考えで石膏で補って復原するなら、それは創作であり芸術作品ではあっても歴史資料ではなくなってしまう。史料に対する謙虚さがもっと必要なのではないか。

また「すでに述べたように、この時代、皇太子の地位はまだ存在しない」ということを根拠に「中大兄が皇太子になったという記事も何らかの目的のもとに造作されたもの」と疑うのは『日本書紀』編者に筋違いの要求をしているのではないか。大化当時「評」であっても編纂当時「郡」と呼ばれていたなら改新詔も郡・郡司と表記している。これは造作や作為ではなく彼らの編纂方針であろう。編纂当時「皇太子」制があるなら、大化当時に皇太子的な地位が確認された場合は時代をさかのぼっても皇太子と書くであろう。本格的漢文で正史らしく仕上げなければならないというプレッシャーのなかでの編纂である。「この時代、皇太子の地位はまだ存在しない」ことから「中大兄が皇太子になったという記事も何らかの目的のもとに造作されたもの」と断ずるのは、せっかちな勇み足ではないか。この点については後にもう一度取り上げることにする。

熊谷公男『大王から天皇へ』（二〇〇一）は講談社『日本の歴史』シリーズの第三巻で五世紀から七世紀を扱った概説である。このなかで改新詔について、次のように述べられている。

『書紀』によれば、新政権はまず「大化」という元号を建て、ついで矢つぎばやに新しい施策を実施していった。（中略）そして翌六四六年（大化二）の元旦には、四か条からなる「改新の詔」が発布されることになった。

（四か条省略）

「大化改新」という呼称には、クーデターによって成立した新政権が、この詔に集約される一連の政治改革を実施したという理解が前提となっている。ところが『書紀』に載せられた「改新の詔」が大化当時そのままではなく、『書紀』の編者の手がなにがしか加わっていることはだれの目にも明らかであり（奈良時代の養老律令の条文とまったく同文であったりよく似た箇所が少なからず見受けられる）、戦後の古代史学界は「改新の詔」の信憑性をめぐって活発な論争を繰り広げてきた。とくに一九六〇年代に、「改新の詔」にもとづいて構築された「大化改新」の歴史像を『書紀』編者と近代史学による虚構として否定した〝改新否定論〟が提起されるに至る。

大化改新の全体像は、律令国家が特定の政治的立場から編纂した『書紀』によってしか研究することができない―ここに改新研究のむずかしさがある。なかでも新政権の政策の大綱を宣明したという位置づけの「改新の詔」は、『書紀』の編者もこれを律令国家の出発点とみてとくに重要視し、『書紀』編纂当時の律令法の知識で組織的に潤色を加えているとみられる。そこで本書では、近年の多くの研究者にならって、問題の多い「改新の詔」はひとまず改新を考える史料から除外し、より信憑性の高い孝徳紀のほかの史料から改新の実態にせまっていくことにしたい。

と「改新の詔」はひとまず除外して、より信憑性の高い孝徳紀のほかの史料から改新の実態にせまる方法を採っている。だが改新詔は「ひとまず改新を考える史料から除外」すべきなのか。また改新詔には「『書紀』の編者もこれを律令国家の出発点とみて（中略）組織的に潤色を加えているとみられる」とする点には賛成しかねる。

森公章「倭国から日本へ」（二〇〇二）は『日本の時代史』シリーズの第三巻で七世紀史を詳しく概観した論考である。そのなかで大化改新詔にどれだけの史料価値を認めるかについて、既往の学説を、

A「改新の詔肯定説」改新の詔に近い統一的な法令が存在し、若干の修飾はあっても、ほぼ当時の原文であったとする見方。

B「改新の詔修飾・造作説」何らかの法令が出されたことは認めるが、修飾・改変の度合いが大きいとする見方。

C「改新否定説＝改新虚構説」第一条の部民制廃止過程を検討すると、むしろ律令体制確立の画期は天智朝ないし天武・持続朝にあり、孝徳朝の改革（「大化改新」）の様相は全面的に再検討する余地があるとする見方。

とまとめた上で、

以上、改新の詔をめぐる三つの立場を紹介したが、現在も決着はついていない。ただし、藤原宮木簡による郡評論争の決着、計帳・造籍に対する疑問、そして町段歩制がとられたのは大宝令からで、七世紀は代制（五百代＝一町）であったことなどは異論の余地がない。とすれば、『日本書紀』の改新の詔が原詔のままでないことは明らかで、主文・副文ともに大宝令によって修飾さ

れたと考えるべきであろう。また、たとえ七世紀中葉にはまだ存在していなかった制度を先取りして記したと解釈しても、制定してから五十年後に施行される法を先取り的措置と言えるだろうか。よって、改新の詔に対して歴史的役割を担った法制という評価は与えにくく、A説は成立しないと言わざるを得ない。改新の詔を正しく捉えるには、孝徳紀の中の他の史料も検討し、『日本書紀』以外の確実な史料と照合することが求められ、それを踏まえて孝徳朝改治の実像を再構築することが必要である。

とするが、「『日本書紀』の改新の詔が原詔のままでないことは明らか」ではあるが、「主文・副文ともに大宝令によって修飾されたと考えるべき」とする点には疑問が残る。書紀編者は「大宝令によって修飾」したのだろうか。また「七世紀中葉にはまだ存在していなかった制度を先取りして記したと解釈しても、制定してから五十年後に施行される法を先取り的措置と言えるだろうか」とし、「改新の詔に対して歴史的役割を担った法制という評価は与えにくく、A説は成立しないと言わざるを得ない」というのも検討の余地がある。近年は顧みられることはないが、かつて坂本太郎（一九三八）が称えた大綱宣布説に魅力を感じている。

吉川真司『飛鳥の都』（二〇一一）は『シリーズ日本古代史』の第三巻で、七世紀史の詳しい概説である。このなかで「むしろ大化改新詔だけが夾雑物」という立場から次のように述べる。

改新のプログラムが実行されていく過程は、このように大化二（六四六）年八月詔で宣言され

たプランが、大化五年に体系的な制度として実施され、孝徳朝を通じて整備されていくというものであった。（中略）

ここで問題となるのは、それより早い大化二年正月一日に発布されたという大化改新詔である。『日本書紀』が詳述する「改新之詔」は四箇条からなり、①部民・屯倉の廃止、②地方政治組織の改革、③籍帳制と班田収授法の創始、④税制の改革、について規定している。かつては改新詔が疑われることはなく、詔文どおりの改革が進められたと考えられたが、一九六〇年代には大宝令文による潤色があることが確実となった。さらに改新詔の眼目と言うべき第一条について、その存在自体を疑う「大化改新否定論」が提唱され、活発な議論を呼び起こした。大化改新を高く評価しない研究者は、今でもかなり多い。

しかし、改新詔を取り除いて『日本書紀』孝徳紀を読むなら、公民制・官僚制の創出過程はきわめて自然に理解でき、『常陸国風土記』などの諸史料とも矛盾しない。全体が虚構であるとはとても言えないのである。むしろ大化改新詔だけが夾雑物であり、かつて岸俊男氏が看破したとおり、それは「改新の趨勢がその中に集約表現」された記事と考えるべきである。こうした観点から、本書では改新詔を「同趣旨の他史料」として部分的に利用するにとどめた。もっとも、大化年間に国家体制の抜本的変革が行なわれたとする点で、『日本書紀』の認識・叙述は基本的に正しいと考えられる。

「むしろ大化改新詔だけが夾雑物」とは奇妙な捉え方であり、岸俊男の「改新の趨勢がその中に集約表現された記事」というのもまだ分析の途中経過の見解に見える。「大化改新詔だけが夾雑物」説は、なお一度、煮詰める余地が残されているのではないか。私はここでも坂本太郎が称えた大綱宣布説に魅力を感じる。

以上、通観してみると、改新詔本文について、編者の作為・造作・修飾・潤色があったとする記述が目立つ。その部分を再録すれば、

遠山美都男「翌年冒頭という極めて歯切れのよい日に「改新之詔」が発布されたという記述は、その配置に一定の作為が加えられている」

熊谷公男「大宝令という律令の条文によって修飾されることにもなった」「中大兄が皇太子になったという記事も何らかの目的のもとに造作されたもの」「『書紀』編纂当時の律令法の知識で組織的に潤色を加えているとみられる」

森　公章「主文・副文ともに大宝令によって修飾されたと考えるべきであろう」

吉川真司「大宝令文による潤色があることが確実となった」

となる。

『日本書紀』編纂方針の復原　私はこれら改新詔本文に編者の作為・造作・修飾・潤色があったとするの見解にはただちに賛成はできない。その理由は『日本書紀』は、神代巻では「一書曰」「一云」と

して本文に異なる伝承を数多く併記しており、外交場面では『百済本紀』『伊吉連博徳書《いきのむらじはかとこがふみ》』などを引用し、諸氏の提出した史料も参照して編集していたその編纂方針は科学的とさえもいえるもので、この客観主義的・科学的ともいえる編集態度と、文献史家の「作為」「造作」「修飾」「潤色」あるいは「改竄」などの評価がまったくそぐわず、何か見当違いの非難をしているのではないかと思えてくるからである。

そこで考えられるのが『日本書紀』は編纂物であり、そこには何らかの編纂方針があった筈である。書紀編者はその方針にしたがって編纂しているのをわれわれ現代人は編纂方針のあることを知らずに見当違いの非難を繰り返してきたのではなかったか。本書では第五章で改新政府が各国に流した条里施行の施行細則七項目を復原した。同様にここでは『日本書紀』の編纂方針を復原してみよう。

大化改新政府は唐に倣って律令国家の建設を進めながらも唐の冊封体制には入らず東アジアの小帝国としての自立の道を選んだのであり、正史の編纂はその仕上げの工程なので唐を強く意識して編纂されたと考えられることから、

◆唐に見せても恥ずかしくない本格的な正史を編纂せよ。（『日本書紀』編纂方針1）

という編纂方針を導くことができる。この「唐に見せても恥ずかしくない本格的な正史を」という編纂方針がもっともよく表れたのが神武天皇の即位を暦の操作で西暦六六〇年にさかのぼらせたことであろう。この編纂方針を理解しないで西暦六六〇年にさかのぼらせて神武天皇の年令が一二七歳に

なってしまっている事実だけを取り上げるなら「作為」「造作」「改竄」の極みとなるが、編纂方針を理解した上で見たなら、厳しい国際情勢のなかで背伸びをして唐に対抗しようとしていた後進国日本の一三〇〇年前の編纂者たちの健気な努力の跡として「理解」することができよう。これまでの『日本書紀』や大化改新詔に対する史料批判で欠けていたのは、相手を理解する気持ち、書紀編者の顔を思い浮かべての史料分析ではなかったか。

また神代巻では「一書曰」「一云」として本文に異なる伝承を数多く併記していることから、

◆複数の資料がある場合はあえて一つにまとめず、主要なものを本文とし、残りは「一書曰」「一云」など記して併記せよ。（『日本書紀』編纂方針2）

という「複数史料併記方式」の編纂方針を復原することができる。さらに外交場面では『百済本紀』『伊吉連博徳書』など出典を明記して引用していることからは、

◆引用文で出典の分かるものは出典を明記せよ。（『日本書紀』編纂方針3）

という客観主義的で科学的な「出典明記型」編纂方針が復原できる。

『日本書紀』は「唐に見せても恥ずかしくない正史を」という意図のもとで編纂された正史であり、したがって時代によって「評」から「郡」と名を変える事柄については、正史の体裁から用語の統一がなされたと考えられる。当時の日本は統一国家の形成期だったので用語は変化しており、最近の用語に統一する方が日本は早くから制度は整っていたと見せるのには有利なことから、

◆時代によって呼び名を変える事柄は、最近の用語に統一せよ。(『日本書紀』編纂方針4)

との編纂方針が復原できる。皇太子制に関しても、制度が未整備な時期のケースも統一表記として「皇太子」と記すことはありうるであろう。ただ土地の面積表示には大化当時は「代」が使われていたにもかかわらず大化改新詔では「町段歩」制で表記されていることについては、改新政府の始めた条里制は当初から町段歩制であり、改新詔にも町段歩制で記されていたと考えられるので、何らかの隠された意図にもとづく作為・造作・潤色・修飾ではなかったことになる。これらは編者の作為・造作・潤色・修飾が加わったのではなく、「唐に見せても恥ずかしくない正史を」という意図のもとで編纂された『日本書紀』の編纂方針によるものと考えられる。

また「孝徳紀」には改新詔以外にも多くの詔が載せられており、大化元年八月庚子の東国国司詔、大化二年三月辛巳の東国国司の勤務評定詔、大化二年三月甲申のいわゆる「大化の薄葬令」詔、同日の旧俗矯正の詔などは詳しい本文記述であることから詔書の全文を掲載したものと考えられることから、

◆改新政治の主要な詔は全文掲載せよ。(『日本書紀』編纂方針5)

という編纂方針が復原できる。

このように『日本書紀』の編纂方針を復原してみると、先ほど紹介した遠山・熊谷・森・吉川の主張する改新詔には編者の作為・造作・潤色・修飾が加わっているとする見解は、書紀編者の「唐に見

せても恥ずかしくない本格的な正史を」という大目標の下での客観主義的・科学的編纂方針を十分理解せずに『日本書紀』に対して投げかけられた誤解にもとづく非難ということになるのだが、どうだろうか。

われわれは、永年『日本書紀』を史料として扱ってきた。そのうち『日本書紀』が正史として編纂されたという事実をどこかで忘れてしまって『日本書紀』を史料集として見てしまうようになり、大化当時に「評」ならば「評」と書くべきだ、「町段歩」ではなく「代」と表記すべきだ、などと過大な期待を押し付けた上で、それから外れたケースを見つけては作為だ、造作だ、潤色だ、修飾だと騒いでいたのに過ぎないのではないか。ここは一度振り出しに戻って、冷静に仕切り直しをする必要があろう。

では大化改新の副文＝凡条の大宝令条文の体系的な借用は何なのか、次にその点を検討していこう。

大化改新詔は原詔の復原版　大化改新詔の副文の「凡条」については先行研究の指摘のように大宝令条文の体系的ともいえる借用がなされている。ではなぜそのような面倒なことをしているのか。ところで以下の二点は読者とも共通認識として共有できるであろう。

① もし大化改新詔の本文が完璧な原文で残っていたなら、書紀編纂者は、「凡条」を大宝令条文から大量に借用するような面倒なことは行わなかったであろう。

② 大化改新から大宝令編纂までの間には壬申の乱（六七二）を挟んでいて近江令の紛失のように

重要な資料であっても散逸していることからして、すべての史料が完璧な形で編者の手元にあるとは限らない。

そこで仮に大化改新詔が編纂当時損傷はげしい状態でしか残っていなかったとするなら、編者は正史として「主要な詔は全文掲載」の形態は採らなければならないので、欠損部分を何とか原状に戻そうと修復・復原に努めるであろう。そのため大宝令の関連条項を借用して「凡条」を一条一条加えて修復することになろう。その結果がわれわれの見る大化改新詔である、ということではないか。その際、編者が仮に大化改新当時は「郡」ではなく「評」だと知っていたとしても、「時代によって呼び名を変える事柄は、最近の用語に統一せよ」という『日本書紀』編纂方針3に従って「郡」と表記したであろう。

つまり大化改新詔の凡条の大宝令借用は、熊谷のいうように「『書紀』の編者もこれを律令国家の出発点とみてとくに重要視し、『書紀』編纂当時の律令法の知識で組織的に潤色を加えている」のではなく、また森のいうように「主文・副文ともに大宝令によって修飾された」のではなく、吉川のいうように「大宝令文による潤色がある」のではなく散逸資料を真面目に元の形に復原しようとして大宝令を借用して修復していたのであり、捏造でも改竄でも作為でも造作でも潤色でも修飾でもなく、正史本文に相応しい体裁を保つために、編纂者が散逸した大化改新詔本文の修復に精一杯努めた苦労の痕跡だったことになる。われわれはこの努力を多として、現行大化改新詔は、修復資料で完璧ではないが、意図的な捏造・改竄・作為・造作・潤色はなく、ただ用語に関しては編纂方針として編纂当時の大宝令制下の用語に統一された日本最初の正史の記述だということを諒解して使っていこうではないか。

さらに踏み込むためには、坂本太郎の政策大綱説の検討が必要となる。

坂本太郎の「改新詔は政策大綱」説　坂本太郎『大化改新の研究』（一九三八）は、「大綱の宣布」という見出しを掲げて次のように述べる。

日本書紀は大化二年正月甲子朔の條に「賀正禮畢、即宣改新之詔」といふ莊重な句の下に、四條の改新の詔を宣べてゐる。特に正月朔日を以て、又特に四箇の條文において發せられたこの詔は、發布の形式のみよりするも、重大な詔たることを認めねばならないが、內容を検するに至つて益々その然るを知ることができる。極言すれば大化元年の諸種の施設はこの詔の宣布を易からしめんが爲の準備であり、二月以後の詔はこの詔の励行を督促するものであるとせられよう。改新の大綱は實にこゝに宣布せられたといふべきである。

大化改新研究の大先達である坂本太郎は、改新詔を大化改新政府の政策大綱の宣布と位置づけ、これが長く通説となって継承されてきた。大化改新詔否定論の出現以降は顧みられなくなっていたが、いま振り返って見れば正鵠を射た評価であり、あらためて継承することにしたい。

ただ「極言すれば大化元年の諸種の施設はこの詔の宣布を易からしめんが爲の準備」とする点につ

いては、準備ではなく、リーダー中大兄皇子の頭のなかに熟していた方策にしたがって、大綱の宣布に先立って元年から執行が始まっていたと見るべきであろう。

大綱宣布で「先取り」「夾雑物」も解消　大綱宣布はマニフェストであり、これから実現したいという政策担当者の夢も含んで提示されるものなので、身近な課題の具体的指示に混じって五〇年先には実現させたいと期待する内容も含まれる。したがって森公章のいう「七世紀中葉にはまだ存在していなかった制度を先取りして記したと解釈しても、制定してから五十年後に施行される法を先取り的措置と言えるだろうか」という疑問も解消するし、吉川真司のいう「むしろ大化改新詔だけが夾雑物であり、かつて岸俊男氏が看破したとおり、それは「改新の趨勢がその中に集約表現」された記事と考えるべきである」とする必要もなくなるし、「本書では改新詔を「同趣旨の他史料」として部分的に利用するにとどめた」などと遠慮せずに堂々と正面から取り上げればいいことになるし、熊谷公男の「そこで本書では、近年の多くの研究者にならって、問題の多い「改新の詔」はひとまず改新を考える史料から除外」する必要もなく、ここでも堂々と正面から取り上げればいいことになる。やはり坂本太郎の大綱宣布説は、もっと早くに見直されるべきだった。

ではなぜ大化二年正月甲子朔に大綱宣布が出されたのか。遠山のいうように「クーデターの翌年冒頭という極めて歯切れのよい日に「改新之詔」が発布されたという記述は、その配置に一定の作為が加えられている」のかどうか。この点についての検討を進めよう。

マニフェストを出す暇のなかった大化元年　大化元年を振り返ると、政策大綱、政権構想のマニフェストをまとめ発表するタイミングの見つからない忙しさであったことが見えてくる。

まず乙巳の変のクーデターが六月一二日、孝徳天皇の即位は六月一四日、地方側ではどんな政策が展開されるか知りたがっていたであろうが、即位の詔には蘇我氏の専横を非難し新政権の正当性を謳っていたであろうが、孝徳天皇が書けば公地公民制にもとづく国家構想にはほとんど触れていなかったであろう。詔が伝えられると各地から国造・伴造らが続々飛鳥に上京して孝徳天皇に即位の祝辞を述べて服属関係の更新をはかった。遠近さまざま、地方からの挨拶上京は一と月ほど続いたであろうから、政策大綱を協議する暇はなかった。

八月五日には東国国司を派遣した。クーデター後、初の中央政府から地方豪族への通達だが、①戸籍・田籍調査、②国造に代わる評造候補選び、③兵器の接収は中央政府がまず手をつけなければならないと考えたことだけで、またもや改新政治の全体像は示されず、不安を募らせた国造らは国司に「われわれはこれからどうなるのだ」と詰め寄ったと考えられるが、国司らにも改新政治の全体像は伝えられておらず、答えに窮したであろう。同様の国司は全国に派遣されたが、ここでも国司たちは地方豪族の質問攻めにあったと考えられる。地方豪族の不安を放置すれば不満に変わり、不満を放置すればやがて反乱に繋がる。改新政治の全体像の公示が緊急に求められる情勢にあった。

改新政治の全体像を知らされていない点では、畿内豪族も政権内部も同じだったと考えられる。そこで閣議が再々開かれて政策大綱の練り上げが進んだと思われる。

正月朔日の大綱宣布へ　宣布までのスケジュールを追うと、諸国に使者が派遣され戸籍や田畑調査、武器の接収を伝えたのは八〜九月、その復命報告を聞いて中大兄たちが大綱宣布の必要性を痛感したのが九〜一〇月、そこから閣議を再々開いて要項を練り始めるのは一〇月以降、まとまるのは一一〜一二月となろう。この流れのなかで大綱宣布をする時期と場を探るなら、間違いなく翌年正月元旦の朝賀の儀の後となろう。クーデター政権が大化前代の部民制・国造制社会を否定して新体制を作ろうとしている時期である。畿内豪族や地方豪族に対するインパクトの点でも元旦の大綱宣布は相応しいであろうし、政権側としても緊張のなかで政策を模索しながらの毎日である。幸先のいいスタートを願って元旦の大綱宣布を選んだであろう。

以上が当時の情勢を所与の条件として入力し、この条件下で何が起こるかをシミュレーションしてみた結果である。遠山美都男は「元旦にこのような法令が発布されるのは例を見ないことである。（中略）クーデターの翌年冒頭という極めて歯切れのよい日に「改新之詔」が発布されたという記述は、その配置に一定の作為が加えられていることを窺わせる。」としたが、政治状況からもスケジュールからも大化二年正月朔日に難波宮での大綱宣布とする『日本書紀』の記述は合理的なのである。

ここで森博達の近年の研究を紹介し、『日本書紀』・大化改新詔をどう扱うかについての議論を煮詰めていこう。

森博達による書紀述作者の特定　森博達『日本書紀の謎を解く　述作者は誰か』（一九九九）は、江戸時代以来の永い研究の成果を継承しつつ、音韻、倭習＝漢文のなかの和文的要素、漢文の誤用や奇用、語順の誤りなど詳細に検討した上で『日本書紀』三〇巻をグループ分けし、その執筆順と執筆者の特定をおこなっている。それによれば『日本書紀』三〇巻は表記の性格によって、β群（巻一～一三・二二～二三・二八～二九）・α群（巻一四～二一・二四～二七）・巻三〇に三分される。

β群は、歌謡と訓注の仮名が倭音によって表記され、文章も倭習に満ち、漢語・漢文の誤用や奇用が多く、基本的に和化漢文で綴られている。それに対してα群は、中国原音（唐代北方音）によって仮名が表記され、文章は基本的に正格漢文で綴られており、α群の漢語・漢文の誤用は原則として引用文と後人による潤色・加筆部分に限られている。つまりα群は本来、原史料を尊重しつつ中国語で述作されていた。巻三〇は仮名表記が少なくて原音か倭音か判別できないが、文章は倭習が少なく、α群に近い。ただし、語句や文体には、α・β両群にはない独自性もある、とする。

持統三年（六八九）の「浄御原令」完成後、その編纂に関わっていた唐人で音博士の続守言と薩弘恪が『日本書紀』の編纂を命じられた。当時の人は雄略朝と大化改新を大きな画期と考えていて、続守言が巻一四「雄略紀」から薩弘恪が巻二四「皇極紀」からを担当した。これがα群である。しかし続守言は巻二一「崇峻紀」の修了間際に倒れた。薩弘恪は巻二七まで仕上げ、「大宝律令」の編纂にも参画したが、間もなく死去したらしい。

その後『日本書紀』に神代から安康までの撰述の必要が生じたが、続守言も薩弘恪も他界していたので文章学者の山田史御方が慶雲四年（七〇七）頃に担当者に選ばれた。これがβ群である。

和銅七年（七一四）になって紀朝臣清人が巻三〇の「持統紀」の撰述を担当し、三宅臣藤麻呂が潤色・加筆担当した。α群の引用文以外の漢文の誤用は藤麻呂によるものである、とする。

森による書紀編纂主導者の特定　森博達『日本書紀成立の真実　書き換えの主導者は誰か』（二〇一一）は、『日本書紀』の編纂主導者に踏み込み、「皇極紀」「孝徳紀」への加筆を分析している。

『続日本紀』養老四年（七二〇）五月には舎人親王が勅を奉って日本紀を修したとあるが、その他の構成員は記されていない。そこで文武四年（七〇〇）六月の『大宝律令』の完成時の賞禄記事を参照すれば、刑部親王が筆頭で次が藤原不比等だが、刑部親王は皇親政治の建前で、不比等が実質的な筆頭者になる。また書紀撰上時（七二〇年）の権力者は、元明太上天皇と右大臣藤原不比等で、これらのことから藤原不比等が『日本書紀』の編纂を一貫して主導していたと考えられる、とする。

天智の復権と称揚　天武の死後、持統による父天智の復権が始まる。持統は文武三年（六九九）、父天智の山科陵を藤原宮大極殿の真北に造営した。これは天智が律令国家の受命の天子であることを象徴するものである。また大宝二年（七〇二）十二月、天武と天智の忌日が廃務対象の国忌となり、律令国家の初めての国忌廃務は翌日の天智の忌日に際して実施され、天智は律令国家の初代皇帝と位置づけられた（藤堂かほる一九九八a、b）。

天智の復権は、同じく天智の娘である元明に引き継がれ、『日本書紀』への加筆がおこなわれた。和銅七年（七一四）に紀朝臣清人と三宅臣藤麻呂が撰述者に選ばれ、藤麻呂が潤色・加筆担当した。

「孝徳紀」の詔勅の倭習　「孝徳紀」の詔勅に倭習が多いことについて、論証過程は複雑なので結論部分だけを引用すれば、森は次のように述べる。

> 巻二五「孝徳紀」はα群に属し、第一次の執筆者は唐人の薩弘恪だと私は推定している。しかし「孝徳紀」には詔勅を中心として、他のα群諸巻より倭習が多く見られる。
>
> α群の倭習は二種に分類できる。原史料の倭習の残存と後人の加筆時の倭習である。α群のなかでも特に「孝徳紀」に倭習が多いのは、編修の最終段階における加筆が甚だしかったためである。和銅七年（七一四）に国史撰述の詔勅を受けた二人のうち、位階の低い三宅臣藤麻呂が潤色・加筆を担当したと、私は考えている。

この「孝徳紀」詔勅の三宅臣藤麻呂加筆説に関しては、いまひとつすっきりしない点が残る。その第一は、「孝徳紀」の詔勅関係を中心とした倭習は三五例検出されているが、それらを見れば、大化元年八月庚子の東国国司詔の派遣される国司に対する注意事項の言葉のなかの、

③若有求名之人、……。（若し名を求むる人有りて、～言すとも、……）（同）譲歩なので接続詞は仮定の「若」ではなく「縦」が正しい。（③は原著の番号。以下同じ）

のように、使役・受身・譲歩の漢字の誤用、否定詞の語順の誤りなど、文法的場面での漢字の単純な誤用で、かつ単発的で文意を大幅に変えるようなものではなく、なぜ加筆したのかの意図が読めないこと。第二には森が別の箇所で述べているように詔勅は準引用文で原文の倭習の残る可能性あり、この点は森は詳細な検討を経た上で「孝徳紀」詔勅は後人の加筆だとしたのだが、そうだとするなら倭習混じりの漢文しか書けない渡来人子孫が起草した詔勅にもかかわらず、加筆前には倭習が全然なかったことになり、きわめて不自然なことになってしまうからである。

問題の大化改新詔については、改新詔から検出された倭習は、第四条の仕丁に関する規定の「毎五十戸一人以宛諸司（五十戸毎に一人を以ちて諸司に宛てよ）」部分に見られる倭習、

⑥「一人以」の語順は「以一人」が正格。朝鮮俗漢文の処格の「以」と同じ用法。

⑦「宛」の字訓「まげる」「あたかも」は中国での用法に沿うが、「割り当て」や「宛名」の意味の「あて」は日本での用法である。

の二例に限られる。この倭習も単純な誤用で、これを後人の加筆とした場合、加筆の動機は不鮮明であり、少なくとも政治的意図をもった加筆・改変ではなさそうである。そこで森の「孝徳紀」詔勅の三宅臣藤麻呂加筆説に対する賛否は先送りして、少なくとも「孝徳紀」の倭習は政治的意図によるものではないこと、改新詔には政治的改変は加えられていなかったことを確認して先に進もう。

乙巳の変と山背大兄王事件への潤色・加筆　森によれば、「皇極紀」の乙巳の変と上宮家の滅亡（山背大

兄王殺害事件）の記述には数多くの後人の加筆が見られる。まず乙巳の変の入鹿暗殺当日の記事には語彙・語法の誤りや漢文としては冗長な文章が目立つとして森は六例あげている。そのうち二例を示すと（↓は正しい用法）、

③倉山田麻呂臣恐唱表文将尽、而子麻呂等不来、流汗沃身、乱声動手。（表文を唱ぐること尽きなむとして、子麻呂等の来ざることを恐り、流汗身に沃ひて、声乱れ手動く）↓倉山田麻呂臣読表文将尽、子麻呂等猶不来、流汗戦慄、声乱手顫。

⑤豈以天孫代鞍作乎。（豈天孫を以ちて鞍作に代へむや）↓豈以鞍作代天孫乎。

となる。森は「もしも薩弘恪の吟味を経ていれば、これらの誤用や冗漫な文章は添削修正されていたはずである。乙巳の変に臨場感を持たせようと後人が加筆したのだが、漢文作成能力の欠如によって馬脚を露したのだ」とする。

上宮家滅亡への漢文の誤用は七例あげられていて、たとえば斑鳩寺で包囲された山背大兄王が追討軍の三輪文屋君に向かって、戦えば勝てるが、我が身にのために百姓を傷つけることは望まない。この一身を入鹿にくれてやろうと言ったという名場面のセリフで、

⑥「吾之一身賜於入鹿」は（ヲ格ニ格分置型）であり、目的語を動詞に前置した誤用と言える。

とし、「これらの倭習に満ちた文章は、薩弘恪の筆によるものではない。編修の最終段階における後人の加筆だ。「上宮家の滅亡」は「乙巳の変」と一対の事件に仕立てられた。「乙巳の変」を正当化す

るために、極悪非道な入鹿によって滅ぼされた山背大兄王の聖人化が要請されたのである」と指摘する。また乙巳の変の英雄は中大兄皇子と中臣鎌足であることからして、この加筆・潤色を命じたのは天智の娘の元明上皇と鎌足の子の藤原不比等であろうと森は推定する。

嫌疑の晴れた書紀と改新詔　以上、森の音韻学を駆使した科学的な史料批判によって『日本書紀』と改新詔の編纂時の政治的関与の度合がかなり明らかになった。本書に関わる大化改新関係部分に限っていえば、『日本書紀』への編纂時に加えられた政治的意図をもった改変は、元明・不比等による上宮家滅亡事件と乙巳の変への加筆に限られ、改新詔など法令文に関する編纂主導者からの政治的加筆はなかったようだ。改新詔への政治的加筆がなかったのなら、令文そのままの凡条の改新詔への組み込みは述作者自身の判断でおこなわれたことになり、そうであれば政治的意図での改変ではありえず、編纂過程での技術的対応の問題となり、そうであれば損傷して不完全な改新詔を正史に載せるための修復・復原作業だったことになろう。先の推定は当たっていたのであり、その修復をおこなっていたのは、厳格な性格の唐人薩弘恪だったことになる。

編纂時に加えられた政治的改変が、上宮家滅亡事件と乙巳の変への加筆に限られ、法令に対する編纂主導者からの政治的関与がなかったとなれば、これまで改新詔が造作・改竄・潤色の巣窟のように扱われてきたのは、近代史学の批判精神が被せてしまった濡れ衣に過ぎなかったことになる。

もし改新詔のある部分が改竄だと主張するなら、歴史学の原則として「この部分の改竄は、いつ、誰が、誰に対して、どんな状況下で改竄を指示したのか」という説明を添えて提示する必要があるが、近年の史料批判にはその点があいまいなものが多く、それがしきたりになっているようだ。このしきたりはそろそろ見直す時期にきているのではないか。

書紀編纂方針の検証　ここで先ほど素人考えで復原した『日本書紀』編纂方針1～5は、森の音韻学からの分析結果に照らして当たっているのかどうか、チェックしてみよう。

1の「唐に見せても恥ずかしくない本格的な正史を編纂せよ」方針は一般原則として指示されていたであろうが、とくに強く出たのが『日本書紀』にβ群、つまり神代から安康までを加えるために山田史御方が選ばれた時で、このころ朝廷では日本で造ってきた都城の形、律令の形式、銭貨が、唐から帰国した遣唐使が実際に見てきた唐の姿とはかなり遅れたものだったことが分かってその修正が課題となり、藤原不比等が主導して藤原京から平城京へ、大宝律令から養老律令へ、官本銭から和同開珎へと軌道修正をおこなっていた（渡辺晃宏二〇〇二）。『日本書紀』の神代から安康までの追加もこの流れのなかでの藤原不比等の主導で始められたのであろう。

日本の歴史を雄略朝から書き始めたのではわずか二〇〇年ほどにしかならないのに対して、唐は殷から数えれば二二〇〇年ほどになる。神武以降を実在の天皇と見て計算しても八〇〇～九〇〇年ほどにはなろうが千年には満たない。そこで「唐に見せて恥ずかしくないよう、千年超の歴史になるよう撰述せよ」というのが不比等の山田史御方に対する命令ではなかったか。その結果、神武即位を紀元前六六〇年に遡らせた『日本書紀』が出来上がった。

２３５については、２の史料併記方式も３の引用文の出典明記も５の詔の全文掲載も薩弘恪担当部分に揃っているので、唐人が中国方式で作成したα群の方式をβ群の担当者も見習ったのであろう。森氏の著書を見る限りでは編纂主導者はそこまで関与していないようである。

４の「時代によって呼び名を変える事柄は、最近の用語に統一せよ」方針は、森の研究と摺り合わせると興味深い事実が浮かび上がってきた。大化改新詔の凡条は「評」であるべきところが「郡」となっていることから大宝令にもとづく加筆とするのが通説となっている。ところが森の研究によれば改新詔を執筆したのは薩弘恪で、彼はその前に浄御原令の編纂に加わり、その完成後に『日本書紀』の編纂に加わった。その順序からすれば薩弘恪は改新詔の凡条は浄御原令から引いていたことになり、原稿では郡ではなく評と記されていた可能性が高い。そうなれば評の郡への書き換えは後人の手になることになる。森によれば和銅七年（七一四）に加わった三宅臣藤麻呂が$\alpha\beta$両群にわたって漢籍による潤色を加えたとされるので、「評」から「郡」への書き換えなど歴史用語の大宝律令段階への統一は全巻にわたって藤麻呂がおこなったのかも知れない。もしそうなら改新詔の凡条は浄御原令の条文として郡を評に戻した形で存在していたことになる。

二　改新政権の主導者はやはり中大兄皇子

孝徳主導権説の再検討　本書は通説にしたがって大化改新を進めたのは中大兄皇子だとして考察を続けているが、近年は孝徳天皇が主導者という説が有力になっているようで、篠川賢（二〇一三）は「新政権の主導者」というタイトルで次のように紹介している。

従来は、右の新政権の主導権は中大兄—鎌足のラインにあり、孝徳はロボット的な天皇（大王）であったとの見方が通説であった。それは、今でも有力な見方として存在している。しかし近年では、反対意見も多い。その内容は一様ではないが、孝徳を新政権の中心と考える点ではほぼ一致している。

反対意見において指摘される主な点は、次のとおりである。

①　当時「ロボット的大王」なるものが、はたして存在し得たのか。

②　孝徳紀に記す諸政策は、孝徳の詔として発せられている。

③　孝徳と左右大臣・国博士とは、密接な関係があったと考えられる。

④　この時期における鎌足の内臣就任は疑わしく、鎌足の具体的行動を示す記事は天智紀までみられない。

⑤ 皇太子制が未成立であったならば、中大兄の立太子も疑わしい。

なお⑤については篠川氏の反対のようで、中大兄の立太子は認めていいとされているので、問題は①から④までとなる。

①については、「ロボット的大王」は孝徳天皇については少し言い過ぎで、天皇としての公権を手にした孝徳と、クーデター首謀者として実権をもった中大兄との二頭政治と把握するのが適切かと考えている。二頭政治だからこそやがて両者の関係に亀裂が入り、分裂に至るのである。

乙巳の変の首謀者の中大兄は唐に対抗できる唐に倣った軍国体制づくりという大目標を、おそらくクーデター前から持ち続けていたのに対して、クーデター後に擁立された孝徳に当然そこまで明確な国家構想はなかったであろう。そうなれば律令国家建設に関して中大兄が主導権を握って進めることになろう。孝徳は皇位についた以上は権力を行使しようとするのは当然で、即位前紀に「仏法を尊び、神道を軽《あなづ》りたまふ。生国魂社の樹を斮《き》りたまふ類、是なり」とあり、難波宮造営のための伐採と考えられていて、難波遷都は孝徳の主導によるものだろう。威儀を整えるのに熱心だったことからすれば、大化の改元も孝徳主導でおこなわれたのであろう。

②の孝徳紀に記す諸政策が孝徳の詔として発せられていることについては、孝徳が皇位に即いている以上は、孝徳がどの程度政権の主導権を握っているか否かに関わらず、主要政策は孝徳天皇の詔として出されるのはごく当たり前のことで、それを中大兄主導権説否定の論拠にはならない。

③については、改新詔で政策大綱が宣布されれば執行過程に入り、中大兄はおそらく周りに組織していた政策立案プロジェクトチームのメンバーと議論を詰めながら編戸・立評に向けての地方政策を進めたであろう。そうなれば地方政策の執行に専念する中大兄と、執行過程から疎外された形の左右大臣・国博士らは疎遠になる反面、孝徳と左右大臣・国博士らが接近することはありえたであろう。ただこのことは中大兄主導で政策は執行中なので大勢には影響はなく、中大兄主導権説を否定する理由にはならない。

④については、中臣鎌足の内臣就任の真偽は分からないが、どちらになろうと中大兄主導で編戸・立評・再編過程は展開しているので、中大兄主導権説の否定には繋がらない。

最後に孝徳主導権説を採るに際して重要な論点でありながら篠川のまとめ①~⑤には取り上げられていないものに、クーデターが起こった場合はクーデターの首謀者が軍事政権的に実権を握るのが洋の東西を問わず時代の今昔を問わず政治事件の常識であるにもかかわらず、首謀者でない孝徳が政権を握っていたと主張するためには、それは何故かという問いかけに対する万人を説得できる強力な証拠を示さなければならないが、それが用意されていないようである。クーデターを軍事的権力移行の問題として骨太に構造的に把握する観点を欠くなら、分析結果はダイナミックさを欠いて文献史料の文字面を追った政局史に矮小化されてしまうのではないか。

三　改新初期の戸籍と班田

大化の戸籍は本格的な五十戸編成　『日本書紀』には大化から白雉にかけて、戸籍・田の調査（校田）・班田関係の記事が集中する。

- 大化元年八月　東国国司と倭国六県の使者に、「皆戸籍を作り、及《また》田《た》畝《はたけ》を校《かむが》へよ」「其れ倭国の六県に遣さるる使者、戸籍を造り、あはせて田畝を校ふべし」と戸籍作成と校田（田畑調査）を命じた。
- 大化元年九月、「使者を諸国に遣して、民の元数を録す」ことを命じ、有勢者の土地兼併を禁止。
- 大化二年正月、改新詔で「初めて戸籍・計帳・班田収授之法を造れ」と定めた。
- 大化二年八月、「収め数ふる田を以ては、均しく民に給へ。彼と我と生《な》すこと勿《なか》れ。凡そ田給はむことは、其の百姓の家、近く田に接《つ》けたらむときには、必ず近きを先とせよ」。収めた田の均分、家の近くでの班給を命じた。
- 白雉三年正月、「正月より是の月に至るまでに、班田すること既に訖《をは》りぬ。凡そ田は、長さ三十歩を段とす。十段を町とす」。
- 白雉三年四月、「是の月に、戸籍造る」。

戸籍と班田に分けて検討していこう。

これら大化〜白雉期の戸籍について、吉川真司（二〇〇四）は次のように述べる。

部民制下の籍や大化の税制を勘案すれば、大化年間には丁男を把握する台帳が作られ、戸・五十戸編成をもたらしたと推定される。白雉三年の記事は文飾が著しく、書紀編者の造作とみるのが一般的である。しかし、常陸国では翌年に評の再編成が行なわれている。（国―評―五十戸）制の成立、公民支配システムの整備に伴い、白雉三年戸籍が実際に作られた可能性も否定できない。

大化元年に作成を命じられ、翌二年に完成した戸籍が戸・五十戸編成をもたらし立評の基礎になったという積極的評価である。大化五年には全国一斉の立評がおこなわれていることからすればその前提となる戸・五十戸編成はこの造籍しかなく、妥当な見解として継承したい。これを「大化二年戸籍」と呼ぶことにして、その具体的な姿を復原してみよう。

そこで先の戸籍・班田記事に戻ると、どれも一行程度の簡単な記述で『日本書紀』自体は何も語ってくれないので、分析手法が問われる場面である。大化〜白雉期の戸籍の評価は、論者の視点の取り方で大きく変わる。正倉院宝物の大宝二年戸籍の完成された姿を念頭に置いて大化の戸籍を見ると五六年も昔のことになり、初歩的な大まかな戸籍に見えてしまう。ところがじつは日本の戸籍支配は六世紀中頃に始まっていた。ここに視点を置いて分析していこう。

欽明元年が戸籍支配の始まり　日本の戸籍の始まりとしては、欽明三〇年（五六九）の吉備国の白猪の屯倉の戸籍管理がよく知られているが、これは豪族配下の農民の一部を屯倉の田部＝農業労働者に指定して戸籍管理をするもので、地域住民全体の戸籍管理ではなく律令制下の戸籍には直接つながらない。

律令制下の戸籍の先駆形態として注目されるのは、岸俊男（一九七三）が取り上げた河内国の渡来人集団の戸籍管理である。岸は河内国の安宿郡・高安郡に飛鳥戸・春日戸・橘戸・八戸・史戸など「―戸」と呼ばれる氏族が集住し、氏族名に「戸」の字を含むことから編戸造籍による戸の源流を示すものではないかと注目し、『日本書紀』欽明元年（五四〇）八月の、

秦人・漢人等、諸蕃の投化《おのづからまう》ける者を召し集へて、国郡に安置めて、戸籍に編貫く。秦人の戸の数、総へて七千五十三戸。

という渡来人を集団的に定住させて戸籍で管理したという記事と結びつけて、これが「日本における最初の編戸制」だとし、これを承けて直木孝次郎（二〇〇三）は「古市・丹比・安宿・高安の諸郡の地を中心とする中河内（中略）の地域はのちの律令国家体制形成のモデル地区であった」とした。ここに視点を置けば、大化二年は欽明元年から数えて一〇六年目に当たり、大和政権は大化改新の時点ではすでに百余年の戸籍支配の歴史とノウハウを持っていたことになる。大化改新詔第四条では「田の調」とは別に「戸別の調」をとれと命じているが、この「戸別の調」は畿内が対象とされており（大津透一九八五）、大和政権は畿内全域で戸別の調を賦課できる経験と力量を備えていたことになる。

六年一造は六世紀の河内で誕生か　戸籍は年月が経てば現実の家族構成とのずれが大きくなるので更新が必須であることからすれば、河内国の古市・丹比・安宿・高安郡では定期的な戸籍の更新がおこなわれていた可能性はきわめて高い。定期的更新とは①忘れないためにも、②不公平を起こさないためにも、「何年ごと」と更新サイクルを決めることである。では何年ごとだったのか。

人の生年については「子年生まれ」「午年生まれ」と十二支で表すのが今日にいたるまで根強い慣習として継承されていることからすれば、これは古代からの慣習であろう。岸俊男（一九七三）は戸籍・計帳の十二支人名と生年の関係を詳細に検討した上で「やはり十二支にみえる動物に関係ある人名は、原則としてその生まれ年の干支に因んだものであることを示している」としている。そうであれば戸籍の更新は十二支一巡の一二年ごとがまず考えられるが、当時は出生率と幼児死亡率が高く家族数の変動が大きかったことからすれば、一二年ごとでは家族の実態とのずれが大きくなるので、十二支半巡の六年ごとがちょうどいいサイクルとして選ばれた可能性が高い。たとえば「子年と午年は戸籍の年」と決めて更新するもので、「六年一造制」の誕生である。律令制下の六年一造制は、六世紀に河内国で生まれた六年一造制を継承したものと推定される。そして六年一造の更新のたびに戸籍による支配のノウハウが蓄積され定着していったと考えられる。

大化二年戸籍の実像をさぐる　では大化二年戸籍はどんな戸籍か、条件を絞り込んでいこう。

①改新政府は大和国・河内国なら大化二年段階でも本格的な戸籍を造る力量を持っていたと考え

られるが、改新政府の目指したのは中央集権国家であり、法令の全国一斉公示、全国一斉施行が原則となる。当時の日本は無文字社会であり、しかも中央・地方の文化落差は大きく、本格的な戸籍の全国一斉施行はまだまだ不可能で、簡略なものにならざるをえない。

② 大化元年八月に派遣された東国国司は「皆戸籍を作り、あはせて田畝を校へよ」と戸籍作成と田籍調査（校田）が命ぜられたが、翌年三月二日に在任中の勤務評定を受けていることからすれば、約半年間の滞在である。この間に戸籍・田籍調査のほか評造候補の選定や武器の接収もおこなっていることからすれば、戸籍は簡略なものにならざるをえない。

③ 東国国詔で命ぜられた戸籍の作成と評造候補の選定は、将来の立評すなわち〔国―評―五十戸〕制の全国施行を目指した下準備である。そうであれば大化二年戸籍は簡略な戸籍ではあっても、立評に必要は内容は含んでいなければならない。評（郡）は「五十戸」（里）をいくつか束ねたものであることからすれば、大化二年戸籍は五十戸編成の戸籍であったことになる。

④ 改新政府の目指したのは大国唐に対抗できる国民皆兵制の軍国体制づくりであり、そのためには本家・分家などの繫がりをもとにして数家族を束ねて戸口二〇人前後、そのなかに含まれる正丁＝成人男子が四人になるように戸を編成することが必要で、その戸を五〇戸集めて地名、あるいは所属名を冠して「〇〇五十戸」としたのである。大化二年戸籍は戸口二〇人、正丁四人を標準とする編戸と五十戸編成を含んでいたことになる。

⑤ 改新政府が急いでいた立評は、五十戸編成があればよく、大宝二年戸籍のような家族一人一人の名前・性別・年齢・続柄の把握はこの段階では必要はない。

大化元年戸籍は一戸一行の簡略戸籍　この①②③④⑤の条件を満たし、無文字社会の諸国でも中央派遣の書記役人が半年滞在で作成できる戸籍となれば、

何姓何某戸　口廿四　正丁四

のように、戸主名、戸口数、正丁数を戸ごとに一行でまとめた簡略な戸籍であろう。これを「戸口数・正丁数把握の簡略戸籍」と名づけ、略称は「簡略戸籍」としておこう。これを五〇戸分並べて「〇〇五十戸　戸籍」のタイトルを付ければ、たとえば、

白髪部五十戸　戸籍
白髪部麻呂戸　口廿四　正丁四
白髪部刀良戸　口廿　　正丁三
…………
…………
合口九百八十七　正丁百九十二

のようになり、「白髪部五十戸　戸籍」のタイトル合わせて五二行、料紙一枚か二枚の簡素なものになるだろう。これが大化二年戸籍の姿であろう。

大化二年戸籍は大宝二年型の本格的戸籍に比べればシンプルな「簡略戸籍」ではあったが、軍国体制造りの基盤となる戸口二〇人、正丁四人の標準戸を目指して編戸をなしとげ、それらを五〇戸束ねて「五十戸」に編成したもので、立評作業の基礎資料となる重要な戸籍であった。これまで庚午年籍が日本最初の本格的戸籍として高く評価されており、そのこと自体には異論はないが、吉川も指摘するように大化二年戸籍も立評の基礎資料となったという点で律令国家建設史上では重要な位置を占める戸籍といえよう。

「民の元数を録す」は戸口数・正丁数の全国調査　大化元年九月詔の「使者を諸国に遣して、民の元数を録す」という記事に関しては、この記事を根拠に、当時の戸籍が大雑把なものであったとする見解もおこなわれているが、この記事は「人口調査。元数は大数。全部の数」とする岩波書店『日本古典文学大系』本の頭注の解釈が当を得ていよう。これは戸籍そのものではなく国別の人口調査であり、軍事配置の基礎資料調査である。

東国国司は赴任後まもなく現地でこの命令を受けたことになるが、戸籍調査とは別の調査が命じられたのではなく、五十戸編成の戸口・正丁把握の簡略戸籍が出来上がれば、その合計欄を一国分総計すれば国別の戸口総数と正丁総数が出るわけで、東国国司は戸籍の外に田籍調査、評造候補の調査、武器の接収等を命じられており、すべてを終えて帰るのは先のことになるので、データが把握できた段階で速報として京送せよと命じたのであろう。中央政府は戸口・正丁総数データを知りたがっていたのである。

こうして中大兄政権は、大化元年末から大化二年初頭の段階で、

甲国　何千何百戸　戸口何万何千何百人　正丁何千何百何十人

乙国　何千何百戸　戸口何万何千何百五十人　正丁何千何百何十人

丙国　………

という国別の人口・正丁数データを手に入れたことになる。その人口の総数は坂上康俊（二〇〇七）が推計した人口約四百数十万人に近い数字だったであろう。このデータは緊張した東アジア情勢のなかで、防衛計画を進めていた中大兄政権にとっては、北九州の防備と北方の蝦夷に対する兵力配置計画に大いに役立ったと考えられる。

この九月令が「使者を諸国に遣して」と全国対象に発せられていることは、戸籍作成を含む東国国司と同じ任務を帯びた国司たちが東国国司とほぼ同時に、諸国に派遣されていた痕跡といえよう。また倭国（大和国）の六県にも戸籍・田籍調査の使者が派遣されているが、大和国の六県は王家の直轄領のため大和国使は調査に踏み込めないので別使を派遣したのであろう。ということは、東国国司と同様の使者が大和国にもすでに派遣されていることが確認できる。なお畿内対地方の緊張関係のあるなかでの使者派遣なので、畿内や大和国の六県の使者向けの詔には、武器接収の条項は含まれていなかったと考えられる。

庶民の姓の起源は大化二年戸籍　一般庶民の姓については、熊谷公男（二〇〇一）は庚午年籍の説明で次のように述べている。

このような造籍作業をはじめて全国的規模で行うことは、想像以上に大変なことであった。そもそも列島の一般の民衆には、本来、姓がなかった。しかし奈良時代には、天皇と奴婢を除いて、すべての人々が姓を有している。一般公民は「〇〇部」という形式の部姓がふつうである。公民層まで姓があるのは、庚午年籍の作成時に、すべての公民の姓を公的に定める「定姓」の作業を行った結果である。（中略）諸国では、膨大な人員を動員して公民の定姓を行ったうえで、一人ひとりの続柄、名前、年齢などを記録していったのである。

というものだが、私は庶民の姓は大化元年戸籍の編戸作業のなかから生まれてきたものであろうと推定している。

戸籍は戸ごとの名簿であるが、その戸を識別する標識として必要なのが戸主名である。熊谷の指摘のように当時一般の民衆には姓がなかったが、部民制社会の日常生活ではそれぞれ所属を冠して白髪部集団なら「白髪部の麻呂」、山部集団に属していたなら「山部の赤麻呂」などと呼び合っていたであろう。そこで戸籍作成に際しても「戸主何麻呂」では何麻呂は何人もいて識別標識にはならないので「所属名＋名前」で「戸主　白髪部麻呂」「戸主　山部赤麻呂」と記したであろう。また地名を識別標識にした場合も当然考えられる。そして時間が経つと所属名や地名が姓のように受け取られ、本人もそう考えるようになっていったと考えられる。熊谷の想定したような「諸国では、膨大な人員を動員して公民の定姓をおこなった」というような定姓作業は無かったのではないか。

「白髪部麻呂」の属する五十戸は所属名を冠して「白髪部五十戸」と呼ばれ、地名の場合は地名を冠して「諸岡五十戸」などと呼ばれた。これは里（五十戸）の識別標識なので部民制が廃止されても里名として「白髪部五十戸」や「山部五十戸」は使い続けられたと考えられる。したがって「白髪部五十戸」「山部五十戸」木簡が出土したからといって、木簡が作成された時点で部民制が残っていたとは限らないといえよう。

ともあれわれわれ庶民の姓のルーツをさかのぼれば、初源は大化二年戸籍に行き着くことになる。大化改新は身近にあったのである。

大化・白雉の「見なし班田」　先の戸籍・班田関係の『日本書紀』記事をみれば、大化二年（六四六）八月、「収め数ふる田を以ては、均しく民に給へ。（中略）凡そ田給はむことは、其の百姓の家、近く田に接けたらむときには、必ず近きを先とせよ」とあり、これは班田記事であり、白雉三年（六五二）正月、「正月より是の月に至るまでに、班田すること既に訖りぬ。凡そ田は、長さ三十歩を段とす。十段を町とす」とあるが、これも班田記事である。ではこの時期の班田とは何物か。私は「見なし班田」であろうと推測している。

その理由の第一は、条里施工がまだおこなわれていないことである。本書では第二章で、条里施工は六五三年（白雉四）冬着工と絞り込んでおり、六四六年や六五二年段階では条里施工はまだおこなわれておらず、この段階で存在していた田とは小区画水田であり、首長制的土地所有の土地であった。首長制的土地所有の土地は神の許可を経て開発されたもので慣習法で開発者の所有権が保証されており、国家といえども召し上げ不可能なことは、何よりも大化改新政府の担当者がよく承知していた。それはこの後、改新政府は神の許可を得て慣習法に則って農民を動員した公共工事によって国家的土地所有を手に入れたことでも証明できる。

第二は、戸籍に編付されたとはいえ、公民を管理する〔国―評―五十戸〕制が未完成の段階では、戸籍に編付された公民はまだ地方豪族の下にあり、公民が地方豪族に預けられた形で、上司に当たる国宰―評造（評督・助督）―里長（五十戸造）という組織ができなければ、実質的にはまだ地方豪族の支配下の民なのである。

この段階にもかかわらず、大化二年（六四六）八月、「収め数ふる田を以ては、均しく民に給へ」と命じたことは、できたばかりの戸籍と田籍簿を並べて機械的にどの田は誰に班給したと帳簿上で結びつけたにすぎないことになる。実際には班田していないのに、あたかも班田しているかのような体裁を整えるので「見なし班田」と名づけた。ではその目的は何か。

条里施工前の暫定的税制　それは大化改新詔で部民制の全面廃止を宣言したことで旧制度下の貢納物はストップしたので、新制度確立までとりあえずの中央財源と国宰常駐の「国―評」制をにらんでの地方財源の確保が緊急の課題となったからである。大化改新詔第四条では「田の調」「戸別の調」をとれといい、大化二年八月詔では「男の身の調」の収取を命じるが、班田収授の基盤となる条里田はまだ整っていないのである。そこで一応班田したという帳簿を作成し、帳簿を基準に課税したものと考えられる。

ではこれに対して地方豪族はどう反応したか。地方豪族の反応をシミュレーションしてみると、

① 中央政府は首長制的土地所有を権力で召し上げることはせず、戸籍は作成したものの民衆は豪族支配下のままという現状を認めた上で、形だけの見なし班田を提案してきたので、地方豪族たちはひとまず安堵の胸をなで下ろし、見なし班田には協力の姿勢を見せた。

② 地方豪族たちは部民制下でも王権や中央豪族への貢納を続けてきたので、理不尽な高額でなければ課税自体は覚悟していて、とくに反対はおこらない。

③ ただ課税の仕方が国造級大豪族は優遇して軽く、中小首長には重いなどといった不公平があれば紛糾して難航するが、見なし班田は田の面積に応じて課税することになるので、もっとも公平な課税の提案であり、地方豪族たちは納得して受け容れたと考えられる。

こうして条里施工の結果、実質の班田がなされるまでの間、中央政府と地方豪族が暫定的措置と了解した上で、見なし班田が続いていくことになる。

四　郡稲から大税へ

郡稲の起源　では見なし班田の結果生まれた官稲はどこに納められたか。見なし班田に指定された田は首長制的土地所有の小区画水田なので、そこからの収穫稲は首長たちの倉に納められることになり、中央税は絹や糸（生糸）・綿（真綿）など軽量物で納められたのでその代価を差し引いた残りが豪族たちの倉のなかにありながら帳簿上では官稲と見なされることになる。私はこれが研究史で話題になってきた「郡稲」の起源だと見ている。

薗田香融（一九八四）は天平はじめの越前国の大税帳と郡稲帳で大税（後の正税）と郡稲を比較して、

a　大税帳の収入は、当年輸租と出挙利稲の二種より成るが、郡稲帳の収入は出挙利稲のみである。

b　天平二年大税の収入は、出挙利稲だけで七万束以上に達するが、支出（雑用）はわずか一四四四五束にすぎないのに対し、天平四年の郡稲収入は一七二一〇束（ほとんど出挙利稲）、雑用は一五一一五束にのぼる。

c　要するに、大税の機能は、雑用支弁とともに貯積に主目標がおかれ、郡稲の機能は雑用を支弁するための出挙息利を主眼としていた。

とまとめている。八世紀前半では大税は毎年田租から補給されるが、郡稲は出挙利稲だけで運用されており、郡財政の支出は主に郡稲で賄われ、正税はもっぱら備蓄に回されていた。

郡稲の起源については、薗田は「律令政府は大化後まもなく、従来の国造領と皇室領の稲を統合して正倉に集積したが、その後のある時期において、特定の費目を弁達するため「郡稲」なる出挙稲を論定（分置＝河野注）した」とするが、国造領の稲も皇室領の稲も官稲ではなく、郡稲は新たに誕生したのではないか。また正倉は条里施工の済んだ国家的土地所有の条里田の稲刈りが終わった段階でその正税を納めるために造られたと見るのが自然で、小区画水田の段階ではまだ正倉は存在せず、見なし班田の収穫稲は地方豪族の倉に豪族の私稲と混在した形で納められたのであろう。そうであれば郡稲は大税から分置されたのではなく、小区画水田の段階でまず郡稲が生まれて運用され、条里施工が始まって翌年秋の条里田の稲刈りで大税が生まれた段階で、それを納めるために正倉が建造されたと考えられ、郡稲が先で大税が後であり、先後関係が逆なのではないか。

舟尾好正（一九六九）は、天平二年越前国正税帳、天平四年越前国郡稲帳を分析して次のような興味深い事実を導き出した。本書と関係深い部分を要約して示すと、

a 郡稲の大部分が正倉や正規の屋ではなく借倉・借屋に収納されており、その間数（建物数）は正倉や屋の九倍近くに及ぶ（屋は高床式ではない平屋の倉庫＝河野注）。

b 正税出挙と郡稲出挙の回収率を比べると例外なく郡稲が高く、回収率一〇〇％の郡が半数以上

を占める。

c　郡稲出挙の回収率の良さは、それに関与する者の手腕に起因するのであろう。郡司を筆頭とする地方豪族が郡稲出挙を請負っており、より綿密な実情把握の下に郡稲を運営したと考えられる。

d　七〇間（棟）近い借倉・借屋は特定の郡に偏在していた。

aの郡稲の大部分が正倉や正規の屋ではなく借倉・借屋に収納されているという結論は、先に推定した「首長たちの倉のなかの稲の一部が帳簿上の官稲と見なされることになる」という結論と図らずも一致し、検証度1、★の信頼度を得たことになる。

これまであまり注目されなかったが、郡稲や大税がいつ、どんな契機生まれたか、正倉はいつ建造されたか、などは小区画水田から条里田への転換と関わっていることは間違いなく、耕地造成と関連させて考察しなければならない。そこで大化前代の税制から郡稲、さらには大税への変化を〔図74〕で整理してみた。標準規模の八郡国をモデルにしたもので、山陽道や南海道のように初年に七道建設がおこなわれ、条里施工は二年目の六五四年の冬からというケースで作成した。

小区画水田から条里田へ　〔図74〕の上半の白い部分が大化前代以来の小区画水田で首長制的土地所有の土地、下半のグレーの部分が国家的土地所有の条里田である。大化前代は大和政権は小区画水田の首長制的土地所有をベースに地方支配を展開していた国造ら地方豪族を間接統治で服属させ、地方豪

図74　見なし班田と郡稲の誕生

大化	元	645		
	2	646	8月詔で班給→見なし班田 **→ 郡稲誕生**	
	3	647		
	4	648	**小区画水田** 首長制的土地所有	
	5	649		
白雉	元	650		
	2	651	**見なし班田時代**	
	3	652	**→ 借倉内で郡稲増殖**	
	4	653	評再編・七道建設	
	5	654	**条里施工開始**	
斉明	元	655		A郡評倉
	2	656		B郡評倉
	3	657		C郡評倉
	4	658		D郡評倉
	5	659		E郡評倉
	6	660		F郡評倉
	7	661		G郡評倉
天智	元	662	**正倉を建てて**	H郡評倉
	2	663	**正税蓄積**	
	3	664		
	4	665	**条里田** 国家的土地所有	
	5	666		
	6	667		
	7	668	全国最後の条里施工→	
	8	669	**正税帳原型書式が成立か**	
	9	670	**庚午年籍　近江令**	
	10	671		
天武	元	672	**最初の全国一斉班田か**	
持統	4	690	**通説の全国一斉班田開始**	

族は王家や畿内豪族に貢納物を納め、王陵の造営や大河川の修築などの大規模土木工事に施工隊を送って奉仕した。

大化改新でこの部民制は廃止され、一君万民の直接統治方式が宣言されたが、〔国―評―五十戸〕制が整わない間は民衆を戸籍に登録しても実生活ではこれまで通り豪族支配下の民であり、公地公民・班田収授を謳っても、耕地は依然として首長制的土地所有の小区画水田のままで、班田収授をおこなうべき国家的土地所有の条里田はまだ姿を現していない。この段階で部民制廃止が叫ばれて部民制的貢納がストップした。このままでは中央政府は干上がるし、〔国―評―五十戸〕制を見越して地方財源も確保しておかなければならない。そこで暫定的な措置として打ち出されたのが、できたばかりの戸籍と田積簿を付き合わせて、機械的にどの戸にどの田を班給したことにしたのが見なし班田で、事実上は田の面積に応じて一律課税をして大小の豪族たちに均等に負担させ、税の一部は京送させて中央財源とし、一部は地方豪族の倉に官稲を預けた形にして地方財源の元としたと考えられる。この豪族の倉に納めた形の官稲が、先行研究が注目してきた「郡稲」であろう。

次に条里田の形成の様子を見ていこう。このモデル国では評再編の白雉四年（六五三）の冬は七道建設で、翌年冬にA郡の条里施工は始まり、翌々六五五年の春に竣工して緊急班田となる。条里田のデビューである。こうして一郡ずつ一冬ごとに小区画水田は条里田に置き換わっていき、六六一年の冬がH郡の条里施工で新年が明けると竣工後に緊急班田、これで一国全域が条里田になった。図化してみれば階段状に一郡ずつ一冬ごとに小区画水田は条里田に置き換わっていったのであり、これが同時並行で全国的に展開していたのであった。

郡稲から大税へ　小区画水田から条里田への階段上の置き換わりは、郡稲から大税（のちの正税）への置き換わりでもあった。A郡では六五五年の春に条里田は完成して、条里田の田植えが始まり、秋には稲刈りとなる。収穫稲は正真正銘の国家的土地所有の田からの収穫なので、国家管理の倉庫で保管する必要があり、評督は将来十数棟の高床式倉庫が建てられる土地を選定し、田植え以降、稲刈り前の草取りの合間を縫って農民を動員してとりあえず一棟の高床式倉庫を建てた。正倉の誕生であり、条里田の収穫稲はこの正倉に納められた。大税の誕生である。こうして連年施工にしたがって、毎年一棟ずつ正倉が増えていき、郡稲から大税への転換が段階的に進んでいくことになる。

この一国八郡のモデル国では、A郡で大税収納が始まるのは六五五年で郡稲蓄積の始まった大化二年（六四六）から九年後である。大税は郡稲から九年も遅れてスタートしたのであった。そしてこの国最後の条里施工のH郡の大税収納開始は六六二年で大化二年からは一六年後、八郡の平均をとれば大化二年から一二・五年後、つまりこの国では一二～三年の間、郡稲は蓄積され出挙運用されて中央税の納入と地方財政を支えてきており、郡稲で地方財政を賄うパターンが定着していた。そんな折A郡から大税収納が始まった。地方財政は郡稲で賄う慣習が定着していたので、正倉に納められた大税の大部分は使われずに蓄積されることになる。これが薗田の指摘した郡財政の支出は主に郡稲で賄われ、大税はもっぱら備蓄に回されていたという実情の始原と考えられる。

A郡からH郡までの階段状の郡稲から大税への移行は、郡稲の蓄積量の郡ごとの偏りをもたらした。最初のA郡に比べて最後のH郡は七年間分多く郡稲を蓄積していたのである。舟尾は郡稲を納めていた借倉・借屋は特定の郡に偏在していたことを指摘していた。これは天平三年（七三一）頃の状況で、郡稲蓄積の始まった大化二年から八五年後であり、三世代は経ていてその間のさまざまな事情が加わった結果ではあるが、郡稲の偏在自体は条里施工の郡単位・冬ごと連年施工に起因する郡稲の当初からの属性であったと理解することができよう。

五　原正税帳の成立と全国一斉班田

正税帳原型の成立　〔図74〕（四四二頁）に戻れば、一国八郡のモデル国では六六一年冬の条里施工ですべて条里田となるが、郡数の多い大国もあり、日本全体で最後の条里施工がおこなわれたのが六六八年の冬と考えられ、この工事で小区画水田は一掃され、翌六六九年の旧暦五月は日本全国で条里田での田植えとなった。その秋はすべて条里田での稲刈りとなり、収穫稲はすべて大税として郡ごとの正倉に納められることになる。天智天皇となった中大兄皇子が夢見ていた光景であり、側近たちとその達成を喜び合ったであろう。この機会に後の正税帳につながる統一様式の書式が諸国に配付され原正税帳が造られた可能性が高い。

その理由の一つは東アジアの軍事的緊張が依然として続いていたことである。六六八年、唐・新羅は高句麗を攻め滅亡させた。宿敵高句麗を滅ぼした唐は六六九年、日本を征討するため軍船の修理を始め、大水軍の襲来は現実の脅威となって迫ってきた（吉川真司二〇一一）。全国すべてが条里田となれば、統一様式の原正税帳を造れば国ごとの経済力が正確に把握できる。軍事緊張下では国ごとの経済力はもっとも知りたい情報であり、正税帳の原型がこのとき造られた可能性はきわめて高い。

第二は、この頃、近江朝の中央官僚は自信に満ちていた。当初あれほど心配した地方豪族の反乱もなく、大化五年の立評凍結から評再編の騒動も無事乗りきって大国造の勢力削減に成功し、条里施工は順調に進んで条里施工工事のなかで当初政権反対派だった地方豪族も農民も政権支持派に転じて政権支持率が飛躍的に高まったのである。そして六七〇年には庚午年籍が造られ近江令も制定された。この機に正税帳式が定められ、全国統一型式の地方財政管理方式が確立した可能性はきわめて高い。

庚午年籍後、全国一斉班田か　〔図75〕はシミュレーションで復原した七世紀後半の班田年表である。これまで庚寅年籍後の六九二年が最初の全国的な班田とされ、天武・持統朝重視説の重要な柱となってきた。近年はそれにさえも疑問が出される状況だが、それをさかのぼった庚午年籍後に班田がおこなわれたという学説はない。文献記録がないからである。本書ではたびたび指摘しているが、七世紀後半とくに七世紀第3四半期は文献記録のきわめて少ない時期である。したがって七世紀後半に起こった事柄のうち大半が記録されていないわけで、この状況下で文献史料の有無だけで考察すれば、そこで描かれる歴史は真実とは大きくかけ離れたことになりかねないことを自覚しておかなくてはならない。そこで歴史の真相に迫るには、状況証拠からの仮説を、「未検証の仮説」と断って提起することが必要と考えられる。そこで〔図75〕のように「庚午年籍後に全国一斉班田がおこなわれた」という仮説を提起したい。

第二章で論証したように、七道建設と条里施工のうち条里施工を優先した国では六五三年冬に条里施工がスタートして最初の班田は六五四年春、六七〇年の庚午年籍まで一六年を経過している。一六

図75　7世紀後半の班田年表の復原

白雉	3	652		
	4	653	**評再編　七道建設・条里施工開始**	河野の新提案
	5	654	七道優先の国は、この冬条里施工	
斉明	元	655		
			653年冬～668年冬　条里施工 **郡単位の冬ごと連年施工** **施工の翌春　緊急班田**	
天智	元	662		
	2	663	多くの国はこの前後に条里施工完了	
	7	668	冬 全国最後の条里施工	
	8	669	秋　全国すべて条里田で稲刈り → 正税帳原型整備の条件整う	
	9	670	**庚午年籍**	
	10	671		
天武	元	672	**最初の全国一斉班田か**	
	7	678	**全国一斉班田か**	
	13	684	**全国一斉班田か**	
持統	4	690	**庚寅年籍** 班年に当たるが班田延期	
	5	691		
	6	692	**虎尾俊哉説の全国一斉班田**	虎尾説
			（以降〔図76〕の虎尾年表に繋がる）	

年も経てば家族数の変動も大きく不公平感が募っていたと考えられ、再班田の要求は全国的に高まっていたであろう。そこに庚午年籍が完成したなら、再班田の要求はピークに達したと考えられる。それにもまして改新政府は、大化改新詔の大綱宣布にも班田収授をかかげ、班田収授で公民の生活を安定させ、労役・兵役の恒常的賦課と中央税の順調な京進を政治目標に掲げていた。班田収授は条里田と戸籍の二つの要素で成り立っているが、

① 六六九年の春には条里施工は完成して全国的に条里田となり、全国的班田収授の条件は整った。

② 六七〇年には本格的な戸籍庚午年籍が出来上がり、全国的班田収授の条件は整った。

この条里田と戸籍という班田収授の要素が二つとも揃った以上、改新政府は本格的な全国的班田に踏み切ったと見るべきであろう。八世紀には班田は造籍から準備を始めて二年後に実施されていることからすれば、六七二年に最初の全国的班田がなされたと考えられる。班田収授の公平な運用には戸籍の定期的更新は必須の条件となるため、六年に一度の戸籍の更新が始まり、その二年後の班田で第二回目の全国一斉班田は六七八年、第三回目は六八四年、第四回目は六九〇年となるが、この年に庚寅年籍が造られたので、新戸籍に依拠する必要から二年ずれ込んで六九二年となり、これが虎尾俊哉が最初の班田としたもので、本書では虎尾説の前に三回の班田を想定したことになる。

この六七二・六七八・六八四年の三回の班田は文献史料にまったく見られないので、班田はなかったとされてきた。

『日本書紀』には庚午年籍は天智九年の「二月に、戸籍を造る。盗賊と浮浪とを断む」という簡単な記事であり、庚寅年籍も持統三年閏八月庚申の諸国司あてに「今冬に、戸籍造るべし」と詔し、持統四年九月乙亥の諸国司あて詔に「凡そ戸籍を造ることは、戸令に依れ」という簡単な記事である。現代の歴史家の考える重要さ、つまり古代史上の重要さと『日本書紀』編者の考える重要さには大きなずれがあったのであろう。そうであれば、六七二年の班田が『日本書紀』に載っていないからといって事実がなかったとはいい切れない。『続日本紀』は『日本書紀』に比べてはるかに安定的に記事を拾っているが、〔図76〕に掲げた虎尾俊哉（一九九〇）作成の班田年表によっても＊マークを付した推定年が意外に多く、六年一造の戸籍や六年一班の班田収授がつねに記されているわけではない。これらからしても、『日本書紀』に記事がないからといって六七二年の班田を否定するのは危険である上、「史料の存在で事実があったことは証明できるが、記述がないからといって事実がなかったことは証明できない」という文献史学の大原則の再確認が必要であろう。

以上の理由からして、「庚午年籍にもとづいて六七二年に最初の全国的班田がおこなわれた」という推定は蓋然性が高いと判断して、「未検証の仮説」と断って提起しておきたい。

図76　虎尾俊哉の班田年表(虎尾俊哉1990)

造籍の間隔	籍年	間隔	班年	班田の間隔
	持統天皇4年(690)	2年	持統天皇6年(692)	
6年				6年
	*持統天皇10年(696)	2年	*文武天皇2年(698)	
6年				6年
	大宝2年(702)	2年	*慶雲元年(704)	
6年				6年
	和銅元年(708)	2年	*和銅3年(710)	
6年				6年
	和銅7年(714)	2年	*霊亀2年(716)	
7年				7年
	養老5年(721)	2年	養老7年(723)	
6年				6年
	神亀4年(727)	2年	天平元年(729)	
6年				6年
	天平5年(733)	2年	*天平7年(735)	
7年				7年
	天平12年(740)	2年	天平14年(742)	
6年				7年
	天平18年(746)	3年	天平勝宝元年(749)	
6年				6年
	天平勝宝4年(752)	3年	天平勝宝7年(755)	
6年				6年
	天平宝字2年(758)	3年	天平宝字5年(761)	
6年				6年
	天平宝字8年(764)	3年	神護景雲元年(767)	
6年				6年
	*宝亀元年(770)	3年	宝亀4年(773)	
6年				6年
	*宝亀7年(776)	3年	*宝亀10年(779)	
6年				7年
	延暦元年(782)	4年	延暦5年(786)	
6年				6年
	延暦7年(788)	4年	延暦11年(792)	
6年				8年
	*延暦13年(794)	6年	延暦19年(800)	
6年				
	延暦19年(800)			

(1)＊を付した年は確実な史料がないので推定による
(2)延暦20年以降は班年が統一されていないので省略

六　孝徳・天智朝と天武・持統朝

律令国家を地方から立ち上げた大化改新政府　これまでの考察で大化改新政府＝中大兄＝天智政権は地方の現場から戸籍を造り五十戸編成をし、全国的な天下立評をし、国造の優先任用人事に対する選洩れ中小首長の反発を好機とみて中小首長層と組んで大国造を追い詰めて評の再編を成し遂げ、評造たちから地域支配権を召し上げて国宰の絶対服従の下僚に組み込んだ。それに続く条里施工で評造たちに首長制的土地所有の小区画水田を破壊させて平野部一面に完璧な国家的土地所有の条里田を造成し、一国の百姓動員権、領域支配権が国宰の手に握られていること、中央政府が日本全土を掌握したことを地方社会の豪族・農民たちに見せつけて中央集権国家の盤石の基礎を築いた。天皇の命令をすばやく地方に伝え、全国から中央税を吸い上げる動脈の七道も平野部の直線官道に関しては六五〇年代には全通させていた。これらはどれをとっても手間のかかる難題でしかも地方の現場での実務や土木工事であり、これで律令国家建設の六割ほどは出来上がったことになる。

これに加えて吉川真司（二〇一一）は、甲子の宣（六六四）にもとづく二十六階冠位制、氏上制、庚午年籍（六七〇）、近江令（六七一）、太政官制（六七一）、八省の前身の「六官」制など、国家中枢部の組織・制度・法制の整備にも力をいれていたとしている。そうなれば中大兄＝天智政権の律令国家建設への貢献度は七割にも及ぶのではないか。

学界ではなお天武・持統朝重視説が主流を占めているが、そろそろ見直しが必要なのではないか。

孝徳・天智朝と天武・持統朝の役割分担　乙巳の変後、大化改新政府は一人の天皇が全国四百数十万人の民衆を直接統治するピラミッド型の中央集権国家の建設を目指したが、実際のピラミッドが下から巨石を積み上げて築かれたように、中央集権国家の建設も地方豪族の圧服と〔国―評―五十戸〕制の定礎、七道建設と条里施工の二大土木工事の遂行など地方からの積み上げが必要となり、孝徳・天智朝はこの課題に取りかかって律令国家の下部構造を見事に完成させた。次は上部構造の建設だが、それを近江令から手がけ始めた段階で天智天皇は死去し、壬申の乱（六七二）の政権交代を経て天武・持統朝が上部構造の建設を担い、中央官制の整備、都城の建設、律令制定、正史の編纂などを分担することになった。

こうして見れば孝徳・天智朝と天武・持統朝とは、それぞれが時代の提起してきた課題と真正面から向き合って取り組むことを通して、結果的には下部構造と上部構造を分担し合いながら律令国家建設を進めてきたわけで、どちらか一方が重要だという議論は本来は相応しくないのであろう。

近江令とその内容　近江令は長らく否定説が主流を占め天武・持統朝重視説の支柱となってきたが、吉川真司（二〇〇四）は先行研究の肯定説を継承しつつ、

近江令の存在を示す一等史料は二つある。第一に、天武一〇年（六八一）二月甲子詔である。

天武は「朕今更欲定律令改法式」と詔し、浄御原令二二巻に結実する新法典の編纂を命じた。「今更」の一句が、それまでに「律令」「法式」と呼びうる体系的法典が存在したことを明示する。第二に、養老三年（七一九）十月辛丑詔である。同詔は律令編纂の歴史を語り、中古には法典がなかったが、「近江之世」に「弛張悉く備はり（成文法典が整い）」、「藤原之朝」まで改訂はあっても恒法とされてきたと述べる。天智朝に基本法典が成立し、大宝律令まで受けつがれたというのが八世紀前葉の国家的認識であった。

として肯定説を積極的に打ち出した。この説を支持したい。

大隅清陽（二〇〇八）は、青木和夫（一九九二）にしたがって律令法を広い意味での中国的国制を単行法により継受した「広義の律令」と、単一法規として編纂された「狭義の律令」に区分すると、朝鮮諸国は広義の律令に留まったのに対し「狭義の律令」は日本で成立した。ただ浄御原令の段階では唐令の継受は個々の条文ごとに個別に行われたので広義の律令であり、唐令の逐条的かつ体系的な継受の狭義の律令は大宝令に始まるのではないか、という見通しを立て、七世紀第4四半期の新羅の集権化政策は、唐律令制の積極的な導入を図る一方で、国制は六世紀以前の中国との交渉によって継受した南北朝期の古い要素も色濃く残すものでもあった可能性が高い。浄御原令制下の木簡の記載様式が新羅のそれと一致することは、七世紀までの日本の国制が新羅をはじめとする朝鮮諸国との共通性を媒介として中国南北朝期の国制の強い影響下にあったことを意味するのではないだろうか、とし、これに対して八世紀初頭の大宝令の国制は、唐の制度の直訳としての側面を持ち、浄御原令のそれとは性格を異にしていたことになるとして、飛鳥浄御原令下の法制の実態について詳細に検討し、浄御原令の段階での唐令の継受は、恐らく個々の条文ごとに個別に行われたのであり、唐令の内容を篇目ごとに第一条から順番に検討し、それに対応する日本令の条文を確定してゆくような逐条的かつ体系的な継受は、大宝令に始まる可能性が高いのではあるまいか、と結論づけた。大隅の緻密な検討結果を、素人が検討するのは気が引けるが、他の可能性はないのか探ってみよう。

新羅は唐の冊封体制に入って唐の圧力や干渉を強く受けるがゆえに、かえって独自の法制を持とうとする民族意識がはたらくと考えられるのに対して、冊封体制に入らず海と朝鮮諸国を隔てた日本では唐は憧れの存在であり、大化改新政府は風土・農業形態の違いに気づかず均田制と府兵制の丸ごと導入を図るという朝鮮諸国とは逆の反応を見せていた。大隅のいうように七世紀までの日本の国制が一貫して朝鮮諸国を媒介として中国南北朝期の国制の影響下にあったのではなく、推古朝の六〇〇年に遣隋使を送って中国との直接交渉が開けて以降、日本の朝廷貴族の中国崇拝は一気に高まり、遣隋使・遣唐使に随行させて留学生・留学僧を送り込んだ。現実の国制は渡来人を介して朝鮮半島の影響下にあったとしても朝廷貴族の目線は遠く隋・唐を見上げていたのである。その成果として六三二年に僧旻、六四〇年には高向玄理・南淵請安と在唐経験豊かな留学生・留学僧らが相次いで帰国し、唐の律令制度の姿が急に間近に見えてきて、クーデター直後に古人大兄が「韓人、鞍作臣を殺しつ」と口走った「韓人」すなわち「韓人大兄」＝唐かぶれの皇子のあだ名をもった中大兄皇子がクーデターで政権を握って唐の律令制の直輸入を図ったという七世紀中葉の大転換を見落としてはならない。

その中大兄は唐令と同じ規模の日本令を持ちたいと願っていたであろう。また完成した形態の大宝律令も律は唐律そのまま、假寧令や喪葬令も唐令丸写しが多いとされる。本格的な律令を持ちたいという願いが強くて、唐令の丸写しも許容の範囲なら、国家形成期の近江令や浄御原令は制度の整ったところから日本の内容を盛り込んだ条文をつくり、残りは唐令丸写しで唐令並みの体裁をその都度整えていたのではないか。孝徳・天智朝は地方から国家建設を始めて地方支配の下部構造を完成させたので、それを受けて近江令で戸令・田令・賦役令はほぼ完成し、天武・持統朝は中央官制や都城の建設など上部構造を担当したので、それらに関する条項は浄御原令で充実して大宝令に引き継がれたのであろう。ただ上部構造に取り組んだ天武・持統期は唐との縁が切れている時期なので、李成市（二〇〇四）の指摘のように新羅が律令制構築の唯一の参照窓口となったのであろう。

天武朝の畿内武装と大国分轄　中大兄＝天智政権が手をつけられなかったのが吉備国や筑紫国・豊国・肥国といった大国の分轄である。国造制を廃して中央政府が地方を直接統治する中央集権国家を建設するには大国造の勢力を削がなければならず、それには吉備国や筑紫国・豊国・肥国といった大国の分轄は真っ先に手を付けるべき課題だった。しかしながらそこに手を付ければ大反発を受けることは間違いなく、とくに五世紀の吉備の反乱、六世紀の筑紫君磐井の反乱の歴史をもつ吉備国や筑紫国・

豊国・肥国で反乱が起きたなら「大和政権への復讐!」「先祖の恨みを晴らそう!」のかけ声のもと、国造級大首長から中小首長層までが一丸となって反乱の火の手が上がることは明らかであり吉備国や筑紫国・豊国・肥国が連携しての反乱は全国に波及するであろう。これだけは絶対に避けなくてはならない。そこで大化改新政府は改新政治のスタート時点で、次の二点を戦略的妥協項目として設定していたと考えられる。

① 評造(郡司)には国造層を優先して任用する。

② 吉備国や筑紫国・豊国・肥国などの大国の分轄は先送りする。

このうち①の評造への国造優先任用方針については、大化五年の立評凍結事件で中小首長層を味方に付けることに成功し、評の分轄と小規模化、中小首長層の評造への大幅任用で大国造の勢力を削ぐことに成功したが、②の大国の分轄には手を付けられず、今後の課題として先送りしたまま天智は死去、壬申の乱(六七二)を経て政権を握った天武天皇がこの課題を引き継ぐ形となった。

天武はたびたび畿内の武装令を出して畿内豪族の上層部も乗馬での戦闘に堪える訓練を求めて畿外諸国に圧力をかけ続け、天武一二~一四年(六八三~五)の国境画定事業のなかで大国の分轄は実現されたと推定されている。乙巳の変の直後から中央政府が抱えていた懸案の課題が天武朝でようやく解決されたのである。後に備前・備中・備後・美作の四国に分轄される吉備国や、それぞれ筑前と筑後、豊前と豊後、肥前と肥後に分轄される筑紫国・豊国・肥国のような大国は、一人の国宰がつねに多数の評造を相手に中央政府の打ち出してくる政策を執行しなければならず、評造側は多数派として非協力の態度をあらわにして国宰いじめを常態化しかねない状況にあった。加賀・能登を含んだ越前国の国宰が座標原点の確認測量が実施できずに四象限座標となり、一段区画造成もできなくなって「一町区画内の小区画水田」となってしまったケースである。したがって評再編と条里施工で地方豪族を圧服した後でも、安定した地方支配の実現のためには大国の分轄は是非ともやっておかなければならない課題であった。この懸案の課題を天武は畿内の武装で地方に圧力をかけ続けながらようやく実現したのである。

七　歴史と偶然

中大兄皇子は希代の政治家・土木王　七世紀第3四半期史を振り返ってみて、乙巳の変以降の最大の出来事は本書でメインテーマに取り上げた条里施工であろう。六五三年の冬に始まり六六八年冬までの一六年間、各国で一冬一郡で冬ごと連年施工という方式で全国の平野部に隈無く方格地割の条里田が造成され、既存の小区画水田がすべて破壊されて弥生時代以来継承されてきた伝統が一旦途絶え、日本中の田んぼが条里田で再スタートするという、おそらく世界史上唯一の耕地の徹底更新が行われたのである。平野部を覆い尽くす条里田は公共工事で造成されたので完璧な国家的土地所有であり、旧国造も既存の土地をすべて失って百姓並みに戸籍に連動した口分田を班給されることになったのである。これで耕地に関しては貧富の差はなくなり、土地均分の原則が貫徹した。儒家的法家的社会主義の律令国家の誕生である。

中大兄は地方豪族たちを「改新政治の展開は歴史の必然で旧来の部民制・国造制社会の継続はありえず、このバスに乗り遅れると一平民に貶められる」という恐怖の状況に追い込んで彼らに評督・助督の就任を競わせ、ようやくポストを得た評督・助督たちが改新政府への忠誠度を態度で示さなければならない就任直後の最初の事業に条里施工をぶっつけて、国宰の監督のもとでの究極の踏み絵事業として評督・助督らに先祖代々の小区画水田を自らの手で壊させたのである。その時、中大兄はもう一つの手を用意していた。それは小区画水田の破壊と平野部全域の新開発を地域を仕切る村々の神々に天皇が奉幣する形で開発許可をとったのである。これで先祖代々の小区画水田の破壊に躊躇していた評督・助督たちも、天皇の奉幣で祖先神たちも了承したという安心感を与えられて工事に踏み切った。困難な状況でも徹底したシミュレーションで出口を見つけ、終始確信を持ってぶれずに指揮を執った。

中大兄はまた、条里施工という自然改造の共同作業と大規模技術移転による地域経済の底上げ政策で地方豪族や民衆の心をつかみ、対外戦争なしで国民統合を成し遂げた。やはり中大兄皇子は希代の政治家である。

歴史と偶然　一般に耕地開発は未耕作地に造田するものだが、この条里施工はこの秋まで稲刈りしていた現役の使える田をすべて壊してしまうという非常識極まりない工事であり、使える田をすべて壊すというもったいない工事で今日なら予算の無駄遣いと非難されかねない事業である。これにはクーデター当時一九歳という若さからくる無鉄砲さと、プリンスという生まれから来る伝統社会からの自由さと、クーデターの首謀者として実権を握ったため朝廷を構成する畿内豪族たちも粛正を恐れてものが言えなかったという政治状況が重なったなかで実現したものであり、唐が周辺諸国の侵略に乗り出すという外圧も利用して戒厳令下のような状況を作りだし、極端極まりない政策を実施した。これは乙巳の変のクーデターが失敗せずに成功し中大兄皇子が政権を握ったという半ば偶然性に選択された状況下で生まれたものである。

もし中大兄皇子が主導権を握らず孝徳天皇が改新政治をリードしたなら、クーデター当時四九歳という年齢からくるバランス感覚によってこの秋まで稲刈りしていた現役の使える田をすべて壊してしまうという非常識極まりない工事はやらなかったであろうし、地方制度改革も旧国造と手を結んだマイルドなものに落ち着いていたであろう。クーデターが失敗して蘇我入鹿が古人大兄王を擁立して政権を執った場合も、伝統的氏族の跡継ぎという立場から旧習を重んじるので改革は不徹底となり、日本古代の姿は大きく変わっていたであろう。

その意味では六四五年はもっと違った日本社会との分かれ道だったのであり、日本の歴史のなかではもっとも偶然性が事態を大きく左右した場面ではなかったかと考えている。

皇極四年（大化元、六四五）六月一二日、中大兄皇子は蘇我入鹿を三韓の進調の日と偽って大極殿におびき出し、佐伯連子麻呂と葛城稚犬養連網田とに剣を持たせて暗殺の機会を窺った。中大兄は子麻呂らが入鹿の威勢に畏れてためらうのを見て「やあ」と叫んで子麻呂らと入鹿に斬りつけた。入鹿は転んで御座に寄って皇極帝に「皇位を継がれるのは天の御子です。私に何の罪もありません。なぜですか」と訴えた。驚いた天皇は中大兄に「何事があったのか」と尋ねた。中大兄は「鞍作（入鹿）は天皇家をことごとく滅して皇位を傾けようとしています。どうして天孫を鞍作に代えられましょうか」と奏上した。天皇は立ち上がって黙って退出し、子麻呂らは入鹿にとどめを刺した。この瞬間、現代にいたるまでの日本の運命が決まったのである。

小　括

本章ではこれまでの検討から以下のことが明らかになった。

①『日本書紀』や改新詔は造作・潤色の巣窟のようにいわれてきたが、それらは正史としての編纂方針によるものではないかと見当をつけ、『日本書紀』の編纂方針五項目を復原した。

②大化改新詔の凡条が大宝令条文を引いているのは造作・潤色などではなく、損傷はげしい改新詔を正史に掲載するために、編纂者が大宝令条文を使って修復・復原した結果の姿であろうと提起

した。

③ 大化改新詔は坂本太郎の政策大綱説が穏当であり、大綱を示して地方豪族・畿内豪族の不安をぬぐい去り、改新政治に協力させるための改新政府のマニフェストであったと考えられる。

④ 森博達の研究で『日本書紀』の大化改新関連部分で加えられた改変は、上宮家滅亡事件と乙巳の変の中大兄皇子と中臣鎌足を英雄に仕立てる脚色に限られることが判明、『日本書紀』は改竄・造作記事に満ちているわけではなかったことが明らかになった。

⑤ 森の指摘する改新詔への後人の加筆は一文二箇所でいずれも単純な漢文の誤用で文意を変える改変ではなく、編纂過程での法令文への政治的改変はなかったことが確認できた。

⑥ 改新政権の孝徳主導権説については、クーデターの首謀者が政権を執るのが一般的なことからしても、政策の一貫性からしても、中大兄主導権説の妥当性は揺がない。

⑦ 日本の戸籍支配は五四〇年の河内国の渡来人集落の戸籍把握に始まり、六年一造制もここで生まれたと考えられる。

⑧ 大化二年戸籍は戸口二〇人、正丁四人に編成した戸を五〇戸まとめた簡略戸籍で、立評の基本資料となったと考えられる。

⑨ 大化・白雉年間の「班田」は財源確保のための「見なし班田」であり、郡稲の起源となった。

⑩ 条里施工は六六八年までには全国で終わっており、庚午年籍（六七〇）の二年後から全国一斉班

田収授が始まったと考えられる。また正税帳の原型もこの頃に成立した可能性が高い。

⑪中大兄皇子は地方豪族の反乱を避けながら彼らを圧服して〔国―評―里〕制を確立し、全土に郡単位、冬ごと連年施工方式で条里施工して公地制を確立した。また対外戦争なしで国民統合をなしとげた。その間政策にぶれはなく、希代の政治家、希代の土木王と評価できよう。

⑫大化の改新の結果生まれた強力な中央集権国家は、中世・近世・近代日本のあり方にも大きな影響を残した。この強力な中央集権国家は、中大兄政権が地方豪族から独立性も地域支配権も民衆支配権もすべて奪ったうえ、条里施工で首長制的土地所有も抹消したという徹底した地方豪族潰しに由来する。

おわりに

大化の改新は実在した　大化の改新は国造に地方を任せた間接統治をやめて直接統治の中央集権国家の確立という日本の体質を変えてしまう大改革なのだが、『日本書紀』などの文献には朝廷内部の政争が記録されやすいので、文献史学の方法では蘇我氏と中大兄皇子の対立がクローズアップされ、大化の改新が政争史に矮小化されてしまう。そこで国造を廃して国司に絶対服従の評造に変えてしまう立評に注目、立評と評再編をシミュレーションした結果、中央政府が中小首長層を味方につけて大国造を追い込みねじ伏せる戦乱ぬきの政治過程が復原できた。

また条里地割を観察して「平野部を隈無く造田せよ」方針を復原、律令国家建設の作業工程順から、班田収授のための条里田は六五三年から一〇年前後かけて造成されたことを証明した。全国を巻き込んだ大化の改新の大改革は、たしかに実在したのである。

大化の改新は身近にあった　条里施工は地方豪族が民衆支配の基盤としていた小区画水田をすべて破壊してしまったので、地方豪族は独立性を失って国家への依存を強めた。他方、農民は班田収授で豪族の下から自立し、条里施工への参加を誇りに公民意識を高め政権支持派となった。配下の農民が政権支持派となったので、地方豪族は地方役人として朝廷に忠義を尽くすしかなくなり、朝廷への求心力が一気に高まった。この地方社会の中央政府への強い求心力によって天皇は天高くに祭り上げられて強力な中央集権国家が実現した。この中央政府への強い求心性はその後ながく日本社会の体質となり、国家のまとまりを作った反面、地方自治がなかなか育たないという問題点を今日まで引きずっている。この強い求心性を生み出したのは、中大兄皇子がリードした大国造をねじ伏せた評の再編と「平野部を隈無く造田せよ」方針の徹底した条里施工で、日本という列車は中大兄皇子の敷いたレールの上を走って現代まで辿り着いたことになる。大化の改新は身近にあったのである。

各地の博物館・資料館で民具として展示されている一昔前の農具は、江戸時代に広まった千歯扱きや唐箕などを除けば多くは大化改新政府がモデルを各地の評督に送り付けてコピーさせ、普及を図った大化政府モデルの農具で、壊れても同じ形で更新を繰り返して今日まで伝わったものである。農業は弥生時代に始まったが、弥生時代以来の農具や小区画水田は大化の改新を境に大化政府型の農具と大区画の条里田に一斉に入れ替わっていたことが明らかになった。大化改新政府は農業を一新して今日につながる日本農業を創設していたのである。大化の改新はやはり身近にあったのである。

「現場検証の歴史学」　条里地割と在来農具は、大化の改新の地方政策をその形に刻み込んだもので、いわば事件現場に残された証拠品である。本書ではその二つを正面に据えて分析することで大化の改新の地方を変える大改革が実在したことを証明した。歴史研究にも現場検証は必須だったのである。

参考文献

はじめに

河野通明「民具の犂調査にもとづく大化改新政府の長床犂導入政策の復原」(『ヒストリア』一八八号 二〇〇四年)
河野通明「「民具からの歴史学」への30年」(『商経論叢』第四五巻四号 二〇一〇年)
坂本太郎『大化改新の研究』至文堂 一九三八年
原秀三郎「大化改新論批判序説」『日本史研究』八六・八八 一九六六・六七年
吉田 孝『日本の誕生』岩波新書 一九九七年

第一章

網野善彦『日本の歴史00「日本」とは何か』講談社 二〇〇〇年、講談社学術文庫 二〇〇八年
池田 温「均田制―六世紀中葉における均田制をめぐって―」(『古代史講座八』学生社 一九六三年)
石母田正『日本の古代国家』岩波書店 一九七一年
市 大樹「大化改新と改革の実像」(『岩波講座 日本歴史 古代2』二〇一四年)
弥永貞三「半折考」(一九六七)(『日本古代社会経済史研究』岩波書店 一九八〇年)
内田銀三『日本経済史の研究 上巻』同文館 一九二一年
浦田明子「編戸制の意義―軍事力編成との関わりにおいて―」(『史学雑誌』八一編二号 一九七二年)
岸 俊男「造籍と大化改新詔」(『日本古代籍帳の研究』塙書房 一九七三年)

木全敬蔵「半折型地割の再検討」(『奈良県史 第四巻 条里制』名著出版 一九八七年)
工楽善通『水田の考古学』東京大学出版会 一九九一年
河野通明「奈良県の在来犂―大化改新政府の畿内向けモデル犂の復原―」(『商経論叢』第四五巻一号 二〇〇九年)
坂上康俊『シリーズ日本古代史④ 平城京の時代』岩波新書 二〇一一年
竹内理三「原始社会の土地制」(『体系日本史叢書六 土地制度史Ⅰ』山川出版社 一九七三年)
礪波 護「唐の律令體制」(『唐代政治社會史研究』同朋社出版 一九八六年)
堀 敏一『中国古代史の視点―私の中国史学(二)』汲古書院 一九九四年
森 博達『日本書紀の謎を解く 述作者は誰か』中公新書 一九九九年
吉田 孝「編戸制・班田制の構造的特質」(『律令国家と古代の社会』岩波書店 一九八三年)
米田賢次郎「牛犂耕について」(一九六八)、「華北乾地農法と農業社会」(一九七七)(『中国古代農業技術史研究』同朋社出版 一九八九年)
冷泉為人・河野通明・岩﨑竹彦『瑞穂の国・日本―四季耕作図の世界』淡交社 一九九六年
渡辺晃宏『日本の歴史04 平城京と木簡の世紀』講談社 二〇〇一年、講談社学術文庫 二〇〇九年

第二章

荒井秀規「領域区画としての国・評(郡)・里(郷)の成立」(『古代地方行政単位の成立と在地社会』奈良文化財研究所 二〇〇九年a)
荒井秀規「律令国家の地方支配と国土観」(『歴史学研究』八五九号 二〇〇九年b)
市 大樹『すべての道は平城京へ 古代国家の〈支配の道〉』吉川弘文館 二〇一一年

弥永貞三『奈良時代の貴族と農民』至文堂　一九五六年
江浦　洋「古代の土地開発と地鎮め遺構」（『帝京大学山梨文化財研究所研究報告　第七集「古代の土地開発」』一九九六年）
近江俊秀『道が語る日本古代史』朝日選書　二〇一二年
落合重信『条里制』吉川弘文館　一九六七年
木全敬蔵「測量技術」（『講座・日本技術の社会史　第六巻　土木』日本評論社　一九八四年）
木全敬蔵「条里制施工技術」（『奈良県史　第四巻　条里制』名著出版　一九八七年）
金田章裕「条里プランの成立と展開」（『古代日本の景観　方格プランの生態と認識』吉川弘文館　一九九三年）
千田　稔「畿内—古代的地域計画との関係を主にして」（『古代を考える　古代道路』吉川弘文館　一九九六年）
武部健一『ものと人間の文化史　道　Ⅰ』法政大学出版局　二〇〇三年
中村太一「山陰道—風土記に見る道路」（『古代を考える　古代道路』吉川弘文館　一九九六年）
中村太一『日本の古代道路を探す—律令国家のアウトバーン』平凡社新書　二〇〇〇年
中村太一「道と駅伝制」（『列島の古代史　ひと・もの・こと　4　人と物の移動』岩波書店　二〇〇五年）
中村太一「畿内における計画道路網の形成過程」（『古代東アジアの道路と交通』勉誠出版　二〇一一年）
日野尚志「西海道—西の辺要地の道路の整備」（『古代を考える　古代道路』吉川弘文館　一九九六年）
吉田　孝「雑徭制の展開過程」（『律令国家と古代の社会』岩波書店　一九八三年）
『奈良県史　第四巻　条里制』名著出版　一九八七年
『曲金北遺跡（遺構編）』静岡県埋蔵文化財調査研究所　一九九六年

第三章

石母田正『日本の古代国家』岩波書店　一九七一年

井上和人「条里制地割施工年代考」(『古代都城制条里制の実証的研究』学生社　二〇〇四年)

岡田精司「古代における宗教統制と神祇官司」(『歴史における国家権力と人民闘争―一九七〇年度歴史学研究会大会報告』青木書店　一九七〇年)

岡田隆夫「和泉国大鳥郷における開発と展開―灌漑より見たる」(『日本社会経済史研究　古代中世編』吉川弘文館　一九六七年)

小口雅史「国家的土地所有の成立と展開」(『新体系日本史3　土地所有史』山川出版社　二〇〇二年)

河野通明「非文字資料研究・身体技法研究の河野なりの受け止め方と調査の概要」(『身体技法・感性・民具の資料化と体系化』神奈川大学21世紀COEプログラム　二〇〇八年)

谷岡武雄「播磨国揖保郡条坊(里)の復原と二・三の問題」(『史学雑誌』六一編一一号　一九五二年)

原島礼二「日本古代社会論―大家族の成立と発展に関する覚書―」(『現代歴史学の課題　上』青木書店　一九七一年)

吉田　晶「古代の土地所有」(『日本古代村落史序説』塙選書　一九八〇年)

吉田　孝「律令時代の氏族・家族・集落」(『律令国家と古代の社会』岩波書店　一九八三年)

吉村武彦「律令国家と土地所有」(一九七五)(『日本古代の社会と国家』岩波書店　一九九六年)

『奈良県史　第四巻　条里制』名著出版　一九八七年

第四章

井上和人「条里制地割施工年代考」(『古代都城制条里制の実証的研究』学生社　二〇〇四年)

岩本次郎「大和国条里制の歴史的展開」（『奈良県史　第四巻　条里制』名著出版　一九八七年）
江浦　洋「条里型水田面をめぐる諸問題」（『池島・福万寺遺跡　発掘調査概要Ⅶ―九〇―三区の概要―』一九九二年）
江浦　洋「古代の土地開発と地鎮め遺構」（『帝京大学山梨文化財研究所研究報告　第七集「古代の土地開発」』一九九六年）
近江俊秀『道が語る日本古代史』朝日選書　二〇一二年
岡田精司『古代王権の祭祀と神話』塙書房　一九七〇年
岡田精司『神社の古代史』朝日カルチャーブックス　一九八五年
岡田精司「律令制祭祀の特質」（『律令制祭祀論考』塙書房　一九九一年）
岡田隆夫「和泉国大鳥郷における開発と展開―灌漑より見たる」（『日本社会経済史研究　古代中世編』吉川弘文館　一九六七年）
岸　俊男「律令制と都城」（『日本の古代　第九巻　都城の生態』中央公論社　一九八七）
木全敬蔵「条坊制と条里制」（『考古学』二二　一九八八年）
都出比呂志『古代国家はいつ成立したか』岩波新書　二〇一一年
早川庄八「律令制と天皇」（一九七六）（『天皇と古代国家』講談社学術文庫　二〇〇〇年）
早川庄八「古代天皇制と太政官政治」（一九八四）（『天皇と古代国家』講談社学術文庫　二〇〇〇年）
吉田　孝「律令時代の氏族・家族・集落」（『律令国家と古代の社会』岩波書店　一九八三年）

第五章

井上和人『日本古代都城制の研究』吉川弘文館　二〇〇八年

弥永貞三「条里制の諸問題」（『日本の考古学Ⅶ　歴史時代（下）』河出書房新社　一九六七年）
木全敬蔵「半折型地割の再検討」（『奈良県史　第四巻　条里制』名著出版　一九八七年）
金田章裕「条里プランの研究史と問題点」「条里プラン」（『条里と村落の歴史地理学的研究』大明堂　一九八五年）
金田章裕「条里プランの成立と展開」（『古代日本の景観　方格プランの生態と認識』吉川弘文館　一九九三年）

第六章
今泉隆雄「多賀城の創建―郡山遺跡から多賀城へ―」（『条里制・古代都市研究』一七号　二〇〇一年）
大橋康夫「国郡制と地方官衙の成立―国府成立を中心に―」（『古代地方行政単位の成立と在地社会』奈良文化財研究所　二〇〇九年）
鐘江宏之「「国」制の成立―令制国・七道の形成過程―」（『日本律令制論集』吉川弘文館　一九九三年）
鎌田元一「評の成立と国造」（一九七七）（『律令公民制の研究』塙書房　二〇〇一年）
鎌田元一「七世紀の日本列島―古代国家の形成」（『岩波講座　日本通史　第3巻　古代2』一九九四年）
篠川　賢「評制の成立と国造」（『日本古代国造制の研究』吉川弘文館　一九九六年）
篠川　賢『日本古代の歴史2　飛鳥と古代国家』吉川弘文館　二〇一三年
須原祥二「評制施行の時期をめぐって」（『古代地方制度形成過程の研究』吉川弘文館　二〇一一年）
早川庄八「律令制の形成」（一九七五）（『天皇と古代国家』講談社学術文庫　二〇〇〇年）
早川庄八「古代天皇制と太政官政治」（一九八四）（『天皇と古代国家』講談社学術文庫　二〇〇〇年）
森　公章「倭国から日本へ」（『日本の時代史　三巻』吉川弘文館　二〇〇二年）
吉川真司「律令体制の形成」（『日本史講座1　東アジアにおける国家の形成』東京大学出版会　二〇〇四年）

第七章

熊谷公男『日本の歴史03　大王から天皇へ』講談社　二〇〇一年、講談社学術文庫　二〇〇八年

河野通明「稲の掛干しの起源についての基礎的考察」(『国立歴史民俗博物館研究報告』第七一集　一九九七年)

坂上康俊『シリーズ日本古代史④　平城京の時代』岩波新書　二〇一一年

都出比呂志『日本農耕社会の成立過程』岩波書店　一九八九年

第八章

青木和夫『日本の歴史　第五巻　古代豪族』小学館　一九七四年、講談社学術文庫　二〇〇七年

佐々木恵介「牓示札・制札」(『文字と古代日本Ⅰ　支配と文書』吉川弘文館　二〇〇四年)

関　晃「律令支配層の成立とその構造」(一九五二)(『日本古代の国家と社会　関晃著作集　第四巻』吉川弘文館　一九九七)

戸田芳実「平民百姓の地位について」(『初期中世社会の研究』東京大学出版会　一九九一年)

早川庄八「古代天皇制と太政官政治」(一九八四)(『天皇と古代国家』講談社学術文庫　二〇〇〇年)

第九章

及川　司「曲金北遺跡のⅥ層水田について」(『静岡県埋蔵文化財調査研究所調査報告　第92集　曲金北遺跡(遺物・考察編)』一九九七年)

木村茂光編『日本農業史』吉川弘文館　二〇一〇年

河野通明「牛の小鞍の発達とその意義―技術受容の一側面―」(『ヒストリア』一〇五号　一九八四年)

河野通明「東アジアにおける犂耕の展開についての試論」(『商経論叢』第三二巻一号　一九九六年)

河野通明「平安時代の籾摺臼」(『古代中世の社会と国家』清文堂出版　一九九八年)

河野通明「民具の犂調査にもとづく大化改新政府の長床犂導入政策の復原」（『ヒストリア』一八八号 二〇〇四年）
河野通明「遣唐使将来唐代犂の復原と導入時期の特定」（『歴史と民俗』二三号 二〇〇七年）
河野通明「身体技法の違いにもとづく古代日本列島の民族分布の復原―東北地方の木摺臼分布からの民族分布復原の見通し―」（『身体技法・感性・民具の資料化と体系化』 神奈川大学21世紀ＣＯＥプログラム 二〇〇八年）
斎藤英敏「水田跡から見た東アジアの農耕技術の変遷―「群馬県水田跡一覧表」の分析を通じて―」（『群馬県埋蔵文化財調査事業団　研究紀要』二〇 二〇〇二年）
坂上康俊『シリーズ日本古代史④ 平城京の時代』岩波新書 二〇一一年
陳文華編『中国農業考古図録』江西科学技術出版社 一九九四年
樋上　昇「農具と農業生産」（『古墳時代の考古学5 時代を支えた生産と技術』同成社 二〇一二年）
『東京八王子市石川天野遺跡 一九八四年度調査』八王子市石川天野遺跡調査会 一九八六年
『山垣遺跡―「里長」関連遺構の調査―発掘報告書』兵庫県教育委員会 一九九〇年
『稲積川口遺跡 一般県道鹿西線地方特定道路事業に伴う発掘調査報告書』氷見市教育委員会 二〇〇九年
『王禎農書』王毓瑚校 農業出版社 一九八一年

第一〇章

青木和夫「浄御原令と古代官僚制」（『日本律令国家論攷』岩波書店 一九九二年）
大隅清陽「大宝律令の歴史的位相」（『日唐律令比較研究の新段階』山川出版社 二〇〇八年）
熊谷公男『日本の歴史03 大王から天皇へ』講談社 二〇〇一年、講談社学術文庫 二〇〇八年

坂本太郎『大化改新の研究』至文堂　一九三八年
篠川　賢『日本古代の歴史2　飛鳥と古代国家』吉川弘文館　二〇一三年
薗田香融「郡稲の起源」（一九八四）（『日本古代財政史の研究』塙書房　一九八一年）
藤堂かほる「律令国家の国忌と廃務―8世紀の先帝意識と天智の位置づけ―」（『日本史研究』四三〇　一九九八年a）
藤堂かほる「天智陵の営造と律令国家の先帝意識―山科陵の位置と文武三年の修陵をめぐって―」（『日本歴史』六〇二　一九九八年b）
遠山美都男『中大兄皇子―戦う王の虚像と実像』ＰＨＰ新書　一九九九年、角川文庫　二〇〇二年
虎尾俊哉「班田収受の法」（『国史大辞典　一二』吉川弘文館　一九九〇年）
舟尾好正「天平期越前に関する一考察―出挙と借倉・借屋をめぐって―」（『ヒストリア』五五号　一九六九年）
森　公章「倭国から日本へ」（『日本の時代史　三巻』吉川弘文館　二〇〇二年）
森　博達『日本書紀の謎を解く　述作者は誰か』中公新書　一九九九年
森　博達『日本書紀成立の真実　書き換えの主導者は誰か』中央公論新社　二〇一一年
吉川真司「律令体制の形成」（『日本史講座1　東アジアにおける国家の形成』東京大学出版会　二〇〇四年）
吉川真司『シリーズ日本古代史③　飛鳥の都』岩波新書　二〇一一年
李　成市「新羅文武・神文王代の集権政策と骨品制」（『日本史研究』五〇〇　二〇〇四年）
渡辺晃宏『日本の歴史04　平城京と木簡の世紀』講談社　二〇〇一年、講談社学術文庫　二〇〇九年
『日本古典文学大系六八　日本書紀　下』岩波書店　一九六五年

59 表 著者作成
地図金田章裕『古代日本の景観 方格プランの生態と認識』(1993)の第11図
60　著者作成
7章61　都出比呂志『日本農耕社会の成立過程』(1989)の図34
62　同上の図47
9章63　著者作成
64　耙図は『中華人民共和国漢唐壁画展』(1975)をもとに模写・加筆。不定型馬鍬図は『東京八王子市石川天野遺跡 一九八四年度調査』(1986)のFig.206を加筆復原／氷見市立博物館の稲積川口遺跡出土馬鍬復原模型をベースに引棒を加筆した復原図。人字耙・方耙・耖は『王禎農書』。20世紀の耖と定型馬鍬は著者作成
65　著者作成
66 A 樋上昇「農具と農業生産」『古墳時代の考古学 5 時代を支えた生産と技術』(2012)の図1
B 「神明原・元宮川遺跡」『古代における農具の変遷』(静岡県埋蔵文化財調査研究所1994)
C,D 著者作成
E 『雨流遺跡 図版編』(兵庫県教育委員会1990)の PL.303
F 石山寺縁起絵巻より模写
67左図「焦秉貞耕織図」(早稲田大学図書館蔵)の抽出模写
右図『絵本通宝志』(個人蔵)
68左図『中国陶俑の美』(朝日新聞社1984)より模写
右図著者作成
69左図『朝鮮ノ在来農具』(朝鮮総督府勧業模範場1925)。添え図は著者作成
右図『大和耕作絵抄』(『日本風俗図絵』日本風俗図絵刊行會1914)。添え図は著者作成
70左図中村金城編『朝鮮風俗畫譜』(富里昇進堂1910)
右図前田亮『図説手織機の研究』(1992)の図10-13 b
71 A 『曲金北遺跡(遺構編)』(1996)の第45図
71 B ～73　著者作成
10章74・75　著者作成
76　虎尾俊哉「班田収授の法」『国史大辞典 11』(1990)の挿図

26　井上和人『古代都城制条里制の実証的研究』(2004)の14章図2に「主条里」と「異方位小規模条里」を加筆
27　著者作成
28　原島礼二「日本古代社会論―大家族の成立と発展に関する覚書―」『現代歴史学の課題　上』(1971)の本文を表化
29　吉田孝『律令国家と古代の社会』(1983)の図Ⅲ-1
30・31　著者作成
32　井上和人『古代都城制条里制の実証的研究』(2004)の14章図32
4章33 A　著者作成
B　岡田精司『神社の古代史』(1985)の第9章図1
34　同上の第9章表1
35 A　同上の本文を表化
B　都出比呂志『古代国家はいつ成立したか』(2011)の図3-5に「王家自認の本貫地」を加筆
36　著者作成
37A,B,C 岡田隆夫「和泉国大鳥郷における開発と展開―灌漑より見たる―」『日本社会経済史研究　古代中世編』(1967)の図4
D　同上の図3
38～43A　著者作成
43 B　近江俊秀『道が語る日本古代史』(2012)の図9
44　岸俊男「律令制と都城」『日本の古代第9巻　都城の生態』(1987)77頁図
45 A　江浦洋「古代の土地開発と地鎮め遺構」『帝京大学山梨文化財研究所研究報告　第七集』(1996)の第2図
B　『池島・福万寺遺跡　発掘調査概要Ⅶ―九〇―三区の概要―』(1992)の図26に加筆
C　江浦洋「古代の土地開発と地鎮め遺構」『帝京大学山梨文化財研究所研究報告　第七集』(1996)の第16図にピーク名を加筆
5章46 A　金田章裕『古代日本の景観　方格プランの生態と認識』(1993)の第11図
B　渡辺晃宏『平城京と木簡の世紀』(2009)69頁の「条里制の土地区画」図
47　金田章裕『地図からみた古代日本　土地制度と景観』(1999)にもとづいて作成
48　著者作成
49 A　金田章裕『古代日本の景観　方格プランの生態と認識』(1993)の第6図
B　同上の第8図
C　同上の第7図
50 A　同上の第4図
B　同上の第11図
51　金田章裕『古代景観史の探究　宮都・国府・地割』(2002)の第4-19図
52～54　著者作成
55　小澤毅「都城の誕生　藤原京」『日本の時代史3　倭国から日本へ』(吉川弘文館2002)の図80
6章56　森公章「倭国から日本へ」『日本の時代史3』(2002)の表をもとに加筆作成
57・58　著者作成

図版出典一覧

章 図No. 出　典

1章 1 図『図説中国の歴史Ⅰ　よみがえる古代』(1976)の図8

表 著者作成

2 『中華人民共和国漢唐壁画展』(毎日新聞社1975)をもとに模写・加筆

3〜4B　著者作成

4 C 木全敬蔵「半折型地割の再検討」『奈良県史 第四巻 条里制』(名著出版1987)の図11

D『池島・福万寺遺跡 発掘調査概要Ⅳ』(大阪文化財センター1991)

5 『日本古典文学大系68 日本書紀 下』(岩波書店1965)から抽出

6 弥永貞三「半折考」(1967)をもとに作成

7 表は養老田令「置官田条」をもとに作成。図は著者作成

8 著者作成

2章 9・10 著者作成

11 近江俊秀『道が語る日本古代史』(2011)の図18

12 著者作成

13 A 条里図は『曲金北遺跡(遺構編)』(1996)第108図、古代東海道写真は図版11

B 中村太一「山陰道―風土記に見る道路」『古代を考える 古代道路』(1996)の第46図

C 中村太一『日本の古代道路を探す 律令国家のアウトバーン』(2000)の図55

14 著者作成

15 中村太一「道と駅伝制」『列島の古代史ひと・もの・こと4 人と物の移動』(2005)の図1に楕円圏を付加

16 木全敬蔵「測量技術」『講座・日本技術の社会史 第六巻 土木』(1984)の第2図に加筆

17 A 金田章裕『古代日本の景観 方格プランの生態と認識』(1993)の第9図に加筆

B 武部健一『道 Ⅰ』(2003)の図2-11

18 A 落合重信『条里制』(1967)の図15から抄出

B 同上の図12

C 同上の図13

D 同上の図14

19 著者作成

20 『奈良県史　第四巻　条里制』(名著出版1987)「大和国条里復原図」に「下ツ道」と白線、「馬見丘陵」「三輪山」を加筆

21・22 著者作成

23 A 江浦洋「古代の土地開発と地鎮め遺構」『帝京大学山梨文化財研究所研究報告第七集』(1996)の第2図

B 同上の第3図からの抄出

C 同上の第5図からの抄出

3章24 小区画水田図は『池島・福万寺遺跡 発掘調査概要XV』(1997)の図68

25 『奈良県史 第四巻 条里制』(名著出版1987)「大和国条里復原図」

あとがき

律令国家の根幹は公地公民制といわれるが、学界では「律令国家の根幹は公民制と官僚制である」という公地制ぬきの理解が通説化していて片肺飛行が続いており、パイロットや乗客たちは気づいていないものの七世紀後半史号の機体は大きく傾き本来の軌道を外れて飛んでいる様子が地上からは手にとるように見えている。「この危険を何とかしないと」とエントリーしたのが二〇一二年の大阪歴史学会大会個人報告の「公地制の起源」であった。ところがこのテーマは大きすぎて一回の口頭発表にも学会誌にも収め切れない分量となり、発表は総花的で分析は浅くなり、投稿原稿もまとまりを欠いて却下された。審査に当たられた委員の方々には貴重な時間を割いていただいて申し訳なく思っている。ただ古代史部会の方々には予備発表会を開いていただいて貴重な助言をいただき、担当の市大樹氏には参考文献についてもご教示いただいたことが本書の誕生に繋がり感謝している。

論文却下後しばらく経って学会発表で容量オーバーなら枠が一回り大きくて図版も制約なしに載せられる単行本にすればいいことに気づき、以前、論文集の出版でお世話になった和泉書院の廣橋研三社長が報告会場に来ていただいていたことを思い出してお願いしたところ、快諾のお返事をいただいた。すでに論文の形にはなっているので手直しと内容の充実で済むと軽く考えていたが、取りかかると関連項目が次々現れて公地制から七世紀第3四半期史全体の復原に広がっていき、書名も『公地制の起源』から『大化の改新は身近にあった』に変更することになった。入校後のテーマの拡大だったため校正ごとに加筆の連続となったが、担当者には我慢の努力と廣橋社長には寛大の心で見守っていただいたおかげで本書を刊行することができた。陳謝と感謝を重ねて「謝謝」と御礼を申し上げたい。

大学時代は史学科に属して古代史専攻だったが、一旦研究を離れて再開後の三十余年間は各地の在来農具の計測調査に没頭していたので、文献古代史は事実上部外者であり、勉強不足で先行研究に気づかないまま無視してしまったことも多々あろうかと思う。この場を借りてお詫びしておきたい。部外者でありながら曲がりなりにも一書をまとめられたのは、何年かおきに出版される通史シリーズで、とりわけ鎌田元一・熊谷公男・渡辺晃宏・森公章・吉川真司・坂上康俊・篠川賢氏らの著作から学ぶことが多かった。感謝したい。

条里制に関しては、代制地割論には不自然さを感じながらも専門外で傍観する他はなかったが、井上和人氏の論破で一気に霧が晴れ、公地制を総括的に論じることができた。また木全敬蔵氏の半折率の鮮やかな検出、江浦洋氏の条里地割のもつ特性の明快な指摘や土器埋納ピークの通史への位置づけには我が意を得たりと勇気づけられて筆を進めることができた。方々の学恩に感謝したい。

第四章はかつて大阪書籍に身を置いていた時期に朝日カルチャーセンターの講演を本にする企画があり、岡田精司氏の『神社の古代史』を担当した。そのとき祈年祭について学んだことが条里施工との関係を追究するきっかけとなった。その学恩に少しでも報いることができればと筆を進めた。

金田章裕氏は条里プラン説を核にして国図の条里プラン、荘園の条里プランと領域を広げ、奈良・平安時代の史料群を博捜し、また中国史料に広く当たって条坊制や土地の四至表示の起源についても言及して、条里制研究を「金田段階」とも呼べる新しい段階に押し上げた。この広さと深さに引きずり込まれる形で条里施工の復原を深めることができた。この学恩に感謝したい。

第六章は鎌田元一氏の天下立評論をベースに、立評と評再編の間の政治過程を分析してみた。明快な天下立評論のおかげであり、感謝したい。

第七章は都出比呂志氏の小経営の自立とそれを包括する農業共同体論に依拠したもので、研究再開時に都出氏の講義を拝聴、著書の書評も担当させてもらったが、その時以来、安満の農業共同体の構造図は具体的で明快であり気に入っていた。今回は安満農業共同体論をベースに出挙の起源と機能の復原を試みたものである。少しは学恩に報いることができたなら嬉しい限りである。

第九章は、各地を回って続けてきた農具調査のデータを七世紀第3四半期に関連づけて整理し直した結果、ようやく見えてきたことの概報である。在来農具からの歴史情報の引き出しは、広域比較で違いを発見することから始まる。そのため全国の博物館・資料館を駆けめぐったが、担当の方々がこちらの日程に合わせて親切に対応していただいたおかげであり、御礼を申しあげたい。

著書ともなれば数多くの先行論文に目を通すことが必要となり、前田禎彦氏には参考文献の教示を受け、神奈川大学図書館、神奈川大学日本常民文化研究所、神奈川県立図書館の職員の方々の親切な対応に助けられてコピーを収集することができた。御礼を申しあげたい。とりわけ神奈川大学図書館では書庫に入り浸りの図書館利用となったが、それは名誉教授にしていただいたおかげで、経済学部の方々および大学当局、とりわけ経済学部に呼んでいただいた山口徹先生に御礼を申しあげたい。

民具は懐かしいが珍しくないので文化財とは認識されず、平成の大合併や資料館として使っていた木造校舎の老朽化がきっかけで廃棄されるケースも起きている。地域起こしのため地域社会の成り立ち情報を一番知りたいはずの行政当局が、そうとは知らずに廃棄しているという悔しい現実がある。歴史情報は広域比較をしないと引き出せない。そこで一県でも多く回って民具は歴史資料であることを実例で証明しなければと、せき立てられる気持で盆も返上で民具調査を続けてきた。

単身赴任の気楽さに甘えて子育ては妻香代子に押し付けての家庭放棄状態だったが、戦時中の幼少期に刷り込まれた滅私奉公精神で周りが見えなくなっていた。気密性の高いマンション三階から和風建築の自宅に戻ってみると、空気の湿り気が違う。「春雨」「花曇り」、当たり前の季節語が一つ一つ実感をともなって迫ってくる。民具の危機に追い立てられての全国調査は終わり、まとめの段階に入った。民具の危機は依然として続いているが、個人の努力でどうにかなるものでもない。大地の息づかいを肌で感じながら、ここから再出発である。

いろいろあったけど、こんな本にまとまりました。ありがとう。

著者略歴

河野 通明（こうの　みちあき）

〔経歴〕

1938年　大阪市に生まれる

1969年　大阪大学大学院文学研究科博士課程単位取得退学

1981年　物証からの農業技術史の再構築を目指して研究を再開。博物館・資料館の在来農具調査を開始

1992年　大阪大学にて「日本農耕具史の基礎的研究」で博士（文学）の学位取得

1993年　神奈川大学経済学部助教授

2009年　神奈川大学経済学部定年退職　名誉教授

〔業績〕

1994年　『日本農耕具史の基礎的研究』（和泉書院）

1996年　共著『瑞穂の国・日本－四季耕作図の世界』（淡交社）

農業技術史、四季耕作図史、「民具からの歴史学」で論文多数

大化の改新は身近にあった

公地制・天皇・農業の一新　　**和泉選書179**

2015年５月25日　初版第一刷発行

著　者　河野通明

発行者　廣橋研三

発行所　和泉書院

〒543-0037　大阪市天王寺区上之宮町７－６

電話06-6771-1467／振替00970-8-15043

印刷・製本　亜細亜印刷

装訂　森本良成

ISBN978-4-7576-0748-4　C1321　定価はカバーに表示

©Michiaki Kono 2015 Printed in Japan

本書の無断複製・転載・複写を禁じます

和泉選書

島尾紀　島尾敏雄文学の一背景　寺内邦夫著　161　二八〇〇円

清張文学の世界　砂漠の海　加納重文著　162　二八〇〇円

「仕方がない」日本人　首藤基澄著　163　二五〇〇円

宮沢賢治との接点　池川敬司著　164　三三〇〇円

藤村小説の世界　金　貞恵著　165　三五〇〇円

越境した日本語　話者の「語り」から　真田信治著　166　二八〇〇円

上海アラカルト　追手門学院大学アジア学科編　167　一五〇〇円

平家物語は何を語るか　平家物語の全体像〈PARTⅡ〉　武久　堅著　168　二五〇〇円

寛と晶子　九州の知友たち　近藤晋平著　169　一八〇〇円

王朝文学の基層　かな書き土器の読解から随想ノートまで　藤岡忠美著　170　二五〇〇円

（価格は税別）